全国夜間中学校研究会70周年記念事業

全国夜間中学校

関係史料集

第1巻

第Ⅰ期

成立と模索の時代

1954－1970年

■

編集・解説

全国夜間中学校研究会

史料収集・保存・管理委員会

不二出版

全国夜間中学校研究会70周年記念事業

『全国夜間中学校関係史料集』

発刊にあたって

濱川　一彦

全国夜間中学校研究会70周年記念事業として『全国夜間中学校関係史料集』がいよいよ刊行の運びとなりました。1947年、義務教育として新制中学校の発足と同時に夜間中学校の歴史もはじまりました。今回の『全国夜間中学校関係史料集』の刊行は、全国夜間中学校研究会に関わる諸先輩方の研究と実践の軌跡であり、義務教育を語るうえで欠かすことのできない内容であると考えています。

2020年に行われた国勢調査において未就学者９万4,455人、最終学歴が小学校の方80万4,293人にのぼることが明らかになりました。また、2022年度の不登校生徒の累計が24万５千人を越えていることも社会に衝撃を与えました。

国勢調査を受け、2021年１月に行われました衆議院予算委員会において、当時の菅義偉（すがよしひで）内閣総理大臣より、今後５年間ですべての都道府県・指定都市に夜間中学校を設置するとの答弁があり、それを受けて2023年６月の閣議により教育振興基本計画が決定されました。

夜間中学校を、学びの場を必要としている人びとが、日本中にいらっしゃるのであれば、まずその場を設けることが大切であり、誰一人取り残さないというSDGsの観点からも、夜間中学校の設置は国としての大切な取り組みであると確信いたします。『全国夜間中学校関係史料集』作成にあたり、ご協力いただいたみなさま、莫大な資料の編集作業に携わった「全国夜間中学校研究会史料収集・保存・管理委員会」の諸先生方に、この場を借りまして厚く御礼申し上げます。

夜間中学校を取り巻く環境は大きな変革の時を迎えています。この時期だからこそ今回刊行される『全国夜間中学校関係史料集』のもつ意味は大きく、全国夜間中学校研究会の取り組んできた研究と実践を後世に伝え、夜間中学校の意義を社会に訴え、夜間中学校の発展のためにご理解とご協力をお願い申し上げます。

（はまかわ かずひこ／全国夜間中学校研究会会長／2024年３月記）

全国夜間中学校研究会70周年記念事業

『全国夜間中学校関係史料集』
発刊によせて

竹島　章好

みなさまにおかれましては、日頃より、夜間中学の設置・充実にご尽力いただき、ありがとうございます。また、全国夜間中学校研究会の活動にご協力いただきありがとうございます。

夜間中学校は、1947年に大阪市の生野区ではじめてできたとされています。その後、研究会としては全国中学校夜間部教育研究協議会という名称で活動がはじまり、第一回の大会が開催されたのが1954年のこととなります。だれにも普通教育を学ぶ権利があるのですが、さまざまな理由で学べなかった人が、普通教育を受けることができる大切な役割を夜間中学校は担っています。「教育を受ける権利」は基本的人権の大きな柱です。すべての人が享受すべきものです。しかし、夜間中学校の歩みは平坦なものではありませんでした。1966年、行政管理庁（現・総務省）の「夜間中学早期廃止勧告」にはじまり、法的根拠の脆弱な夜間中学校には、つねに逆風が吹いておりました。

そうした状況を打破したのは、夜間中学校で学んでいる人びとの「思い」でした。学べなかった悔しさや学ぶことへの熱意、自信を取り戻し、前を向くその姿勢などに接した人は、教育の大切さと学校のもつ役割や意義を再認識します。国会議員とて例外ではありません。2016年12月に「教育機会確保法」が成立しますが、超党派の夜間中学等義務教育拡充議員連盟ができたのも、2013年に足立区立第四中学校夜間学級へ、当時の衆議院文部科学委員会の議員が党派を超えて視察したことがきっかけでした。翌年には、当時の守口市立第三中学校夜間学級（現守口市立さつき学園）にも議連として視察が行われました。そこでは、生徒自身が学べなかった状況や悔しかった思い、学校へのあこがれや不安などとともに自信を取り戻し、生き生きと学ぶ生徒の姿にもふれることができました。夜間中学校を守り育ててきたのは、生徒自身の学びへの思いや学ぶ姿そのものだと理解しています。

「教育機会確保法」が成立し、夜間学級の増設・充実は文部科学省だけでなく、日本政府の課題として取り組まれています。夜間中学校を増やすことができなかった時期が終わり、都道府県・政令市に少なくとも一校は設置するという当面の目標に向け、設置表明も含めて設置自治体が増えてきています。しかし、増えただけでは十分ではありません。どんな夜間中学校をつくるのか。「昼」の中学校をそのまま持ち込んでもいけません。小学校すら通っていない人がいます。生きづらさを抱えている人もいます。母国で十分に学べていなくて日本に来た日本語に課題のある人もいます。戦争で学べなかった人もいます。事情は人それぞれです。それぞれの人と向き合うことが大切です。そのときに、全国夜間中学校研究会70周年記念事業であるこの『全国夜間中学校関係史料集』は貴重な史料となるはずです。過去を振り返り、現実と向き合い、これからのことを考えなければなりません。「歴史」は、まさしく「未来」を考えることなのです。

最後に、史料収集・保存・管理委員会のみなさんをはじめ、ご協力いただいている方々にお礼を申しあげます。毎日のように取り組まれた史料のチェックから編集作業、出版にあたっての研修……。とんでもない時間と労力が必要とされています。「感謝」の言葉しか思いつきません。本当に、ありがとうございます。

（たけじま あきよし／全国夜間中学校研究会副会長　史料収集・保存・管理委員会委員長／2024年３月記）

凡　例

一、『全国夜間中学校関係史料集』全22巻・別冊１は、全国夜間中学校研究会70周年記念事業として、全国夜間中学校研究会（当初の名称は「中学校夜間部教育研究協議会」）による史料群を編集・復刻するものである。

一、本史料集の構成は、第Ⅰ期「成立と模索の時代　1954－1970年」全３巻（第１－３巻）／第Ⅱ期「多様化と拡充の時代　1971－1990年」全４巻（第４－７巻）／第Ⅲ期「グローバル化と人権の時代　1991－2010年」全８巻（第８－15巻）／第Ⅳ期「法制化と新展開の時代　2011年－現代」全７巻（第16－22巻）の全Ⅳ期を予定している。

一、全巻数及び構成は配本開始時（2024年10月）のものであり、変更となる場合がある。

一、本史料集の第１回配本は、第Ⅰ期「成立と模索の時代　1954－1970年」全３巻（第１－３巻）である。

一、本史料集は編者による解説を別冊として附す。

一、収録内容については各巻冒頭目次にその史料名、項目名を記した。項目の選択及び表記は原史料を生かしたが、明らかな誤植などは適宜修正した。

一、収録した史料は、全国夜間中学校研究会の史料収集・保存・管理委員会が、全国夜間中学校研究会に加盟する学校ないし現旧会員の協力のもとに収集した史料群のなかから、歴史的価値に鑑みて選定した。特に、全国夜間中学校研究大会の際に作成された大会資料及び記録誌の冊子類を基礎に据え、冊子刊行以前の時期に関してもこれに類する史料を中心に選定した。

一、原則として史料の扉（表紙）から奥付までをモノクロで収録した。その際、紙幅の関係から適宜、拡大・縮小ほかの調整を行った。

一、収録にあたって、必要最小限の誤りの修正やプライバシー権保護のための最小限の加工を行った部分に関しては注記を附した。また、複数の史料に重複する記事がある場合など、個別に判断した結果、史料内の記事の一部を掲載しなかった場合がある。

一、今日の人権の視点から不適切な表現や差別的と考えられる表現、明らかな学問上の誤りが含まれる場合でも、史料の復刻という性格上、原則としてそのまま収録した。ただし、編集委員会で必要と判断した場合は、特別に当該史料に注記を附した箇所がある。

一、歴史的に高い価値のある夜間中学校で学んだ生徒・卒業生等の体験発表の記録や作文などに関しては、著作権者の許諾が得られた場合はそのまま復刻し、著作権者への確認が困難であった場合は、編集委員会が原文を基に内容を要約して作成した紹介文を代わりに掲載した。ただし、1970年以前に作成された著作物で、著作者が当初から著作物が広く公開されることを認識していた可能性が高く、また著作物の公開後に新たな利用を拒絶する意思を表明しておらず、全国夜間中学校研究会に対して著作物の利用を許諾していると判断できる場合に限って、許諾の有無に関わらず匿名化した記事をそのまま掲載した。そのような判断が困難であった場合には、掲載しなかった。

一、史料に記載された個人名に関しては、全国夜間中学校研究会の会員および公人とみなすことができる人物に関してはそのまま掲載した。夜間中学校・自主夜間中学等の生徒や卒業生の個人名は、本人ないし遺族の許諾が得られた場合を除き、原則として匿名化して掲載した。その他の市民や団体関係者等は個別に判断したが、可能な限り著作権者に対して掲載の許諾を得た。匿名化に際しては、ひとつの記事のなかでAから順に任意のアルファベットを記載し、同じ人物に関しては同じアルファベット記号を用いた。

一、史料に記載された地名や電話番号に関しては、編集委員会で個別に判断し、必要に応じてアルファベット表記に修正する、一部を伏せるなどの加工を行った。

一、写真に関しては、全国夜間中学校研究会の会員および議員・行政職員などの公人のみが写っている写真は、原則としてそのまま掲載した。これに該当しない人物が写っている写真に関しては、個人を特定することが明らかに困難な場合や本人に掲載の許諾を得られた場合はそのまま掲載し、それ以外の写真は不掲載ないし個人が特定できないよう加工を行った。

一、史料に対する書き込みがあった場合は、個別に判断し、不要な書き込みは削除し、意味のある書き込みと判断した場合にはそのまま掲載した。

※　本史料集の著作権については極力調査いたしておりますが、不明な点もございます。お気づきの方は小社までご一報下さい。(不二出版)

全国夜間中学校関係史料集　第１巻

目　次

『全国夜間中学校研究会70周年記念事業　夜間中学校関係史料集』発刊にあたって

濱川一彦（全国夜間中学校研究会会長）

『全国夜間中学校研究会70周年記念事業　夜間中学校関係史料集』発刊によせて

竹島章好（全国夜間中学校研究会副会長／史料収集・保存・管理委員会委員長）

凡例 ……（ⅰ）

目次 ……（ⅲ）

1954年度

研究大会

《案内》

全国中学校夜間部教育研究協議会案内 …… 2

《資料・要項》

第一回全国中学校夜間部教育研究協議会 …… 3

全国中学校夜間部教育研究協議会　要項 …… 4

参加者名簿 …… 5

設置校一覧 …… 5

全国中学校夜間部教育研究協議会運営役員表 …… 6

御挨拶（広告）…… 6

祝　全国中学校夜間部教育研究協議会 …… 7

《研究発表》

本校夜間部の實情に就て　三重縣上野市立崇広中学校 …… 8

二部学級　教育報告　名古屋市立天神山中学校　水野史郎 …… 10

第二部（夜間）学級経営　東京都立川市立立川第三中学校 …… 18

発表要項　新宮市立城南中学校長 …… 27

夜間特別授業の実態について　奈良市立東市中学校長　松下正利 …… 28

本校に於ける夜間学級經営の實態　足立区立第三中学校第二部 …… 30

《協議題》

夜間中学法制化の問題 …… 34

夜間中学法制化の問題解釈　提案者一同 …… 38
協議題「夜間中学法制化の問題」結果 …… 39
《その他》
写真〔第一回全国中学校夜間部教育研究協議会〕…… 40
全国中学校夜間中学教育研究協議会々則 …… 41
宣言 …… 42
第一回全国中学校夜間部教育研究協議会　経過報告 …… 43
〔経過報告の送付〕加入申込書 …… 44
中学校夜間学級の法的措置に関する陳情書　全国中学校夜間部教育研究協議会 …… 45
その他
〔全国中学校夜間部教育研究協議会兵庫縣支部呼びかけ〕
全国中学校夜間部教育研究協議会兵庫縣世話係　神戸市立駒ケ林中学校長　枌木勇 …… 48
全国中学校夜間部教育研究協議会　兵庫縣支部名簿 …… 49

1955年度
研究大会
《案内》
松村文部大臣来場につき至急お知らせ!! …… 52
《資料・要項》
第二回全国中学校夜間部教育研究協議会大会 …… 53
全国中学校夜間部研究協議会要項 …… 54
全国中学校夜間部教育研究協議会役員表 …… 55
参加者名簿 …… 55
開設校一覧 …… 56
大会当日役員表 …… 57
《協議題》
準貧困（保護）学令児童生徒に対する就学奨励費について　国庫補助の道を開かれたき旨の建議に関する件　京都市立中学校二部学級研究会 …… 59
東京都提案議題　不就学者の救済と夜間学級の充実について …… 60
《研究発表》
地元民の熱意がもりあげた二部学級について　横浜市立浦島丘中学校 …… 61

義務教育を修了するに困難な事情にある生徒救済の途
　双葉中学校第二部概要　東京都葛飾区立双葉中学校　臼倉甚八 …… 63
夜間学級生徒の環境及び生活と長期欠席生徒の実態　名古屋市立東港中学校 …… 68
共同研究結果概況　京都市立中学校二部学級研究会 …… 73
《その他》
通常会費　収支計算書 …… 78
宣言 …… 79
中学校夜間学級の法的措置に関する陳情書　全国中学校夜間部教育研究協議会 …… 80
参考資料　全国中学校夜間部教育研究協議会 …… 83
陳情報告 …… 93
大会後の情況並に昭和三十年度　三十一年度分会費依頼について
　全国中学校夜間部教育研究協議会々長・立石実信　連絡責任者　関戸小一 …… 95

1956年度

研究大会

《案内》
第三回全国中学校夜間部教育研究協議会大会御案内 …… 98
《その他》
宣言 …… 100
陳情書　中学校夜間（二部）学級の行政措置に関する件 …… 101

1957年度

研究大会

《資料・要項》
才四回全国中学校夜間部教育研究協議大会要項 …… 106
　　才四回全国中学校夜間部教育研究協議大会要項 …… 106
　　全国中学校夜間部教育研究協議会々則 …… 108
　　全国中学校夜間部教育研究協議会役員 …… 109
　　参加者名簿 …… 109
《協議題》
協議題　職員に対する手当を如何にすべきか　福岡市立東光中学校 …… 111

協議題　無償給食の完全実施について　福岡市立東光中学校 …… 111

《研究発表》

生徒の学力問題　墨田区立曳舟中学校夜間部 …… 112

目次 …… 112

序文 …… 113

本校に於ける授業上に現れた問題点と現況 …… 113

本研究の対象となった施行試験の一般説明 …… 118

教科別研究 …… 118

結び …… 128

附　試験問題及グラフ …… 128

全国中学校夜間教育研究協議会発表要項　生活記録による個別指導　福岡市立東光中学校 …… 138

二部学級生徒の日常生活の実態　名古屋市立天神山中学校 …… 141

《その他》

大会宣言（案） …… 148

決議（案） …… 149

その他

夜間学級の実態　全国中学校夜間部教育研究協議会　横浜市公立中学校長会 …… 150

目次 …… 150

はしがき　夜間中学の現状に想う　横浜市教育長　大砂吉雄 …… 151

夜間学級の実態調査 …… 151

教師の声 …… 159

生徒の声 …… 164

編集後記 …… 167

報道機関の取上げた主なる記事　全国夜間中学校夜間部教育研究協議会 …… 168

1958年度

研究大会

《案内》

第五回全国中学校夜間部教育研究協議大会御案内 …… 170

〔第五回全国中学校夜間部教育研究協議大会内容の案内〕 …… 171

《資料・要項》
第五回全国中学校夜間部教育研究協議大会要項 …… 172
挨拶
第五回全国中学校夜間部教育研究協議会準備委員長・福岡市立東光中学校長　飛永辰次郎 … 172
第五回全国中学校夜間部教育研究協議大会要項 …… 173
全国中学校夜間部教育研究協議会役員 …… 176
設置校一覧 …… 176
参加者名簿 …… 177
祝　第五回全国中学校夜間部教育研究協議会大会 …… 178
《協議題》
夜間中学の法制化を中心に　想うことの二三　双葉中学校才二部　臼倉甚八 …… 181
その他
『電灯のある教室　夜間中学生の生活記録』全夜中教・刊 …… 183
感想　亀井勝一郎 …… 186
この文集を見て　阿部静枝 …… 187
目次 …… 188
増補・改訂のことば …… 318
あとがき …… 319
〔『電灯のある教室』刊行と越冬衣料の贈呈〕全国中学校夜間部教育研究協議会推進本部 …… 322
衣料（メリヤスシャツ）贈呈について　全国中学校夜間部教育研究協議会推進本部 …… 323

1959年度
研究大会
《案内》
第六回全国中学校夜間部教育研究協議会大会御案内 …… 326
〔第六回全国中学校夜間部教育研究協議大会内容の案内〕 …… 328
《資料・要項》
第六回全国中学校夜間部教育研究協議会大会要項 …… 329
挨拶
第六回全国中学校夜間部教育研究協議会準備委員長　東京都太田区立糀谷中学校長　小林俊之助 …… 329

第六回全国中学校夜間部教育研究協議会大会要項 …… 330
全国中学校夜間部教育研究協議会役員 …… 332
設置校一覧 …… 332
参加者名簿 …… 333
全国夜間中学校の実態調査 …… 334
祝　第六回全国中学校夜間部教育研究協議大会 …… 336
《協議題》
常設研究活動組織について　東京都葛飾区立双葉中学校第二部　臼倉甚八 …… 339
《研究発表》
不就学問題とその分析　横浜市立蒔田中学校　倉田定昌 …… 342
生活記録に即した生活指導の実際　　長欠生徒の解消についての方途
福岡市立東光中学校二部学級 …… 348
目次 …… 349
はしがき …… 350
第一編　生活記録に即した生活指導の実際 …… 351
一、緒論 …… 351
二、学級の実態 …… 352
第二編　長欠生徒の解消についての方途 …… 356
一、緒論 …… 356
二、長欠生徒の解消について取られた対策 …… 356
三、結論 …… 357
福岡県下中学校長欠生徒調査表 …… 358
昭和32年度福岡県中学校長欠生徒理由調 …… 359
東京都中学校夜間学級の給食の現状　東京都内八校の共同研究 …… 360
はじめに …… 361
Ⅰ．やつと届いた給食の悲願 …… 361
Ⅱ．昭和34年以前（コッペ一つ） …… 362
Ⅲ．給食をはじめると遅刻者も減る …… 362
Ⅳ．何時に、どこで、何を食べているか。 …… 363
Ⅴ．給食費は誰が払つているか …… 364
Ⅵ．夜間学級の就職の壁 …… 364

Ⅶ. 生徒たちのみた給食。 …… 365
附・別表Ⅰ …… 370
別表Ⅱ …… 371
《記録誌》
第六回夜間中学全国協議大会　座談会記録 …… 372
《その他》
才六回全国大会宣言決議 …… 375
その他
全国夜間中学校要覧 …… 376

1954年度

全国中学校夜間部教育研究協議会案内

拝啓　秋もようやく深まつて参りました。貴殿には日夜益々御精励のこととお慶び申し上げます。

さて、今回左記要項により、僭越ではございますが、当市が仮の御世話役となつて、全国中学校夜間部教育研究協議会を催すことになりました。この種の学校は先輩神戸市を初め、大中都市に普く設置せられ、益々増設の傾向にあります。また、その業績は各地とも赫々たるものがあります。法制上認められておらないとはいえ、不幸な生徒に就学の道を講じ、義務教育制度の完遂を期するに最も適切なこの方策が、遂に文部当局の注目する所となりましたことは、すでに御承知のことと思います。この際、この種の至難な教育に直接従事され、または深い関心を寄せられる各位と一堂に会して、御高見を拝聴するとともに、難関打開の道を協力して拓いて行くその端緒を造らせて戴きたいと存じます。御多忙の折ではございますが、お誘い合わせの上、ぜひとも御参加を戴きたく、御案内申上げます。

敬具

昭和二十九年十一月四日

京都市立中学校二部学級研究会長
京都市立朱雀中学校長　村田忠一

殿

記

一、主　催　京都市教育委員会、京都市立中学校二部学級研究会　共催

二、後　援　京都府教育委員会、京都市立中学校々長会

三、日　時　昭和二十九年十一月十九日（金）仝二十日（土）

四、会　場　京都市立洛東中学校
京都市東山区六波羅門脇町　電話祇園⑥
市電　東山線 ⑥⑦ 五条坂下車　西三丁北入
河原町線 ③⑥ 河原町五条下車　東六丁北入

五、趣　旨　中学校不就学生徒を救済し、義務教育を完遂するための対策としての中学校夜間部教育の実態と方法とを研究協議し、これが改善を促進して、日本教育の新生面を開拓し、これに寄与せんとするものである。

六、講　演　「中学校における学習の基本問題」
京都大学教育学部教授　鰺坂二夫氏
「学校の社会事業について」
西京大学文家政学部助教授　寺本喜一氏

七、研究発表　駒ヶ林中（神戸）、京都代表校、崇広中（三重）、曳舟中（東京）
天神山中（名古屋）、立川三中（東京）、城南中（新宮）、大社中（西宮）
小田南中（尼崎）、糀谷中（東京）、東市中（奈良）、足立四中（東京）

八、協議題
1、夜間中学校法制化の問題　（天神山中、曳舟中、糀谷中、横浜西中、奈良若草中）
2、定員確保の問題　（駒ヶ林中、神戸玉津中、神戸花園中）
3、予算獲得の問題　（天神山中、城南中、曳舟中）
4。特別学級の運営について　（大社中、玉津中）
5、給食制度の問題　（横浜西中）
6、卒業認定について　（堺大浜中、若草中）
7、学習形態と学習効果について　（横浜蒔田中、広島観音中）
8、学習意欲のない生徒に対する教育的関係の成立について　（立川教育委員会）
9、就学対策について　（曳舟中）
10、出席率向上の方法　（蒔田中）
11、父兄啓蒙の具体的方法　（花園中）
12、不就学の主原因たる経済的貧困とこの対策について　（崇広中）

九、日　程

日＼時	9.30	10.30 / 10.40	11.30 / 11.40	12.00 / 1.00	2.30 / 2.40	4.00 / 7.00	9.00
11月19日	挨拶	研究発表、質疑応答	リクリエーション	講演（寺本）	協議会	授業参観（洛東中）座談会	
20日	協議会	講演（鰺坂）		（市内観光）			

一〇、会　費　一人参百円（研究冊子代も含む）当日受付

一一、申込先　京都市中京局区内壬生中川町　京都市立朱雀中学校内
全国中学校夜間部教育研究協議会係宛（電壬生㊹　）

一二、申込〆切　当日も受付けますが、宿舎、観光斡旋御希望の方は十一月十日までに必ずお申込下さい。そのほかの方は十一月十五日までに着くよう御配慮下されば幸甚です。

一三、宿　舎　一泊二食付（十九日夜のみ）五百三十円
宿舎　紫明荘　京都市上京区室町通丸太町上ル（電上③　）
（市電　烏丸丸太町下車）

一四、観　光　（遊覧箇所）東本願寺・三十三間堂・清水寺・知恩院・平安神宮・京都御所・金閣寺・二條城　（観光バス代　三〇〇円　其の他拝観料　約一〇〇円）

昭和二十九年十一月十九日（金）
二十日（土）

会場　京都市立洛東中学校

第一回全国中学校夜間部教育研究協議会

主催　京都市教育委員会
京都市立中学校二部学級研究会

後援　京都府教育委員会
京都市立中学校々長会

全国中学校夜間部教育研究協議会　要項

一、趣　旨　中学校不就学生徒を救済し、義務教育を完遂するための対策としての中学校夜間部教育の実態と方法とを研究協議し、これが改善を促進して、日本教育の新生面を開拓し、これに寄与せんとするものである。

二、挨　拶　京都市教育委員会教育長　不破　治氏
京都市立中学校二部学級研究会長　村田忠一氏

三、講　演　「中学校における学習の基本問題」
京都大学教育学部教授　鰺坂二夫氏
「学校社会事業について」
西京大学文家政学部助教授　寺本喜一氏

四、研究発表　1. 駒ケ林中（神戸）　2. 朱雀中（京都代表）　3. 崇広中（三重）　4. 曳舟中（東京）
5. 天神山中（名古屋）　6. 立川三中（東京）　7. 城南中（新宮）　8. 大社中（西宮）
9. 糀谷中（東京）　10. 東市中（奈良）　11. 足立四中（東京）

五、協議題　1. 夜間中学校法制化の問題　（天神山中、曳舟中、糀谷中、横浜西中、奈良若草中、京都市立中学校二部学級研究会）
2. 定員確保の問題　（駒ケ林中、神戸玉津中、神戸花園中）
3. 予算獲得の問題　（天神山中、城南中、曳舟中）
4. 特別学級の運営について　（大社中、玉津中）
5. 給食制度の問題　（横浜西中）
6. 卒業認定について　（横浜大洋中、若草中）
7. 学習形態と学習効果について（横浜蒔田中、広島観音中、京都市立中学校二部学級研究会）
8. 学習意欲の乏しい生徒に対する教育的関係の成立について　（立川教育委員会）
9. 就学対策について　（曳舟中）
10. 出席率向上の方法　（蒔田中）
11. 父兄啓蒙の具体的方法　（花園中）
12. 不就学の主要因たる経済的貧困とこの対策について　（崇広中）

六、諮問題　1. 生活保護法による教育扶助費の取扱について承りたい（天神山中）
2. 夜間部生徒の就職進学対策について承りたい　（京都市立中学校二部学級研究会）

七、挨　拶　文部省初等中等教育局事務官　峠山氏

八、日　程

日＼時	9.30　10.30	10.40　11.30	11.40　12.00	1.00　2.30	2.40　4.00	7.00　9.00
11月19日	挨拶　研究発表、質疑応答		レクリエーション	講演（寺本）	協議会	授業参観（[illegible]中）座談会
20日	講演（鰺坂）	協議会　挨拶		（市内観光）		

参加者名簿（十一月十五日現在）

伊藤泰治（東京足立四中校長）
町田義三（〃 主事）
高野賢二（東京双葉中校長）
関根重四郎（東京東舟中校長）
小林俊之助（東京糀谷中校長）
風間方美（東京立川三中主任）
立石実信（横浜西中校長）
恩地一郎（横浜蒔田中主任）
梶田一（名古屋天神山中校長）
水野史郎（〃 専任）
都筑歩（名古屋東港中校長）
福岡鋼平（〃 教諭）
浜辺龍夫（上野市教委 学校教育課長）
竹島基三（上野崇広中校長）
森義雄（奈良若草中校長）
松下正利（奈良東市中校長）
大山孚（大阪豊中一中校長）
岡崎繁（大阪堺大浜中校長）
水田泰夫（新宮城南中校長）
田中武（〃 教諭）
樋口庫夫（尼崎大庄東中教諭）

高田義輝（尼崎大庄東中教諭）
高橋英雄（尼崎昭和中校長）
田中文一（尼崎小田南中主任）
山岡政雄（西宮大社中教諭）
栃木勇（神戸駒ヶ林中校長）
伊藤常吉（神戸花園中校長）
林修（神戸玉津中）
早川員夫（伊丹市教育長）
木村才三（伊丹南中校長）
高田正太郎（姫路灘中校長）
宮川武夫（〃 教諭）
（兵庫由良中）
河内義一（広島観音中教諭）
黒石豊栄（高知赤岡中校長）
山崎良水（〃 教諭）
川島茂生（高知安芸中教諭）
梶浦亦吉（京都嘉楽中校長）
河村嘉平（〃 専任）
三村好秋（京都烏丸中校長）
吉真金三郎（〃 専任）
栗津恵観（京都北野中校長）
石垣幸男（〃 専任）

村田忠一（京都朱雀中校長）
岡本武雄（〃 専任）
水山光高（京都皆山中校長）
石田秀太郎（〃 専任）
内藤琢一（京都九条中校長）
川井戎本（〃 専任）
下田吉太郎（京都陶化中校長）
加藤良三（〃 専任）
島内元紀（京都近衛中校長）
上田忠雄（〃 専任）
長谷川守司（京都高野中校長）
中島四郎（〃 専任）
宮島晋（京都修学院中校長）
藤井高美（〃 専任）
佐藤太気美（京都洛東中校長）
石井孝彦（〃 専任）
山本忠次（京都山科中校長）
塩見作次（〃 専任）
垣田五百次（京都弥栄中校長）
中新敬（〃 専任）
服部英夫（京都藤森中校長）
梶嘉一郎（〃 専任）

設置校一覧

東京	足立区	足立四中
〃	葛飾区	双葉中
〃	大田区	糀谷中
〃	墨田区	東舟中
〃	立川市	立川三中
〃	八王子市	八王子五中
神奈川	横浜市	港中
〃	〃	西中
〃	〃	蒔田中
〃	〃	平楽中
〃	〃	浜中
〃	〃	戸塚中
〃	〃	鶴見中
〃	〃	浦島丘中
〃	〃	大綱中
〃	〃	保土ケ谷中
〃	川崎市	塚越中
〃	〃	川中島中
愛知	名古屋市	天神山中
〃	〃	東港中
京都	京都市	嘉楽中
京都	京都市	烏丸中
〃	〃	北野中
〃	〃	朱雀中
〃	〃	皆山中
〃	〃	九条中
〃	〃	陶化中
〃	〃	近衛中
〃	〃	高野中
〃	〃	修学院中
〃	〃	洛東中
〃	〃	弥栄中
〃	〃	山科中
〃	〃	藤森中
大阪	堺市	大浜中
〃	布施市	布施四中
〃	豊中市	豊中一中
兵庫	神戸市	駒ケ林中
〃	〃	丸山中
〃	〃	須佐野中
〃	〃	布引中
〃	〃	玉津中
兵庫	神戸市	太田中
〃	〃	花園中
〃	〃	住吉中
〃	尼崎市	城内中
〃	〃	昭和中
〃	〃	明倫中
〃	〃	小田南中
〃	〃	大庄東中
〃	西宮市	大社中
〃	伊丹市	南中
〃	姫路市	山陽中
〃	〃	東光中
〃	〃	灘中
〃	由良町	由良中
三重	上野市	崇広中
奈良	奈良市	若草中
〃	〃	東市中
〃	高市郡	鴨東中
和歌山	新宮市	城南中
〃	御坊市	御坊中
〃	日高郡	切目中
和歌山	南牟婁郡	西向中
〃	〃	木宮村中
〃	西牟婁郡	日置中
〃	海草郡	野上中
〃	〃	安原中
岡山	児島市	下津井中
広島	広島市	二葉中
〃	〃	観音中
〃	豊田郡	豊浜中
福岡	福岡市	東光中
〃	小倉市	企救中
〃	大牟田市	㊣木中
〃	〃	松原中
〃	山田市	南中
〃	糟谷郡	宇美中

櫪木

二九・一一・一現在　京都市立中学校二部学級研究会調

全国中学校夜間部教育研究協議会運営役員表

○印長

一、名誉会長 不破 治（京都市教育長）
二、顧問 福嶺達朗（京都市教育委員）
　　神先幹子（〃）
　　北村金三郎（〃）
　　吉川勝三（〃）
　　市川白弦（〃）
三、会長 三木正雄（市教委学校教育課長）
四、副会長 村田忠一（朱雀中校長）
　　三村好秋（烏丸中校長）
五、総務 草間修二（市指導主事）
　　市川準一（市指導委員）
　　村本進午（市学事係長）
　　梶浦亦吉（嘉楽中校長）
　　水山光高（皆山中校長）
　　内藤孫一（九条中校長）
　　山本忠次（山科中校長）
　　佐藤太気美（洛東中校長）
　　長谷川守司（高野中校長）
　　石田秀太郎（皆山中専任）
六、議長団 ○三村好秋（烏丸中校長）
七、司会 吉真金三郎（烏丸中専任）
八、受付 ○服部英夫（藤森中校長）
　　梶 嘉一郎（藤森中専任）
　　川井戎本（九条中専任）
　　藤井高美（修学院中専任）
九、接待 ○島内元紀（近衛中校長）
　　上田忠雄（近衛中専任）
　　石垣幸男（北野中専任）

一〇、研究発表（協議会） ○粟津恵観（北野中校長）
　　石垣幸男
　　岡本武雄（朱雀中専任）
一一、レクリエーション ○垣田五百次（弥栄中校長）
　　中新 敬（弥栄中専任）
一二、公開授業（座談会） ○宮島 晋（修学院中校長）
　　延与重一（洛東中教頭）
　　寺川 寛（洛東中講師）
一三、宿舎観光 ○下田吉太郎（陶化中校長）
　　加藤良三（陶化中専任）
　　川井戎本
一四、記録 河村嘉平（嘉楽中専任）
　　中島四郎（高野中専任）
　　河村嘉平
一五、会場 ○延与重一（洛東中教頭）
　　石井孝彦（洛東中専任）
　　梶 嘉一郎
　　加藤良三
　　藤井高美
一六、庶務 ○北川賢二（朱雀中教頭）
　　岡本武雄
　　塩見作次（山科中専任）
　　上田忠雄
一七、会計 ○市川準一（市指導委員）
　　吉真金三郎
　　石井孝彦
一八、会後印刷物 ○草間修二（市指導主事）
　　中島四郎
　　中新 敬

御挨拶（広告）

今回全国中学校夜間部教育研究協議会が京都市に於て開催され斯界の権威者であらせられる諸先生が一堂に会せられ御研究なさいます事は誠に意義ある事で心からその成功を御祈り致します。

俺て得難い機会でありますので誌上を通じ不仕附乍ら京都観光旅館連盟の趣旨性格、修学旅行の旅館選定等につきまして所懐の一端を申述べ諸先生の御批判を仰ぎたいと存じます。

一、京都観光旅館連盟とはどんな連盟か

京都市内に一千有余の旅館がありますが、この内七百余軒が京都市旅館組合連合会の傘下にあり更にこの内から二百二十余軒が京都市観光局御指導のもとに京都に御来遊の御客様に安心して御宿泊願い行届いた接遇をして京都のよさを心に深く御由めいたゞき懐しい京都の旅館として機会ある毎に御利用いただきたいとの熱意のもとに相集って結成しておるのが京都観光旅館連盟であります。従いまして会員はこの趣旨の実現に一生懸命努力しております。幸に昭和二十四年発足以来旅行者から好評をうけ年と共に利用者の多くなっている事は私共の大変喜びに堪えない次第であり益々向上して御期待に添えたいと念願しております。どうか諸先生におかせられましても本連盟の趣旨性格を御理解下さいまして御校に於て修学旅行御計画の時又は御出張等の節は本連盟を御利用賜り会員旅館に御宿泊下さいます様御願い致します。

本連盟に於ては別冊京の宿を発行し会員旅館それぐの宿泊料を公表し安心して御宿泊賜るよう致すと共に京都駅西出口前京都市駅前相談所内に駅前事務所（電⑤八〇一〇、八〇六〇番）をおき専任の係員が駐在し御宿泊に関する御相談に応じておりますから御遠慮なく精々御利用下さいませ。

二、修学旅行の旅館選定について

旅館の適否がその旅行全般に至大の影響力を有することは明でありまして従って旅行計画者は旅館の選定には細心の意を払っておられる事と存じます。従来御宿泊の実績のある向はその中から印象よき旅館を選び早期に交渉せられ双方契約書を交換せられるとか更に予約金を納めて確約される等が良策で年々転々と旅館を変更せられる等は好ましい事でないばかりでなくよい結果は得られません。従来の御宿泊実績なく御初めての場合は京都市観光課を通じて選定を依頼されるか若しくは本連盟等公共性を有する機関にその斡旋を依頼される事が最も安全で賢明な策と存じます。

直接旅館と交渉される場合も限りに宿泊料の低廉なものを選定されますと接遇が悪いとか定員に無理があったり何か欠陥があって結果的には御不満になる事が多い事を参念申添えておきます。

更に旅館決定の上は学校側から必らず旅行地の衛生課に旅行計画を報告し衛生上の指導及び情報の入手を依頼される事が肝要であります。

三、旅行中の秩序保持について

教室の延長として終生印象に残る楽しい修学旅行が無摂生に依って往々好ましからぬ事象の生ずる事は御互関係者として真剣に研究しその未前防止の方策を講じなければなりません。

残念な事でありますが京都市に於ては本秋多くの食中毒事件や赤痢禍事件を惹起し実に申訳なくこれをよき教訓として再び斯る不祥事の絶無を期するため萬全の対策を講じましたからどうか御安心の上御来泊を御願い致します。又旅行中の食事は旅館のみでなく市井において多くの飲食をなさる事でもあり修学旅行生も兎角無摂生の飲食に陥り易く旅行行程等の関係から身体の過労も多く従って健康障害に陥り易いのであります。本連盟会員に於ては旅館の供食に依って不祥事を起さぬ様細心の注意と努力を払うよう努めますから学校側におかせられましてもできるだけ無理な旅行々程を避け秩序ある行動規律をもって終始せられ特に旅館外での飲食はなるべく避けられる様御指導賜ります様御願い致します。

昭和二十九年十一月十九日

京都市中京区三条通麩屋町　京都観光旅館連盟　会長　北川久治郎　電話②六二三一番

本校夜間部の実情に就て

三重縣上野市立崇広中学校

（生徒数　一二八五名
学級数　二六
職員　三九名）

一、夜間部設立の動機

1、本校の設立　昭和二十三年五月　生徒数　一四五〇名

2、発足当時より不就学者長期欠席生徒が相当数あり注意されたが当時は統合、新しい学校の体制を整える為、具体的対策を講ずる暇がなかった。

3、その後これが出席の問題が学校は勿論、該当者の最も多い地区の有志、児童委員の間で高まった。

4、機熟して昭和二十五年九月開設

二、開設当時の趣旨及運営の状況

1、夜学の趣旨
学習意欲を高め学校生活に魅力を感じさせ、本校に就学する動機を作る

2、夜学出席生徒数
男　二十名　女　四十二名　（当時の不就学者六十七名……中四十九名が一地区）
在籍数の率　五・一%

3、授業
二学級編成　週三回　月・木・金　夜七・〇〇——九・〇〇　久米小学校借用

4、教科　数学　国語　社会

5、援助団体
夜学運営委員会　（構成　学校・PTA・地区委員・児童委員・市教育課）

6、援助
出席奨励
学費（市費、PTA費により学用品支給）

三、其後の情況

1、出席者の増減はあるも、現在まで継続

2、その間の主なる事項
昭和二十六年度　a、出席者　三十二名
b、縣教育委員会より定員一名、配当される
c、十一月九日　就学奨励の努力により縣教育委員会より表彰される

昭和二十七年度　a、出席者　三十四名

b、性格を強化して、盲聾授業を夜間に行う事とする

夜学を本校へ就学せしめる手段として出発したが、長期欠席の原因は単に、学習意欲の欠除と云うだけでなく、むしろこの原因の者は少く経済的原因によるものであつて、この問題を解決しなければ、本校への出席は出来難いと認めた為

昭和二十八年度　a、出席者　三十四名

b、教育扶助費支給の対象となる

c、この為の支費の増額

d、市に不就学対策委員会の設立

（構成　校長代表・民生委員長・人権擁護委員・児童福祉連合会長
教育委員会・市職文教常任委員長）

e、市費を以て専任一名配置

f、八名に卒業証書授与　（一名高校入学・四名就職）

昭和二十九年　目下の現況

a、長欠生　二十一名

夜学出席者　二十七名（中、援護二十四名）

	一年	二年	三年	計
男	一	二	三	六
女	三一	一〇	一	四二
計	三二	一二	四	四八

b、右生徒の原因別

貧困　三十六、　親の無理解　四、　怠惰　三、　病気　五、

c、長欠生解消への運動展開

不就学対策委員会の活動

四、本市全体の情況

他の三校にて長欠生　十名

五、結び

一、対策

経済的援助の特別考慮

事態発生当初の対策

保護者の啓蒙

授業運営の研究

二、感想

二部学級

教育報告

1954.11

名古屋市立天神山中学校

水野史郎

目次

一、二部学級の実態
A 二部学級の組織
1. 職員組織
2. 学級編成
3. 教科内容
4. 学習時間割
5. 授業開始時間
B 生徒の環境と生活
1. 学年別生徒数
2. 生徒の年令
3 入学の理由
4 生徒の通学区域
5. 家の職業
6. 生徒の職業
7. 両親の有無
C 学習上の環境
1. 家庭学習
2. 家庭学習をしない理由
二 指導の実際
1. 二部学級の教育方針
2. 学習計画
3 週案の作成
三 二部学級を担任して
附録
名古屋市の長欠生徒児童の統計

一　二部学級の実態調査

A. 二部学級の組織

1. 職員組織

専任　二（県給源）　兼任　一（市給源）

2. 学級編成

市の指示は一学級であるが，便宜措置として
1.2年複式学級，3年学級

3. 教科内容

全教科目を目標としている。

4. 学習時間割

1.2年時間割

時＼曜	月	火	水	木	金	土
1	珠算	保体	英語	1.2 習字 数学	英語	国語
2	職業	国語	社会	理科	国語	数学 日本史
3	理科	1. 数学 2. 習字	音楽	社会	家庭	日本史

3年時間割

時＼曜	月	火	水	木	金	土
1	理科	国語	英語	数学	英語	国語
2	職業	保体	社会	理科	国語	数学
3	珠算	習字	日本史	社会	家庭	音楽

5. 授業開始時間

四月 ～ 十月　午后 6.00 ～ 8.20

十一月 ～ 三月　午后 5.30 ～ 7.50

B 生徒の環境と生活

この調査は本校二部学級生徒60名について調べたものである。不就学乃至長期欠席の理由は要するに家庭の貧困或は保護者及び周囲の無理解のため，勉学の意欲があり，能力がありながら昼間の就学が出来ず学業を遠ざかった生徒であることを思うとき，地域社会各方面特に職場に於ける協力と理解を切望する。

1 学年別生徒数

学年＼性	男	女	計
一年	6	4	10
二年	9	15	24
三年	10	16	26
計	25	35	60

2 生徒の年令

学年	性＼年令(満)	十三	十四	十五	十六	十七	十八	十九	二十	二十一	二十二	二十三	二十四	二十五		計
一年	男	2				2	1		1							6
	女	3		1												4
二年	男		3	1		2	2		1							9
	女	2	7	1	3	1			1							15
三年	男			7	1				1					1		10
	女			12			1	1			1		1			16
計		7	10	22	4	5	4	1	4		1		1	1		60

3 入学の理由

理由＼員数	15才未満	15才以上	計
昼間は働いて家計を助ける	30	15	45
昼間働いて仕事を覚える	5	1	6
自給するため	2	5	7
その他	2		2

4 生徒の通区域

区域＼学年・性	一年 男	一年 女	二年 男	二年 女	三年 男	三年 女	小計 男	小計 女	計
天神山中学校学区通学者	1	3		8	2	4	3	15	18
他中学校依託生徒	1	1	4	5	6	8	11	14	25
その他	4		5	2	2	4	11	6	17

5. 家庭の職業

職業 \ 学年	公吏	靴製造	行商	人夫	興業師	農業	理髪	無職(内職)	工員	八百屋	外交員	古物商	大工	会社員	家ナシ	人夫	時計修理	肉屋	計
一年		1	1	1		1		3	1	1					1				10
二年	1	1		1	1	2	1	5	6		1	1	1	1	2				24
三年				1	1	2		10	4	1				2	2	1	1	1	26
計	1	2	1	3	2	5	1	18	11	2	1	1	1	3	5	1	1	1	60
								△	△						△				

6. 生徒の職業

学年	性	徒弟	家事	工員	外交員	家業	内職	交換手	売子	その他	計
一年	男	2	1	3							6
	女		1	2						1	4
二年	男	2	2	3	1	1					9
	女	3		7		1	1			3	15
三年	男	1		8			1				10
	女			9		2	1	1	1	2	16
計		8	4	32	1	4	3	1	1	6	60

7. 両親の有無

学年	両親有		片親のみ		孤独	計
	父母健在	一方病弱	父のみ	母のみ	(両親無)	
一年	3	2	1	3	1	10
二年	11	3	1	6	3	24
三年	8	4	3	8	3	26
計	22	9	5	17	7	60

以上の調査から見ても、二部学級生徒の不遇なる環境に生れているかが、想像することができると思う。

C. 学習上の環境

1 家庭学習

学年	一年	二年	三年	計
勉強をする	2	2	3	7
時にはすることがある	1	2	2	5
全然しない	7	20	21	48

80％は家庭で全然学習をしていない。

2 家庭で学習をしない理由

学年	一年	二年	三年	計
疲れてやれない	3	11	15	29
勉強がきらい	3	4	9	16
時間がない	2	5	1	8

3. 夕食時刻

摘要 \ 性	男	女	計
登校前に食事をする者	2	3	5
下校後に食事をする者	23	32	55

4. 出席状況

学年	性	四月	五月	六月	七月	九月	十月
1年	男	97.4	79.2	70.7	72.5	71.4	65.4
	女	81.9	74.8	84.6	85.7	85.1	85.3
2年	男	94.3	83.2	92.6	91.1	82.0	76.9
	女	79.7	67.3	66.8	65.4	58.3	56.4
3年	男	82.3	79.4	75.6	61.8	61.4	60.3
	女	73.3	62.1	55.0	58.0	46.8	47.9

二、指導の実際

1. 二部学級の教育方針

六三三制も一応整備されたと云っても　その内容に至っては未だ十分とはいえない。特に長期欠席生徒に関する問題は之を放置すれば由々しき社会問題となる。これが打開策として二部学級を設け　不幸な生徒も学習意欲さえあれば義務教育をうけられるのである。

この不幸な境遇の生徒を，対象としているのであるから　彼等に最も必要な知識を授けることは勿論であるが，その前によき社会人たるべき精神的な要素を充実させ　併せて知識を授け，不良化防止，不良的行動の矯正と，諸種の誘惑を克服し得る克己心を養成する。

2. 学習計画

知能程度も遅れ　労仂のため疲労して　家庭学習が全然出来ない生徒が８０％もあるのであるから，各教科の内容を吟味して，彼等の生活に直結する内容があり，最も必要ありと思われるもので，生徒が社会に出て役立ち，且　単純であることを主眼として，教科内容を撰択する。又　その事も　できるだけ　時間内に完結し，之を把握する様に計画する。

3. 週案の作成

学習予定案を正しく立ておく。その学習予定案の形式は下の如し

第二学期　第　週　学習予定表　担任印

項目／科目	曜	学習予定	本週の時数	実施時間	前週までの時数	累計

二部学級を担任して

昭和２９年２月　二部学級専任として本校に赴任し，不遇の青少年子女を眼前にみて，この薄幸の生徒と共に　今後教育の道にすすむ使命の重大なることと，非常に苦難であることを感じた。と同時に彼等の幸福を願い彼等を暖かく迎え懇切に指導してやろうと決心した。
過去十ヶ月の教育をして　次の三点を発見すると共に解決に悩んだ。

1　自分を卑下する生徒が多い。

2．学力が劣っている生徒が多い。

3　欠席する生徒が多い

第一の不遇な境遇に育ったことが，彼等生徒に一種のひがみの心を生み，長期間の学業放棄をしたことなどより　自己卑下の心が強く，常に明朗さを欠き　反抗的で登校しても昼間生徒に見られたくない話もしたくない，常にさけて校舎のかげにちぢんでいる様は，実に気毒であった。自分達は劣等生ばかりだ。勉強しても仕方がないと考える自棄的な心を持つ生徒に，学問と社会，偉人の晩学，苦学生の自身出世の伝記を話したり，運動を奨励して　ソフトボール，ドッチボール等によって快活さを　明朗さを培うことに努力した。特に　昭和２７年４名　昭和２８年５名が　上級学校を志望し全員が名古屋市立前校夜間部に入学したことが　彼の魂をよみがえらせて自分達も努力すればやれるということを眼前にみて，明朗さを加えてきたようである。

次に学力の低いことである　それも長期間学業を遠ざかっていた彼等に対しては無理からぬことである，勉強のきらいな者，意欲はあっても時間とてない彼等，仂く事と寸暇を求めて遊ぶことしか知らない彼等生徒である。この生徒に如何にして教育すべきか。意欲を欠き，労仂に疲労した彼等に，寒期には空腹と寒さにおののく彼等に，如何に学習させ，一日の学習の収穫させて帰宅させるか。

苦難と努力の連続である
最後に欠席する生徒を如何に督励するかである。疲労，空腹，残業の三難を如何に解決すべきか。

問題は次から次へとあってこの解決に悩むのみである。

終

第一表　長期欠席者学年別総数

種別 / 学校別	年度	長欠者数							学年別在籍者数に対する長欠者の割合						
		1年	2年	3年	4年	5年	6年	計	1年	2年	3年	4年	5年	6年	計
小学校	28	237	212	254	282	361	355	1701	1.00%	1.10%	1.04%	1.08%	1.44%	1.36%	1.18%
	27	262	327	333	378	473	438	2211	1.39%	1.37%	1.30%	1.53%	1.83%	1.87%	1.55%
中学校	28	608	676	476				1,760	2.76%	3.37%	2.96%				3.02%
	27	678	588	794				2,060	3.44%	3.70%	4.40%				3.84%

第2表　長期欠席者　性別　総数

種別 / 学校別	年度	在籍者数			長欠者数			在籍者数に対する長欠者の割合		
		男	女	計	男	女	計	男	女	計
小学校	28年	73,486	71,054	144,540	816	885	1,701	1.11%	1.25%	1.18%
	27年	72,184	70,058	142,242	1,054	1,157	2,211	1.46%	1.65%	1.55%
中学校	28年	30,527	27,657	58,184	825	935	1,760	2.70%	3.38%	3.02%
	27年	28,094	25,525	53,619	955	1,105	2,060	3.40%	4.33%	3.84%

註　在籍者数は　昭和28年度は29年3月1日現在数
　　　　　　　　昭和27年度は28年3月末日現在数

第3表　区別長期欠席児童生徒数と割合

区名	小学校						中学校					
	男	割合	女	割合	計	割合	男	割合	女	割合	計	割合
南区	117	1.52	121	1.71	232	1.61	93	3.28	77	2.98	170	3.14
千種区	75	1.18	67	1.09	142	1.14	55	2.13	60	2.62	115	2.36
東区	33	0.68	32	0.69	65	0.69	27	1.11	45	2.26	72	1.63
北区	70	1.22	64	1.15	134	1.18	55	2.38	91	4.11	146	3.23
西区	82	1.18	107	1.58	189	1.38	63	2.11	85	3.13	148	2.60
中村区	106	1.09	126	1.35	232	1.21	146	3.80	150	4.16	296	3.97
中区	75	1.33	79	1.49	154	1.41	73	3.37	75	3.81	148	3.58
昭和区	62	0.98	65	1.07	127	1.00	40	1.55	53	2.31	93	1.91
瑞穂区	46	0.70	52	0.82	98	0.76	60	2.16	47	1.94	107	2.05
熱田区	52	1.20	65	1.55	117	1.32	60	3.20	73	4.33	133	3.73
中川区	61	1.00	56	0.95	117	0.98	86	3.15	117	4.49	203	3.80
港区	43	1.10	51	1.29	94	1.20	67	4.72	62	4.78	129	4.76
計	816	1.11	885	1.25	1,701	1.18	825	2.70	935	3.38	1,760	3.02

第4表　保護者の職業別調（中学校）

区分 / 区別	1 農業	2 林業	3 水産業	4 鉱業	5 運輸業	6 自宅商	7 自宅工	8 行商露天商	9 自由労務	10 工員	11 公務員	12 学校職員	13 会社員	14 其の他	15 無業	合計
千種	63				87	252	252	54	139	448	579	146	1,509	416	343	4,794
東	45	4	5	2	67	384	384	22	130	448	410	86	1,223	421	150	4,566
北	100	10	3	9	92	245	245	56	186	1,092	312	44	925	266	181	4,473
西	133		4	2	155	632	632	83	279	1,067	353	41	1,005	354	393	5,659
中村	252	1	10	1	271	683	683	160	364	1,099	538	84	1,386	506	427	7,333
中	2	6	5	2	30	420	420	40	138	330	210	47	722	369	235	4,134
昭和	76	3		2	80	448	448	23	179	513	465	158	1,341	396	315	4,889
瑞穂	111	5	11	5	121	324	324	54	214	1,255	333	140	1,164	354	311	5,298
熱田	5	12	58	3	88	284	284	28	202	904	167	29	529	344	256	3,519
中川	461	21	233	10	163	469	469	357	366	1,005	422	40	597	296	163	5,268
港	251	1	7		215	62	62	6	254	573	136	17	581	129	178	2,635
南	238	4	17	8	98	158	158	70	283	1,958	259	46	785	461	287	5,388
計	1,637	67	353	44	1,467	4,361	4,361	953	2,737	10,692	4184	878	1,1772	4,252	3,244	57,956
割合	2.82	0.12	0.61	0.08	2.53	7.52	7.52	1.64	4.72	18.45	7.22	1.51	20.11	7.34	5.60	100%

第5表　欠席の理由（その一）

学校別	年度	数・割合	区分（一）(1) 本人によるもの	(2) 家庭によるもの	区分（二）(1) 本人の疾病異状	(2) 勉強ぎらい	(3) 友人にいじめられる	(4) 学用品がない	(5) 衣服や履物がない	(6) 学校が遠い	(7) 家庭の無理解	(8) 家庭の災害	(9) 家族の疾病異状	(10) 教育費が出せない	(11) 家計の全部又は一部を負担しなければならない	(12) その他	計
小学校	28	数	1,096	605	870	135	9	5	6	8	317	6	48	74	53	170	1,701
		割合	64.4%	35.6%	51.0%	7.9%	0.5%	0.3%	0.4%	0.5%	18.7%	0.3%	2.8%	4.4%	3.2%	10.0%	100%
	27	数	1,345	866	1,129	151	8	7	5	8	467	5	65	151	41	174	2,211
		割合	60.8%	39.2%	51.2%	6.8%	0.4%	0.3%	0.2%	0.4%	21.0%	0.2%	2.9%	6.8%	1.9%	7.9%	100%
中学校	28	数	782	978	401	288	7	6	4	3	332	8	116	107	274	214	1,760
		割合	44.4%	55.6%	22.8%	16.4%	0.4%	0.3%	0.2%	0.1%	18.7%	0.5%	6.6%	6.1%	15.5%	12.2%	100%
	27	数	878	1,182	418	355	14	10	6	2	468	9	100	143	312	223	2,060
		割合	42.6%	57.4%	20.3%	17.2%	0.7%	0.5%	0.3%	0.1%	22.9%	0.4%	4.8%	6.9%	15.1%	10.8%	100%

〔註〕理由の重複する場合はその主たるものによる

第6表　欠席の理由（その二）

年度別	学校別	性別	数・割合	区分（一）(1) 本人によるもの	区分（一）(2) 家庭によるもの	区分（二）(1) 本人の疾病異状	(2) 勉強ぎらい	(3) 友人にいじめられる	(4) 学用品がない	(5) 衣服や履物がない	(6) 学校が遠い	(7) 家庭の無理解	(8) 家庭の災害	(9) 家族の疾病異状	(10) 教育費が出せない	(11) 会計の全部又は一部を負担しなければならない	(12) その他	計
昭和28年度	小学校	男	数	578	239	442	91	3	3	3	7	121	3	13	30	28	73	817
			割合	70.7	29.3	54.0	11.1	0.4	0.4	0.4	0.9	14.8	0.4	1.60	3.7	3.4	8.9	100
		女	数	518	366	428	44	6	2	3	1	196	3	35	44	25	97	884
			割合	58.6	41.4	48.4	5.0	0.7	0.2	0.3	0.1	22.1	0.3	40	5.0	3.0	10.9	100
	中学校	男	数	412	413	196	178	2	4	2	2	142	3	40	38	183	85	825
			割合	50.0	50.0	23.7	21.6	0.2	0.5	0.2	0.2	17.2	0.4	4.9	4.6	161	10.4	100
		女	数	370	565	205	110	5	2	2	1	190	5	76	69	141	129	935
			割合	39.6	60.4	21.9	11.8	0.5	0.2	0.2	0.1	20.3	0.5	8.1	7.4	152	13.8	100

第二部（夜間）学級経営

昭和29年11月1日

東京都立川市立立川第三中学校

目　　次

立川の概観
Ⅰ 教育目標 ……… 7
Ⅱ 指導方針 ……… 7
Ⅲ 指導態度 ……… 8
Ⅳ 学級編成 ……… 8
Ⅴ 職員・教科時数 ……… 8
Ⅵ 生徒の実態 ……… 9
Ⅶ 経営の経過 ……… 10
1. 欠席生徒の実態調査 ……… 10
a. 家庭環境 ……… 10
b 生　徒 ……… 11
c 長期欠席生徒の実態 ……… 12
2. 入学式 ……… 12
3. 指導の実際 ……… 13
a 年度別生徒異動 ……… 13
b 年度別授業日数　生徒の出席状況 ……… 13
c 教育的関係の成立 ……… 13
d その他 ……… 15
4. その他 ……… 16
a 保護者の負担する経費 ……… 16
b 生徒・保護者の声 ……… 16
c 10月末現在の不就学生徒 ……… 17
5 反省 ……… 17
（研究発表要項） ……… 19

立川市の概観

立川は武蔵野の西部の一劃に位し、都心から中央線で約1時間のところにある。多摩川の清流を距て、南西の多摩丘陵の上に秀峯富士の雄姿をはるかに望み、遠く北には狭山丘陵、秩父の山々が望まれる。見渡す限りの平坦地は何の変化も妙味もなく無限に広がっている。市の中央部は中央線、青梅線、南部線、五日市線の国有鉄道が縦貫して交通の要衝にある。

立川の発展の歴史は明治22年4月11日甲武鉄道（今の中央線）が数多の難航を重ねて立川駅にすべり込んだ時から始まる。甲州街道に沿って計画された鉄道敷設は、「宿場がさびれる」「わら屋根に引火する」「蚕が死んでしまう」など沿道の無知の農民の反対にあって、人里離れた山林や畑の中を一直線に開通した。当時は戸数320戸人口1,920人を数えるに過ぎない一寒村であった。

明治24年府立第二中学（都立高校）の開設に続いて、府立蚕業取締所、蚕糸試験場が設けられ、都下の三多摩地区の産業経済文化の指導的中心地として将来の発展が期待された。

大正11年陸軍飛行第五聯隊が帝都の西の守りとして置かれ、翌12年の関東大震災の影響もあって人口は激増し戸数1,408戸人口6,895人を数え明治初年の約4倍に達した。

立川市人口推移

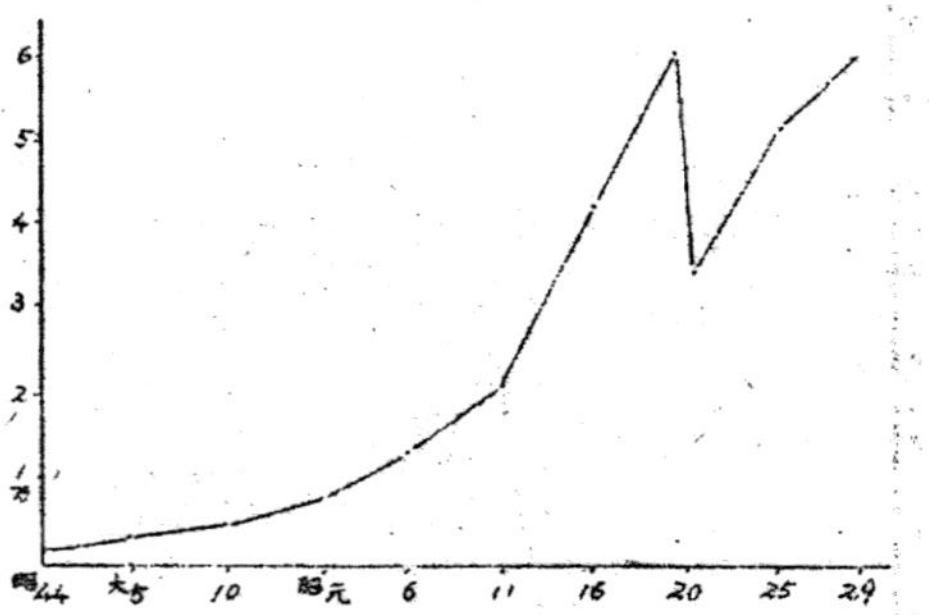

大正13年農事試験場や種畜場も新設され三多摩地区産業の伸展とともに人の移住も増加した。また中央線の電化が昭和4年立川まで延び、翌5年南武鉄道や五日市線が開通して、発展は加速度的になった。昭和14年から19年の5ヶ年間は、軍需工業によって軍都、国際都市として、俄然立川の面貌を一変した。昭和15年には市制を施行し19年に

3

は人口６万を数えるようになった。

昭和２０年終戦によって人口は急激に減少したが、駐留軍の基地となって再び国際都市として人口の増加がはげしく、昭和２９年１０月現在 世帯数１４．０４３．人口５９．２７０人を数えるようになった。

武蔵野の一農村から町に、町から市へ、軍事都市として急激に発展し国際都市といわれるようになったが、生産都市ではなく、消費都市として宿命的に発展した。

総面積８．９５ Km^2 の５１．４％（４．６０ Km^2）は有租地で、４８．６％（４．３５ Km^2）は無租地である。軍事基地としての飛行場の面積は市の約 1/4 を占めている。広大な基地に付随する工場の他には生産工場もなく、八王子に見られる老舗といった商店もみかけられない。

また武蔵野の純粋の大きな農家もみとめられない。常に軍略景気を裏づけにしているので政治的にも経済的にも文化的にもすべての点に落ちつきを失っている。市民の生活もまた、経済的に精神的に大きな不安定をきたしている。こゝに宿命的な立川の特殊性がある。

立川の騒音調査

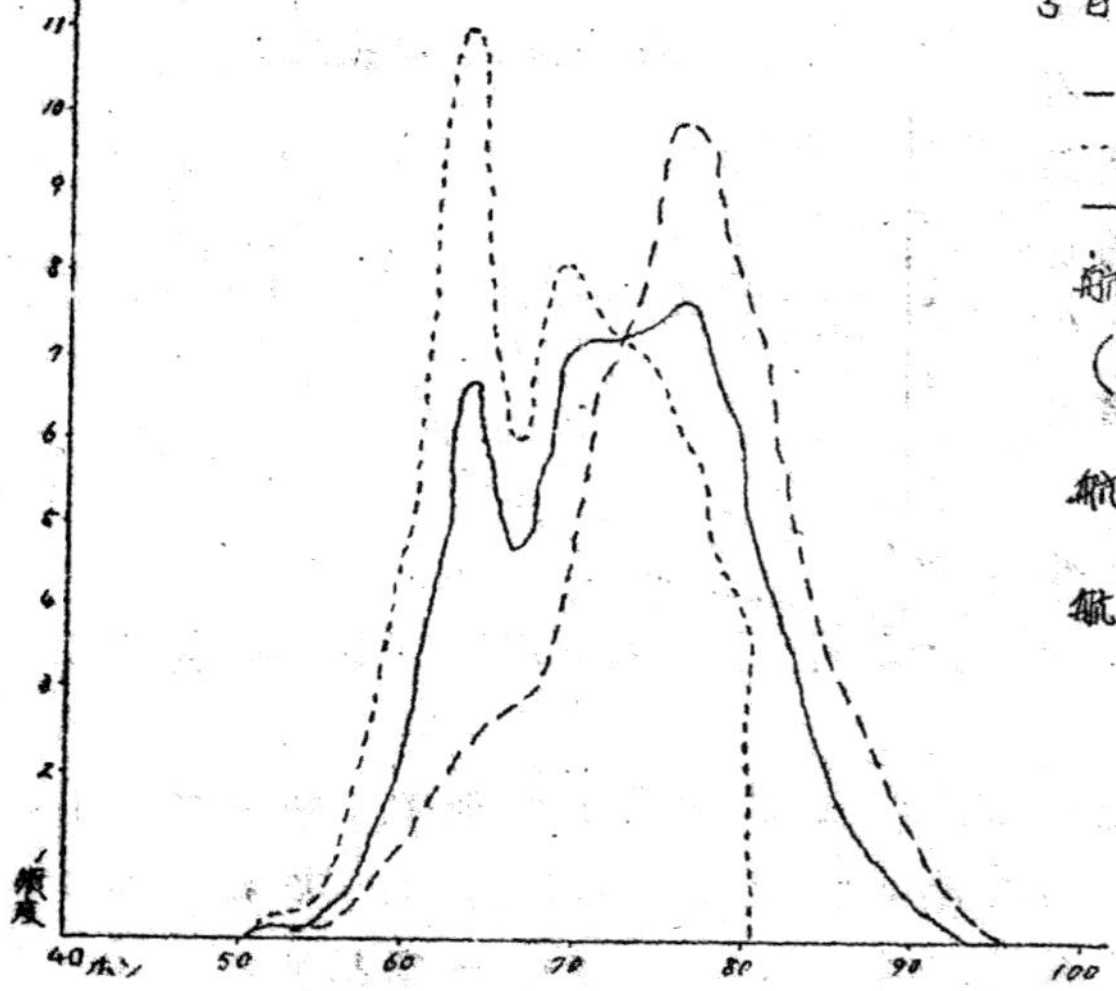

５日間測定の平均

－－－－ 午前の平均
‥‥‥‥ 午後の平均
―――― 午前・午後の平均

航空機着陸 （測定位置より西北約５００ｍから北へ向って離陸） ４発 ９５～１０５ホン 双発 ８５～９５

航空機着陸 ４発 ７５ホン 双発 ７０

航空機上空通過

４発 高度 １,０００ｍ ８０ホン
〃 〃 ３００ｍ ９０

教室で先生の話声
口から１ｍで約８０ホン
室の後方で約７０ホン
騒音は６０ホン以下が望ましい

（於立川第一小学校） 東京大学 渡辺研究室測定調査

4

市の外形から市街をながめても、そこに察せられるものがある。某新聞はその姿を飛行機から眺めた「無秩序の国際都市」と題して記事と写真を素直に載せたことがある。

常時離着陸する大型輸送機の爆音や新鋭機の不気味な騒音に妨げられる一方、目にするものは駐留軍兵士とその関係の特殊女性、旅館、貸室、飲食店など目にあまるものばかりである。競輪、パチンコ風景もまた人の心をかき乱し、落ちつきを欠いている。

こうした環境に子女を護りつゞけ、この環境に強く逞しく成長し将来よき市民となり国民となる生徒を育成することは誠に至難のことである。立川の宿命的なこの性格環境におかれている子女の教育のため、昭和２５年１２月教育委員会が設置された。教育尊重、教育優先の市民の熱意に応え、教育委員会は教育５ヶ年計画をたて、教育内容の充実振興に全力をつくし着々その実績をあげている。経済的に窮乏の財政に、校舎の増築、設備その他の整備を実施するとともに、夜間中学の開設、精神薄弱児の特別学級の設置、教科の研究などすべての点にわたって立川の現状に応じた措置を講じている。

昨年度完成した「道徳教育」「教育漢字の研究」は既に公表され広く反響を呼んでいる。

立川の教育関係の施設は次の表の通りである。

	小学校	中学校	高校	大学	ろう学校	洋裁学校	幼稚園	保育園	図書館	公民館	児童相談所
都立	1		1		1	1		2	1		1
市立	6	3	1							1	
私立		1	1	1			5	6			

註 都立小学校は朝鮮人学校

5

立川市略図

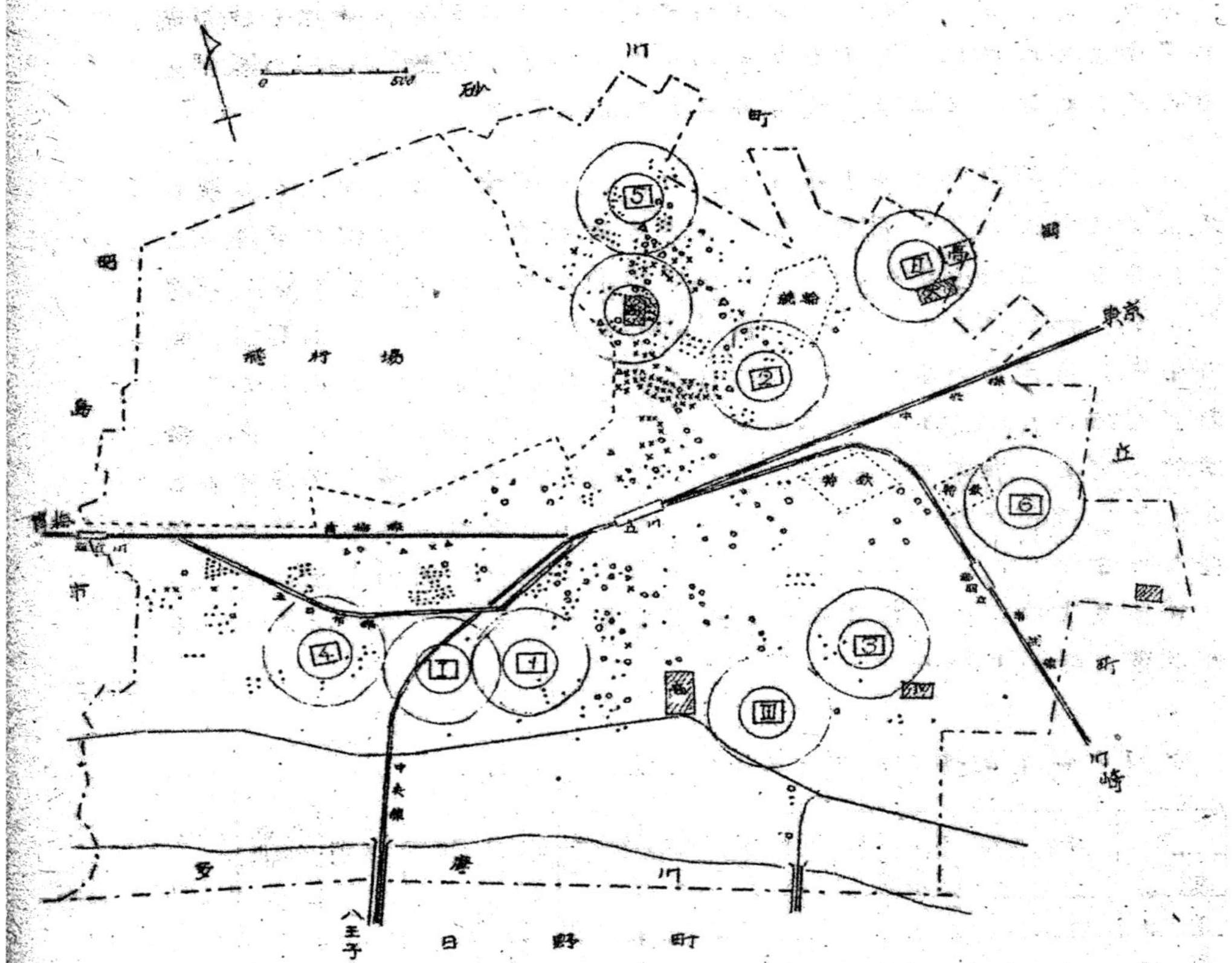

- 図 市立小学校
- 〃〃中学校
- 〃〃高等学校
- 都立学校
- 私立学校
- △ キャバレー　× バー
- ○ 旅館　・ 置屋

立川市立校生徒数

学校	学級	生徒
1小	31	1543
2小	32	1583
3小	28	1531
4小	26	1236
5小	21	1050
6小	16	892
Ⅰ中	22	1199
Ⅱ中	22	1181
Ⅲ中	19	929

Ⅰ　教育目標

本校は立川市および第三中学校の地域性と、本校生徒の特殊性に留意して重点的に、現実性と理想性の両面から次の教育目標を設定した。

1. 豊かな個性を持ち　自主自律責任を重んずる人となる。
   自主的態度、自律的精神、正義と責任の観念をもって事にあたる。混乱した社会的不安が生徒の安定感をたえずおびやかしている現状では、こうした態度で現実に行動することは本当に至難のことであるが、真に民主的な人間象を目ざして実践できる人となる。
2. 規律と礼儀を重んじ　明朗な気風を養い　心身ともに健康なよい社会人となる。
   秩序を保ち互に敬愛しあい、情操を豊かにし、香り高い文化を身につけ溌剌とした活動力を持つ民主的社会を形成することのできる人となる。
3. 勤労を愛し努力する人となる。
   社会の混乱や不安にうちかち、勤労を重んじ、すべてのことに誠意をもって努力する。あくまで勤労を尊び、その喜びを味わい、誠意をもって事にあたる人となる。

Ⅱ　指導方針

夜間の生徒の特殊性に応じて、生徒に明るい希望と理想を持つ、のびのびとゆとりのある人格の形成、人間形成を目指して指導する。

平和を願い民主独立国としてたちあがった日本は、戦後の混乱した社会不安を一日も早くとりのぞき安定した社会をうちたてねばならないのに、今なお社会悪の暗い面がおびただしく、それがあくどい刺激となって生徒の行手に不安な影をなげている。夜間の生徒は過去および現在複雑な事情に置かれているものが多い。これら生徒の指導にあたっては内省を一層深くし、生徒のために生徒の側に立って生徒と共に手をとりあい、民主的社会を形成することのできる人となるように、まじめな力強い歩みを進めたい。

生徒の指導上特に留意する点は次の六項目である。

1. 自信と誇りを持たせる。
2. 鞏固な意志を持ち出席をよくし継続させる。
3. 互に協力して仲よく勉強させる。
4. 能力に応じなるべく個別的に適応するように考慮する。
5. 保健衛生上ことに身体の発育に留意する。
6. 職業家庭科の実際生活の指導につとめる。

Ⅲ 指導態度

1. 夜間生の特殊性をよくつかみ、一人一人の姿、一日一日変化し成長していく生徒の姿をありのまゝ正確に見つめる。夜間生はある面は発達しながらある面では低下している。また明るい面を持つ反面に暗い影を持っている。
2. 夜間授業は限られた短時間で徹底を欠くおそれがある。機を見ることに敏であり、機会をとらえて適切な指導方法を講ずる。
3. 生徒の環境や境遇が複雑多岐なものが多い。保護者、雇傭主を訪問して生徒の要求に応えると共に生徒の指導に協力を求める。
4. 生徒の問題に対しては、あくまで綿密正確に真理を探求し適切な判断を誤らない。

Ⅳ 学級編成

一学級		1年	2年	3年	計
	男	1	4	6	11
	女		8	5	13
	計	1	12	11	24

Ⅴ 職員・教科時数

校長	兼任		国語 4 社会 4 数学 3 理科 3 英語 3
専任	1		職・家 2 保・体 2 音楽 1 図・工 1 習字 1
講師	9		毎日 午後5時半～8時半 1日4時間 1週24時間

Ⅵ 生徒の実態

	学年性別	1年 男	1年 女	2年 男	2年 女	3年 男	3年 女	計 男	計 女	計 計
年齢	13才	1		1	2			2	2	4
	14 〃			2	3	1	1	3	4	7
	15 〃				1	1	3	1	4	5
	17 〃				2				2	2
	19 〃					1		1		1
	20 〃			1					1	1
	21 〃					1	1	1	1	2
	22 〃					2		2		2
	平均	13.0		15.7	15.3	19.3	16.8	17.4	15.10	16.6
職業	会社			2		1		3		3
	商店			2	4	5	3	7	7	14
	家事手伝	1			4		2	1	6	7
勤務条件	自宅より通勤			2		2		4		4
	住込			2	4	4	3	6	7	13
勤務の内容	酒屋店員			1				1		1
	牛乳屋店員			1				1		1
	機械見習工			1				1		1
	ミシン組工			1				1		1
	米屋店員					1		1		1
	瓦製造工					1		1		1
	自動車修理工					1		1		1
	菓子製造工					1		1		1
	畳糖店員					1		1		1
	時計組立工					1		1		1
	洋服商店員						1		1	1
	パーマネント						1		1	1
	女中				3		1		4	4
	子守				1				1	1
両親	両親有				5	3	3	3	8	11
	（実父母）				4	1		1	4	5
	（継父・母）				1	2		2	1	3
	父無	1		2	1	2	2	5	3	8
	母無				1				1	1
	両親無			2	1	1		3	1	4
保護者の職業	外交員					1		1		1
	日雇・雑役	1		1	1	1	2	3	3	6
	瓦職					1		1		1
	公務員				1	1	1	1	2	3
	駐留軍傭員				1	1		1	1	2
	旅館				1				1	1
	新聞社員				1				1	1
	豆腐商				1				1	1
	芸妓置屋				1				1	1
	建具職				1				1	1
	国鉄職員						1		1	1
	製材工						1		1	1
	無職			1		1		2		2
家族数	0人			1		1		2		2
	3 〃				1				1	1
	4 〃			2	3		1	2	4	6
	5 〃	1				4	1	5	1	6
	6 〃			1	2		1	1	3	4
	7 〃				2	1		1	2	3
	10 〃						1		1	1
	11 〃						1		1	1
住居	自家				1	1	2	1	3	4
	借家	1		1	5	4	2	6	7	13
	間借			1	2		1	1	3	4

学年性別		1年 男	1年 女	2年 男	2年 女	3年 男	3年 女	計 男	計 女	計 計
生活保護	受けている	1		1			2	2	2	4
保護者 雇傭主	熱心			1	2	3	1	4	3	7
	しかたがない	1		3	1	2	1	6	2	8
	無理解				5	1	3	1	8	9
生徒	熱心			1	1	3	1	4	2	6
	しかたがない			2	1	3	1	5	2	7
	きらい	1		1	6		3	2	9	11

Ⅶ 経営の経過

立川市議会は昭和２６年度長期欠席生徒のために、夜間中学を設置することを議決した。昭和２７年４月１日第三中学校に第二部授業として夜間部を開設することになった。

1 欠席生徒の実態調査

夜間部は設けられたものの、夜間中学を知らないものばかりなので、どれだけの生徒が就学するかということよりも、先ず第一に中学の特殊施設として夜間中学の開設と生徒募集の宣伝をやらなければならない。街にポスターを貼り、各学校にびらを配布する一方、６９名の欠席生徒の調査と就学の勧誘を開始した。各学校の資料をもとに一人一人について家庭訪問をしてみると、そこにはさまざまの問題があった。初対面以降再三足を運んで面接の機会を持ったが問題を解決できるような真実の資料を掘ることのできないものもあった。就学の見込みのあるものも至って少く、６９名の約１／３名９名に過ぎなかった。欠席生徒の実態を分析してみると次のようにまとめることができる。

a. 家庭環境

○ 外見的に一目で経済的と思われるもの。
　表札もない。玄関と台所がいっしょで　開けた戸をもとに閉めることもできない。板の間にござで畳がない。子供が目立って多く、おちついて話もできない。

○ 一人でも家族の生活費を軽減するため、小学校の終るのを待って他家に住込ませ生徒は市内に居住していないもの。

○ 市内に居住はしているが、飲食店その他の商売関係に働いているので、夜間の就学もできない。昼間の生徒として就学することも考えられないもの。

○ 両親（病弱、片親、継父母、内縁など）の複雑な事情のもの、

○ 経済的のためか、住居が転々と変り、放浪的で、日頃隣近所の交際もなく夜逃に近いもの。市の出張事務所を調べても住居は不明である。

○ 自分の子どもの教育は、学校や他の人からいわれることはない。
　親の責任でそのことは度々訪問した担任とその校長によく話してある。うるさく何回来ても無駄であるというもの。

○ 現在の６.３制度に反対、その必要を認めないもの、
　昔の子どもは小学校だけで立派に一人前になっている。
　家の子どもには中学の勉強は必要がない。

○ 今の学校教育はなっていない。
　学校へやっても何の役にもたゝない。
　学校へやると理屈ばかりいって親のいうことをきかない。

○ 子どもが勉強をきらって学校へ行かない。
　何んといってもいやがるものはどうにもしかたが無い。

○ 子どもを夜学に出すのは危険である。
　夜学へやるくらいなら昼の学校へ通わせる。（口だけで）

○ 夜学には悪い生徒がいるから家の子どもは夜学へもやらない。

b. 生徒

○ 病気のため入院や療養中、または精神薄弱など身体的、精神的に欠陥のあるもの。

○ 勉強がきらいで学校をいやがるもの。
　頭が悪いので見込みがない。
　勉強が面白くない、学校へ行ってもつまらない。
　学校は窮屈で面白くない。
　悪い仲間に入れられる。悪い仲間のように人から悪くいわれる。
　わけもなくただいや、学校へ行く気がしない。
　欠席がもとで勉強がおくれているのがはずかしい。

○ 就学の見込みのあるもの

　進んで就学を希望していたが　今までどうすることもできないまゝ困っていた。

　学校や親からやかましくいわれるので　いやだがしかたなくその気になる。

　夜間へ行くなら思いきって昼間の学校へ行く

c. 長期欠席生徒の実態

家　庭

経済的貧困	32.7%
無理解	34.8
生徒病気	11.6
〃 精神	8.7
転　居	7.2

生　徒

昼間就学	7.2%
夜間就学見込	13.2
怠　惰	56.2
精神薄弱	8.7
病　気	11.6
他家住込	8.7
夜間勤務	7.2
転　居	7.2

生徒の職業

家事手伝		20.3%
他家住込		8.7
夜間勤務		7.2
その他勤務		24.6
職業なし		11.6
その他	精神薄弱	8.7
	病　気	11.6
	転　居	7.2

夜間学級開設当時立川市の中学校在籍生徒数は、2,438名でその中長期欠席生徒数は69名であった。学級編成以前の仕事として69名に対し1ヶ月余にわたる調査勧誘の結果は以上の通りである。69名の中就学の見込みのあるものはわずかに9名に過ぎなかった。

2 入学式

入学申込書をとった9名を対象に5月12日授業を開始することにした。いやがる生徒を無理にすゝめて就学させるので　この9名の生徒が果して顔を揃えて就学するかどうかは誠に不安である。前日家庭を一巡して生徒にも保護者にも十分よく納得させて置いた。ところがいざ当日時間になっても生徒の姿は見えない。教育委員会や学校関係の多数来賓は室に溢れるほどであったがやむを得ず時間を繰り下げ、手分けして生徒の各戸に走り廻ってやっと4名の生徒を集めることができた。生徒の劣等感を察して2～3の来賓の臨席だけで入学式を行った。生徒はおそるおそる家は出たが校門をくゞることがおそろしかったと不安だった心境を話してくれた。来賓が帰るまで門の外で様子を見ていて帰るのを待ってはいって来た生徒も

2～3名いた。こゝにも長期欠席生徒の指導上の問題があった。

3. 指導の実際

a. 年度別生徒異動

区分 / 学年	27年度 年度初 男	女	計	27年度 年度末 男	女	計	28年度 年度初 男	女	計	28年度 年度末 男	女	計	29年度 年度初 男	女	計	29.11.1 男	女	計
1	3	2	5	7	7	14	1	2	3	4	4	8				1		1
2	1	2	3	3	2	5	8	5	13	6	5	11	5	7	12	4	8	12
3							1	2	3	1	1	2	6	4	10	6	5	11
計	4	4	8	10	9	19	10	9	19	11	10	21	11	11	22	11	13	24

欠席のため原級留置 {男3 女2}　　欠席のため原級留置 女1

卒業生 {男1 女1}

b. 年度別授業日数と生徒の出席状況

区分 / 月	27年度 授業日数	出席数	皆出席	全欠	出席%	28年度 授業日数	出席数	皆出席	全欠	出席%	29年度 授業日数	出席数	皆出席	全欠	出席%
4						20	15	3		77.27	21	19	7	3	72.81
5	18	9	4		70.46	25	14	2	1	65.85	24	17	3	3	70.70
6	25	13	2		62.71	26	14	3	1	58.89	26	16	4	6	67.51
7	22	9		4	59.82	27	14	2	1	45.13	17	19	7	4	61.54
8	15	9		4	47.08	12	13	2	2	44.28	16	17	5	6	58.91
9	25	12		4	50.96	25	13	1	2	53.99	24	15	4	8	59.42
10	27	12		5	51.21	26	13	1	3	56.29	26	18	3	6	56.14
11	24	14	2	4	50.25	23	14	1	2	54.85					
12	21	13		5	41.94	21	12	4	4	53.78					
1	20	13		5	45.16	19	12	2	6	54.27					
2	24	13	1	5	45.37	24	16	5	5	47.03					
3	25	13	1	6	42.67	22	16	4	5	60.68					
計	246				51.62	270				56.23					

全欠の理由	27年度	28年度	29年度
	精神薄弱 1 知能低劣 3 転籍 1 勤労上 1	知能低劣 3 怠惰 2 勤務上 1	知能低劣 3 問題児 3 怠惰 2 勤労上 2

(註) 夏休みその他の休み中の授業は生徒の希望もあり授業を延長した。年末は職場の関係で昨年度から授業を行わない。

c. 教育的関係の成立

無理解無関心の家庭に放任されている生徒は　想像以上の劣等感で偏屈である。教育的関係を成立させることが最も大きな問題であり難しい仕事である。根気よく家庭訪問を繰り返し父兄に反感を持たれはしないかとおそれたり、何のために

家庭訪問をしたのか、こんなことなら家庭訪問などしなければよかった、と考えさせられながら夜の街を足早く学校に引き上げることも度々である。

○ <u>出席の督励</u>　生徒はその場限りで落ち付きを欠いて持続性がない。家庭や職場を廻って家族や雇傭主に協力を求め出席を継続させることにつとめている。

○ <u>無理解無関心</u>　の父兄雇傭主に生徒の能力性格行動態度などをよく話して理解と協力をしてもらうことにつとめる。

○ <u>卑屈な劣等感</u>　生徒も父兄も環境や境遇からずいぶん卑屈になっているものが多い。保護者を学校へ呼び出すことは殆どないので、家庭や職場を廻って懇談の機会を作って考え方をかえさせることにつとめる。

生徒は学力や点を一番おそれている。最初はテストはもちろん感想文など一切を拒否するものが多かった。かなり劣等の強い性格を持っていても自分の弱点をつかまれることを非常に警戒している。これが学校をきらい勉強をおそれる唯一の障害である。この不安な障壁をとりのぞくことが最も大事な仕事である。自分の真の価値を見なおし、価値観念をかえさせ誇りと自信を持たせることにつとめる。

○ <u>異常性格</u>　卑屈な気持で特殊なグループを作りたがる傾向がある。わずか20名余りのクラスの友達にも、先生方にも親しめない。クラスの集団にも参加しない。家庭生活にも随分問題の多い特殊な生徒である。学級の雰囲気を乱すことも多く誠に厄介な生徒である。共同作業にも協力しないが　できるだけ参加協力することにつとめさせ、対人関係を円満に成立させることにつとめる。

○ <u>作業的な指導</u>　孤立的で学習の興味も薄く、意欲に乏しい生徒の対人関係や学習指導の一つの方法として作業的な指導を試みた。新設校で設備は乏しいが、幻燈機、天体望遠鏡、顕微鏡その他理科機械、余暇木工用具、そろばん、ミシン、謄写版など現在使用できるものを自由に使用させた。生徒の人数が少ないので一人一人が自ら手にしてむだなく作業ができるので

14

昼間の生徒より恵まれている。その結果興味を持ち学習効果や対人関係もよい成果をあげている。

ことに幻燈機は視覚教育としてよりむしろ興味本意の道具として自由に操作させた。偏屈で意志薄弱な生徒も手を出すようになって、入学以来絶対に本を読まなかった生徒ばかりでなく、一般の生徒も自信がつき国語指導に予期しない効果があった。謄写版の印刷では自由に好きなものをやらせた。自分の能力をおそれて絶対に手を出さなかった生徒も寄せ書き式にして何でも好きなものを書かせた。学級新聞や文集にまで発展して国語習字図工の学習に成果を得ることができた。

○ <u>学校行事参加</u>　生徒の一番おそれるのは学業の成績である。毎年10月に行われる運動会、展覧会、芸能会に参加することは最もいやがられた。しかし展覧会に出品した各教科の成績が昼の生徒のものと比較して遜色のないことや一面優秀であることなど自分の実力を知り自信を持つことができた。そのため一層努力しようとする熱意を燃えあがらせる効果があった。

○ <u>運動競技に参加</u>　野球、ピンポン、バレーなどに優秀な技術をもった生徒もいるので、その生徒をリーダーに夕暮の運動場に投光器の照明が輝くまで愉快に活動している。最初なかなか参加できなかった生徒も次第に参加するようになった。

○ <u>新聞、雑誌の購読</u>　生徒の希望もあって中学生新聞、雑誌を購入して回読している。

○ <u>校外教授</u>　春秋2回日曜日に遠足を予定している。今までに相模湖、奥多摩、昇仙峡、河口湖、箱根の見学をした。過去に楽しい遠足の経験を持たないものが多いので一番よろこばれ対人関係も非常に自然で効果がある。

○ <u>映画教室</u>　街の映画館の理解ある協力によって毎学期1〜2回映画鑑賞を行っている。昼間の生徒以上の待遇であるとよろこんでいる。

d. <u>その他</u>

○ <u>保健衛生</u>　発育期にある生徒の保健衛生の点には常に注意し、

15

定例の身体検査の外に月例の体重測定を実施している。昼間の労働と夜間の勉強との二重の負担や、不衛生が気遣われる生徒など２～３あったが医師の診断の結果は別段異常は認められなかった。概してむしばのないこと、その他の疾病異常のないことは昼間の生徒より著しく目立っている。

本年度は２年生の男子が死亡しているが、幼児の頃からひどいぜんそくで身体の発育が極度に悪く常に発作に苦しんでいた。

発作の割合少い夕方から夜に勉強させたいという親の熱心な懇請によって本年度から夜間に編入した生徒である。衰弱がひどく幾日も出席しないうちに入院しなければならなかったものである。

- 男女問題　年齢的にも時間的にも夜間生徒の指導上最も重要な問題で１０名足らずの人数であったが、最初の夏休みから綿密な調査観察をはじめた。保護者と慎重な連絡をとり生徒の行動に注意した。外部の者から目をつけられた女生徒もいたが、生徒とその父兄の協力で事なく済んだ。事故を未然に防止するため生徒同士はもちろん外部に対しても一人一人の生徒の行動を綿密に調査観察して適切な指導の効果を期して万全をはかっている。

4 その他

a. 保護者の負担する経費

月謝、ＰＴＡ会費、生徒会費、学級費など一切徴収しない。

保護者の負担する経費は学習に直接必要な教科書、学用品その他映画（１回１５円～２０円）の費用などで昼間の生徒とは全く比較にならない。むしろふだん無駄に消費されている金額の方がはるかに大きい。

b. 生徒、保護者の声

- 勉強に対して全く絶望的であったのが救われてよかった。
- 将来に明るい希望を見出すことができて、毎日の生活に生々とした励みが出てきた。
- 夜間の勉強は不安であったが、それは余計な心配であって安心して勉強のできることがうれしい。

- 昼間より静かで落付いてよい。
- 昼間の勉強よりよくわかって勉強が面白くなった。
- 年齢の大きい人と兄弟のように何でも話あえたり、親切に教えてもらうことができる。
- 昼間の学校ではなかなかおいつけないのでいやだったが、夜の学校へ行くのは一日の一番楽しいことである。
- 一度にまとめてたくさんの金をとられるのではないかと心配だったが全然お金がいらないので有り難い。
- 昼間と同程度の実力を持ちたい。そのために４年制にしてもらいたい。
- 商店の用事で思うように学校に行けなかったり、勉強の時間が足らないのが困る。
- 夜学生といわれるのがいやだ。一般の人に十分の理解をもってもらいたい。

c. １０月末現在不就学生徒

区分	生徒数	%
無理解・怠惰	１８	３５.２９
精神薄弱	３	５.８８
夜間勤務	６	１１.７６
他家住込	７	１３.７３
病気	１４	２７.４５
転居	３	５.８８
計	５１	

5. 反省

- 夜間中学の領域　広い意味で夜間中学の領域を考えると、就学以前の問題がある。立川市の中学は３校だけでその範囲が狭いので、本校以外の長期欠席生徒にも直接呼びかけている。

各学校にも協力を依頼しているので担任は足繁く家庭訪問を繰り返しているがその効果はあがらない。教育委員会の強硬な就学勧誘の通知にもほとんど応じない。これらの父兄に対する直接の働きかけは至極困難であり実に過重の負担である。専任の家庭訪問教師を置いて領域を分担することが必要である。

○ 家庭訪問　人は誰でも自分の弱点をつかまれることをきらう。問題を持つ長期欠席生徒や父兄は自分に都合の悪いことはなるだけ避けようとする。こうした理解のない生徒父兄を訪問して教育的関係を成立させることは最も至難のことで、なかなか効果はあがらない。家庭訪問をする場合は慎重な注意が必要である。

また生徒の立場を考えて訪問することも必要である。学齢を過ぎた生徒は自分の弱点は誰も知らないはずなのに、先生は実によく知っている。どうして知っているのだろうか、と気を廻し警戒することがある。生徒に気づかれないように注意することが必要である。また住込みの生徒は職場に対する気がねがある。はたの想像も及ばない。教師の一方的な考えだけでなく十分考慮しなければならないものがある。

○ 無理解無関心と不就学　なぜ多数の長期欠席生徒があり、無理解、無関心の家庭が多数であるのかこれを分析してみると

第一は根本的な新教育制度の義務年限延長に対する無理解と経済的事情とがからんでいることである。小学校さえ卒業させればどうにか働かせることができると父兄は考え、生徒はまた真に働くのでなく只小遣銭ほしさに働くということから不就学が目立っている。不就学生徒の知能はほとんど低劣で学習意欲どころか学校生活にあきあきしている。再び学校に行くことは非常に苦痛であり過重である。いやがるのをむりに就学させた生徒は掛算九々も100円以下の計算もわからない状態である。学校教育における知能低劣の児童生徒の指導と取扱いの一面を示唆してここに第二の問題がある。置き去られとり残されたこうした生徒を就学させるところに困難があり問題がある。

―

18

(20.11. 1)

研究発表要項

Ⅰ　夜間中学の諸問題

1　制度化の問題

2　領域の問題

3　教育的関係成立の問題

4　教科内容の問題

5　成績評価の問題

Ⅱ　立川市の特異性

軍需関係を根付として消長する消費都市

個性・特徴・秩序のない国際都市

Ⅲ　学級経営の実際

1　経営以前　（昭和27年4月1日～5月12日）

a　欠席生徒の実態調査と就学勧誘

b　教育的関係成立の困難

2　経営の経過　（昭和27年5月12日～現在）

a　授業開始　昭和27年5月12日

b　生徒の推移　8名～19名　21名　24名

c　教育的関係の成立

(イ)　在学生の特徴

(ロ)　出席督励

(ハ)　無理解：無関心の生徒父兄の啓蒙

d　学習指導

作業的な学習

e　現在の学級

f　事例研究

(イ)　放浪的な生徒……………(成功)

(ロ)　孤独の生徒……………(失敗)

19

発 表 要 項

新宮市立城南中学校

1. 主旨	同和教育のための夜間学級で特殊性を帯びているが、究極の目指す処教育の機会均等、長欠、不就学生徒の修学の場を与えると共に不良化犯罪の防止に一役を果し、大きく地区の低位性の昂揚を図ると同時に解放への自覚ある正しき行動人を育成せんとする目的である。
2. 設置運動	昭和二十六年九月、痛切に夜間学級設置開設の必要性を悟り、これが運動に約一ヶ年の時日を費し、遂に数多の地区民の翕然理解の上に立つた協讃を得るに至つた。
3. 開設	昭和二十七年四月、新宮市春日町青年会館（未解放地区）に設置開設出来ることになつた。
4. 学級情況	・当初は小学生や乳児を守した婦女子も交え、喧々たる集いであつたが如何にして多人数を此所に吸収し得るかに腐心した。来る日も来る日も紙芝居、幻燈、話の会等のみを行い、先ず集める事に努力した。 ・開設後九ヶ月にして漸く学習意欲が見られ初め会場の狭隘から中学生のみを取り上げて行うことになつたが未だ寺小屋式教授の域を一歩も脱し得なかつた。 ・近時は学習意欲も頓に向上し、幻燈等に費す時間を惜しむ程になつた。因みに現在の生徒数は男子三十名、女子二十名の計五十名の内、要保護十三名、準保護十一名で約半数が貧困家庭にあるを立證している。
5. 指導法	復式授業で初め二、三の教諭が昼間と兼任で夜間も専任指導に当つたが現在では校長以下全教員が週二回の輪番指導に当つている。
6. 成果	父兄の教育関心も昂揚し、親子話し合いの会も屢々持たれる様になり親の責善自覚運動がはじまつた。地区初まつて以来の高校進学者も出し、併行して就職にも旧来の殻を破つて来た。夜間学級全生徒に対する県知事による善行賞受賞、婦人会の結成、子供遊園地の設置、改善住宅の三十戸建築、隣接地区の青年会館建設 等の実現を見ては漸く県市の之に対する関心の大きくなつた事が伺われて嬉しい。 又昭和二十七年六月、県より責善教育実験学校として指定せられ僅かな助成金ではあるが、その一部を夜間学級経営の一端に充当し、研究をすゝめられるのも、これ亦、苦中一つの悦びである。
7. 運営上の困難点	運営費の不足が起因するばかりである
8. 結論	社会保障制度の確立して夜間学級を廃止すべきであるが、その確立は遥遠なり。こゝに於て運営の円滑を計るため只法制化運動促進あるのみ。

夜間特別授業の実態について　奈良市立東市中学校長 松下正利

今般　中学校不就学生徒を救済し義務教育を完遂する為の対策として　中学校夜間部教育の実態と方法とを研究協議しこれが改善を促進して　日本教育の新生面を開拓し　之れに寄与するを得れば幸甚である

◎当校の長欠の一端

長欠多数であることは同和問題研究所発行「部落」に登載されている様に甚だ不名誉であるが奈良県の二三の地位にあった　小職就任以来　多大の力を之の方面に傾倒したが思はしく行かない　しかしながら　多少なりとも長欠生が減少し　かつての長欠生も教育により個人進歩の評価も向上してきた

二十八年度以降は長欠対策を一層積極化し長欠生を最少限にとゞめた（その内奈良市教委の指導助言　地域社会の委員並びに有志に感謝してやまない）参考までに

長欠生一覧表

年度	生徒数	一学年	二学年	三学年	長欠計	百分率
二四	三一九	四九	三三	五五	一三七	四三%
二五	三〇七	三三	五〇	三四	一一八	三八%
二六	三〇七	一三	三八	四六	九七	三一%
二七	二六八	一一	二二	四三	七六	二五%
二八	二八一	一七	二〇	二一	五八	二〇%
二九	二九四	一〇	二三	二五	五八	一九%

昭和二十七年度長欠生徒数

月	4	5	6	7	9	10	11	12	1	2	3
人数	76人	76	90	91	90	92	101	102	99	98	93

◎その対策

一 指導協議計画

生活指導協議会　長欠対策委員会

出席督励に積極的に当ると共にいろいろときりんらく

二 出席督励

長欠生徒調査票（折り込み様式）を作成しその活用をはかる

a　随時――担任の訪問

b　毎学期出席督励週間の実施（校長 教頭 学級担任 校外指導係）の訪問

この際これとは別動隊として地区委員　連絡委員　民生委員　学校警察官等を合同して家庭訪問をなす

c　長欠生保護者との地区別懇談会

三 子供クラブの自体活動指導

クラブの組織強化と活動の指導助言　見学　体育会（バレー・バスケット）展覧会　演芸会の開催

四 学校受入体制の確立

a 学力補充――学力補充　学級の開設

b 学校へ衷心――興味をもつ素地をつくる

c 学校教育に於ける能力別指導

D 生産学級（クラブ）の創設

E 生徒会の活動促進

五 保護　環境向上の努力　民生保助（扶助）生活保護の適切化　公衆衛生への啓蒙

六 表彰　出席優良　努力賞　優良子供クラブの強化

◎　長欠生増加と出席督励

◎　長欠の理由

◎　実態調査

◎　当校の態度

二十六年度　父兄の第一次啓蒙と公民館利用　生徒のかりあつめ　興味本位に補習授業（社　珠算　書道）

二十七年度　毎木　夜間　能力別指導計画案実施

二十八年度　全右

二十九年度　学校に登校するものゝ学力補充

◎　経費

◎　感想と今後の連絡

子供は可愛い　何とかして　義務教育をまっとうしてやりたい。ここの特例を挙げるならば卒業証書をもって（長欠解消して出席したもの）二十六年度に卒業証書をもって五万円よりも嬉し

いと言った親があった
形式的な家庭訪問を何回もくりかえしても紙の上の蹟をおう様なことが多い
もっと深く堀り下げて 長欠の理由を考えて是正せねばならない
法の学基 三三ノ四二 就学対策も空文に等しい
労基の方々に話しても 耳をかさない ただ 警察官が犯罪少年を一歩前でくいとめる為努力していることは末筆ながら記入して置く
扨て 最近 奈良市に於ては 同和問題対策連絡協議会というものが発足して 教育目標を定めた 曰く 民主化の推進 生活科学化及び生活健康化の促進 之れが実施計画事項をかゝげた其の中に

青少年団体の育成
母と子供の会
公民的活動の重視 等々ある そして地域社会に即して 学校別に計画実施案を樹立することゝある

そういうには先進地の若草中学は（実践[illegible]）
西八條の[illegible]のモデルケースとして
[illegible]
これに反して当校は前述の通り種々な問題を含んでいる
更に 三年前より全国同和研究会（第四回和歌山県喜原校で開催十一月八・九・十日の研究大会）各府県に支部を結成されているから之れと緊密に連絡して其の をあげる様にありたい
い

本校に於ける夜間学級経営の実態

足立區立第四中學校第二部

1. 本校の所在地。

東京都足立区梅島町10番地　東武電車梅島駅下車徒歩5分
都バス千住車庫下車〃10分

2. 地域社会及開設当初東京都における実態。

本区は東京都の北辺に位し、東京都に於ては未発達の地であり、工業地帯(特に中小企業による)が四分の一を占め、その他の四分の三は中小企業形態の商業地帯と貧農地帯とを以つて成立つて居る區であつて、区民の経済状態は程度においてまことに低い事が認められている実情にある。然るにこれに加えて曾つての関東地方の大震火災によつてそれまで現荒川区日暮里町方面に存在せるバタヤ街の集団的移住により一大スラム街を本区本木町方面に形成する結果に成つたので、これらの地区を包蔵する為め民度の低下はますます加わり現在福祉事業における全国のモデル地区に指定せられ、その支給予算額は全国最高位を示している程である。かゝる地区であるから従つて教育に関する理解は一般に低度である事はいなめない事実で不就学が対策に関しては常に区内教育関係者の一大関心事であつたが、偶々本校伊藤校長が全国教育長指導主事等講習会の受講に参加中、不就学対策に関して討議せられたる際、悲惨なる福島県の不就学問題の実情報告があり、不就学問題の根底には深刻なる原因が存在することを痛感し、これが対策は現下においては唯一つ夜間学級の開設に関して構想を練つておられたが、丁度昭和二十五年十一月十日前記講習生を引率し、代表として宮中に於いて　天皇陛下　の御下問にお答えする際特に　天皇陛下　には教育の事は文化国家建設にその基礎をなす大事なことであるから教育に職を奉ずる者の奮起を望む旨のお言葉があつたので、教育の現場にある身として茲に足立区の実情に鑑み非常な感激を覚えられて夜間学級の開設を断行する[illegible]
かくして昭和二十六年七月東京都教育庁及足立区当局の容れるところとなつて仝月十六日開設式並に入学式を挙行する事が出来たのであるが、当初においては東京都において唯一の夜間学級併設校として原則的には足立区在住者の子弟又は足立区に就労場所を有する不就学の子弟を収容するにあつたが、他区の実情を参酌して志望者は拒絶することなく収容する事としたので一時は圖上直線距離で18KM以上の遠距離通学の生徒も相当数あつた。この点は区教委に行政権が移管された今日においても何等の制限をも受けていない次第である。

(概要1〜9頁参照)

3. 生徒数。

262名

(仝上　18頁参照)

4. 卒業生の動向。

昭和28年度卒業生進学就職及各種資格試験合格者数。

資格試験合格者数

職別 / 性別 / 年度	理髪		理容		計		合計
	男	女	男	女	男	女	
昭和二十七年	2	2	0	3	2	5	7
仝　二十八年	0	0	0	1	0	1	1

(仝上　28頁参照)

5. 職員一覧表。

(仝上　16頁参照)

6. 施設及び備品。

職員室

鋼鉄書庫	2個
事務机	12個
〃椅子	15個
大型タ棚	2個
小型〃	1個
大衝立	1個

教室

普通教室	5室			
特別教室	3室			
光源	普通教室 教卓上	丸形グローブ 片側セード	100W 60〃	5ヶ所 1ヶ所
放送	昼間と併用			
小黒板				5枚
グラフ〃				2枚
地図類				10本
掛図類				5本
大型自動秤				1台
幻灯機				1台
大型算盤				1個
各種定木				4個
下駄箱				7個
傘立				7個
各種運動具				10点

7. 本校における教科配当と実施授業時間数。

	学年	一年				二年				三年			
	教科＼項目	週当時数	年間時数	最低規準	百分比	週当時数	年間時数	最低規準	百分比	週当時数	年間時数	最低規準	百分比
必修教科	国語	4	176	175	125%	3	132	175	100%	3	132	140	125%
	習字	1	44			1	44			1	44		
	社会	4	176	140	125%	3	132	140	157%	3	132	175	157%
	日本史	0	0			2	88			2	88		
	数学	3	132	140	94%	3	132	105	125%	3	132	105	125%
	理科	3	132	105	125%	3	132	140	94%	3	132	140	96%
	音樂	1	44	70	63%	1	44	70	63%	1	44	70	63%
	図工	1	44	70	63%	1	44	70	63%	1	44	70	63%
	保体	1	44	105	42%	1	44	105	42%	1	44	105	42%
	職業	1	44	105	125%	1	44	105	125%	1	44	105	125%
	家庭	2	88			2	88			2	88		
	計	21	924	910	101.5%	21	924	910	101.5%	21	924	910	101.5%
選択教科	英語	3	132	140	94%	3	132	140	94%	3	132	140	94%
	職・家	48	2112	105	2010%	48	2112	105	2010%	48	2112	105	2010%
特別活動	H.R	1	88	70	126%	1	88	70	126%	1	88	70	126%
	クラブ活動	1				1				1			

注　年間週数　44週の割

一学期　18週　4月～4週、5月～7月～4週、8月～2週　の割

二学期　15週　9月～11月～4週、12月～3週　の割

三学期　11週　1月～3週、2月～3月～4週　の割

8. 授業時数の追加補填方法。

1. 基本的教科である数学理科に於ては三学年に於て毎週3日宛両教科について30分の補習授業を行うこの年間時数……88時間宛となる

算出方法　$\frac{[(6日\times 44週)]\times 30(分)}{45(分)} \div \frac{1}{2} = 88時間$

2. 図工については生徒は彼等の生活手段として現実に工作に従事しておるので家庭実習的には一般普通生徒より実習時数を持っている。

3. 音樂は教科担任が生徒の日常生活に即し授業面に於ては樂典その他理論的理解を主とし歌唱指導を第二とし歌詞及曲符をプリントして生徒に与え常に練習せしめている。

4. 保健体育については生徒全体に常に就労場所等の休憩時間中などにそれぞれ元気回復に役立つ程度の運動を励行させている。

5. 他に夜間学級の実態から推定し年間現場実習時数として2118時間（60分1時間の割）と云う厖大な時数を持っているのでこれ等を授業時数に換算したる場合は尤に文部省等において課している時数を遥るかに上廻る結果となる。但し本件に関しては昭和31年度頃に文部省に於いて法的根拠に基づいた制限的措置が講ぜられるやも知れない。

9. 夜間学級に関する今後の問題。

（概要 9頁参照）

10. 夜間学級経営に伴う[illegible]立区の予算内示額。

1.

款	項	目	節	金額
教育費				759,280.00
	中学校費			759,280.00
		需用費		209,280.00
			消耗品費	31,800.00
			燃料費	55,980.00
			食糧費	12,500.00
			備品費	99,000.00
		就学奨励費		550,000.00
			消耗品費	150,000.00
			食糧費	400,000.00

2. 雑手当

年額 120,000.00

月額 10,000.00 （税込）

3. 留保予算

若干

夜間中学法制化の問題

夜間中学法制化の問題

教育の義務制についての根拠は、一つは国家的社会的の要求であり、他の一つは個人的意義である。歴史的にこれを見れば、近代国家は自己の維持と強大の絶対条件として義務教育を強制したが、近世の「人間の発見」とともに、教育が個人的観点からとりあげられるに至ったのである。新憲法のよって立つ民主主義の基調も実にここにあるのであって、その第二十六条第一項の規定はまさしく基本的人権としての教育を受ける権利を宣言したものというべきである。

義務教育制度の構造は就学義務、学校設置義務及び教育保障義務の三つより成るものであるが、就学義務の根本規定は憲法第十四条の精神から、その第二十六条第二項によって教育の「無償」を規定している。更に教育基本法（第四条）学校教育法（第二十条第三十九条）はこれを具体的に立法したものにほかならない。

「就学義務」とは、勿論保護者がその子女を就学させる義務であるが、「就学」とは必ずしも「入学」を意味するものでないことは「中学校通信教育規程」のあることによっても明らかである。しかしこの規程によって中学校の課程を修了することは事実上相当困難であり、又現に実施しつつある中学校もしくは教室のあることは未だ寡聞にして知らない。

教育の機会均等を徹底しようと思えば、自ら義務教育の形態へ進むべきものであり、それが国家の責任において法規の示す通り最後の段階まで実施せられるとき、はじめて完全なのである。しかし現在の如く経済的理由およびその他の理由により多くの不就学者もしくは長期欠席者が生じ、しかも形式的な援助、「奨学の方法」ではとうてい就学の義務を果すことができないとすれば、最も賢明にして唯一の解決策は「夜間中学」の設置を法制化する以外に道はないであろう。

新しい学制改革のめざす所が、従来の如き一部特権階級の子弟のみが利用した中等学校ではなく、教育の機会をすべての青少年に均等に与え、すべての民衆に学校を開放しようとすることにあることを思えば、このことは当然の措置でなければならない。国家の発展は国民全体の知的道徳的水準の高いことを不可欠の条件とするのであり、もしこれが低いとき民主政治は衆愚政治に堕する危険性があるということから、現在のわが国にとってこのことは特に大切なことである。今日わが国における民主主義は附与せられたものであり、封建制を払拭して、これをほんとうのものにしなければならぬという過程にあるのであって、教育がこの大きな課題を背負いこんでいるのである。そして、これは人間の形成、改造を通じてはじめてこの課題の解決に参与することができるのである。この意味において教育の占める比重は重大であり、わけても次代を背負い国家の運命を決定していくべき青少年の教育はゆるがせにせず、その徹底が期せられなければならない。

しかるに敗戦によって国民の生活は根底から破壊され社会の秩序が混乱したとき、国家は就学義務年限を三ヶ年延長したため必然的に大量の不就学者長期欠席生徒をつくる結果となり、しかも就学の機会を与える根本的措置を十分講じていないということは、国家自ら規定した教育の機会均等とその保障を空文にすることになり、民主日本の建設を自らの手によって阻むものであるといわなければならない。

「夜間中学」の問題は、被教育者である生徒個人が本来的にもつ教育権行使の問題であり、又これら多くの青少年の運命は国家の運命に連なるということから、国家はその生存発展の上からも当然のこととして適切な施策を講じなければならない重大な問題である。そして一般に多く考えられる如き、単なる救済的な性質のものではないことをも十分認識しなければならない。明治五年の「学制」の実施にあたって「自今一般の人民は必ず邑に不学の戸なく家に不学の人なからんことを期す」との「被仰出書」の主旨も、この点から新しい意義をもつものである。

不就学や長期欠席を余儀なくされる不遇な青少年の存在はいつの時代においても生ずる

事実であり、一時的な社会現象としてこれを看過することはできないとすれば、当然何等かの対策を講じなければならないのであるが、結極それは「夜間中学の法制化」以外に真の解決策はあり得ないものと信ぜられる。

思うに、高等学校に定時制があり、中学校にこれが認められない理由は、多分中学生が心身の未成熟の点より、これを保護し、就学の義務を終ってその教育目的を完うせしめようとする意図によるものと推測せられるのであるが、（労基法第五十六条第五十七条）しかし不就学者や長欠者が相当多く存在する現状では、問題の解決には一歩も前進するものではない。こうした事実を傍観するに忍びず、現場の教育に携わる者をして遂に「夜間授業」を開設せしめたのであるが、このことは果して文部省のいう如く「法令違反」となるのであろうか。中学校における「夜間授業」の規定が法令中にないことが、直ちに「法令違反」の対象になるというのは少し納得のいきかねることである。只、労基法に年少労働に関する条文があることより中学校の「夜間授業」がこれに抵触するといえばいえないこともないであろう。しかし「労働」と「学習」とを同一枠内に入れてのことであるならば、説明せられなければならない点があるであろう。もし中学の「夜間授業」が「法令違反」の故をもって行うことができない時は、雇傭せられ労働するものは却って劣悪な条件に甘んじ、ただいたずらに身体に就業させて酷使される実情は更にひどくなるのではなかろうか。現実には「夜間授業」の実施は、こうした弊害を除去するためにも大きな効果をもつものであり、更に教育的立場より少年労働について正しいありかたを認識せしめ、これを指導する好個の場となっているのである。

このようにみてくると、中学校における「夜間授業」は生徒自身に大きな理想をもつよりも却って彼等に生活の指針を与えた大きな励みを起さしめるものであって、これを否定する論拠はどこにも見出すことはできない。しかし、これが法制化されていない現状においては、
3. 昼間授業の延長として実施されることから運営の面に幾多の支障を生じ、消極的に終始しがちな懸念なしとしない。特に経費の面においてこのことが痛感されるのである。かくて中学校に

4. における夜間授業法制化の問題」はわれわれを「法と事実」という重大な問題への考察に導き入れるのである。

まず第一に法は「規範」であるか「事実」であるか。一方からいえば「法」は「規範」であるし、他方からは「法」たる「規範」は社会生活上の「事実」となって行われている。「事実」が正しい目標から逸脱している場合には「法」は「事実」を矯正して「規範」に合致させねばならないが、しかし時には「事実」こそ尊重さるべきであって「法」たる「規範」がそれから遊離している場合もある。この時には「法」そのものの欠陥を是正して、これを「事実」に接近せしめる工夫を講じなければならない。そのけじめは「法」の理念の捉え方如何にあり、それはまた法の問題であり、法の解釈適用、更には法の技術の問題である。

法たる「規範」に合致しない「事実」には、第一に「法」を破り「法」を否定して「法」とくわしく対立する「不法」の「事実」があり、第二に、「事実」が「法」の規定とくいちがっていても、その程度が刑罰や罰金の対象とならない「違法」の「事実」があり、第三に「事実」が単に「法」と合致しない程度の「法外」の「事実」がある。

「法」は常に「不法」の「事実」と闘う。しかし「法」は「不法」とのはげしい闘争をしても常に「規範」と「事実」との融合を図ろうとしてやまないものである。「不法」の「事実」に対してさえこのような態度をもって臨むのが「法」である。まして「違法」や「法外」の「事実」においてはいうまでもない。然らばそれはいかなる方法によって両者の融合を図ろうとするのであるか。

正面からいうと、正規の手続きによって成立された法令に従う行為のみが正当であるということになるが、しかし「法」の規定に従うというのは形式的な意味であって、実質的には法規が常に完全無欠であり、社会生活の実情にすべてよく適合しているとは限らない。従って法規を文字通りに厳格に施行することによって行政事務を処理せしめ、却って不便不都合を生ずることも稀ではない。しかも「法」の目的は国民の福利増進にあるから、大局の利害から判断して「違法」の「事実」ともいうべき性格を有するという場合もあることは否定できない。又、法規が[illegible]に構成して[illegible]の時があることから、法規の解釈によってはどうにもならない点は主として

を主張し得ることもあり、更には社会の推移による必然的な生起としての「事実」に対して既に成立された「法」がよくその規範性を保持するかどうかということも問題となってくる。従ってめざましい社会の進展とその要求に応ずるためには、法規にそむかんとする考えはなくても「ずれ」が起り得るし「違法」も生じ得るのである。

しかし、その違法性を一々確認することは容易なことではなく、又事実上不可能でもある。ここにおいて「法」は或る程度の「違法」の「事実」をも見て見ぬふりをし、合法化することによって「規範」と「規範」からずれている「事実」との結合を図ろうとするのである。このとき、「法」と「事実」とのずれをいかにとらえるかということは問題考察の端緒であって、最も大切なことは、そのようなずれが、いかなる事情によって生起したかという「内容」を洞察することである。

中学校における「夜間授業」は実は形式的には「違法」であるかも知れない。しかし問題は不就学又は長期欠席生徒が依然として驚かされる数に上り、単に教科書や学用品等の支給というが如き微温的な方法ではとうていこれを解決することが不可能であるという「事実」である。なるほど、新しい学制は画期的な変革であったが、それは必ずしも社会の要求に根ざしたものではなく、敗戦によって与えられたものであるとすれば、この意味で「法」が「事実」に先行したものであり、両者が遊離していることも争えない事実である。けだし「夜間授業」の開設は、このような事情において「法」に規定された就学義務を履行せしめ、生徒の教育を受くべき基本的権利を充足せしめんとの主旨に出発した唯一の根本的対策であって、「法」と「事実」のずれは、ここに当然合理化されなければならないし、又合法的なものであると信ずるものである。

今日の教育行政の概念が従来の如く単に国家的権力によって教育を統制し、法の遵守と解
5 釈に終始することではなく、これを越えて教育の「事実」より出発し、教育目的達成のために
有効なる手段を奉仕するという助成過程にあるとすれば、教育行政は、中学校における

「夜間授業」が「違法」であるとしてこれを一蹴することではなく、むしろこの「事実」を克明に
6 分析し、社会の要請としての必然性を認識し、「法と事実」の乖離、「制度と意識」とのずれを調整することによって問題の解決に積極的にのり出し、その実践を指導する所に最も重大な任務が存するというべきである。

われわれは、就学義務履行と被教育者の本来的にもつ教育を受ける権利とから「夜間授業」がその内容を充実し、真の意味において昼間に学ぶ生徒と同様教育の機会均等に浴するよう早急に「夜間中学」として法制化せられ、全国に亘ってその設置が開かれ、すべての人々に人残らず日本民主化とその発展の課題を遂行する一翼を荷う機会を与えることを国家のためにも祈ってやまない。そしてややもすれば疎外されんとする多くの勤労青少年の存在する事実に眼を蔽うことなく、「中学校における夜間授業の法制化」のため果敢に教育的熱情を捧げるものである。

以上

〔後　記〕

この原稿は昭和二十五年五月京都市に「二部学級」として中学校の「夜間授業」が開設せられるや、私は九条中学校二部専任教諭として三ヵ年、働く子らとともに生活したのでありますが、その当時「二部学級」の法制化の問題を私なりにとりあげ、ひそかに綴っていたもの（昭和二十六年二月記）で、今回待望の全国大会開催のうれしい機会にあい、これをプリントにしたものです。尚、多くの考え及ばないことや予盾した所があり、又あれ以来「二部教育」は大きく進展しているので、今これを読んで見て自分ながら甚だ恥ずかしいのですが、これを訂正加筆する余裕もなく、そのままをお目にかけます。当時がらにもなく「法制化」の基礎づけをしようと試みかけたものでした。諸賢、微意をおくみとり下さって御叱正賜わらんことを。

昭和二十九年十一月十八日　元京都市立九条中学校教諭二部専任
現〃洛東中学校教諭　今北初太郎記

昭和二十九年十一月二十日　　　　　　　　　　提案者一同

一、前言　夜間中学法制化の問題解決

現行中学校（昼間）に対して、新しく夜間中学校を設立して、二部学級の経営難を排除するということではない。然し二部学級という既成事実から生ずる諸問題、例えば、定員の確保、予算の獲得、施設、設備の充実、就学の奨励等について、各都道府県市教育委員会の実施を更に助成し、之が着々運営に支障ならしめるためには、自ら関係現行法の不備を是正したり、或は新しく法制の裏付を確立することが先決となる。

二、本旨　現行関係法不備の是正と追補

① 学校教育法・第二十五条の是正

本行訂正→ 経済的理由によって、就学困難と認められる学令児童並びにその保護者に対しては、市町村は、必要な援助を与えなければならない

（説明要旨）

「学令児童の保護者」という表現は、「学令児童を持つ保護者」という意味に解せられて、保護者が主体となる。今これを訂正文の如き表現に変えるならば、児童と保護者を一応切って考えられる。従って、例えば、就学奨励費、生活保護法による教育扶助費等の支給が学校長に委託されて、支給の主旨に即することになる。

② 学校教育法・第七十五条の追補

小学校・中学校及び高等学校には、左の各号の一に該当する児童及び生徒のために特殊学級を置くことができる。

一、性格異常者
二、精神薄弱者
三、聾者及び難聴者

四、盲者及び弱視者
五、言語不自由者
六、その他の不具者
七、身体虚弱者
本行追補→ 八、経済的理由による就学困難並びに勤労等を原因として著しく進学の遅滞をみるおそれのある者

（説明要旨）

第二十五条の是正に伴い、第七十五条七項に八項を追補し、更に明確を期する。尚、七ヶ項の行文に比し、八項の行文は冗長に失するのであるが、かような主旨を強調するのであって、之が適切なる字句・行文については、後日の識者の配慮を望む。

協議題「夜間中学法制化の問題」　結果

一、前書

夜間中学法制化の問題解釈

現行中学校（昼間）に対して、新しく夜間中学校を設立して、二部学級の経営難を排除するということではない。しかし、二部学級という既成事実から生ずる難問題、例えば、定員の確保、予算の獲得、施設・設備の充実、就学の奨励等について、各都道府県市教育委員会の実施を更に助成し、これが就々運営に支障なからしめるためには、自ら関係現行法の不備を是正したり、或は新しく法制の裏付を確立することが先決となる。

二、本旨

現行関係法不備の是正と追項

①学校教育法・第二十五条の是正

本行訂正↓　経済的理由によって、就学困難と認められる学令児童並びにその保護者に対しては、市町村は必要な援助を与えなければならない。

（説明要旨）

「学令児童の保護者」という表現は、「学令児童を持つ保護者」という意味に解せられて、保護者が主体となる。今これを訂正文の如き表現に変えるならば、児童と保護者とを一応切っても考えられる。従って、例えば、就学奨励費、生活保護法による教育扶助費等の支給が学校渡しに集約されて、支給の主旨に即することになる。

②学校教育法・第七十五条の追項

小学校・中学校及び高等学校には、左の各号の一に該当する児童及び生徒のために特殊学級を置くことができる。

一、性格異常者
二、精神薄弱者
三、聾者及び難聴者
四、盲者及び弱視者
五、言語不自由者
六、その他の不具者
七、身体虚弱者
本行追項↓　八、経済的理由による就学困難並びに嫌学等を原因として著しく進学の遅滞をみるおそれのある者

（説明要旨）

第二十五条の是正に伴い、第七十五条七項に八項を追補し、更に明確を期する。尚、七ケ項の行文に比し、八項の行文は長きに失するのであるが、かような主旨を強調するのであって、これが適切なる字句、行文については、受ける側の配意を望む。

全国中学校夜間部
研究

全国中学校夜間部教育研究協議会々則

第一条（名　　称）　本会は全国中学校夜間部教育研究協議会と称する。

第二条（目　　的）　本会は全国中学校夜間部相互の連絡をはかり、あわせて中学校夜間部教育の実態と方法とを研究協議し、これが改善を促進して、日本教育の新生面の開拓に寄与することを目的とする。

第三条（事 務 所）　本会の事務所は会長勤務校に置く。

第四条（事　　業）　本会は第二条の目的を達成するため左の事業を行う。

1　相互の連絡提携、情報の交換
2　教育に関する研究調査講習会協議会等の開催
3　学校教育普及のための宣伝啓蒙
4　その他本会の目的達成に必要な事業

第五条（構　　成）　本会は夜間部設置の中学校を以て構成し、各校々長と教員とを会員とする。各都道府県に支部を置くことができる。

第六条（役　　員）　本会に左の役員を置く。役員の任期は一年とする但し再選を妨げない。

1　会　長　　一　名
2　副会長　　二　名
3　理　事　　都道府県各一名
4　幹　事　　若干名（内一名会計）
5　会計監査　二　名
6　その他専門委員を置くことができる

~~第七条（役役の選出）　会長・副会長及び会計監査は理事会で選出する。~~

理事は各都道府県から選出する
幹事および専門委員は理事会がこれを委嘱する

第八条（役員の任務）　会長は本会を代表し、会務を総理する。
副会長は会長を補佐し会長事故あるときは代理する
理事は理事会を構成し本会の運営について審議し会務を分掌し兼ねて連絡の任に当る
幹事は会務を分掌する
専門委員は専門委員会を構成し理事会の諮問に答申する

第九条（顧　　問）　本会に顧問を置くことができる。顧問は理事会の推薦による

第十条（大　　会）　本会は毎年一回大会を開いて重要事項を研究協議する。
但し必要あるときは臨時に開くことができる
大会の議長および副議長はその都度選出する

第十一条（会　　計）　本会の経費は会費その他の収入を以てする。
本会の会費は各中学校年額二〇〇円とする
本会の会計年度は毎年四月一日に始まり翌年三月三十一日に終る

第十二条（細　　則）　会長は理事会の協賛を得て本会運営に関する細則を定めることができる。

第十三条（変　　更）　本会の会則の変更は大会の議決による。

附　　則

本会則は昭和二十九年十一月二十日から施行する

宣言

現今日本最大の課題は、各国との友好の下、真の独立を確保するにあり、その根底に培うものは国民教育の振興である。

ひるがえって、完成義務教育である中学校教育の現状を見るに、発足日なお浅きにかかわらず、多大の効果をあげつゝあるは、慶賀すべきも、一面教育基本法に於てまた学校教育法に於ても、教育の機会均等は明らかにされているにかゝわらず、全国に不就学の不幸な青少年が一五六五六三人の多きに達しているのは洵に遺憾である。われらはこの現状を見るにしのびず、夜間学級を設けて義務教育の完遂に努力しているが、世の識者は多くこのことを知らない。よってわれらここに相会し、総意を結集して、左の通り決議し、一人の不幸な不就学生徒のないことを期する。

右宣言する。

一、夜間学級の法的措置を明確にすることを要請する。

二、教員の定員確保を期する。

三、予算獲得の実現を期する。

四、給食制度の速かなる実施を期する。

五、就学奨励の徹底を期する。

右決議する。

昭和二十九年十一月二十日

全国中学校夜間部教育研究協議会

第一回全国中学校夜間部教育研究協議会　経過報告

一、日時　昭和二十九年十一月十九日、二十日

二、会場　京都市立洛東中学校

三、会員　設置校関係　約八〇名　来賓　約二〇名

四、経過

1. 挨拶　京都市教育長　不破　治氏　京都市二部研究会長　村田忠一氏
2. 研究発表　神戸駒ヶ林中　京都朱雀中　三重上野崇広中　東京曳舟中　名古屋天神山中　東京立川三中　和歌山新宮城南中　東京糀谷中　奈良東市中　東京足立四中　横浜西中
3. 講演　西京大学文家政学部助教授　寺本喜一氏
4. 協議会　協議題「夜間部教育法制化の問題」（天神山中ほか五校提案）（別紙の通り）
5. 授業参観　洛東中二部
6. 座談会　洛東中において
7. 講演　京都大学教育学部教授　鰺坂二夫氏
8. 協議会　協議題「協議会々則」（京都市二部研究会提案）（別紙の通り）
9. 宣言決議　（別紙の通り）
10. 挨拶　文部省初等中等教育局事務官　徳山正人氏

五、役員（仮）

全国中学校夜間部教育研究協議会

会長	伊藤泰治氏	（東京足立四中）
副会長	立石実信氏	（横浜西中）
〃	村田忠一氏	（京都朱雀中）
理事	伊藤泰治氏	（東京）
〃	立石実信氏	（神奈川）
〃	梶田　一氏	（愛知、天神山中）
〃	竹島基三氏	（三重、上野崇広中）
〃	岡崎　凞氏	（大阪、堺大浜中）
〃	木田奈夫氏	（和歌山、新宮城南中）
〃	松下正利氏	（奈良、東市中）
〃	栃木　勇氏	（兵庫、駒ヶ林中）
〃	門田　宏氏	（広島、観音中）
〃	黒石豊栄氏	（高知、赤岡中）
〃	村田忠一氏	（京都）

拝啓

さきに京都市に於て行いました第一回全国中学校夜間部教育研究協議会の経過報告、大変遅くなりましたが、お送り致します。「法制化」建議案ならびに大会宣言は新会長の手をわずらわして、文部当局へ提出致しました。大会が皆様の御協力によりまして予想外の盛会となり、大きな成果を挙げましたことを、世話役として心から感謝致しております。第二回は明年、東京で行われる予定になっておりますが、今大会で可決されました会組織にもとずき、あらためて正式加入を募りたいと思いますので、左記申込書に会費弐百円（一校当り）を添え、昭和三十年一月末日までにお申込み下さい。この会のあることを御存じない設置校が御近辺にありましたら、御勧誘下さい。また、各県理事の方は、まとまりましたら、御送附下さいますよう、お願い致します。

申込先　各都道府県理事校宛

昭和二十九年十二月二十日

全国中学校夜間部教育研究協議会　副会長
京都市中京区　市立朱雀中学校　校長　村田忠一

関係各位殿

加入申込書

本会の趣旨に賛同し、左記の通り加入を申込みます。

学校所在地
学校名
夜間部学級正式呼称名
校長名
専任名

昭和三十年　月　日

責任者氏名印

全国中学校夜間部教育研究協議会長殿

中学校夜間学級の法的措置に関する陳情書

全国中学校夜間部教育研究協議会

陳　情　書

中学校夜間学級の法的措置に関する件

現今日本最大の課題は各国との友好の下　真の独立を確立するにありその根底に培うものは国民教育の振興にあると思います

　ひるがえつて完成義務教育である中学校教育の現状を見るに発足日なお浅きに比し多大の効果をあげつゝあるは慶賀すべきも一面教育基本法並びに学校教育法において教育の機会均等は明らかにされているにかゝわらず全国に不就学の不幸な青少年が現在一五六九六三人の多きに達しているのはまことに遺憾であります

　われらはこの現状を見るにしのびず夜間学級を設けて主として経済的事由による不就学生徒を収容し中学校義務教育の完遂に努力して今日まで相当の成果をあげ得たものと確信しております

　今般全国中学校夜間学級設置校関係者約八〇名京都市に相会し各方面に亘つて慎重に研究討議したる結果中学校夜間部教育の法制化の問題につき総意を結集して之が実現を切望する次第であります　ついては教育の機会均等を実現し一人も不幸な不就学中学生をなからしむるため貴下の格別なる御高配を賜わるよう衷心より陳情申し上げる次第であります

学校教育法第二十五条第七十五条を次のように是正又は追項することを切望いたします

「補言」　夜間学級法制定化の問題解釈

　現行中学校（昼間）に対して新しく夜間中学校を設立して夜間学級の経営難を排除するということではないしかし夜間学級という既成事実から生ずる難問題例えば定員の確保予算の獲得施設設備の充実就学の奨励等について各都道府県地方教育委員会のこれが実施を更に助成し　これが運営に支障なからしめるためには自ら関係現行法の不備を是正したり或は新しく法制の裏付を確立することが先決となる

「本旨」　現行関係法不備の是正と追項

(一) 学校教育法 第二十五条の改正

本条を改正し 経済的理由によって就学困難と認められる学令児童生徒にその保護者に対して市町村は必要な援助を与えなければならない。

（説明要旨）

「学令児童の保護者」という部分は「学令児童生徒の保護者」という意味に解せられて保護者が主体となり これは改正案の趣旨を表現に据えるならば児童と保護者を一応切りはなして考えられる。従って例えば就学奨励費 生活保護法による教育扶助費等の支給が学校長を経由して児童の生活に資することにする

(二) 学校教育法 第七十五条の改正

小学校中学校及び高等学校には左の各号の一に該当する児童及び生徒のために特殊学級を置くことができる

1 性格異常者

2 精神薄弱者

3 ろう者及び難聴者

4 盲者及び弱視者

5 言語不自由者

6 その他の不具者

7 身体虚弱者

本条追加 8 経済的理由による就学困難並びに就労等を原因として著しく学業の遅滞をみるおそれのある者

（説明要旨）

第二十五条の改正に伴い第七十五条中第八項を追加し更に明確を期すると共に本項の設置に対して国の補助を与えるべきであるがかような措置を講ずるものであって之が適切なる指導方法について研究する為の措置を講ず

以上

昭和三十年二月

全国中学校長期欠席対策協議会
会長 忠 福 秀 造
東京都足立区立第四中学校
（足立区梅田町十番地）

昭和二十九年十二月十日

全国中学校夜間部教育研究協議会兵庫縣世話係
神戸市立駒ヶ林中学校長　杤木　勇

殿

拝啓　愈々御清祥の段お慶び申上げます。

さて去月十九、二十日両日に亘り京都市に於て、全国夜間学級開設中学校の関係各位の集会が開催され、参会者の総意にもとづき、全国中学校夜間部教育研究協議会が結成されました。小生は同協議会兵庫県関係の仮の世話役を仰せつかつて参りました。

つきましては左記要項により御協議申上げたく、年末をひかえ御多忙中洵に恐縮に存じますが御繰合せ御参会賜りますよう御願い申上げます。

記

一、日　時、十二月十七日午后一時
一、会　場　神戸市立駒ヶ林中学校（市電大橋五丁目停留所西北約三丁／国鉄新長田駅西南約三丁）
一、参会者　(イ)現在夜間学級開設中学校及び将来夜間学級開設計画中の中学校の校長またはその代理の方
(ロ)来賓　各教育委員会
~~(ハ)指導　兵庫県教育委員会学校指導課　印部指導主事~~

一、報告並に協議事項
(イ)全国中学校夜間部教育研究協議会経過報告
(ロ)全国中学校夜間部教育研究協議会加入について
（会費年額二〇〇円を添え十七日御出席の節御申込み下さい）
(ハ)全国中学校夜間教育研究協議会兵庫県支部結成について
(ニ)夜間学級に法的措置を明確にすることについて
(ホ)夜間学級の定員確保を期することについて
(ヘ)予算獲得の実現を期することについて
(ト)その他

追伸　おねがい
一、貴地教育委員会へ御繰合せ御出席下さいますよう御案内下さい。
二、左記各校に御案内致して居りますが御案内洩れがありましたら御誘い下さい。
尼崎市（城内、昭和、明倫、小田南、大庄東）
西宮市（大社
伊丹市（南
姫路市（山陽、東光、灘
由良市（由良
神戸市（丸山、布引、住吉、玉津、花園、須佐野、太田、上野、鷹匠

全国中学校夜間部教育研究協議会 兵庫県支部名簿 昭和廿九年十二月

役員

全国協議会	理事	兵庫県支部長	神戸市立駒ヶ林中学校長	柄木 勇
尼崎地区	幹事	仝 副支部長	尼崎市立昭和中学校長	高橋英雄
西宮地区	〃		西宮市立大社中学校長	江本武夫
伊丹地区	〃		伊丹市立南中学校長	木村十三
淡路地区	〃		由良町立由良中学校長	玉井清人
姫路地区	〃		姫路市立灘中学校長	高田正太郎
神戸地区	〃		神戸市立花園中学校長	伊藤常吉

参加校

地区名	学校名	校長名	役名
神戸市	駒ヶ林中学校	柄木 勇	支部長
〃	花園中学校	伊藤常吉	神戸地区幹事
〃	住吉中学校	古東六郎	
〃	布引中学校	末村岩夫	
〃	丸山中学校	越智圭一	
〃	玉津中学校	鷹尾 実	
〃	須佐野中学校	上村于彦	
尼崎市	昭和中学校	高橋英雄	副支部長 尼崎地区幹事
〃	明倫中学校	増田 正	
〃	城内中学校	伊藤 優	
〃	小田南中学校	高橋一雄	
〃	大庄東中学校	前田金次郎	
西宮市	大社中学校	江本武夫	西宮地区幹事
伊丹市	南中学校	木村十三	伊丹地区幹事
姫路市	灘中学校	高田正太郎	姫路地区幹事
〃	山陽中学校	清水平八郎	
〃	東光中学校	井上文蔵	
淡路	由良中学校	玉井清人	淡路地区幹事

1955年度

松村文部大臣来場につき至急お知らせ!!

拝呈　秋冷の候　貴職ますく御清栄の段お喜び申上げます。

さて先日御案内申上げましたが、全日大会スケジュールの内、東京地区生徒座談会を第一日午后に行うことになっておりましたが、今回本大会がもたれることを松村文部大臣に御案内申上げ、御臨席方を要請いたしましたところ、大臣といたしまして十一月四五両日は関西方面において講演が予定されているので、三日の文化の日の午后に繰上げて開催出来れば、大臣自らすゝんで出席の上、生徒達へ激励の言葉や座談会の話合いを喜んで拝聴し、文部大臣として今年の文化の日を有意義な日としたいと云われ、御臨席下さることに遽かに決定を見ましたので誠に突然ではありますが、諸先生方にも是非御予定を一日繰上げて、三日正午迄に御上京の上、御列席いたゞきたいと存じます。

亦折角の機会ですから我々と大臣を交えて記念撮影をいたすことになっておりますから為念申添えます。

尚宿舎につきましては本会指定旅館として

東京都台東区車坂町一番地　山下館ホテル
上野駅東口正面広場前　電話(83)　　番

米代　サービス料不用二食付一人一泊金八百圓也

が万端用意をとゝのえて御待ち申上げておりますから、本会員であることを云つて直接に御申込みの上御利用願います。

終りに既に本部へ御申込みの方々の分は当方より前記旅館に申込済で御座いますから御了承下さい。

昭和三十年十月二十一日

全国中学校夜間部教育研究協議会々長　伊藤泰治

諸先生各位

参考略図

都バス、東武バス共
上野駅前←→千住車庫前　一五円
仝　←→千住弥生町　二五円
二〇分乃至二五分

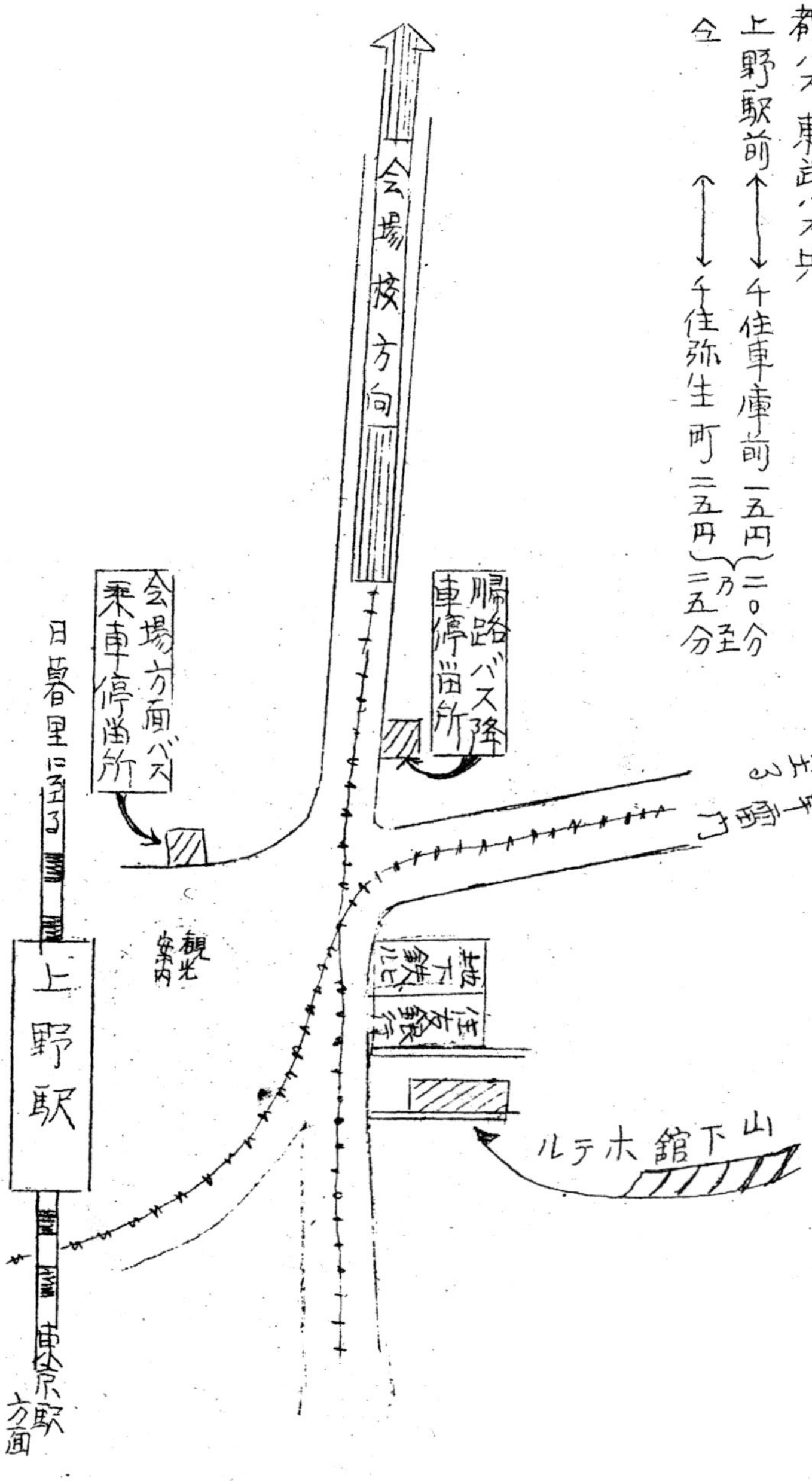

会場校電話　足立(88)　　番
足立区教育会館　電話　足立(88)　　番

昭和三十年十一月四日（金）
昭和三十年十一月五日（土）

会場　東京都足立区立第四中学校講堂

第二回全国中学校夜間部教育研究協議会大会

主催　全国中学校夜間部教育研究協議会
後援　東京都教育委員会
東京都足立区教育委員会
東京都葛飾区教育委員会
東京都墨田区教育委員会
東京都大田区教育委員会
東京都世田ヶ谷区教育委員会
東京都立川市教育委員会
東京都八王子市教育委員会

全国中学校夜間部研究協議会要項

一、主　題　不就学生徒救済と夜間学級の充実について

二、挨　拶　　東京都教育委員会
　　　　　　東京都足立区教育委員会
　　　　　　全国中学校夜間部教育研究協議会長　伊藤泰治

三、協議題

1. 第二部学級生徒の躾方に対する悩み及びそれについての効果的且具体的な指導方法を承りたい　（広島代表）
2. 準貧困学令児童生徒に対する就学奨励費について国庫補助の道を開かれた旨の建議　（京都代表）
3. 給食の問題　（名古屋代表）
4. 長欠不就学生徒を二部学級に勧誘する具体的方策　（横浜代表）
5. 不就学生徒の救済と夜間学級の充実について　（東京代表）

四、夜間学級生徒座談会　　東京都内中学校夜間学級生徒五〇名

　主　題、夜間中学生の悩みとたのしみ

五、講　演「働く青少年の心理」　国立千葉大学教授　望月衛氏

六、座　談　会（参加会員）

七、研究発表

1. 地方民が盛り上げたる二部学級について　横浜市立浦島ヶ丘中学校長　関戸小一氏
2. 義務教育を履修するに困難な事情にある生徒救済の途　東京都葛飾区立双葉中学校主事　臼倉甚八氏
3. 本校夜間学級生徒の環境及び生活と本校長期欠席生徒の実態その他　名古屋市立東港中学校教諭　福岡鋼平氏
4. 京都市二部研究会における本年度共同研究結果概況　京都市立朱雀中学校教諭　岡本武雄氏

八、挨　拶　文部省初等中学教育局中等教育課事務官　徳山氏
　　　　　　同　柳川氏

九、日　程

時 ＼ 日	十一月四日（金）	十一月五日（土）
9.00	受付	
9.30	開会式	協議 大会決議
10.00	経過報告	研究発表
10.30	議長団選出	
11.00	協議	
11.30		閉会式
12.00	昼食 リクリエーション	昼食
12.30		
1.00	生徒座談会	都内見学
1.30		
2.00		
2.30	講演	
3.00		
3.30	座談会	
4.00		
4.30	懇談会	
5.00		
5.30		
6.00		

四

全国中学校夜間部教育研究協議会役員表

一、会長 伊藤泰治（前東京足立四中校長）
二、副会長 立石実信（横浜西中校長）
村田忠一（京都朱雀中校長）
三、理事 梶田一（名古屋天神山中校長）
竹島甚三（上重崇広中学校長）
松下正利（奈良東市中校長）
岡崎繁（大阪堺大浜中校長）
木田泰夫（新宮城南中校長）
栃木勇（神戸駒ヶ林中校長）
河内義一（広島観音中校長）
四、会計監査 関根重四郎（東京曳舟中校長）
五、幹事 町田義三（東京足立四中主事）
岡本武雄（京都朱雀中教諭）

参加者名簿

（十一月一日現在）

伊藤泰治（前東京足立四中校長）
岩間昌稔（東京足立四中校長）
町田義三（〃 主事）
松本敏郎（〃 教諭）
尾キクエ（〃 教諭）
清水芳江（〃 〃）
井上みよ子（〃 〃）
長谷川実（〃 〃）
伊藤哲夫（〃 〃）
古谷一郎（〃 〃）
高野照二（東京葛飾双葉中校長）
臼倉甚八（〃 主事）
関根重四郎（東京墨田曳舟中校長）
矢口栄吉（〃 主事）
高山環子（〃 教諭）
室 明（〃 〃）
村井稔（〃 〃）
樋野二郎（〃 〃）
中島京子（〃 〃）
小林俊之助（東京大田糀谷中校長）
仲松彌秀（〃 主事）
石坂周一（〃 教諭）
井手迪夫（〃 〃）
中村昭政（〃 〃）
阿部忠司（〃 〃）
都筑達郎（〃 〃）
天生目倉吉（東京世田ヶ谷新星中校長）
外山正博（〃 主事）
岡本省吾（〃 教諭）
重田統子（〃 〃）
風間方美（東京立川三中主事）
藤野静雄（前東京八王子五中校長）
住友国春（東京八王子五中校長）
蓮沼良滋（〃 主事）
原静雄（〃 教諭）
立石実信（横浜西中校長）
高橋滝政（〃 教諭）
関戸小一（横浜浦島ヶ中校長）
大島正七郎（横浜平楽中校長）
荻谷信富（〃 教諭）
村杉武夫（横浜蒔田中校長）
金子芳藏（横浜浜中校長）
鈴木直吉（横浜港中学校長）
飯田赴夫（横浜大綱中校長）
内田吉郎（横浜保土ヶ谷中校長）
尾奈登（川崎塚越中教諭）
梶田一（名古屋天神山中校長）
永野史郎（〃 教諭）

五

六

都筑　渉（名古屋東港中校長）
福岡　鋼平（〃　教諭）
市川　準一（京都市教育委員会指導主事）
村田　忠一（京都朱雀中校長）
岡本　武雄（〃　教諭）
島内　元紀（京都近衛中校長）
河村　嘉平（京都嘉楽中教諭）
中島　四郎（京都高野中教諭）
梶　嘉一郎（京都藤森中教諭）
石井　孝彦（京都洛東中教諭）
石垣　幸男（京都北野中教諭）
宮崎　榮喜（布施四中教諭）
栃木　勇（神戸駒ヶ林中校長）
鷹尾　実（神戸玉津中校長）
山岡　政雄（西宮大社中教諭）
木田　泰夫（新宮城南中校長）
竹島　基三（上野崇広中校長）
船橋　周孝（広島二葉中教諭）

七

開設校一覧

東京	足立区	足立四中
〃	葛飾区	双葉中
〃	大田区	糀谷中
〃	墨田区	曳舟中
〃	立川市	立川三中
〃	八王子市	八王子五中
〃	世田ヶ谷区	新星中
神奈川	横浜市	港中
〃	〃	西中
〃	〃	蒔田中
〃	〃	平楽中
〃	〃	浜中
〃	〃	戸塚中
〃	〃	鶴見中
〃	〃	浦島丘中
〃	〃	大綱中
〃	〃	保土ヶ谷中
〃	川崎市	塚越中
〃	〃	川中島中
愛知	名古屋市	天神山中
〃	〃	東港中
京都	京都市	嘉楽中
〃	〃	烏丸中
〃	〃	北野中
〃	〃	朱雀中
〃	〃	皆山中
〃	〃	九条中
〃	〃	陶化中
〃	〃	近衛中
〃	〃	高野中
〃	〃	修学院中
〃	〃	洛東中
〃	〃	彌栄中
〃	〃	山科中
〃	〃	藤森中
大阪	堺市	大浜中
〃	布施市	布施四中
〃	豊中市	豊中一中
兵庫	神戸市	駒ヶ林中
〃	〃	丸山中
〃	〃	須佐野中
〃	〃	布引中
兵庫	神戸市	玉津中
〃	〃	太田中
〃	〃	花園中
〃	〃	住吉中
〃	尼ヶ崎市	城内中
〃	〃	昭和中
〃	〃	明倫中
〃	〃	小田南中
〃	〃	大庄東中
〃	西宮市	大社中
〃	伊丹市	南中
〃	姫路市	山陽中
〃	〃	東光中
〃	〃	灘中
〃	由良町	由良中
三重	上野市	崇広中
奈良	奈良市	若草中
〃	〃	東市中
〃	高市郡	鴨東中
和歌山	新宮市	城南中
〃	御坊市	御坊中
和歌山	日高郡	切目中
〃	南牟婁郡	西向中
〃	〃	木宮村中
〃	西牟婁郡	日置中
〃	海草郡	野上中
〃	〃	安原中
岡山	児島市	下津井中
広島	広島市	二葉中
〃	〃	観音中
〃	豊田郡	豊浜中
福岡	福岡市	東光中
〃	小倉市	企救中
〃	大牟田市	正木中
〃	〃	松原中
〃	山田市	南中
〃	糟谷郡	宇美中

三〇、一〇、一　現在　全国中学校夜間部教育研究協議会調

大会当日役員表

一、議長団

二、司会進行係

小林俊之助（東京糀谷中学校長）
内田吉郎（横浜保土ヶ谷中学校長）
町田義三（東京足立四中主事）

三、受付係

仲松彌秀（〃 糀谷中主事）
蓮沼良甚（〃 八王子五中主事）
石坂周一（〃 糀谷中教諭）
井手迪夫（〃 〃 ）
岡本省吾（〃 新星中教諭）
清水芳江（〃 足立四中教諭）

四、接待係

外山正博（〃 新星中主事）
中島京子（〃 曳舟中教諭）
高山環子（〃 〃 ）

五、会場係

岩間昌稔（〃 足立四中学校長）
樋野二郎（〃 舟曳中教諭）
室　明（〃 〃 ）
村井稔（〃 〃 ）
中村昭政（〃 東京糀谷中教諭）
阿部忠司（〃 〃 ）
都筑達郎（〃 〃 ）
全四中職員

六、座談会座長

外山正博（〃 新星中主事）

七、陳情案内係

1. 文部省（中等教育課）高野鷹二（双葉中校長）
2. 国会（衆参両院文部常任委員会）
天主目倉吉（新星中校長）
3. 労働厚生省（労仂省年少労働課・厚生省児童局企画課）
矢口榮吉（曳舟中主事）

八、記録係（陳情印刷）

風間方美（立川三中主事）
井上みよ子（足立四中教諭）

九、連絡係

松本敏郎（足立四中教諭）

十、バス案内係

仲松彌秀（糀谷中主事）
原　静雄（八王子五中教諭）

十一、庶務係

星キクヱ（足立四中教諭）
伊藤哲夫（〃 〃 ）
古谷一郎（〃 〃 ）
長谷川実（〃 〃 ）

十二、会計係

町田義三（足立四中主事）
岡本武雄（京都朱雀中）

昭和三十年十一月一日印刷
昭和三十年十一月三日発行

全国中学校夜間部教育研究協議会本部作成

東京都足立区梅島町一〇番地
東京都足立区立第四中学校内

協議題 準貧困(保護学令児童生徒に対する就学奨励費について
国庫補助の道を開かれたき旨の建議に関する件

京都市立中学校二部学級研究会

趣旨 。準貧困児童生徒の就学奨励費に対する国庫補助の道を開かれたい。

。市町村の就学奨励費の支出に対し、最低基準を設定されたい。

。これに関し特に夜間学級に重点的配慮をされたい。

以上の趣旨を関係当局(文部省・総理府青少年問題協議会等)に建議する

理由 。文部省では「盲ろう及び養護学校への就学奨励に関する法律」を、昭和二十九年六月より実施している。

。三〇・九・一二 毎日所載によれば「三十一年度予算に準貧困家庭の小中学生に対し全教科書給食の無償配給を実施するように要求した」この際これが推進を是非計られたい。

。現在就学奨励は市町村の義務とされているが、実態は形式的なもの多く、具体的な裏付けも約束もなく、貧困児童の実状に対する把握に乏しく、その補助も区々で、一定の基準が見られず、生活保護法による教育扶助に比較して且つその方法も恣意的であり、且つ余りにも低額であり、これに対しても、ある程度の基準を示す必要がある。

。夜間学級は貧困及準貧困生徒のプールとして特に配慮する必要がある。

資料 。(三〇・九・一二毎日)(三〇・六・二七朝日)
全国全児童生徒 一六四〇万 準貧困生七三万 (小 五〇万三千 / 中 二三万一千) 全国の四%
教科書関係補助 五億二七〇〇万円 給食 三億四〇〇〇万円
。全国教育扶助者 〃 八四九〇四〇人
。(三〇・六・二四朝日)
厚生・文部・労働三省 合同対策会議

全国五〇日以上長欠 (小 一八万一五五九人 / 中 一五万七八七六人)
このうち問題となるものとして注目される 生保教育扶助児 男 一二六六 女 一五八九
〃 生保を受けていない 男 二八八六 女 四〇〇五
〃 仂かせねばやりくりできぬ 男 八四〇三 女 七八五二

。(三〇・九・二九・朝日)
文部省 二九年四月よりの約一万人の調査
一ケ年間における父兄負担教育費 …… (小 七、六八一円 / 中 九、八四一円)
。生活保護法による教育扶助基準額(二七・四・一・施行)
月額(円)

	小1	小2	小3	小4	小5	小6	中1	中2	中3
月額(円)	120	120	150	160	180	195	360	260	244

(以上教科書費 食費と最低限度の交通費を加算しうる)

。就学奨励費についての例
○○市 月 小 三〇円 中 五〇円 補助
。京都市の就学奨励費
昭三〇年度 五〇〇万円 (半額 教科書 二〇〇万円を各校へ生徒数に比例して交付 / 準貧困当一人約 一〇〇—一九〇円 / 夜間生 一人 二〇〇円) (年額)

。静岡県磐田市に於ては学令児童生徒就学奨励規則を制定
昭二七・四・一・より施行している。
小 1.2.3. 月六〇円以内
小 4.5.6. 月八〇円 〃
中 1.2.3. 月九〇円 〃

東京都提案議題

不就学者の救済と夜間学級の充実について

説明要項

1. 昨年京都大会に於ける決議事項である夜間学級法制化との関連

2 不就学者の全国概況並に東京都の現況

3 家庭経済の犠牲による不就学状況

4 不就学者の救済対策

イ 徹底した調査勧奨

ロ 徹底した社会補助政策（就学奨励費 生活扶助）

ハ 夜間学級設置による救済

夜間学級と特殊学級又は各種学校制度を準用し国及び地方費を以て補助の予算化

地元民の熱意でかちえた二部学級について
横浜市立浦島丘中学校

一、本校の所在地
横浜市神奈川区浦島町一七（国鉄東神奈川駅下車……十五分／市電バス浦島丘中学校前下車……三分）

二、戦後激変せる地域社会の実状に就て
本市の中心部に近い漁村としてその実態は戦後の悪条件を一手に引受けさせる様な人々の生活を窮めると共に恥ずべき限りをつくしておったといって過言でない。

けれどもこの漁村を救う為には自分達であり他の何者でもないことの自覚をもつや猛然と起ちあがり漁青年会を作り漁業協同組合を設立し住みよい地域社会の建設に組織の力の偉大性と胸の底から湧り学問の必要性を痛感するようになった。

この必要性の痛感は何といっても（その家の）子弟の学問欲求としてむけられ、夜間学級の必要が切実に叫ばれ要望となり遂に実現する運びとなった。嬉しい限りであると思う。

三、生徒について
○第一部学級　十一名
○第二部学級　三十三名（本校卒業生徒職業中心）
（約三割が栃木・群馬・埼玉・茨城・福島等の農山村地区の子弟が集められて／其の他は当地区の子弟が住み、又東京都出身の子弟が集められて／この生徒等は住込みで家業に従事している／仕事は従事に投げられ日々苦境の状態である）
○開設当初の入れと生徒の能力について
○経済的な面の入れと生徒の生活態度の進歩

四、施設について
○会館の設立……市より全経費から設立を見る
○図書館の設立……教科書の参考書、文房具の一切を設備（共同購入）
○教室施設設備……分校より十分に達する教室施設設備並びに精励等
○レクリエーション施設……ピンポン、写真、幻灯、映画等

五、後援団体について
○P.T.Aの設置
○漁業協同組合、漁青年会、青少年の緑、町内会
○分校生徒（家族あげて通う者　本年度卒業生徒相談役となる）

六．地域社会行事への参加と三部各級の行事計画

地域社会
1．敬老会
2．水難慰霊祭
3．幻灯会・映写会
4．公休日（毎月一日・十日・二十日）に体育祭参加
5．他の行事参加

三部
1．日曜学校は一泊旅行
2．父母と勤労生徒の生活会・父兄と子どもとの懇談会

各級
3．P・T・A例会
4．幻灯会・映写会

七．特に力を入れる生活指導
1．業の不足を補う所から生活の改善をはかるため啓蒙事業をする。
2．工作には共同購入等により経費一つでも安くさせる。
3．国語・数学・社会・理科等に力を入れる。

八．会計あり方（なしか）

資料X

昭和三十年十一月四日
全口中学校夜間部教育研究協議会に於て

義務教育を修了するに困難な事情にある生徒救済の途

双葉中学校才二部概要

東京都　葛飾区立　双葉中学校
臼　倉　甚　八

義務教育を修了するに困難な事情にある生徒救済の道

臼　倉　甚　八

○基本的態度

1、六三制による整備された義務教育課程を、すべての青少年が完全に履修することが出来同一資格を以って実社会に立って行くことを理想とする。

2、六二制復活、複線型学校体系えの移行には絶対に反対する。

3、右の基本線を崩さずに昼間通学し得ない者に同一資格を正式に得られる教育の機会均等の途を拓かんとするものである。

まえがき

昭和三〇・九・三〇附文部厚生労働三省次官から関係各方面に「義務教育諸学校における不就学及長期欠席児童生徒に対する対策要綱」が示された。それによると該当児童生徒数は約三十万にのぼるとの事である。真に遺憾な事である。その対策の要点は末端の諸機関と団体の協力によって、就学についての啓蒙と慫慂を強化し通学困難な者については生活保護法の運用により完全就学をはかろうとするもののようである。

自分は三年間夜間中学の現場にあり、本問題について所信を述べようとするものであるが、奉職校である東京都葛飾区を中心にそこから諸々の問題を類推し易い位置にあるので全般の問題を論断する事の危険である事は判っているが敢てする事情を了解されたい。

葛飾区の夜間中学の生徒は多くはかつての不就学長期欠席の生徒であったのであるが、入学するまでに平均一年八カ月の空白期間が出来ている。随って年令の点からも生活事情の面からも現在の学令中の不就学長期欠席の児童生徒とは実態が少し違う。然し夜間中学の生徒を研究する事により現在の不就学長期欠席の児童生徒の実態は当らずとも遠からざる辺まで探り当てられる。

それに対する妥当な救済の途も拓かれるように思われるのである。

現行の学校教育機構は義務教育課程に於ては、生活保護法による現在の扶助と就学に関する義務違反の処罰により、労働基準法に違反せずに昼間の完全就学が出来るとの見通しの上に建っている。実態を探ってこの機構を想うとき、この見通しに誤謬があったように思われてならない。憲法及教育基本法の根本精神にたちかえって素直に考え直さなければ夜間中学や完全就学の問題は解決しないであろうと思料するのである。小学校の学令児童については大体勧奨と扶助によって完全就学を推進するより外に方法はないと思うが、中学校の生徒に就いては就労によって収入の得られる年令層にあるので大分事情が違って来る。此処にのべるのは中学校課経の完全就学の施策を主として述べる心算であるが先づ実態について要点を探り次いで就学救済の途に及ぶことにする。

(一) 夜間中学校生徒の生活事情・

生徒の生活の型態を次のように分類して下記のような百分率を得た。

1	きまった職場に家から通いで働いている。	五六%
2	通いで働いているが特に技術等を習いたいためで賃銀を得ることは主目的でない。	七
3	戸々について又は道路で働いていてきまった職場はない。	〇
4	住込で働いている。但し食費を拂う等経済的には独立している。	二
5	住込で扶養されお世話になっている関係で働いている	一一
6	職業を習うことを主目的として住込で働いている	一一
7	家で家業の手伝をしている。	八
8	家で自分で自立的に内職をしている。	二
9	家で子守留守居看病等をしている。	二
10	其の他	一

尚右のうち六%のものは小学校在学中から賃銀を得る仕事をしていた。

右のうちで最も数の多い家から通って賃銀を得ているものについて考察を深めよう。職場は全部工場で一ヶ月の平均収入は五六一五円（一職場で食事の出るのは一食を四十円と換算して）になっている。そのうち家計に平均して四四九一円を入れている。注意を要することは其れが平均家族数六・一人の家計を支える重要な支柱になっていると云うことである。収入との差の一一二三円が生徒自身の自由になっている金であるが其の内訳は被服風呂理髪通勤通学の足代学校での費用時折の映画代等になっている。これらの事情と父母の有無健否家族を含めてその職業を照し合せて見ると可成りの者が切りつめた生活をしている事が察しられる。生徒の過半を占める割合の者が自覚するにせよせざるにせよ家計を支えなければならない世帯主的責務を早くから負わされ始めている事がわかる。

生徒の働きによる収入が家計の絶対的必要経費の主要な部分になっている家庭では就学強制の罰則規定の発動は生命権の問題にまで連なる。これらの事情は社会保証のみによって昼間の完全就学を計ろうとする場合の一つの基礎的計算資料とならなければならない。

次に夜間中学生には右の分類と割合からも大体推察出来ることであるが個々について見るに家庭事情生活事情の複雑なものが多い。自立して行かなければならない事情を感ずる環境に早くから置かれている。

夜間中学の生徒にはしっかりした職業を早く体得して生活の安定を得たい気持が強く潜在しているようである。然るに彼等は適切な選職の指導によって現在にあるのでなく、労働者として組織の力があるわけでもなく、強力なバックがあるわけでない。只業者の理解と同情につながっているだけの者が多く、内に苦悩しながら不安定な生活のうちにそれを希って努力しているのである。今までに職場の変った数が平均して一・九二回になっている。その辺の事情の一部を物語るものではなかろうか。

これらの事情は不就学長期欠席生徒問題の解決策をたてるに落してはならない問題である。家庭から通学するには働いて収入を得生活を考えねばならぬ事が絶対の条件であるに係らず彼等の働きそのものを保護助長して心の安定を得させ学業にいそしませるような国家的施策は何もない。入学勧奨に骨折れるのも、職場の関係や先輩などで欠席や遅刻の多いのも苦悩から社会的逃避を考えるのも皆そのためである。

然し夜間中学生は愉快である。学校にいる中が一番楽しいと云っているのが多い。

(二) 不就学長期欠席生徒救済の途

現在の生活扶助教育扶助が大きな就学効果をあげている事はいなめない。昼間通学している児童生徒の約一割はその扶助によって救われているとの事である。然し現在の方法によってのみは中学生に就いてはその完全就学は期し難い。その理由は仮に高校学校の教育課程を義務制として、現在の扶助の方法で昼間の完全就学が出来るかどうかを考えれば容易に了解される事である。現に夜間中学の生徒一人一人について見るに昼間通学は全部事情が許さなくなっている。中学生の完全就学を画るには扶助は勿論大切であるが、より以上に大切なのは勉学の機会と方法を与える事にあると思う。

もし国家が大英断をもって遠般の事情を考慮に入れ義務教育課程に於ける昼間完全就学を経済的扶助の方法のみを以って遂行実現するには驚くべき巨費の要ることが推察される。これは綜合的国家目的と生活指導の面から熟考せねばならない問題である。貧乏国は貧乏国なりに民主立国の原則に適合する施策がなされなければならない。

凡そ民主主義の立場から見て義務教育修了の意義は、諸々の要請を盛った課程を修了したならば信条門閥社会的地位特に経済事情に影響されることなく、全部同一資格を持って同一の線に立たせ社会にスタートさせる点にあると思う。教育研修は其の場に於ける妥当な方法によって行わるべきが原則で昼間に於ける学校教育を重視し多くの青少年に希望を失わせることとは教育の本道をあやまるものと考える。特に義務教育課程に於ては如何なる境遇に於ても何等かの方法に於て履習の機会は均等に与えられ全部の青少年が希望に輝くものでなければならない。

(三) 完全就学の方法の一　夜間中学の開設

都会地の如く交通至便な所では先づ夜間中学を並々と開設して整備充実すべきである。然し夜間中学の設置は学校教育法制定当時提案理由を調べても議論していなかったと見え種々の反対論がある。一つは社会保証制度を拡充して学令者全部の昼間就学を完遂せよとの論である。この主張には異議を唱えるものは少いであろう。出来得れば[illegible]な事であるが要はこれを実現するに足る財政支出が出来るかどうかに懸る。二つは小年保護の立場からである。労働基準法には修学の時間を合せて就労は七時間以内の枠が定められている。修学正味三時間半として、日に三時間半の少年の軽就労働で月収五、六千円出してくれる業者が沢山あれば問題はないのである。業者も自由主義資本主義機構の下に浮沈激しい競争場裡にある事を思わなければならない。夜間中学の生徒は平均して七時間五十分程の労働によって大部分家計を支える重要な収入を計りつつ夜勉強をしているのであるが、この保護規定七時間の枠を強化されたならば生徒は恐らく職場を失うか学業を放棄するより途はないであろう。別に夜間中学の生徒は通学出来ることを喜んでいる。通学のために身体を損ねた事例はない。

次に法規の上から出る反対論がある。これは義務教育課程は昼間行わるべきではないかとの常識論につながる。尤も学校教育法の提案理由には高等学校大学に於ける夜間学校を正式に認めて……とあって中学校には及んでいないけれども提案理由は法律そのものではない。中学校の教育課程を夜間行ってはならないと云う規定はどこにもない。始業終業の時刻は学校長が定める事になっている。又昼間の生徒が夜間に流れ込む事はないかとの危惧から出る反対論がある。これは昼間通わせ得る家庭でありながら、わざわざ夜間通わせるかどうか[illegible]推測すれば直に判ることである。その心配になるような事例は三年間に一度もなかった。

いくつかの反対論にふれたが夜間中学を現場で体験している者の感覚には何れもピンと来ない。夜間中学生徒の実態はその程度で問題の心に触れ打解策の出る程やさしいものではない。そのような事に躊躇していては不就学長期欠席の問題は解決しない。逐次自分の信ずるままを述べ展ずることにする。夜間中学は完全就学への有効な一方策には違いないが現在の夜間中学を現在のままでよいとは考えていない。不就学長期欠席生徒対策の一環として更に有効な施設であるよう少くも一歩を進めて夜間中学のあり方と題し、所信のまま各項をあらためて述べて行くことにする。

○夜間中学の在り方

夜間中学の生徒は働きながら勉強する事に一種の誇りを持っている（持っていない生徒はそのようにしむけなければならない。）その誇りを尊重しつつ、かつ職業人としての将来を善導することを基本線として教育課程が別に作製されなければならないと思う。それには附帯して、職を失う心配がなく、教育的環境に於て生きた職業指導を受けながら、実習として収入の得られる職場の構想が絶対になされなければならない。

職場の構想には二つ考えられる。

1. 職業安定所と連絡し、（業者を含めた保護実習組織が出来たらそれ）現に事業を経営している事業主による生徒の職業実習の指導を依頼する。
2. 福祉法人による事業場を設置し、職業実習が出来るようにする。

どちらの方法に於ても現に不就学長期欠席生徒が働いて得ている程度の賃銀が、実習の仕事に依って得られるようにする。そして大体四時までを職業実習課程とし、五時以後夜間に普通教育課程を履修するようにする。又実習は生徒の将来の職業につながるように指導される。事業主が採算のとれない事のないよう何等かの方法で補償の途が開かれる。不就学長期欠席の生徒は病身等でない限り大部分[illegible]いるような気持で働いているのであるから右のような受入れ態勢を作って白昼然として働ける場を与え、傭主と父兄に対し就学上の行政罰を発動して行ったならば都会地に於ける不就学長期欠席生徒は大部分なくなると思う。然しこれで残る事情のものは後に述べる。これによって職業によって安定を得たい気持も和げられ、勤労自立の教育的見地からも良いのではないかと思われるのである。何時まで（仮に）の職業実習による就労も、健康な職場で教育的管理の下に行われれば決して過労にはならない。現在のまま法規と実生活の矛盾の間に生活とたたかって苦悩しているよりどんなによいかわからない。

（四）完全就学方法の二　通信教育の解禁

夜間中学の生徒は一般には気の毒に思われているようであるが、その夜間中学の生徒を羨しく思い「自分は夜間にも行けない」と不遇を歎いている者が大分あるようである。切々の情を書き送られた事が何回もある。通信教育の問合せを受けた事も再三でない。然るに中学校通信教育規定により、中学校の通信教育を受ける事の出来るものは昭和二十一年三月三十一日以前の尋常小学校卒業者及び国民学校初等科修了者に限られている。それ以後のもので夜間にも通えない者は如何に勉強しても現在の所、中学卒業の資格を得る途は全くない。中学卒業の資格のないことは選職に、又素質があっても将来の発展に制限が加えられることなのである。

この気の毒な青少年は都会地にも沢山ある事が想像されるのであるが、夜間中学の施設を利用出来ない地域の青少年には只無念の涙を押えて境遇を歎いている者が多いのではないかと想像されるのである。これらの青少年を教育し希望を与えるには通信教育以外には考えられない。二宮尊徳先生が今日仮に少年期であられたとしたら恐らく昼間は勿論夜間の通学も出来なかったのではなかろうか。これらの青少年に教育の機会を均等に与えるには先づ中学校教育課程の通信教育の禁を解かなければならない。

昼間から夜間に生徒が流れる心配のないように、昼間から通信に替ることは苦しい家庭事情のない限り考えられない。又往々にして中学校課程の通信教育は不可能ではないかとの声を耳にする事もあるが、往昔口民中学会その他が私的施設を以って相等の実績を挙げていた事を想起すべきである。

可否は方法に重大な関連性をもつ。通信教育資料を送付して、家庭又は働きの場で勉学するに便にし、時折妥当な日時と方法に於て集団学習の機会を作り補導と共に社会的訓練をして行く組織を作れば効果は大きいように考えられるのである。

(五) 不遇な青少年の成長の過程と六三制

幼少年の成長を親にはぐくまれる雛鳥の発育に例えれば、昼間通学出来ない生徒には幼にして父母を失い又あっても生活力が弱く、少数の例としては見捨てられ、はぐくまるべき筈の羽ぶところから抜け出してしまっている者が多数ある。女中の形において、商店の小僧の形において、工場の手伝の形において世話になっている関係に於てである。扶助の対象には勿論なっていない。法規が昼間就学を強制すれば生活の場を失う危険に連なるのである。

さきに、就労して家計を支えている青少年に、現在の扶助に於ては昼間就学の困難な事を述べたがこれは又別の意味で困難である。中学校課程で昼間通学し得ない生徒の大部分は、個々について見ると莫大な扶助がない限り又扶助があっても生活事情の変らない限り、夜間中学か通信教育によるより他就学の方法が考えられないのである。その認識の上に立って義務教育中学校課程の完全就学は図られなければならないと思う。

然し自分はそれらに対する教育を軽視せよと云うのではない。別の方法を以って就学の機会を均等にせよと主張するのである。

又夜間中学や通信教育は六三制の基本をくずすものであるとの声も聞くが、これは民主々義の根本をあやまる謬論であると思う。昼間就学出来ないものは現状のままでは出来ないのである。昼間に就学しない理由をもって義務教育そのものを受ける途を塞ぐことは教育基本法に照して疑あり又人権平等の正義感が許せない。

不遇の中に成長した青年が漸く自治の道を得て向学の念止み難く「勉強さして下さい」と、今までの事情を話して真剣に夜間中学に入学を希望して来るのがよくある。幼少時代の不就学長期欠席児童生徒の生れ変った姿である。我々の苦難を経て漸く達した学習可能の時期なのである。この時期は十七八才から二十二才の間に来るのが多いようである。この時期を失ったならば生涯学ぶ機会を失うかも知れない所の人間形成の間の重要な時期なのである。

このコースを通って成人する者はかなりの数に達するのではないかと思うが、これを教育するには夜間中学か通信教育以外には全くない。

又この種のコースの者には小学校卒業の学力認定の途の必要を感ずるのであるが法規には見当らない。

以上完全就学のため夜間中学の開設と通信教育の解禁を強調し、不就学長期欠席生徒の特異性を勘行し対策についての私見の概略を述べたのであるが学校教育法第三十五条第三十六条の線は忠実に守って行い得ると思う。

昼間の生徒と夜間中学の生徒と通信教育による生徒とは対象がちがい、それぞれの特異性をもつ。随って教職員の活動分野も自ら異なってくる。強力に遂行するためにはそれに相等する機構上の研究がなされなければならない。

むすび

凡そ人は皆定ある事情の中に生れ、そこに始まって成長し将来を拓いて行くのであるが、如何なる経済事情家庭事情の中に如何様に生き享け重荷を負うて苦難に闘うも、其れが少年自身の責任から来ているのではない。

貧苦や不自由の枷に喘ぐ青少年には義務教育を受ける機会は昼間通学以外に別の方法に於て均等に与えらるべきである。

義務教育修了の線を作りその證を与えることは、如何なる途を通るにせよ要請される課程を学習修練したものに同一の資格を与え希望を与えることに意義があるのである。

施策をあやまって昼間通学し得ない青少年に義務教育未修了のためにうくる社会的制約の枷を更にはかせて、二重の苦境に追うことは人道上の問題である。

位置　葛飾区双葉中学校第二部概要
東京都葛飾区上千葉町五一一
（京成電車お花茶屋駅より五分

開設目的　昭和二十八年四月二十日
家庭事情により昼間通学し得ない者を対象とし義務教育の完遂と不良化防止をはかる

経費　区費

職員　学校長　兼務
専任　教諭三名
他に昼から十三名出講
高野鶴二
小倉甚八
長島尭秋
榎本義雄

編成授業　各学年一学級　三学級編成
用務員一名
開始　五時三十分
終了　八時四十分
四十分づつ四時限

教科

週配当時間	国語	社会	日本史	数学	理科	音楽	図画工作	保健体育	職業	外国語	習字	ホームルーム	計
一年	3	5	／	4	3	1	1	1	2	2	1	／	24
二年	3	3	2	4	3	1	1	1	2	2	1	1	24
三年	3	4	1	4	3	1	1	1	2	2	1	1	24

設備　普通教室　三　昼と兼用
職員室　一　専用
特別教室は臨時使用

給食　毎日二時限終って味つけパン

年令・性・学年別生徒（昭和三〇・一〇・一五現在）

学年	性	一二才	一三	一四	一五	一六	一七	一八	一九	二〇	二一	二二	二三	学年性別計	学年別計	合計
第一学年	男	七	五	一	四	一	一						二	二一	三一	一一二
	女	六	二	一					一					一〇		
第二学年	男	／	一一	五	五		二		二		一			二六	四二	
	女	／	八	四	一		二			一				一六		
第三学年	男	／	／	九	八	三		四	三					二七	三九	
	女	／	／	四	二	二	二	二						一二		
性別計	男	七	一六	一五	一七	四	三	四	五		一		二	七四		学令内 八三
	女	六	一〇	九	三	二	四	二	一	一				三八		年令超 二九

十一月始め右の外一年に五名計上される見込

出席率　約八〇％

夜間学級生徒の環境及び生活と
長期欠席生徒の実態

昭和30年10月

名古屋市立東港中学校

1. 学校所在地　名古屋市港区港楽町1の9

名　称　名古屋市立東港中学校二部学級

昭和27年12月15日開設

2. 在籍生徒数

学年＼性別	男	女	計
1	2	2	4
2	3	3	6
3	9	7	16
計	14	12	26

3. 学級編成　2学級に編成する

4. 職員組織

専任　1

兼任　3

A. 本校夜間学級生徒の環境及び生活

1. 生徒の家は如何にして生計を立てているか

（24所帯について調査）

働く人＼仕事	生計費を主として得る人					生徒	
	父	父母	母	生徒ときょうだい	生徒	労務	家事
労務者	4	8	(1)	3＋(1)	2	13	6
商業	1						1
小企業	1					1	
飲食店で働く			2			1	1
内職			(1)			2	
計	6	8	4	4	2	17	8

（父〜生徒の計：24所帯）

上の表は所帯の生計費は主として誰によって如何にして得られているか，そしてまたそういう家庭にあって生徒は如何なる生活をしているか，を示そうとしたものです。

△表中（　）内は生活扶助を受けているものです。

△表中に労務者としてある父12名の職業を細別しますと：——

自由労務者7　船夫3　仲仕2

△表中に労務者としてある母9名の職業を細別しますと：——

自由労務者6　工場雑役婦2　女工1

2. 両親の有無

		実父母	実父のみ	実母のみ	実母と継父	孤独	計
人数		10	4	8	3	1	26
実父	生			1		1	2
	死			7	3		10
実母	生		(2)			1	3
	死		2				2

表中　実父、実母の生存を示す数字のうち
括弧あるは　居所が明らかで　時に会うことを、
括弧なきは　消息が殆んど不明なことを、示します。

3. 保護者(24名)の学歴

学歴	人数
尋小卒	15
高小卒	5
尋小中退	2
実業卒	1
高女卒	1
計	24

4. 家族の人数(24所帯について)

家族の人数	2人	3人	4人	5人	7人	8人	9人	10人
所帯数	2	4	2	4	7	3	1	1

1所帯の平均人数＝5.7人

5. 1人当りの畳数＝1.8

6. 生徒の従事する仕事

性別＼仕事	工員	店員	販売人	給仕	雑役	子守	計
男	8	2	2		1	1	14
女	2	1		1		8	12

7. 居住する場所

性別＼場所	自宅	勤先
男	13	1
女	11	1

8. 夕食の時刻

登校前	帰宅后	一定せず
7	16	3

9. 通学の区域

学年	性別＼区域	学区内	学区外
1	男	1	1
	女	1	1
2	男	1	2
	女	3	
3	男	6	3
	女	5	2
計		17	9

(備考) 天神山中学校夜間学級生徒通学区域

学年	性別＼区域	学区内	学区外
1	男	1	5
	女	3	10
2	男	3	6
	女	4	9
3	男	1	10
	女	8	10
計		20	50

B　本校長期欠席生徒の実態

1. 在籍生徒数と長期欠席生徒数
（昭和30. 10. 1 現在）

長期欠席生徒――引続き1ヵ月以上欠席している者及び、出席が断続的で欠席の方が多い者。

学年	性別	在籍生徒数	合計	長欠生徒	合計
1	男	312	612	0	6
	女	300		6	
2	男	308	587	3	5
	女	279		2	
3	男	259	490	2	3
	女	231		1	
計			1689		14

この表の長期欠席生徒から除外した者

転居先不明な者 ＝ 2名
朝鮮人生徒 ＝ 6名

〔附　録〕

名古屋市立中学校長期欠席生徒一覧表

（連続1カ月以上の者。昭和27年二部学級開設のため調査したもの）

区名	校名	長欠	二部可能	校名	長欠	二部可能	校名	長欠	二部可能	校名	長欠	二部可能
千種	今池	17	2	城山	2	1	振甫	14	1			
東	あずま	20	0	桜丘	6	1	冨士	1	0			
北	若葉	33	1	志賀	8	0	大曽根	20	4	八王子	20	1
西	浄心	7	1	菊井	28	4	名塚	49	1	天神山	58	22
中村	豊国	15	0	笹島	5	1	笈瀬	26	6	御田	11	1
	豊正	8	1	黄金	34	5						
中	前津	4	1	伊勢山	15	3	白山	60	22			
昭和	桜山	7	0	北山	11	0	川名	10	0	田上	9	1
瑞穂	田光	12	4	瑞穂丘	37	8	汐路	5	0	萩山	26	3
熱田	沢上	1	1	宮	18	0	日比野	13	1			
中川	一色	74	9	長良	31	0	山王	16	2	一柳	5	0
	八幡	18	1	昭和橋	8	2						
港	港北	21	1	港南	8	3	東港	28	12			
南	本城	5	0	新郊	20	0	大江	14	2	名南	21	0

2　長期欠席生徒の実態

欠席の状態		連続（1カ月以上）			断続的（欠席の方が多い）			計	
学年	理由／性別	病気	学習意欲の欠乏と家庭の事情	保護者の無理解	病身と家庭の事情	学習意欲の欠乏と家庭の事情	学習意欲の欠乏		
1	男							0	6
	女			1	3	2		6	
2	男	1	1(a)			1		3	5
	女	1				1(b)		2	
3	男			1			1	2	3
	女						1	1	
計		2	1	2	3	4	2		14

表中に'家庭の事情'としてあるのには、貧困のほかに、生徒にとって好ましくない　いろいろの事情を含めました。夜間学級で救済の見込があると思われる(a)(b)について申しますと：——

(a)　家族はみなで3人。養父（55才）は結核療養所で療養中。養母（42才）は労務者で働きに出る。生徒は養父の兄弟の子。欠席勝ちにしているうちに出来なくなって、学校へ行っても分らないから行きたくないという型。毎日遊んでいる。

(b)　家族は父・兄2人と生徒の4人。母亡し。父と2人の兄は働きに出る。母代りに家事を見ている。欠席がちで学業遅れ学校嫌いとなり(a)と同類型。

共同研究結果概況

京都市立中学校二部学級研究会

1. 京都市二部学級（夜間）の実態

(1) 二部学級一覧

30.7.10.現在

学校名	開設年月日	在籍数 男	在籍数 女	在籍数 計	卒業者数	高校進学
嘉楽中	25.5.10.	30	28	58	136	23
烏丸中	25.5.10.	7	12	19	98	6
北野中	25.5.10.	13	10	23	100	18
朱雀中	25.10.2.	10	17	27	72	16
皆山中	25.5.1.	29	22	51	104	3
九条中	25.5.9.	17	7	24	64	9
陶化中	26.10.8.	9	17	26	40	0
近衛中	25.5.10.	9	13	22	54	23
修学院中	25.5.1.	8	15	23	30	6
高野中	26.10.25.	8	14	22	45	1
洛東中	25.5.8.	9	9	18	63	11
山科中	25.5.18.	3	10	13	57	5
弥栄中	28.9.1.	6	22	28	7	0
藤森中	25.5.6.	10	15	25	112	20
合計		168	211	379	*1004	145

＊ 廃止された西院中の卒業者22を含む

(2) 長欠救済比率

	全市中学生	内長欠生	二部生	救済比率
男	33001	945	168	15.09
女	29354	1238	211	14.56
計	62355	2183	379	14.79

(3) 学年別生徒数 及び 年令分布

	1 年	2 年	3 年	合 計
男	26	40	102	168
女	19	80	112	211
計	45	120	214	379

	12才	13	14	15	16	17	18	19	20	21	22	合計
1年	18	15	5	1	4		2					45
2年		61	47	7	2	2					1	120
3年			89	93	11	6	5	5	1	3	1	214
計	18	76	141	101	17	8	7	5	1	3	2	379

(4) 通学分布

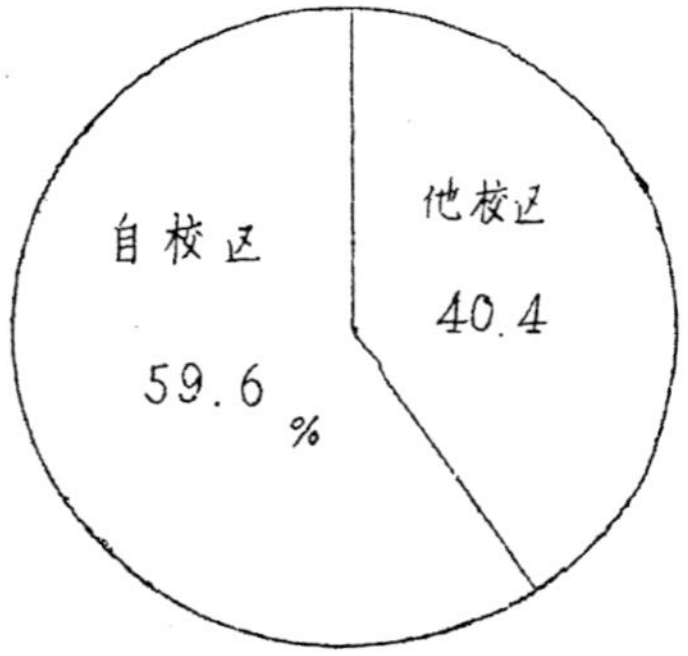

(5) 出席率

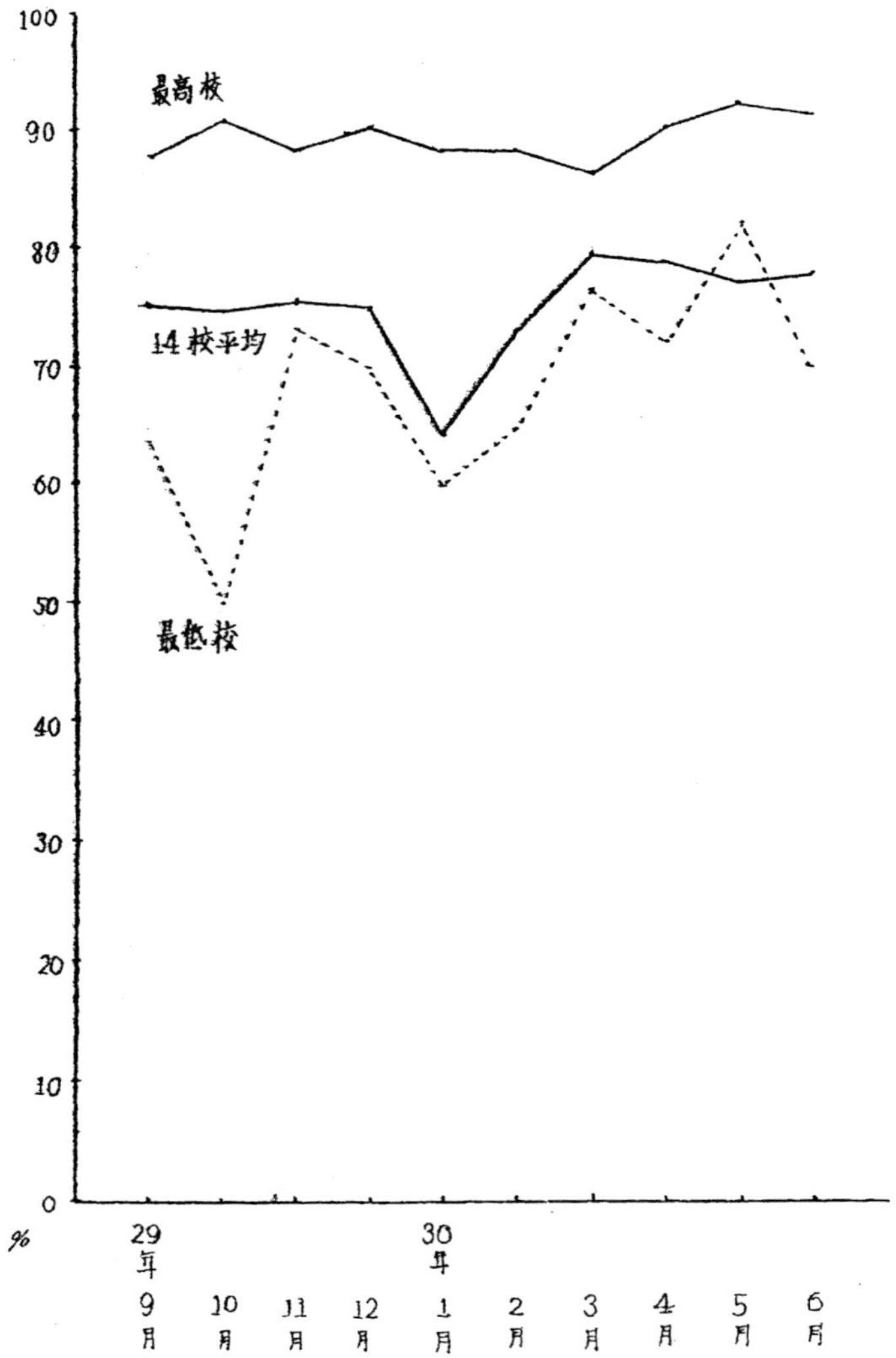

2．京都市二部学級生徒国語学力調査

問題は昭和２８年度国立教育研究所案全国小中学校学力水準調査の国語問題中より選択、検査者数は 全国小学生６１２５名，全国中学生６０５２名，京都市二部生２５９名．

(1) 言葉づかいの問題（小学校問題）

(一) 助動詞誤用訂正 (二) 動詞活用誤訂正 (三) 時相誤訂正 (四) 敬語誤用訂正 (五) 助詞誤用訂正

問題	(一)	(二)	(三)	(四)	(五)	平均
小学校正答率	45	58	36	11	27	35
二部正答率	55	63	22	5	46	38
差	＋10	＋5	－14	－6	＋19	＋3

(2) 漢字読字力の問題

(イ) 小学校問題

問題	態	刷	備	努	適	低	確	燃	減	絶	平均
小学校正答率	54	85	73	66	65	66	58	78	19	31	60
二部正答率	77	79	72	70	72	68	69	81	24	43	65
差	+23	-6	-1	+4	+7	+2	+11	+3	+5	+12	+5

(ロ) 中学校問題　（被検者３年生のみ）

問題	認	需	歓	兼	蓄	延	穀	厳	移	平均
中学校正答率	66	38	84	56	79	44	69	62	72	63
二部正答率	34	22	66	48	52	46	46	52	62	47
差	-32	-16	-18	-8	-27	+2	-23	-10	-10	-16

(3) 漢字書字力の問題

(イ) 小学校問題

問題	交	秒	庭	晴	飛	陽	研	席	守	進	計
小学校正答率	78	63	66	75	56	58	73	32	58	68	63
二部正答率	74	59	60	72	48	50	58	40	66	65	59
差	-4	-4	-6	-3	-8	-15	+8	+8	-3	-4	-4

(ロ) 中学校問題　（被検者３年生のみ）

問題	與	策	讃	容	老	余	側	圓	加	計
中学校正答率	56	37	46	66	81	77	71	51	72	62
二部正答率	54	6	16	46	60	66	58	50	68	47
差	-2	-31	-30	-20	-21	-11	-13	-1	-4	-15

(4) 成績分布曲線

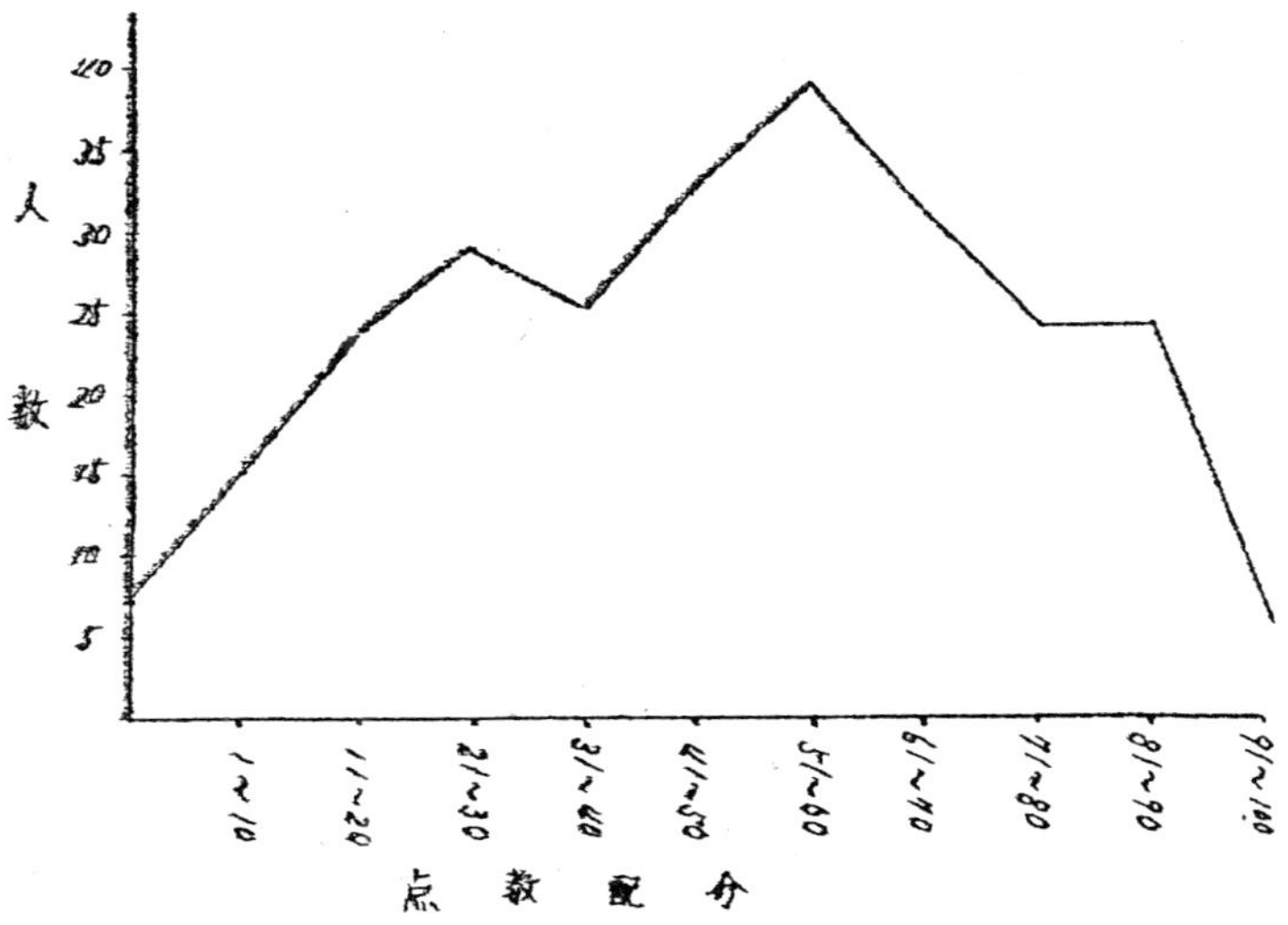

3. 京都市二部学級生徒の家族構成調査

左図の如き家系図譜を書かせて，これを分類表化した．調査対象全市二部生272名

なお，比較のため，北野中の昼間生より任意抽出して，同様のことを行った．

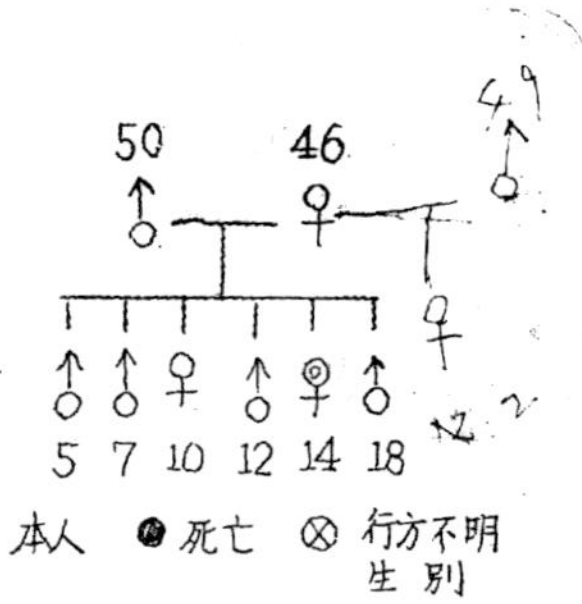

(1) 家族構成分類

	年度	25	26	28	29	30(今回)	29＋26 %	北中29(昼間)
両親あるもの	子供3人以内 〃4人以上 直世代	265	169	206	234	25 82 12 } 119	403 (54%)	1730 (79.6%)
片親のもの	母子家庭 父子 〃	111 27	82 29	81 23	68 57	52 19	150 (20%) 86 (11%)	321 (14.0) 67 (3.0)
継子関係	実父と継母 実母と継父	7 17	9 11	11 11	15 18	8 11	24 29 } (7%)	
両親なきもの	養子 その他	14 30	11 16 } 22		5 24	4 11	16 40 } (8%)	57 (2.6)

(住込48)

(2) 両親の状態推定表

京都市二部学級

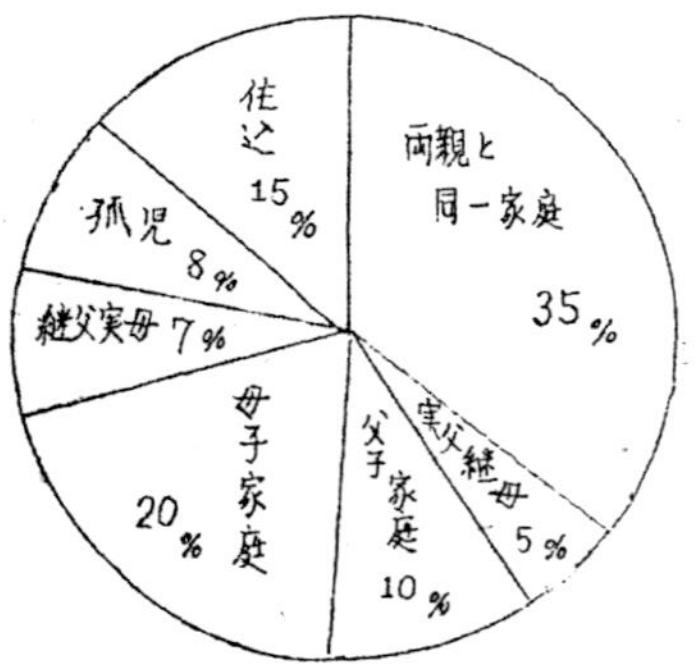

京都市立北野中学校昼間生

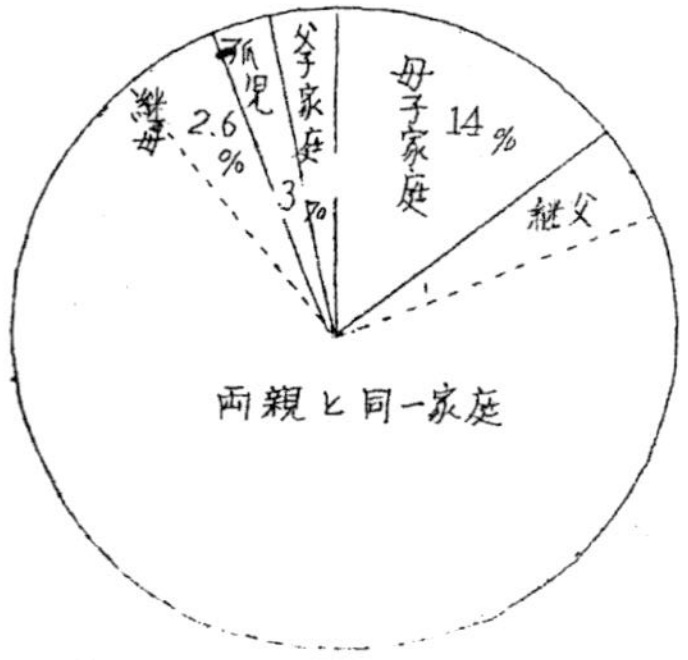

(3) 母子家庭

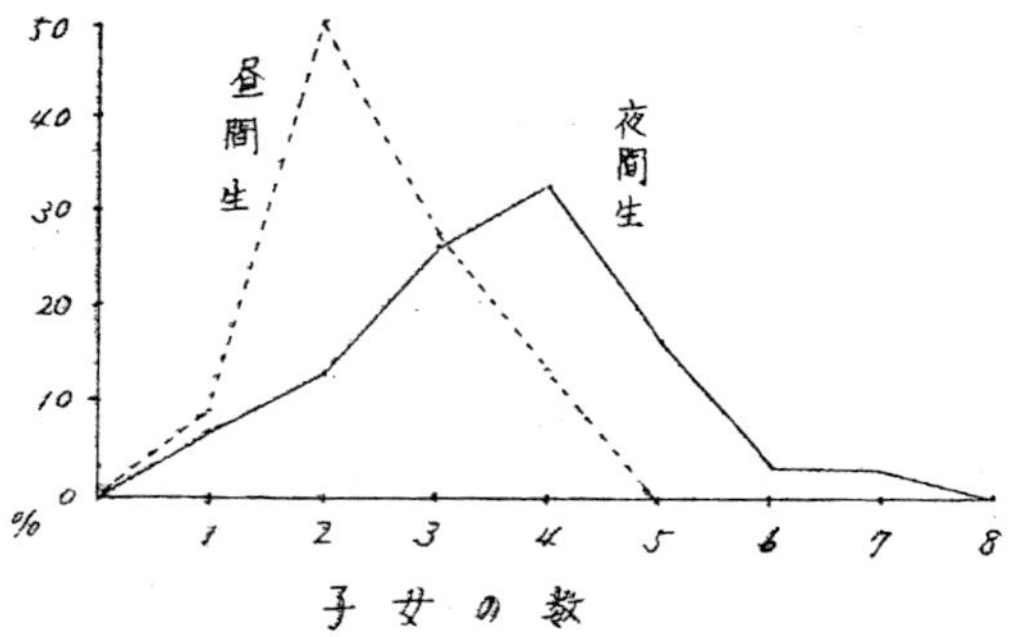

(4) 核家庭（両親と子供のみの家庭）

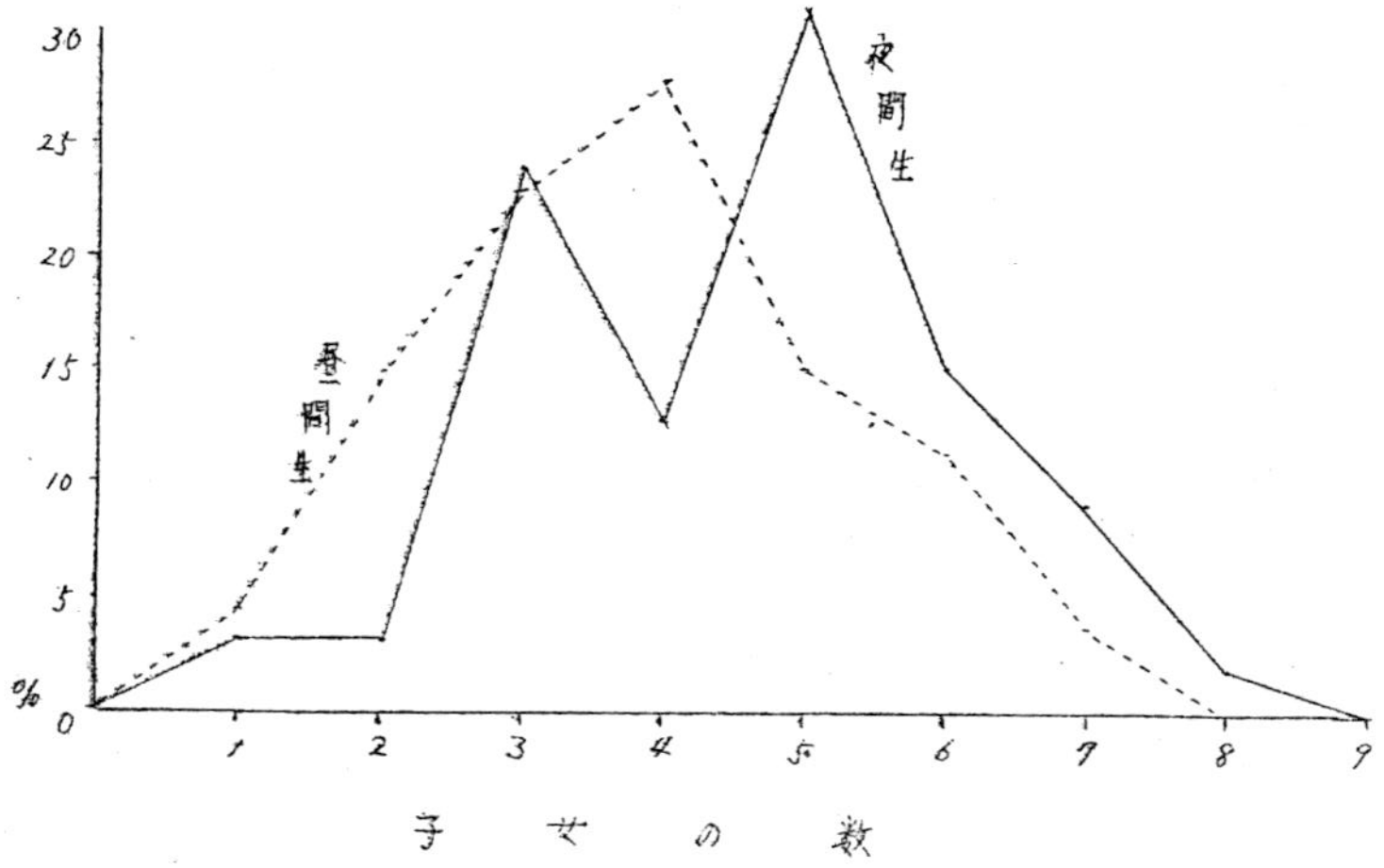

(5) 夜間生徒父親年令と子女数

子女＼年令	35—	40—	45—	50—	55—	60—	65—
1			1			1	
2		1	1				
3	1	8	3	1			
4	2	1	4				
5	1	7	6	2	1		
6		3	2	1	1		1
7		1	3				1
8		1					

4. 京都市二部学級生徒並に卒業生の就業状況調査

調査対象　就業在校生３２４名

卒業生４７４名

（1）事業場従業員調

	5人以下	5人以上	調査人員
男	124	31	155
女	107	62	169

（2）収入調

月　収	男	女	計
500円以下	14	13	27
500円以上	18	13	31
1000 〃	17	6	23
1500 〃	9	9	18
2000 〃	8	5	13
2500 〃	9	12	21
3000 〃	11	13	24
3500 〃	24	26	50
不　定	11	42	53
計	121	139	260
平均　月収	1954 ― 2252		

日　収	男	女	計
50円以下	4	2	6
50円以上	0	2	2
55 〃	0	1	1
60 〃	5	4	9
80 〃	14	8	22
100 〃	2	3	5
120 〃	1	6	7
140 〃	3	3	6
160 〃	0	0	0
180 〃	4	1	5
200 〃	1	0	1
不　定	0	0	0
計	34	30	64
平均　日収	95 ― 108		

（3）就業の目的

	男	女	計
1. 家計の中心となるため.	7	1	8
2. 家計を扶けるため	125	127	252
3. 自分の小遣を得るため	3	0	3
4. 仕事を覚えるため.	15	5	20
5. その他	5	36	41

（4）労働時間

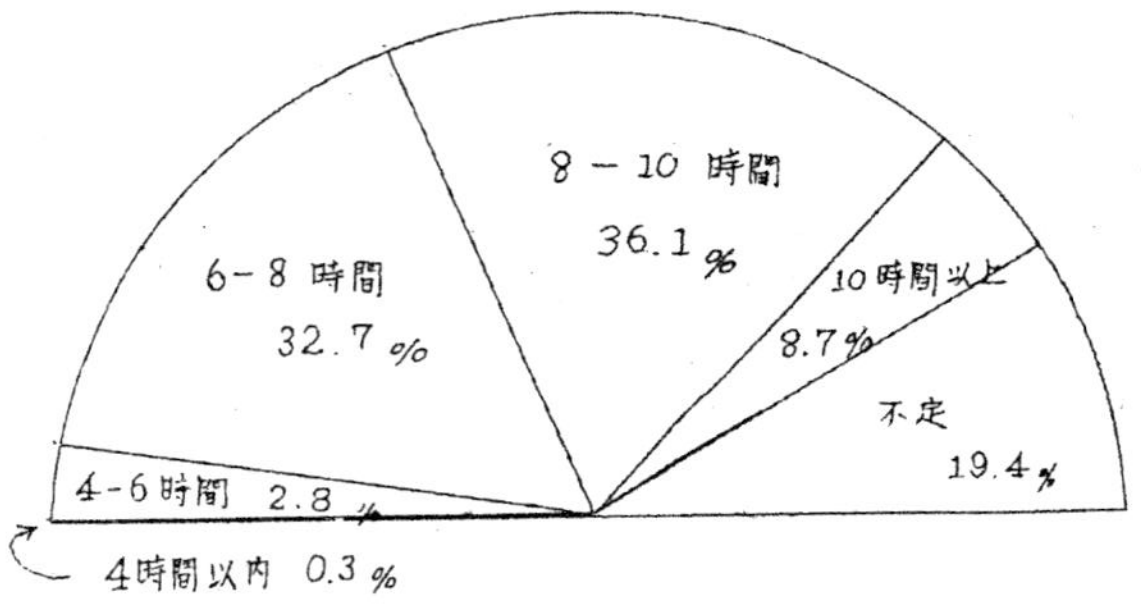

（5）在校生・卒業生就職々種調

	A 男	A 女	勤務者数 男	勤務者数 女	勤務者数 計	勤務職種	勤務者数 男	勤務者数 女	勤務者数 計	B 男	B 女	
在校生			0	0	0	事務者	8	18	26	2	4	卒業生
			1	3	4	農林畜産	10	3	13	1		
	1		9	1	10	機械器具製作	23	5	28	2	1	
	1		4	7	11	仝　組立修繕	10	0	10	3		
			0	1	1	化学薬品製造	4	0	4			
			4	3	7	窯業土石加工	3	3	6			
			7	26	33	紡織品製造	23	25	48			
			4	5	9	被服身廻品製造	5	18	23		2	
		1	5	2	7	印刷紙製品	14	5	19	2	2	
			2	0	2	木竹草製品	5	2	7			
			12	9	21	飲食品製造	12	12	24			
			2	0	2	土木建築	7	0	7			
			1	4	5	ガス水道電気	2	0	2			
			4	0	4	給付塗装メッキ	5	1	6			
	3		11	0	11	運輸運搬通信	17	1	18	1		
			2	4	6	医療理美容	0	11	11		1	
	3		42	12	54	商業	22	31	53			
			3	0	3	露天行商	1	0	1			
	1		2	25	27	接客	2	14	16			
			0	2	2	娯楽関係	2	7	9			
		3	6	19	25	家事使用人	10	13	23			
			1	14	15	子守	0	8	8			
			16	2	18	靴工	12	0	12			
		1	8	22	30	染物工	30	25	55			
	4	2	9	8	17	その他	11	32	43			
	20		324			計	474			21		

A は 転職希望者数　　　　B は 職業指導による就職者

通常会費　収支計算書

収入の部　　　　　　支出の部

摘要	金額		摘要	金額	
会費54校分	10,800	00	印刷諸費	4,700	00
			郵送料	4,742	00
			交際車馬賃	3,000	00
合計	10,800	00			
差引収入不足	1,642	00			
	12,442	00		12,442	00

全国中学校夜間部教育研究協議会

宣言

さきに文部省・厚生省・労働省は、全国三十万に及ぶ不就学長期欠席児童生徒の対策要項について、三省連名で関係各機関に通達し義務教育の完遂を強調されたことは洵に喜ばしいことである。

しかるに国家として徹底した法財政の措置も講ぜられず、全国にかく多数の不就学長期欠席児童生徒を数えている現状である。これがため青少年の不良化・不当雇傭などと関連した緊急且つ重要な問題が解決されていないのは真に憂うべきことで遺憾のきわみである。

われわれはこの切実な事態に対処して夜間部学級を設け義務教育完全修了の実績をあげつゝある。

ここに第二回全国大会を開催し、全国各地の貴重な資料にもとづき夜間部生徒の実情について各方面にわたり慎重に協議した。よってここにわれわれの総意を結集して世の人々の良識にうつたえ不就学生徒教育の完璧を期す。

一、不就学生徒救済に対する法財政措置を講ぜられたい。

一、現状に於ける夜間学級は不就学生徒救済としてやむを得ないものであることを公認されたい。

右決議する

昭和三十年十一月五日

全国中学校夜間部教育研究協議会

中学校夜間学級の法的措置に関する陳情書

全国中学校夜間部教育研究協議会

陳　情　書

中学校夜間学級の法的措置に関する件

今日日本最大の課題は各国との友好の下に、真の独立を確立することであり、その根底に培うものは国民教育の振興であると思います。

ひるがえつて義務教育完成の期である中学校教育の現状を見ると、発足後、日なお浅いにくらべ多大の効果をあげていることは慶賀すべきことであります。しかしながら、一面教育基本法並びに学校教育法において、教育の機会均等は明らかに示されているにもかゝわらず、全国に不就学並びに長期欠席の不幸な青少年が、三十万人もの多数にのぼつているのはまことに遺憾であります。

われらはこの現状を見るにしのびず夜間部学級を設け、主として経済的事由による前記不幸な青少年を収容し、中学校義務教育の完遂に努力して、今日まで相当の成果をあげ得たものと安心しております。

昭和三十年十一三日、松村文部大臣の御臨席をいただき、全国中学校夜間学級設置校関係者三百名相集り第二回大会を開催し、各方面にわたつて、慎重に研究討議した結果、中学校夜間部教育の法的、財政的措置の問題につき、総意を結集してこの実現を切実に、要望する申合わせをした次第であります。

ついては、教育の機会均等を実現し、不就学中学生の絶無を期するため、貴下の格別なる御高配を賜わるよう、衷心より陳情申上げる次第であります。

学校教育法第二十五条、第七十五条を次のように是正又は追項することを切望いたします。

「前言」　夜間学級法制定化の問題解釈

現行中学校（昼間）に対して、新らしく夜間中学校を設立し、夜間学級の経営難を排除するということではなくして、夜間学級という既成事実から生ずる難問題、例えば教員の定員の確保、予算の獲得、施設々備の充実、就学の奨励等について、各都道府県地方教育委員会の実施をさらに助成し、これが運営に支障ならしめるためには、自ら関係現行法の不備を是正したり、或は新しく、法制の裏付を確立することが先決となる。

「本旨」　現行関係法不備の是正と追項

一　学校教育法　第二十五条の是正

本行訂正　経済的理由によつて、就学困難と認められる学令児童並びにその保護者に対して、市町村は必要な援助を与えなければならない。

「説明要旨」

「学令児童の保護者」という表現は「学令児童を持つ保護者」とゆう意味に解せられて、保護者が主体となる。今これを訂正文の如き表現に変えるならば、児童と保護者を一応切つても考えられる。従つて、例えば、就学奨励費、生活保護法による教育扶助費等の支給が、学校渡しに集約されて、支給の主旨に即することになる。

二　学校教育法　第七十五条の追項

小学校・中学校及び高等学校には、左の各号の一に該当する児童及び生徒のために特殊学級を置くことができる。

1 性格異常者
2 精神薄弱者
3 ろう者及び難聴者
4 盲者及び弱視者
5 言語不自由者
6 その他の不自由者
7 身体の虚弱者

本行追項 8 経済的理由による就学困難並びに嫌学等を原因として著しく進学の遅滞とみるおそれのある者

「説明要旨」

第二十五条の是正に伴い第七十五条七項に八項を追補し、更に明確を期する。尚七ヶ項の行文に比し八項の行文は長きに失するのであるが、かような主旨を強調するのであつて、これが適切なる字句、行文についてはよろしく御配慮を願い上げます。

昭和三十一年二月

全国中学校夜間部教育研究協議会
会長　立石実信
横浜市立西中学校
（西区西戸部町三ノ二八六）

参考資料

全国中学校夜間部教育研究協議会

一、全国に於ける夜間学級設置校数　百二十校
　　仝　不就学生徒数　一五六五六三名

二、分布的に見たる主なる夜間学級の所在地

1 京浜地区

2. 京阪地区

3. 中京地区

4. 紀伊半島

5. 広島地区

6. 北九州地区

7. 四国漁村地帯

8. その他

夜学生活を顧りみて

数え年十六で病弱の為、やむなく女学校を退学した私は、それっきり目の前が真暗になって、そこで一切を失っていたのだ。自棄だろうか、劣等感だろうか、とにかく私は学校という言葉を口から除外した人前では屈託のない笑顔を見せながら、心のうちではいつも涙が乾くひまもなかったという様な二重人格的「私」が出来上っていたのもその頃である。　私はそうした己れを見つめる事の辛さに手当り次第ほとんど乱読に近い状態で本をあさった。通信教育の講義録を二つも三つもとって母を手子摺らせたりもした。　洋裁にもいった。しかしそんな事で気持は鎮まりはしない。私の本当の気持は学校へ行きたかったのだ。　先生のもとでちゃんとした勉強がしたかったのだ。所がこの願いが何ものかに通じたのだろうか？　或る日私はひょっこり出かけて行った以前の女学校で先生から中学校にも夜間部のある事もお聞きした。そして、そこは家から歩いても十五分とかからない近くなのだ。　私はすっかり嬉しくなってその学校にとんでいった。　そしてその当日から中学生となった私の夜学生活は始ったのだ。　生徒数はわづか二十数名　昼間のそれにくらべたら一クラスの半分にも到らない人数だが、その皆の顔は数倍の元気ではりきっている。　誰もが驚くほど親切で思いやりがあり、入学当初から新参者の私はすぐにお友達に恵まれた。その上先生方がすばらしい。　特殊な事情で夜学に通う生徒達の立場を心から理解して その優しい打ち解けた授業ぶりには 本当に頭の下る思いがした。昼間と違って夜のとばりの中に包まれた夜学の授業は 落ちついた静かな雰囲気を持っている。明るい電燈のもとで 骨の髄までしみこむ様なそういう先生のお講義に誰の瞳も真剣にきらきらと輝いてノートの上には流れる様に鉛筆が走るのだ。 そこには まったく昼間の労働の疲れなど みじんも感じられない。 そんなところが 夜学に来ることが 皆んなと一緒に勉強する事が まるで唯一の楽しみでもあるかの様に緊張と熱意で固くひきしまった生徒の顔に 歓喜と希望が満ち〳〵としているのである。 大方の授業は全員が一つの教室で一緒に受けるのだが 英語と数学は学年別になっていた。で そのうちでも好きなのは英語の時間だ。真冬の風の吹きすさぶ夜 あかあかと燃えたストーブを囲んで 先生を中心にしたリーディングの勉強など 私達夜学生ならではの楽しかった思い出の一つだろう。 又理科の時間は これ又まるで雰囲気とは違って はなはだ活発で張りがある。 そのせいか私なども いつの間にか男の子に巻き込まれて電気や機械などにも興味を覚える様になってしまったものだ。 音楽の合唱、キューピーさんの字先生 それから昔の人のよすがを偲ぶ社会科の日本史等…… この他にもまだ楽しかった思い出は数限りない。 だから先生も生徒も一つになって勉強に熱中していると時間などそれこそあっという間に過ぎていくのだ。 そして授業が終ると今度は私達の自

治活動が待っている。 記事や文芸をのせての新聞の発行、秋のシーズンを利用してのハイキングのプラン、運動会や文化祭、映画観賞など その充実した内容は 決して昼間の学校に劣らないみごとなものである。

そして三年は過ぎた。 たのしかった恵まれた夜学生活に感謝しながら やがて私は卒業したのである。

神奈川県横浜市立蒔田中学校
第三部卒業生
A

夜間中学を卒業して

私は終戦後家庭が貧しく中学二年で退学せねばならぬ実情で仕方なく学校を去り家事の手伝にと出来るだけ努力致しましたが何か良い職業があったら勤め度いと思い職安へ行って頼んだり又は広告に見入ったりしましたが学力も技術もない私に当てはまるものはといえば女工さん又は女中さんといった程度のもの職業の選択の余裕もなく小さな町工場に勤めましたがその内職場も思わしくなく転々と職を変えて歩きましたけれどどれもこれも自分の性格に合わないものばかりこれといって技術が身に付くわけではなく実に味気ないものでした。

只働いて食べるに過ぎない当然の事かも知れませんが其の日暮しといったような頼りない生活です。何らかの希望を持って働かなくてはとっても続くものではないと思い東京の叔父を頼って上京し現在の美容院を紹介して頂きました。

入って間も無く免許証資格の無い人のために美容師の国家試験が行われる事になり中学卒業証書と履歴書を必要とするという話。私はぞっとしました。卒業証書が有る訳はない。そう思うと胸さわぎがして全く路頭に迷ってしまいました。せっかく気性に合った将来性の有る職業にたどり付いたと思えば又だめなのかと深い溜息をつくばかり。店の御主人も何とか資格を取らせて上げたいと四方八方手を尽して下さいましたがとうとう駄目でした。もう半ばあきらめていた折、知人の紹介で足立区に夜間中学が出来たと聞かされ、自分の耳を疑わんばかりにうれしくて再び元気付けられ、直ちに学校へ入学手続を取り入学させて頂きました。当時は何よりも学校が一番楽しいもので、夕方になると気が落付かず時間が来れば走ってでも学校へ急いだものでした。勉学に職業にと忙しさに追われているうちにいつしか夢の様に一昨年四月無事卒業させて頂き、それと同時に美容師の国家試験が行われ運よく合格致しました。現在は技術の研究に余念がなく将来に多大な期待をかけております。わずか三・四年の間に色々気持の上に変動がありましたが、現在は幸福そのものといった様な私に余る生活を送っております。これも夜間部の先生方の御苦労と店の御主人との理解に依って作り上げられた私の存在だと思っております。

東京都足立区立第四中学校
第二部卒業生
A (19才)

目標に誓う

小学校時代は疎開などで、ほとんど勉強もせずにすごし、なにもわからないままに中学校へ進みました。しかしそれもつかの間で経済的な理由から二十三年十二月には中退のやむなきに至りました。その頃の私は学問の必要さもわからず、学校をやめることも悲しいとは思いませんでした。ただ級友や先生と会うのも極度に恐れていたことを記憶しています。二度と学ぶ機会はないものと思い、しばらくは本を開くことも忘れていました。しかし元来読書の好きな私は、書物と離れることはできませんでした。ダイヤモンド社の月刊雑誌をはじめ、あらゆる種類の本をむさぼり読み、なにものかを修得せんという激しい欲望がありました。そしてその種類も娯楽雑誌から次第に教養方面へと移っていきました。その後早大の通信教育を受けたことが発火点となり、私の向学心はみるみるうちに燃え拡がっていきました。同時に図書館の利用も激しくなり、千住、梅島、荒川の三館を勉強の機関とするようになりました。閉館時の遅い荒川図書館にも連日九時までねばり整備員ともすっかり顔なじみになりました。

そうした毎日を送っていた或る日、ふとしたことから足立区に夜間中学が設けられているのを知りました。その時の喜びは非常に大きなものでした。家の反対も押しせまり二三日後に入学手続きをすませ　さまざまな願望を胸に足立四中の校門をくぐったのは忘れもしない二十七年の六月十七日でした。この日から私の生活は希望の持てる明るい毎日に一変しました。五年間の空白や生徒との年令の差はありましたが学校生活にはすぐ慣れました。

一方家庭に於いては母が終戦の年から十年近くも病床にあるため炊事洗たく縫物掃除などの家事一切は父と私とでやっていますが、さらに経済的な問題も加わり文字通り暗い生活を送ってきました。このような状態のため進学はかなり困難であり、おそらくこの学校が最後の学生生活となるでしょう。

終戦後の苦しい社会情勢の中に生きてきた私達は義務教育も満足に受けられませんでした。夜間中学校の創設は足立区としても、また国家としても決して喜ぶべきことではないと思います。しかし不幸にして就学の機会をとりにがした私達にとっては、まさに救いの手であります。ここに学ぶ二五〇名の生徒はこの夜間中学校に限りない喜びと希望とで胸を一杯にふくらまして毎日の勉学にいそしんでおります。

東京都足立区立第四中学校
第二部三年　A

私達の夜間中学

学校入学以来早くも三回目の春が訪れてきたと同時に私達にとってわすれられない卒業式がせまって来た。思えば昨年第一回卒業生を送った時　私達の気持は言葉には言いあらわせない思いでです。

小学校卒業以来何年かの間を家庭経済困難のためあるいはその他の理由で通学ができず町の小企業工場で働かなければ私達の生活は保証されなかったのです。この様な中で私達の中学進学等は思いもよらなかった。

しかし昭和二十八年五月私達にとってわすれる事の出来ない夜間中学が開校した。私達の友人は遠くといわず近くといわず続々と集まった。二十才を越えた人もいた。小学校卒業と同時の子もいた。しかし私達は年令等はどうでもよかった。もはやあきらめていたはずの中学へ入学できたのです。

私達の希望は再び……に初めて輝いた。高校進学の道も開けて来たのです。すでに昨年の卒業生の何人かは高等学校へ進学して行った。あの時あの送る方、送られる方も共に涙で送り送られた。

過去をふりかえって見れば小学校卒業と同時に働くのはつらかった。だが働かねばならなかった。友人にからかわれた事もあった。軽蔑されたこともあった。その他色々のつらい事も多かった。しかし昼間の中学へは行けなかった。現在でもそうだ。働かなければならないのです。私達の学ぶ所は夜間中学しかないのです。（略）

東京都墨田区立曳舟中学校

第二部三年

A

夜間中学

私は母につゞいて父も亡くなってしまったので、やっと小学校を卒業しただけで、中学へ行くこともできず、勉強したくても教えてくれる人もなく書物も買うにも買うことができないまゝ毎日の生活に追われて勉強の希望は全く失ってしまいました。

今年になって夜学なら行けるようになりましたが、夜学は高等学校ばかりで夜間中学はどこにもありません。そのうちに足立区に夜間中学のあることも聞きましたが、両親のない私には全く望むこともできず、ただ絶望するだけでした。

五月の初め街の掲示板に夜間中学のビラを見つけて「嬉しい」と声を上げてよろこび、明るい希望で胸が一ぱいでした。

入学式は五月十二日です。朝から学校のことばかり気になって仕事が手につきませんでした。数年間学校生活から遠ざかっていたので勉強は何となくむずかしかったが、先生方もお友達も皆親切でよい方ばかりで、日一日進歩が目立っていくことが本当にありがたく感謝と将来への力強い希望の光として毎日が明るい気持になりました。引込思案の暗い気持であった性格まで明るく元気になりました。これからどんな事があっても、きっとりっぱな社会人となるため励んでやり

通すつもりです

東京都立川市立　立川中学校
第二部　一年
A　（16才）

夜間中学校

夜間中学校は私達にとってなくてはならない学校である。もし夜間中学がなかったら私達はどうなるだろう。高等学校へいけないでも義務教育を受けて無かったら、けなし大学も行けない。そして一日中なんの楽しみもなく、ただ黙々と働くだけだろう。私はどうしてこの夜間中学校を知り、そしてどうしてこの学校へ来たのだろうか。

私がこの夜間中学校へくる前は群馬県の学校に通っていた。でも家が貧しいため給食費も、生徒会費も、たった十円の学級費も払えなかった。学校へ行くといつも会計係から責められた。そしてみんなから変な目で見られた。そんな時は泣きたくなってしまった。だから家に帰ってお金がないのは知っていても「お金」「お金」とお金の事ばかり言っていた。お父さんは困った顔をして明日もって来てやると言う。その次の日聞くとやっぱりない。お父さんは顔に目が一杯ふれた。そしてとてもやせてしまった。そんな体を見るとほんとに気の毒になってしまう。ある日親戚に当る東京のおばさんから家に子守に来ないかという話があった。私ははじめ行くのはいやだったけど、お父さんもお母さんも「東京のおばさんの所に行ったら、A ちゃんも幸わせだよ」と言うし、おじさんもおばさんも「来ないか〳〵」と何度も言うので、私もとうもう行く気になった。それに夜間の学校にも行ってくれると言ったので。

そして十月十三日おじさんにつれられて東京へ上京した。一週間休んで十九日始めて足立四中この夜間中学校へ来た。先生につれられて二の一Aの教室へ入って来て一番おどろいたのが、もう中学校三年生位の生徒がずいぶんいる事だ。でも一緒に勉強しているうちにそんな事は気にとめなくなった。友達から「昼間の学校に入れないから、あんなに大きくなってもくるのよ。あんなに大きい体で中学一年だなんて、ばかにしちゃいけないわ」と言われたからだ。それに私も「いいなあ、夜間はあんなに大きくなってもはいれるし、みんな小さい子も大きい子も区別なく楽しく勉強が出来るので」と思った。私も昼間の学校にいた時よりも、お金の心配もなく熱心に勉強出来るし、おもしろくもある。昼間の学校にいた時、私達のクラスに「私はお弁当を食べるのが楽しいので学校にくるの」と自分で言っていた子がいた。夜間にはそんな生徒はいない。私は住込みの子守です。東京へくる前、私が想像した様にはいかなかった。でも家でいやな事があっても学校にくると何もかもわすれて楽しく勉強をする事も出来るし、友達と冗談も言う事が出来る。だから一日のうちで学校にくるのが待ちどおしくて仕方がない。おばさんに叱られて涙が出そうになっても、学校にくる楽しみがあるからがまんする事も出来る。日曜日など学校がないからつまらなくて仕方がない。

もしこの足立四中という夜の学校がなかったら私は今頃どうなっていただろう。私はこの夜間中学校に心の灯をともしながら一生懸命励んでいきたいと思う。私にとって夜間中学校はなくてはならない学校である。

東京都足立区立第四中学校

第二部一年

A

夜間中学

世の荒波にもまれ 片寄った社会的な知識のみを得て 矛盾を感じ やがて自己破綻を招き、将来への希望と自信を失って行った。 それは中学中退という三年間の空白があらゆる入学資格を完全に剥奪して居たからだ。 学問に対する愛着は日に〳〵募り自己の心をこと〴〵く苦しめた。 しかし遂に恵まれる日が来たのだ！ 此の二部を見い出したのだ。「あんな大きなのが中学生だって」と後指と嘲笑を浴びた事もあった。 むし暑い日も凍る様な寒さも。 弟妹の様な小さな友と共に学ぶ時いい知れぬ励ましが湧いて来る。 幸福なのだ。 僕の生涯に勇気と希望と自信を与えてくれたのだから。

向学に燃えながら義務教育さえ受けられず 精神的苦しみに日夜悩んでいる者は如何にいる事だろう。 僕には過去になった苦しみを現在まだ続けているのかと思うと一刻も早く救いたい気持で一杯だ。 その時こそ 現在の僕の真の喜びを理解してもらえるのだから。

いや 分け与える事が出来るのだから。

東京都葛飾区立双葉中学校

第二部三年　A

昭和三十九年十一月十九、二十日　京都市に於ける大会に於いて　私共は中学校夜間学級の法的措置に関する件につき文部省に陳情方を本部に依頼を受けて居りましたが
時恰も内閣の更迭より続いて国会の解散となって国政の不安定な状況でありましたので役員としては中断ではありましたが政治の安定を待って陳情すべくその機会をうかがって居りましたので今日まで延引致しましたことを御詫び致します。

今年に入り一月二十九日　東京本部（足立四中）に　立花先生（横浜）高野先生（双葉中）小林先生（糀谷中）風間先生（荒川）浅野先生（八王子）関根先生（曳舟中）と伊藤と会合して陳情につき打合会を開催いたしました。

ついで二月二十八日　前記の方々と共に　同封の陳情書を文部省に提出いたしまして今回の陳情を終りました。　次に当局との折衝の結果、その要旨の判明せるところを簡単に御報告をいたします。

（初中中学校教育課長）

不就学生徒に対しては同情的立場にたっている。　根本的には社会保障制度の問題であるが、現在全国に相当数の夜間中学が存在し幾多の困難を克服されて相当の成績を挙げて居られる諸君に対し深く敬意をはらっている。　一概に学校教育法の違反だからといって停止とか禁止処分の指令を出すなどの意思はもっていない。と同時に今ここにもってあると

いってきたならば　夜間学級に年令超過の生徒が相当数いることはわかっている。　従って過年児に対して就学命令はだせないが、学ぶ意欲をもつ者を拒否することはないと思う。学校教育法第三十九条の義務教育諸学校の年令規定については再検討すべきではないかと思う。

（文部初中局財務課長）

職員の定員問題については文部省としては各都道府県からの学級数の申請を受けてこれを基礎として定員決定をしているので、この学級の内容（在籍生徒の年令など）についてはタッチしていない。　　（以下略）

（続いて初中局長）

この問題についてはただ陳情を受けただけでは困るので、これは現場の皆様と共に真剣に研究して最善の方法を考えて善処しなければならぬと思う。　今のところ全面的に見出すことはなかなか困難である。　皆様の京都の大会においてもこの法制化の問題については何らの結論の出なかったことも聞いている。　早急にどうこうと出来ない問題である。

（衆議院文教委員会）

まず国として予算措置をとるということはそう困難なことはない。　ただ法制化と

なると必ず新しく予算を伴う法律を制定することになるので、すこぶる困難で大きな問題である。したがって文部省の事務当局側と、貴研究協議会側とが緊密に一体になってやって来たが、未だ実現しないことは残念だが、なお実現が大変であろう。とにかく実現に大いに努力して置くことが第一であろう

以上（文部省係記者）の様な当局の意向でしたが、私共としてはかなり将来は、しかし前途の多難を予想せねばならぬと思います。

各地において、同封の様な陳情書など都道府県毎に、全委員会に提出されて、政府当局のところを認識せしめるよう御努力願いたいと思います。本部としては更に文部、国会等の当局との連絡を密にいたしまして、長期安定早急に皆様に情報を御通知いたす予定であります

昭和三十年三月五日

全国中学校保健教育研究協議会長

伊藤泰治

外本部一同

殿

追伸

先に本部村田副会長より御連絡申し上げました二十九年度の会費納入につき、各都府県毎に御まとめ御送金方御配慮願います

昭和三十七年三月五日　全国学校[illegible]研究協議会々長 吉川実治
連絡責任者 関戸小一

学校長殿

大会後の情況並に昭和三十七年度三十八年度分会費依頼について

昭和三十七年十一月初旬東京都[illegible]区立[illegible]中学校に於て第三回[illegible]校長全国大会をもちまして決議の線に添い実現に努力してまいりました。同封の決議文及陳情書は本部活動の一環をなすものとしてお送り致します。尚其の節御[illegible]の東京都立一橋高等学校長に[illegible]のため[illegible]と[illegible]役員は次の通りでありますのでお知らせ致します。

記

会長　横浜市立[illegible]中学校長　吉川実治 氏
副会長　東京都[illegible]区立[illegible]中学校長　[illegible] 氏
仝　京都市立[illegible]中学校長　村田[illegible]一 氏
理事　名古屋市立[illegible]中学校長　[illegible]田[illegible]一 氏
仝　三重県上野市立[illegible]中学校長　[illegible]三 氏
仝　大阪市立[illegible]中学校長　[illegible] 氏

仝　大阪府[illegible]市立[illegible]中学校長　[illegible] 氏
仝　和歌山県[illegible]市立[illegible]中学校長　木田[illegible] 氏
仝　神戸市立[illegible]中学校長　松本[illegible] 氏
仝　広島市立[illegible]中学校長　[illegible]一 氏
仝　福岡県　未定
幹事　東京都[illegible]区立[illegible]中学校主事　[illegible]三 氏
仝　横浜市立浦島丘中学校長　関戸小一 氏
仝　京都市立[illegible]中学校教頭　[illegible] 氏
会計監査　東京都大田区立[illegible]中学校長　小林[illegible] 氏
仝　名古屋市立　未定
顧問　東京都立一橋高等学校長（前会長）　[illegible] 氏

尚昭和三十八年度並昭和三十七年度分会費四百円也お纏めいただきたく御依頼申し上げます。就きましては各校地の校長において御推進下されば幸甚です。[illegible]

第三回大会の[illegible]お願い申上げます。

会費送先　横浜市[illegible]　横浜市立浦島丘中学校長　関戸小一宛にお願い申上げます。

1956年度

第三回全国中学校夜間部教育研究協議会大会御案内

主催　名古屋市教育委員会
全国中学校夜間部教育研究協議会
名古屋市立小中学校長会

全国中学校夜間部教育研究協議会が結成されたのは一昨年の秋でした。

以来私どもは、第一回大会を京都に又第二回大会を東京において開催し、中学校不就学生徒の救済策を研究協議いたしてまいりました。そして六三制義務教育の盲点である中学校夜間学級の実情を、一方では社会に対し、又一方では行政当局に対して訴え続けてきたのでありました。このような中央に於ける協議会の動きと地方における各位の献身的な御活躍とによつて、私ども懸案の主張も近来漸く文部行政の課題として意識されつつあります。

かかる時にあたり名古屋市教育委員会及び名古屋市立小中学校長会の共催によつて、ここに第三回全国大会を名古屋市において開催する運びとなりました。本大会においては第一回、第二回大会における成果をふまえて、更に焦眉的な教育実践の具体的問題についても協議いたしたく存じます。

全国三十万の長欠生徒と四千の夜間学級生徒のしあわせのために、会員各位はもとより同好の士多数御出席下さいますよう御案内申しあげます。

昭和三十一年九月十八日

全国中学校夜間部教育研究協議会長　立石実信
名古屋市立小中学校長会長　伊藤丈夫

記

一、日　時　第一日　昭和三十一年十月十六日（火）午前九時三十分―午後四時三十分
　　　　　　第二日　同　十月十七日（水）午前九時―正午

二、会　場　愛知県商工館（国鉄名古屋駅前 毎日会館裏）

三、主　題　中学校夜間学級経営上遭遇する困難な諸問題の解決について

四、日　程　**第一日**　十月十六日（火）午前九時三十分―午后四時三十分
　　1. 開会式
　　2. 研究発表（各地区 一名）
　　3. 協議
　　　　昼食時　レクリエーション（日本舞踊）
　　　　夕食後　夜の名古屋観光

　　第二日　十月十七日（水）午前九時―正午
　　1. 講演
　　　「児童労働と義務教育」　名古屋大学教授　小川太郎氏
　　2. 協議
　　3. 大会決議宣言
　　4. 閉会式

五、両日の日程表

第一日

時刻	日程
9.00	受付
9.30	開会式
10.00	経過報告
10.30	議長其他選出
11.00	研究発表
12.00	昼食 レクリエーション
1.00	研究発表
2.30	協議
4.30	夕食 夜の観光
8.30	

第二日

時刻	日程
9.00	講演
10.00	協議
11.30	大会決議 閉会式
12.00	昼食
1.30	解散

六、会　　費

一名　金三百円（両日の昼食費を含む）

七、申し込み締切

協議大会参加申し込みは、準備の都合上必らず九月三十日（日）までに名古屋市港区港栄町東港中学校長　都筑　渉宛　申込書に会費を添え御送付下さい。

八、宿泊案内

(1)公立学校共済組合宿舎　王山荘御利用希望の方は御自身で御申込下さい。
王山荘は会場から遠いけれども市電幹線を乗換えなしに行けます。

(2)大会準備会で斡旋いたしますのは、会場の近くでして、宿泊料　一泊二食付八百円位です。御希望の方は申込該当欄にその旨御記入下さい。

九、夜の名古屋観光　御希望の有無は第一日に、受付でお伺いいたします。

……………切……………取……………線……………

申込書

学校名	職名	氏名	宿舎斡旋希望の有無

右　　名分　金　　　　　円を相添え申し込みます。

昭和三十一年九月　　日

学校所在地

申込代表者氏名　　　　　㊞

宣　言

新学制発足以来すでに十年を経過し、六三制義務教育もようやく軌道に乗りつつあることはまことによろこばしいことである。

しかるに最近発表された昭和三十年度長期欠席児童生徒の調査報告によると、いまだ義務教育である全国中学校に十五万の長期欠席生徒のいる現状である。これらの義務教育すらも受け得ない生徒達こそ、青少年の不良化問題とともに現今の大きな社会問題である。国民教育の基本である義務教育学校のかかる危機的で、しかも緊要な問題が当局においてなお且何ら解決への具体的な施策もなされていないのは、きわめて遺憾なことであるといわねばならない。

われわれは、この切実な事態に対処するため、ここ数年来止むに止まれず夜間二部学級を設けて不就学並びに長期欠席生徒の教育対策に努力してきたのである。

それにも拘らず、中学校夜間二部学級は、教育に関する諸法令並に労働基準法、児童福祉法等の関係法規から見て幾多の困難な問題に遭遇している。ここにおいて我々全国中学校夜間部教育研究協議会は一昨年来第一回、第二回大会を通じ、広く各地の貴重な資料にもとずき関係方面にその善処方を要望しつづけてきたのであるが、我々の切なる願いは未だ関係当局の具体的な施策を得るまでに至っていない。

このような実情にかんがみ、ここに第三回全国大会の名において不就学並びに長期欠席生徒の教育対策のため左の諸点に関する施策の実現を期するものである。

決　議

一、夜間二部学級関係教職員の定員数を確保する

一、夜間二部学級の就学奨励費による財政援助を強化する

一、夜間二部学級の特殊性にかんがみ、夜間二部学級教師に対する訪問教師及び夜間部主事の資格を付与する制度を確立する

一、夜間二部学級生徒の健康を守るため無償給食を実施する

昭和三十一年十月十七日

第三回全国中学校夜間部教育研究協議会

陳　情　書

中学校夜間（二部）学級の行政措置に関する件

陳　情　書

中学校夜間（二部）学級の行政措置に関する件

趣　旨

国家再建の基盤を教育におき、学制が改革されて十年、我々現場に職を奉ずる者その責任の重大なるを感じ六三制義務教育の完全遂行の為全力を尽して参りましたが、今日我々の最も悩みとすることは現在社会問題として大きく取りあげられておる青少年の不良化防止と不就学者の問題であります。

さて以上の問題に直接関係のある我々は、従来よりこの問題解決のため夜間二部授業を実施し日夜渾身の努力をささげ、特に該当者の多い大都市を中心とする各学校は真剣にこの問題の研究に専念し、過去三年来全国的な協議機関において検討を重ねて来たのであります。

本年度も名古屋における第三回全国大会にて左記の通り要望事項が決議されましたのでここに理由をそえ具申し、関係要路の各位に深い御理解と御高配を賜り一日も早く恵まれざる幾多子弟の救済とあわせて青少年不良化の未然防止を期したい次第であります。

要望事項

一、夜間二部学級関係教職員の定員数確保を要望する

二、夜間二部学級の就学奨励費による財政援助を強化されるよう要望する

三、夜間二部学級の特殊性にかんがみ夜間二部学級教師に対する訪問教師及び夜間部主事の資格を付与する制度を確立されるよう要望する

四、夜間部学級生徒の健康を守るため無償給食の実施を要望する

理由

第一項　夜間二部学級教職員の定員数確保の件

夜間生の実態は一般に昼間生と異り年齢、学力の相違甚だしくその学習指導上の完全を期するためには一学級の生徒数を三十名程度に限定する必要がありますのでこれに応ずる職員定数を確保するよう特別の御配慮を要望致します。

第二項　夜間二部学級の就学奨励費による財政援助を強化されたき件

既に御承知のように全国三十万近くの不就学生の中約半数近くは経済的不如意のため折角の夜間学級へも通学出来ず、その多くは工場、商店に勤務し幼い身を家庭の犠牲となつて日々苦闘しておる実情であります。我々の実態調査の結果では現在の社会福祉制度の補助程度では到底一家を支え得られないのが実情であり、従つて子供の働きによる一カ月数千円の稼ぎが命の綱となつております。ここに強く要望いたしたいことは就学奨励費の財政的援助を一層強化して頂きたいことであります。

第三項　夜間二部学級の特殊性にかんがみ家庭訪問教師の設定並に夜間部主事の資格を付与する制度を確立されたき件

夜間生の実態はその多くは家庭事情の複雑と更にその上職場関係等もあつて学校では積極的に家庭を訪問して父兄や生徒の職場の相談相手となり、いろいろの問題解決の必要が高度に要求されております。これがため現場において痛切に感ずることは家庭訪問教師の専任制をお願いいたしたいのであります。なお本件は青少年不良化防止のためにも必要と思います。

次に主事制のことでありますが夜間部の授業は昼間の延長で行われておりますけれど事実は独立して実施されているため学習指導と管理面の完全を期す

る上において高校定時制同様の主事制度を確立されますようあわせて要望いたします。

第四項　夜間二部学級生徒の健康を守るため無償給食の実施を要望する件

夜間生の健康については現場職員として重大なる関心をもつて健康管理と指導をしておりますが職場より直接登校する者が多いため食事時間の不規則と労働過重による栄養不足に対する解決策として無償給食の実施を要望いたす次第です。

以上四項何卒御賢察の上実現方につき宜しく御配慮の程懇願いたす次第です。

昭和三十一年十二月　　日

全国中学校夜間部教育研究協議会

会長　立石実信

横浜市立~~蒔田~~平楽中学校

~~（西区西戸部町三ノ二八六）~~

南区平楽町一

1957年度

昭和三十二年十月二十五日（金）
昭和三十二年十月二十六日（土）

会場　神奈川県社会福祉会館
横浜市神奈川区桐畑三〇番地

才四回全国中学校夜間部教育研究協議大会要項

主催　全国中学校夜間部教育研究協議会
　　　横浜市公立中学校長会
　　　川崎市公立中学校長会
後援　横浜市教育委員会
　　　川崎市教育委員会
　　　同盟通信社

才四回全国中学校夜間部教育研究協議大会要項

一、主　題　公立中学校における夜間部教育の推進について

二、挨　拶　全国中学校夜間部教育研究協議会長　立石実信
　　　　　　横浜市中学校長会長　大島昌静

三、協議題

才一日

1 就学と教育扶助について
長欠不就学生徒の実態について各地区の状態並に就学対策を伺いたい
○堺市立大浜中
東京都立川市才三中

2 訪問教師主事制の確立
夜間学級定員確保の具体的方策
職員に対する手当を如何にすべきか
○東京都世田谷区新星中
小倉市企救中
福岡市東光中

3 二部学級生徒の道徳教育について如何に指導すべきか
生徒の躾はどのようにしたらよくなるか
○名古屋市天神山中
広島県豊田郡豊浜中

才二日

4 複式授業の困難点の打開について
夜間学級に於ける教育内容の検討とその充実
○横浜市浦島丘中
小倉市企救中

5 夜間学級生徒が（昼間生徒と異なる）比較的顕著なる性質を色々の方向から承りたい
○名古屋市東港中

6 二部学級経営費の問題について
無償給食の完全実施について
○東京都太田区糀谷中
福岡市東光中

一

四、研究発表

A 文書発表

1 長欠不就学生徒の実態　東京都立川市立川才三中
2 生徒の学力問題　東京都墨田区曳舟中
3 学校生徒の環境とその指導　東京都八王子市才五中
4 生活記録による個別指導　福岡市東光中
5 如何にして基礎学力の向上をはかるか　尼崎市明倫中
6 二部学級生徒の日常生活の実態　名古屋市天神山中

B 口述発表

1 不就学長期欠席生徒児童の救済運動の積極化機関雑誌発刊について　東京都葛飾区双葉中
2 夜間学級と労仂に於ける諸問題について　川崎市川中島中
3 夜間学級生徒に対する生産学習の実践とその問題　小倉市企救中
4 水上生活を主体とする夜間学級の現状　広島県豊田郡豊浜中
5 夜間学級生徒の成績向上のための一、二の試み　名古屋市東港中
6 京都市立中学校二部学級教育の現状と実践ならびに不就学生徒対策　京都市

五、談話題

才一日 1 法制化と生徒職業安定の問題　東京都墨田区曳舟中
2 二部学級生徒に対する文部、労仂、厚生三省協力要請法如何　京都市

六、講演 『道徳教育上の諸問題』　上智大学文学部長 文部省教育課程審議会委員 文学博士　稲富栄次郎氏

七、挨拶　文部事務官

八、日程

日＼時	十月二十五日（金）	十月二十六日（土）
・8.30		講演
9.00	受付	
9.30	開会式	協議
10.15	議長選出	
10.30	協議	宣言決議
・11.30		閉会式
12.00	昼食	昼食
12.30	レクレーション	
・1.00		
1.15	協議	見学
2.00	研究発表	
4.00	休憩	散会
4.10	座談会	
5.30		

全国中学校夜間部教育研究協議会々則

第一条（名　称）本会は全国中学校夜間部教育研究協議会と称する。

第二条（目　的）本会は全国中学校夜間部相互の連絡をはかり、あわせて中学校夜間部教育の実態と方法とを研究協議し、これが改善を促進して、日本教育の新生面の開拓に寄与することを目的とする。

第三条（事務所）本会の事務所は会長勤務校に置く。

第四条（事　業）本会は第二条の目的を達成するため左の事業を行う。

1　相互の連絡提携、情報の交換
2　教育に関する研究調査講習会協議会等の開催
3　学校教育普及のための宣伝啓蒙
4　その他本会の目的達成に必要な事業

第五条（構　成）本会は夜間部設置の中学校を以て構成し、各校々長と教員とを会員とする。
各都道府県に支部を置くことができる。

第六条（役　員）本会に左の役員を置く。役員の任期は一年とする　但し再選を妨げない。

1　会　長　　一　名
2　副会長　　二　名
3　理　事　　都道府県　各一名
4　幹　事　　若干名（内一名　会計）
5　会計監査　二　名
6　その他専門委員を置くことが出来る

第七条（役員の選出）会長・副会長及び会計監査は理事会で選出する。
理事は各都道府県から選出する。
幹事及び専門委員は理事会がこれを委嘱する。

第八条（役員の任務）会長は本会を代表し、会務を総理する。
副会長は会長を補佐し会長事故あるときは代理する。
理事は理事会を構成し本会の運営について審議し会務を分掌し兼ねて連絡の任に当る。
幹事は会務を分掌する。
専門委員は専門委員会を構成し理事会の諮問に答申する。

第九条（顧　問）本会に顧問を置くことができる。顧問は理事会の推薦による。

第十条（大　会）本会は毎年一回大会を開いて重要事項を研究協議する。
但し必要あるときは臨時に開くことができる。
大会の議長および副議長はその都度選出する。

第十一条（会　計）本会の経費は会費その他の収入を以てする。
本会の会費は各中学校年額三〇〇円とする。
本会の会計年度は毎年四月一日に始まり翌年三月三十一日に終る。

第十二条（細　則）会長は理事会の協賛を得て本会運営に関する細則を定めることができる。

第十三条（変　更）本会の会則の変更は大会の議決による。

附　則

本会則は昭和二十九年十一月二十日から施行する。

全国中学校夜間部教育研究協議会役員

一、顧問　寺本喜一氏（京都市 西京大学 文家政学部）
　　　　伊藤泰治氏（東京都立一橋高等学校長）
　　　　村田忠一氏（京都市立二条中学校長）

二、会長　立石実信（横浜市立平楽中学校長）

三、副会長　関根重四郎（東京都墨田区曳舟中学校長）

四、理事　粟津恵観（京都市立北野中学校長）
　　　　都筑　渉（名古屋市立東港中学校長）
　　　　竹島基三（三重県上野市崇広中学校長）
　　　　中村信次（奈良市立若草中学校長）
　　　　木田泰文（新宮市城南中学校長）
　　　　栃木　勇（神戸市立駒林中学校長）
　　　　古田賀茂太（広島市立二葉中学校長）
　　　　吉武不二男（福岡市立東光中学校長）
　　　　（大阪　　　　　　　）

五、会計監査　竹内親儀（名古屋市立天神山中学校長）
　　　　小林俊之助（東京都大田区立糀谷中学校長）

六、幹事　関戸小一（会計）（横浜市立浦島丘中学校長）
　　　　町田義三（東京都足立区立足立オ四中学校主事）
　　　　石垣幸男（京都市立北野中学校教諭）

参加者名簿（十月十五日現在）

都府県	勤務校	職	氏名
東京	足立区立オ四中	校長	岩間昌稔
		主事	町田義三
		教諭	松本敏郎
	世田ヶ谷区立新星中	校長	奥山吾一
		主事	外山正博
		教諭	近藤勇
	墨田区立曳舟中	校長	関根重四郎
		主事	矢口栄吉
	大田区立糀ヶ谷中	校長	小林俊之助
		教諭	石坂周一
		仝	清水常吉
		仝	国方洋子
	葛飾区立双葉中	校長	高野鷹二
		教諭	臼倉甚八
	立川市立オ三中	校長	星川富雄
		主事	風間方美
	立川市教育委員会	教務課長	佐野憲之助
愛知	名古屋市立天神山中	校長	竹内親儀
		教諭	水野史郎
京都	京都市立嘉楽中	教諭	河村嘉平
	仝 朱雀中	校長	西田重雄
京都	仝 朱雀中	教諭	岡本武雄
	仝 北野中	教諭	石垣幸男
	仝 烏丸中	教諭	岡田肇
	仝 高野中	教諭	中島四郎
	仝 山科中	教諭	塩見作次
	仝 皆山中	教諭	赤沢正次
	仝 九条中	教諭	川井戒本
	仝 藤ノ森中	教諭	梶嘉一郎
	仝 弥栄中	教諭	中新敬
	仝 洛東中	教諭	石井孝彦
大阪	堺市立大浜中	教諭	油井正春
兵庫	神戸市立駒林中	校長	栃木勇
	尼ヶ崎市立小田南中	教諭	寺谷淳
	仝 大庄東中	教諭	中浦茂雄
	西宮市立大社中	教諭	山岡政雄
三重	上野市立崇高中	教諭	福島光雄
和歌山	新宮市立城南中	校長	木田泰夫

都府県	勤務校	職	氏名
広島	広島市立二葉中	教諭	田中博
	豊浜村立豊浜中	教諭	横手遥次郎
福岡	福岡市立東光中	教諭	今林要
神奈川	川崎市立塚越中	校長	川中金蔵
		教諭	及川良雄
	仝 川中島中	教諭	小沢俊三
	横浜市立平楽中	校長	立石実信
		教諭	伊東清二
		教諭	荻谷信富
	仝 港中	校長	鈴木直吉
		教諭	谷口五郎
	仝 蒔田中	校長	村杉武夫
		教諭	富樫誠
	仝 浦島丘中	校長	関戸小一
		教諭	柏木茂
	仝 鶴見中	校長	斎藤新作
		教諭	甲斐宏
	仝 戸塚中	校長	椎名邦三郎
		教諭	熊谷直好
	仝 西中	校長	飯田赳夫
		教諭	府川淳蔵

都府県	勤務校	職	氏名
神奈川	横浜市立西中	教諭	片岡梅子
	仝 金沢中	校長	丸茂長栗
		教諭	鈴木竜雄
		教諭	中根昭三
愛知	名古屋市立東港中	校長	都筑渉
		教諭	福岡鋼平
		教諭	田中勝文

八

昭和三十二年十月十五日印刷

オ四回全国中学校夜間部教育研究協議大会準備会

横浜市南区平楽町一番地

横浜市立平楽中学校内

協議題「職員に対する手当を如何にすべきか」 福岡市立東光中学校

1. 本校二部学級予算額（市費）

款項	目	昭和31年度 予算額	節	金額	昭和32年度 予算額	金額	備考
8 教育振興費	4 東光中学二部費	38,000円			71,000円		
			11 消耗品費	4,000		8,000円	消耗器材費（含文具費）
			12 燃料費	6,000		14,000	庁用
			16 通信運搬費	0		2,000	郵便料
			25 備品費	28,000		32,000	庁用 校用
			32 負担金補助及び交付金			15,000	生徒会交付金
	計			38,000		71,000	

2. 昭和31年度に於ける本校二部学級関係職員の手当
福岡市教職員教育研修費（年間310万円）中より関係職員16人の研究費として35,000円の支給を受け配分した。

3. 結論

協議題「無償給食の完全実施について」 福岡市立東光中学校

1. 本年四月以降今日までの経緯
○関係教委との折衝
○今日までの進捗状況
○十月十八日の処置
お知らせ

保護者殿　　　　福岡市立東光中学校長
十月十八日

みなさんお元気でお暮らしのことと存じます。さて前々から本校夜間学級の生徒に給食を実施してもらうよう努力して参りましたが、今回関係方面の理解と援助によりまして、いよいよミルクとパンの給食が実施できるようになりました。ところで給食材料のミルクとパンは無償で配給していただけますので、燃料と人件費を皆さん方に御相談申しあげたのですが如何でございましょうか。
大体月一人当り五〇円～七〇円（一日当り約二円～三円）負担して戴けますと早速にも給食が実施できるわけです。
何とぞ御協力の程よろしく御願い致したいとおもいます。念のためよく御相談下さって左記御回答下さい。

……きりとって提出下さい……

記

一、負担できます。
一、負担できません。　　　　どちらか一方を消して下さい。

生徒氏名
保護者氏名　　　　㊞

十月　　日

福岡市立東光中学校長殿

生徒の学力問題

３２年度

墨田区立曳舟中学校夜間部

目　次

序　文 ……(1)

本校に於ける授業上に現われた問題点と現況 ……(2)

本研究の対象となった施行試験についての一般説明 ……(11)

教科別研究

１、国　語 ……(12)

２、数　学 ……(21)

３、社　会（資料） ……(27)

結　び ……(31)

附　試験問題及グラフ ……(32)

序　　文

一般に現在夜間中学の存在を知る者は少い。又実際二三のジヤーナリズムがこれを取り上げたとして、それは皆生徒の勤勉に対するホメ言葉と日珠な同情に終る場合がいかに多いかは関係者のよく知るところである。

しかし、この彼等の勤勉に対して実社会の報いは明治時代より大きいと云い得るだろうか問題である。時代は中心部に誠に結構な色彩豊かな文化を輸入してきた。が、こゝにいる人たち、こゝに住む生活者たちには何時何処で法の保護のもとに彼等の勤勉の報いを受ける時がくるであろうか。

「頑張れ」とは云う。しかし何を彼等に報いていゝのか皆目解らない人がいるのかも知れない。

後述の調査は時間と労力の面からの不完全さに対して謗りをまぬがれないと思う。比較研究の対象の範囲の小さいのもその一つであろう。又、特に夜間部で必要な生徒の生活方面との関係も、新しいデーターが間に合わずにこれを割愛した。しかし、即座に我々の依頼に応じて下さった昼間部の先生方のおかげで、何とか形ばかりの研究が出来たことはせめてもの幸と深く感謝する次第である。

最後に、このつたない研究が少しなりとも彼等に不足しているものを示し、ひいては何等かの意味で彼等の勤勉の報の獲得のために役立つならなお幸と思う次第である。

（1）

本校に於ける授業上に現われた問題点と現況

昭和28年5月1日、義務教育不就学児救済の目的で曳舟中学校第二部として設立された本夜間部は、指導方針の面に於ては暗中摸索の状態を殆ど一年に渡って続けたのである。勿論、不就学者の大部分が貧困による昼間の労働を背負う少年少女である面を考慮し、教科書費を含む就学に必要な経費を最少限に押え、又授業自体にも種々の考慮が払われたのであるが、我々の考えていたものは、至る所で、予定していたものと現実とでは大きな差をもつていた。

第一が教科書の面である。経費一ケ年約千円のものをどう扱うかである。月払いの形は無論とれない。それを一時に購入して生徒に立替えるだけの金額は学校には全くなかった。

この様なわけで、28年度は国語を除く他教科は殆ど教科書を使用せず、プリントか講義をノートさせるだけに停った。運動具も少量、理科備品は皆無の状態が続いたのである。

次に生徒の出欠の問題である。雇傭主の無理解は思いの外に大きい。現在も決してこれが改善されてはいない。冬期正月を間近かにひかえると欠席はひどく、時には30%以上にもなる有様であり、就学に対し無理解の故に転転を希望するものも次第にふえ、又、止むなく退学する者も見受けられた。

この出欠状態が直接ひゞくのが授業である。昨日休んで今日出てきたもの、今日休んで明日登校するもの、—— 彼等には欠席した範囲を取り戻すだけの暇が、ほしくっても無いのだった。質問は昨日の欠席者から真剣に発せられる。一時間が殆ど前時間の繰返しに終始される場合も多々見うけられた。授業は進まない。一ケ年間の単元はどこまでが完了するか、予定は全く立たない。やがて我々の間に大きな問題としてこのことが取り上げられるようになった。

それに応じて、過年児、適令児の混合クラス編成の問題である。過年児の低い生活経験と過年児の複雑な生活経験に起因する質問内

（2）

容と授業態度の難問題だ。それに体力も20キ近いものと14.5才との開きは大きい。そして適年児の方が勉強に対してより切実だ。同一に始めてもやがて開きは次々に大きくなっていく。特に国語、理科、社会に於ては理解の度は大きかつたと思う。

国語に於ては、人生の矛盾に既につきあたった者もあり、まだものごころついていないとも云える子供もいる有様である。

理科に於ては、興味の集中点の異いは、傾向に忽ち現れたとのことである。即ち、「原爆理論」から、「なぜなぜ」という誠に幼稚な傾向に至るまで千差万別であつた。しかし勿論この高次な傾向を出す生徒が「風の吹く理由」も知らないのであるから、全く興味的なもの以外のものではない。又、理科では板書授業一点張りの有様は教師自身にとって理解させる面で誠に心細く、正常の理科教育の目標に照し苦痛の連続であったようである。

かくして一学期たち、二学期経つうちに新しい難関として途中転入の者がもたらした問題が大きく授業面に浮き上ってきた。彼等は殆どがそれまでの昼間の学校の授業を充分に受けていないか、又は忘れていたからである。後者の場合は年長者の場合である。中学を中退して二年、三年の間の離学期間は殆ど完全に近いまでに彼等に忘却を強いてしまっていた。前者の場合はすでに家計の助けとして昼間在席中から労働に従事したものである。補習も彼等の側から時間の不足と疲労にはばまれてしまった。しかもこの転入が度々となると、授業自身が出欠の問題で行詰ったと同様の有様を呈するのである。英語に於て又特に数学に於て然りである。

この問題については、後述実力段階別の方式を今学年より施行するに至つて、或る程度解決を見たが、未だ研究の余地を残している。

英語に於ては問題は更に授業自体の行き詰りから、本校の目標自身の問題を何時も振り返らしめた。英語教育の根本に教養の問題を振り廻すのははなはだ危険である。教師にはそれぞれその担当の教科に或る理想を持っている。そしてそこで陥り勝ちな欠点に忽ち陥つたのである。弁護ではないが、この時代の子に少しなりとも教養

(3)

をという意味から。教養という、唯それだけの観念は、唯進学というそれだけのことが犯しがちのあの無理を犯したのである。要求水準の問題は全科について云えるが、特に英、数に於てはなはだしい。

この要求水準の問題は次の二つの問題を派生する。いや、実はこの二つの問題から英語の問題がむしろ派生しているのである。

一つは、入試の問題である。合格、不合格は問題外として、進学者も20%から40%に至るのである故、一応考慮せねばならない。個々の生徒の受け取り得る範囲ではその実力は与えねばならない。それは教師の愛情という甘つたるいことではない。恐らくそれは一人間に対する教師の重大な義務である。我々は昼間程の高い要求水準をもってはいない。それだからこそ、猶更せめてそこまではと、半数以下の生徒、時にはごく僅かな数の生徒のためにも出来る限りの手をつくさねばならない。

又、別の問題がある。そしてそれはより根本的である。それは英語などの教科と職業科等の実学的の問題との関係である。二つの意見が出る。即ち、

彼等の生活に直接位置するものを伸すか、又は、

彼等に於ける情操的面に重心をおくか。である。

僅か三ヶ年の間で、しかも実生活に既に入っている者には、以後に触れる機会のない情操面を与えるという立場も考えられる。又、前者のように生活の知識も彼等の生活を意識させ直接の幸福にいくらかでも資する上で、より直接的であるだけに重大となる。

こんなところから、特に家庭科からの要望があり、実科を含めて週二時間通しの授業を学年に与えることにした。これは誠に成功であったと思われる。実技の面もさることながら、何らかの教師との直接接触は情操の面にも大きなものをプラスすることになるからである。

ところが、英数に至つては他教科以上に直接毎時間この問題に悩まされるのである。そこに今春、都指導主事の来校の折に話題の一つとなった「英語を三年に於いて職業科と組ませ、選択制にする」

(4)

解決策が考えられることになるが、既に創立間もないころから、この案も検討され、考慮されつゝも、教員定員絶対的不足の問題と、又進学者への配慮からも採用不可能となっていた。後者については説明を要するかも知れない。

進学への志は入学当時既に強固なものとは云い難い。昼間部に於てもそうであろうが、景気の変動が就学、進学に直接大きく響く夜間部では猶更である。又生徒は急速に卒業間近かに自意識を高める。実際に進学を決心するまでに、断念とほのかな希望とが主として現実の面から彼等を訪れ、交互に彼等を苦しますのである。そんな時彼等は自分の実力を度々ふり返っている。若しこんな気持ちの時、一年間英語を離れていたとすれば彼等にとつてこの方式は決定的な断念へのファクターとなることは必定であろう。人間の可能性を我我はそう簡単に踏潰せるだろうか。実際面に直接関係しない人々の言は、同じ結論が出るとしても、時々我々には我慢のならないことがある。又、その逆のこともある。全然無関係な人より受ける配慮や、真剣にこの問題に関心を示す人々は我々をどの位いま迄色々の面で励ましてくれたことになるだろう。

視聴覚の面では夜間の有利性を利用出来た。それはスライドだ。スイッチ一つで他に特別の準備を必要としない。社会、理科（発足二年目から）にこれは現在大いに利用されている。しかし理科の実験は時間の関係上充分とは未だに云えない。

再び英語にもどれば、辞書を五十冊区費により購入し、使用させ、又、プリントの前半を低学年向きに作り、余力のあるものが下半部を行うプリント授業を混ぜたり、毎時間の終りに二三の単語を暗記させてみたりしたが、終に決定的解決策はとれなかつた。やはりこれも生徒側の時間と肉体的の問題である。無論知能問題も大きいし、人生観的なものも少くない。しかし、やはり時間と疲労は直接の授業では最大の障害であろう。そしてこの二つのことが一番我々にとつて解決不可能な問題である。

総合的な問題としては、ノートの問題と、教科書一般の使用に関

（5）

してのことが大きい。後者は国語と深い関係をもっている。発足二年目から教科書は使用せしめたが、さて各教科の教科書使用上に生徒の「語い」の少さは大きな支障となつた。全教科は国語的な性格を帯びる必要に迫られた。オ三年目に一二年に週一時間習字を別にして国語の時間を増加させた。しかし未だに解決不可能に近い問題は残っている。

次にノートのことであるが、いったい彼等は何時ノートを見返しているのか非常に問題である。書くことに於て覚える点は、よいのであるが、特にそれを以後に利用する時間を与えたいことである。

我々の今迄やって来たことは誠に微々たるものであり、至らないものばかりであつた。色々の問題は以後に持ち越されるが、果して解決が何処までつくのか現状では自信が持てない。補習は（希望者のみ）発足当時から行われているのであるが、こゝで救われるものは多くはないと思われる。夏期の休暇は少くも二週間は英数社、時には家庭（纏まった時間をとり）理科、国語がこれに加わったこともある。初年度は生徒の保健を考慮して行わなかったが、休日はそれだけ労働せねばならない彼等にとって、学校は休養の場ですらあることがその九月解ったのである。学校の休みが一体なにを意味するのか全く不愉快な雇傭関係である。

さて、最后に述べたいことは、この難解な状況で割に有効な授業形態を今学年から採用したことである。次にそれに至った経過と現況を説明しておこう。

各学年出入りはあっても過年児の率がへるにつれて（その理由は？）英語、数学に於いては収拾のつかない状態は増々深刻となつた。一時間が授業面でどれだけの効果が与えられるかは殆ど我々には自信が持てなかった。上位者に授業を合せば下位者はみじめな状態となり、下位者に合せれば上位者はその実力を完全に阻まれる。而も中間的な存在は以下の研究で述べられるように至って少いのである。

このようなわけで、先ず今学年始めに英語に対し実力段階による二本建授業が考慮され、数学科も勿論これと同一の主旨で同時にこ

（6）

の考慮の対象となった。又、国語に対しても考えうることであった。

しかし、先ず、二本建が採用されゝば大巾に教員数が増加されねばならない。一つの暗礁のために二週間が過ぎた。そしてやっと新しい方式を採用することに意見が一致した時、現況で出来得る範囲で行い得る改良が行われた。即ち、その時間を一二三年共英語の授業とし、学年を払いその生徒の実力に応じて三年生でも一年にその時間入りうるものとした。しかし、生徒の属する実際の学年以上の段階には入ることを禁止した。

しかし、これだけで問題は解決されなかった。第一は生徒自身の面目の問題である。又、一年の段階に入った二年又は三年の生徒が何処で自学年の段階に追いつけるかということである。幸に前者は、簡単に生徒自身の側から解決された。彼等はこれをむしろ喜びをもって迎えてくれたのだった。二三の生徒には面目上はなはだ苦痛であったらしい。この生徒に対しては説得してみたが、却って彼等によくない精神衛生上の影響を与えると思い、これを自学年に入れることを認めた。唯大切なことは、この際彼等は殆どが我々の主旨を理解してくれた点で、自分の欠点というか虚栄心を知ってくれた点である。彼等は現在以前に増して実力の養成に努力している。又、今迄自力以上の授業のため覚える喜びすら失っていた生徒が勉強する喜びを感じ、しかもその喜びが単なる覚えてゆくことにとゞまらず、理解する喜びに変っていったことである。

二年級の英語で、一年にもどり、もう一度基礎からと願い出るものもいた。勿論、安易な気持で過せるために低学年を希望するのではなく、これは自覚的に彼等がなっていったことの現れである。我我はこの場合、殆どを二年にとゞめ激励した。何故なら、彼等は余分な劣等感をもち過ぎている場合が少くない。もう少しミエをもってくれてもと思う位い彼等は正直に相談にくる。こんな時、我々は微力ながら激励が如何に大切なことであるかを知る。

又、逆の場合もある。二年から三年へ、一年から二年へと段階を移したものもいる。無論、当人から直接希望の出た場合もある。又、

こちらから勧めた場合もあった。二学期をもってこの移動が行われたのである。

昼間部よりの中途転入の者が、英数に関してはこれで相当救われるのである。転入者の殆どが自学年に入る実力はないのである。始めは自学年に入ってみる。しかし、やがて雰囲気を知って自力相当段階へ殆どが自発的に移り始めるのである。

この段階をつなぐものとして補習（夏期休暇のものも）が考慮された。しかしその結果は未知の段階を出ていない。何故なら時間の上から主として制約を受けているからである。

だが、一年の段階ではこれでも問題はまだまだ山積みである。それは先ず実力段階の方式は一年段階に全校の約半数に近い数を収容せねばならないからだ。それに、次に国語の授業の現況で説明するように、一年程度に編入される生徒には一番問題があるからである。「アイウエオ」が書けないもの、一桁以上の加法が不可能に近いもの（事実、現在一名存在する）つまり彼等の実力が小学校段階に停っている生徒と中学一年との実力者の群との問題である。理想を云えば、現況にもう一段階下位の段階を設けたいところである。

英数については、今述べてきたところであるが、この方法は国語にも同時に採用された。しかし、国語は少し様子を異にしているのである。が、しかし、根本的には現在は全く英数と少しも異らないところである。

国語は始め、三年と二年と先ず二段階に分け、一年は一年生のみによる編成としたが、問題はやがて一年生から起ってきた。「読めない書けない生徒」は二年三年に於ても全く同様である。又、英数に刺激されて、特に二年生女子の一部から一年段階を設けてもらいたい希望が一学期末より現れ始めた。

それと共に比較的少数の一年生の中で実力不足の年長生徒の苦痛は国語に於て最大であったようである。少数の中では一二名でも目立つのであり、その生徒にとっては国語は劣等感を増加せしめる助けぐらいにしかならなかった。この意味からも二年三年の合流は、

一年のこれらの生徒にも、又二三年の実力不足の生徒にとっても好結果と云わなければならない。第二学期、国語授業形態の改良はこうして行われ、現在、英数と共に同様の形態として進行している次第である。

以上、主要学科についての現在に至るまでの問題点と、その改良を簡単に説明してきたが、未だに地域性としての主要な職業科の問題（特に男子の）又情操面の音楽、図工に対して、又更に社会科の問題と、次回の改良を待つものは多い。例えば図工に於ては電燈のもとの授業の色彩上の制約をいかに解決するか。又、職業に於いて彼等の実技と授業の関係、及び、社会科に於ける法的常識等である。

何故、法的常識と云ったか。これは特殊な現実の問題があり得るからだ。最も法的保護にめぐまれない彼等に対して（例えば、労働法、又実例としては人身売買に近い実例）彼等は恐らく法をして自分を守らしめる正当な手段をすら知らないが故に、彼等の不幸を倍加する場合が多いであろう。こんな意味から、彼等の幸福に直接資するものとしても、社会科等は一考を要することなのである。

又、保健、衛生の面も彼等には重要な生活面のプラスとなるであろう。

これをよんで、夜間部の現状をどう採られるかは自由であろう。しかし、何か考えなければと思ってくださる方もあると思う。そしてそれは教育者に限らない。何故なら、問題は本当はもっと広いからである。関心を持って読んで下さった方はそれが何処に根ざしているかは、既にお解りのことゝ思う。何故に夜間部が発足したか、そして何故に現在この種々の問題が山積みされているか。

彼等はこの真の原因をも意識せず、毎日をその原因を自らに求め、苦斗し、嘆き、又劣等感にさいなまれている場合が多い。家庭関係からくる恐しい精神的苦痛と不衛生、徒弟制と変らない雇傭関係。やたらなホメ言葉は彼等の劣等感を増加せしめる以外のなにものでもない場合すらある。彼等は実際にもっと他人よりも自分のことをリアルに位置づけている。ホメ言葉の報いは何か。恐らく皆無に近

(9)

いのではないか。やっとありついた静かな勉強の一夜がこの興味的な闖入者によって乱されることがある。彼等はこれらの者の言葉によって「悲劇の女王」に仕立てられる程甘やかなものではない。彼等はもっと、恐らくその闖入者よりリアルである。彼らは行きずりの無名の人からの砂糖のたった一斤の寄付の方がうれしい場合がある。このことは少しも彼らの無教育を意味しない。忘れてならないことは、彼等は、立派な「生活者」であるということである。もっと我々よりもリアルな「生活者」だということである。

要は「生活」であろう。金がなければ働らくのである。これは誰も知っているのである。隅から隅までの世界中の人が知っていることなのである。

〔附〕本校に於ける週間教科時間数（各45分間）

国語	習字	英語	数学	社会	理科	職業（男）	家庭（女）	珠算	保体	音楽	図工	クラス
4	1	3	3	3	3	2	2	1	1	1	1	1 (60分)

(10)

本研究の対象となつた施行試験の一般説明

本校夜間部にあたえられた「夜間中学の学力問題」の研究テーマに基いて、客観的な考察をなすべき資料を作製することにした。そこで最も基礎的な学力を必要とする国語と数学及び社会常識としての社会と英語の４科目を選定し、テストを実施することにした。

此の４教科についてのテストは10月の11日(金)及12日(土)に渡つて、本校昼間部各学年５学級づつと夜間部全生徒を対象に同一問題を45分間の試験時間に於て、昼間部は11日の右１時〜１時45分まで、夜間部は11日に社会、英語、国語、12日に数学及国語(各学年共通の書取、仮名ふり)を後６時より45分間づつ実施したものである。

そしてこのテストの結果を客観的に採点し平均点及グラフなどを作製し、昼夜間学力内容の相対的な比較を試みる資料を得たものである。しかし夜間部生徒の学力が昼間部の生徒に較べて極めて低下しているという一般的な事実は抽象的に知っていることではあつても、それを具体的に数字によつて示すということは非常に重要なことでありながら、極めて困難なことである。何故なら正確に学力を判定する適切な問題を作製することのむつかしいと云うことである。

昼間部に於て既習の内容が夜間に於ては未習であつたり、使用する教科書が違っていたり、又長らく欠席したことによつてある単元の学習が不完全であつたりする生徒がいたりすることなのである。

そこで出来るだけ基本的な平易な問題を作製し実施することにした。けれども要求する解答が○×式や択一式の方法を使用することによつて、知識や理解力を判定するのに疑問を生ずる答案を見出さざるを得ない。

このようにこの学力判定のテストが絶対的なものではない。しかし蓋然性に基く結果の判断ではあつても、数字によつて示された資料は、昼夜間の学力の相異を相当程度に示してくれたものであると信ずる。

(尚英語の資料につきましては都合上省略致しましたので了承願います。)

(11)

教科別研究
国　語

Ｉ　国語科テストに就いて

Ａ　試験施行対象人数

試験種目	施行対象学年		男子	女子	計
三年用	昼間部３年Ｆ級		２６	３９	５５
	夜間部	適令児	２２	９	３１
		過年児	１０	３	１３
		計	３２	１２	４４
二年用	昼間部２年Ｇ級		２８	２５	５３
	夜間部	適令児	１３	１２	２５
		過年児	８	４	１２
		計	２１	１６	３７
一年用	昼間部１年Ｂ級		３１	２６	５７
	夜間部	適令児	２	４	６
		過年児	６	１	７
		計	９	５	１４
1.2.3年共通書取及び仮名ふり	昼間部３年　級				
	昼間部２年　級		２６	２５	５１
	昼間部１年　級				
	夜間部　３年				
	夜間部　２年		２１	１５	３６
	夜間部　１年				

Ｂ　出題内容の分類

ａ）書取と仮名ふり（附　参照）—

用紙一枚　４５分間

書取‥‥①教育漢字中より漢字熟語５０を文章形式にて出題

（同音異字を防ぎ、かつ実用上の使用能力をテスト）

②出題程度は小学校低学年より中学年程度と思う。

仮名ふり‥‥①新聞より一部を選び、出来る限り日常使用さ

(12)

れる漢字５０を文章形式にて出題

ｂ）学年別テスト（附　参照）各学年用紙二枚、４５分間

①　各学年第一問、第三問は言語への意識的関心をテストする目的で出題、第一問は比較的直観的に解決されるもの、第三問は多少の文法的知識を必要とする。

〔内容〕

第一学年 ── 第一問は敬語使用に関して、第三問は文章構造の識別。

第二学年 ── 第一問はむしろ文法的知識を必要とし、第三問に於ては、副詞使用に関するものである。

第三学年 ── 第一問は言語の活用の有無を見分けるものであり、「下につく云々」と説明を加え直観的識別を助けた。第三問は修飾語の係りの問題で文法的知識と理解を必要とする。

②　各学年第二問、第四問は読解に必要な読みと意味の能力をテストし、第二問は読み、第四問は意味を中心とする。

〔内容〕

第一学年 ── 第二問は同字異訓の簡単なもので同一問題中に異訓されるものを含めて対象的に把握するを考え、第四問は意味の選択とした。

第二学年 ── 第二問は漢字の単独出題、第四問に於いては第一学年と同様形式。

第三学年 ── 第二問に於いては同字異訓をテストするもので各２個を一対とし左右に並べて単独出題。第四問に於ては反対の意味を正確に把握し、しかも発音と意味の推測を行わしめた。

③　各学年第五問は文章を解読し、文章として理解せしめる。

〔内容〕

第一学年 ── 全体的に文章を把握しているかをテストする。その範囲で部分をふり返らしめる（小問２、３）

（13）

第二学年 ── 会話文をばらばらに切り離し、文章を組立てる能力、主として筋を正確に追わしめる。そのうえ各部分が正確に把握されているかをテストする。

第三学年 ── 文章中の部分の意味を全体に照して理解しているかをテストする。

（注）本夜間部に於ては、国語指導の目標は、第一学年で語句を中心に理解せしめ全体の理解へと進ませ、第二学年で文章の筋を追いつゝその部分の正確な把握を行わせ、第三学年に於ては鑑賞を加え、部分を全体からふり返らせるようにせしめることを中心とする。

ｃ）採　点

主観的な採点が多少加わるのであるが、各学年共、学年別テストは、

第一問	１５点
第二問	１５点
第三問	１５点
第四問	３０点
第五問	２５点
	１００点（計

共通テストは、

よみ	５０点
書取り	５０点
	１００点（計

Ⅱ　結　果

Ａ　学年別テスト

ａ）平均点

	３　年	２　年	１　年
昼間部	６５点	５５点	４７点
夜間部	５４点	５１点	３８点
差	１１	４	９

ｂ）文法問題（第一問、第三問）

第一学年 ── グラフⅠ－１の①により夜間部は昼間部に比し劣り、夜間部の中心だけでみると、適令児に比し過年児が劣っている。

（14）

国語学年別テストの結果

出題分類	得点	一年 昼間部 m	f	t	一年 夜間部 全員 m	f	t	適令児 m	f	t	過年児 m	f	t	二年 昼間部 m	f	t	二年 夜間部 全員 m	f	t	適令児 m	f	t	過年児 m	f	t
文法問題	0	0	0	0	1	0	1	0	0	0	1	0	1	0	0	0	1	0	1	1	0	1	0	0	0
	1～5	0	0	0	2	0	2	0	0	0	2	2	2	0	0	0	0	0	0	0	0	0	0	0	0
	6～10	7	4	11	2	1	3	0	0	0	2	1	3	1	2	3	2	0	2	2	0	2	0	0	0
	11～20	16	12	28	2	3	5	1	3	4	1	0	1	8	8	16	4	5	9	3	2	5	1	3	4
	21～30	8	17	18	2	1	3	1	1	2	1	0	1	19	15	34	14	11	25	7	10	17	7	1	8
語句の問題	0	0	0	0	0	0	0	0	0	0	0	0	0	0	0	0	0	0	0	0	0	0	0	0	0
	1～5	0	0	0	1	0	1	0	0	0	1	0	1	0	0	0	0	0	0	0	0	0	0	0	0
	6～10	1	1	2	1	0	1	0	0	0	1	0	1	2	3	5	4	3	7	4	3	7	0	0	0
	11～20	11	6	17	3	3	6	2	2	4	1	1	2	8	8	16	7	7	14	7	6	13	0	1	1
	21～30	10	14	24	1	2	3	0	2	2	1	0	1	13	11	24	8	4	12	2	2	4	6	2	8
	31～40	8	5	13	3	0	3	0	0	0	3	0	3	5	3	8	2	2	4	0	1	1	2	1	3
	40～45	1	0	1	0	0	0	0	0	0	0	0	0	0	0	0	0	0	0	0	0	0	0	0	0
理解の問題	0	14	8	22	4	2	4	2	1	3	2	1	3	5	1	6	4	3	7	3	2	5	1	1	2
	5	4	2	6	2	1	3	0	1	1	2	0	1	4	6	10	4	3	7	4	3	7	0	0	0
	10	10	8	18	2	1	3	0	1	1	2	0	2	1	5	6	3	1	4	3	0	3	0	1	1
	15	3	6	9	1	1	2	0	1	1	1	0	1	7	8	15	5	7	12	3	5	8	2	2	4
	20	0	2	2	0	0	0	0	0	0	0	0	0	7	2	9	1	1	2	0	1	1	1	0	1
	25	0	0	0	0	0	0	0	0	0	0	0	0	4	3	7	4	1	5	0	1	1	4	0	4
総合得点	0～10	0	0	0	1	0	1	0	0	0	1	0	1	0	0	0	1	0	1	1	0	1	0	0	0
	11～20	1	0	1	1	0	1	0	0	0	1	0	1	2	1	3	0	0	0	0	0	0	0	0	0
	21～30	5	2	7	2	1	3	2	1	3	0	0	0	1	2	3	3	3	6	3	2	5	0	1	1
	31～40	9	4	13	2	2	4	0	1	1	2	1	3	3	1	4	3	1	4	3	1	4	0	0	0
	41～50	7	9	16	0	0	0	0	0	0	0	0	0	4	4	8	3	4	7	3	4	7	0	0	0
	51～60	2	4	6	1	1	2	0	1	1	1	0	1	6	7	13	3	3	6	2	3	5	1	0	1
	61～70	7	2	9	2	1	3	0	1	1	2	0	2	5	6	11	3	4	7	1	1	2	2	3	5
	71～80	0	3	3	0	0	0	0	0	0	0	0	0	4	3	7	2	1	3	0	1	1	2	0	2
	81～90	0	2	2	0	0	0	0	0	0	0	0	0	3	1	4	3	0	3	0	0	0	3	0	3
	91～100	0	0	0	0	0	0	0	0	0	0	0	0	0	0	0	0	0	0	0	0	0	0	0	0

出題分類	得点	三年 昼間部 m	f	t	三年 夜間部 全員 m	f	t	適令児 m	f	t	過年児 m	f	t
文法問題	0	0	0	0	1	0	1	1	0	1	0	0	0
	1～5	0	0	0	0	1	1	0	1	1	0	0	0
	6～10	1	1	2	3	2	5	2	2	4	1	0	1
	11～20	10	12	22	15	5	20	14	4	18	1	1	2
	21～30	15	16	31	13	4	17	5	2	7	8	2	10
語句の問題	0	1	0	1	0	0	0	0	0	0	0	0	0
	1～5	1	1	2	0	2	2	0	2	2	0	0	0
	6～10	4	2	6	3	2	5	2	2	4	1	0	1
	11～20	4	7	11	14	3	17	13	1	14	1	2	3
	21～30	6	8	14	9	3	12	5	3	8	4	0	4
	31～40	7	6	13	5	2	7	2	1	3	3	1	4
	40～45	3	5	8	1	0	1	0	0	0	1	0	1
理解の問題	0	2	1	3	7	1	8	6	1	7	1	0	1
	5	2	2	4	1	0	1	0	0	0	1	0	1
	10	1	3	4	2	1	3	2	1	3	0	0	0
	15	6	4	10	11	5	16	8	3	11	3	2	5
	20	1	2	3	0	0	0	0	0	0	0	0	0
	25	14	17	31	11	5	16	6	4	10	5	1	6
総合得点	0～10	0	0	0	0	0	0	0	0	0	0	0	0
	11～20	0	0	0	1	0	1	1	0	1	0	0	0
	21～30	1	1	2	3	3	6	2	3	5	1	0	1
	31～40	5	3	8	7	0	7	6	0	6	1	0	1
	41～50	2	3	5	3	4	7	3	3	6	0	1	1
	51～60	3	5	8	2	0	2	2	0	2	0	0	0
	61～70	4	3	7	10	3	13	7	2	9	3	1	4
	71～80	2	5	7	0	1	1	0	1	1	0	0	0
	81～90	6	3	9	5	1	6	1	0	1	4	1	5
	91～100	3	6	9	1	0	1	0	0	0	1	0	1

※二学年 ― グラフJ－1②をみると殆ど3線が差が認められない。これは直観的な面では夜間部は昼間部と大差ないことを示すのではないだろうか。たゞ細かくみると昼間部の線に比し夜間部の線は中央で急曲している。つまり比較的に上位者と下位者に夜間部は人数が集注していることになる。

※三学年 ― グラフJ－1③によると、夜間部は中位以下の

（15）

各学年共通テスト※二学年結果

		ひる m	f	t	よる 全員 m	f	t	適令児 m	f	t	過年児 m	f	t
かきとり	0～10	0	0	0	1	0	1	1	0	1	0	0	0
	11～20	0	2	2	1	0	1	0	0	0	1	0	1
	21～30	2	1	3	7	2	9	6	1	7	1	1	2
	31～40	7	5	12	2	5	7	1	4	5	1	1	2
	41～50	17	17	34	10	8	18	3	7	10	7	1	8
よみ	0～10	1	2	3	1	1	2	1	0	1	1	0	1
	11～20	1	1	2	0	0	0	0	0	0	0	0	0
	21～30	1	3	4	3	2	5	2	2	4	1	0	1
	31～40	5	2	7	4	4	8	3	2	5	1	2	3
	41～50	18	17	35	12	9	21	5	8	13	7	1	8
総合得点	0～10	0	0	0	1	0	1	1	0	1	0	0	0
	11～20	0	0	0	1	0	1	0	0	0	1	0	1
	21～30	0	2	2	0	0	0	0	0	0	0	0	0
	31～40	1	0	1	0	0	0	0	0	0	0	0	0
	41～50	1	1	2	1	1	2	1	1	2	0	0	0
	51～60	1	1	2	2	1	3	1	1	2	1	0	1
	61～70	0	2	2	4	1	5	4	0	4	0	1	1
	71～80	4	3	7	2	3	5	2	2	4	0	1	1
	81～90	7	7	14	6	4	10	1	4	5	5	0	5
	91～100	12	9	21	4	5	9	1	4	5	3	1	4

適令児、過年児の項は全員の内訳となる。

理解程度の人数が多数を占めている。又、下位の理解者は適令者が多く、上位者は過年児が多い。

総合的 ― 夜間部内に限定すれば直観的な面は過年児と適令児に大差は認められない。(２年)が意識的な言語の理解は過年児に有利である。又昼間部との比較でもこのことは同じである。即ち直観的面に大差なく、理論的な面に夜間部は大いに弱い。

（16）

c）語句の問題（第二問、第四問）

一般的に云って、J－3（①②③）から考え、夜間部は語いの点大いに昼間部との開きがあることは明瞭である。この中に何か国語自体と生活の関係がみられるように思われる。更に適令児と過年児とを夜間部内で比較すると大体過年児が有利である。しかし、第1学年と第2、第3学年をみると、勉学意欲と、能力限界の問題が過年児の実力規定に大きな問題として挿入されることは確であろう。

d）理解の問題（第五問）

第一学年を別とすれば（J－3①②③）前問題程には明瞭な差異が昼夜の間に存在しない点は興味あることであろう。三年に於いては特に中上が夜間部が勝り、二年に於いても僅かながらその点が認められる。勿論、問題の性質にもよると思われるが、三年に於いて取り上げた「母を失った不幸に対して」は、何か身近かなものが夜間部に感じられたのかも知れない。それは別としても何か生活の中から理解する場合は夜間部の生徒の実感が大いに助けとなるのではないであろうか。而し、上位者のパーセンテージをみると、やはり昼間部が多くを占めることは、第一、第三問の文法的（言語を意識的に扱う点）の弱さが夜間部にこれを与えたとはみられないであろうか。この点今后の研究を必要とする。

e）J－4（①②③）

即、総合得点のグラフは昼夜の差がいかなるものであるかをみることができる。先ず昼間部に比し非常に山の多い点が問題となる。換言すれば学力の差が夜間部ではムラである点であろう。それが何処に因をもつかは一概に適令児、過年児の混合によるものとは断言出来ない。（J－4③）たゞいずれに於いても、上位に過年児のいることは明瞭な現象である。

B　一二三年共通テスト

字句の読み書きのテストは非常に重要なものであったが、時間の関係で第二学年の結果しか出来なかったことは残念に思う。これでみると、殆ど結果はやはり同様の結論が出ると思う。つまり昼間、過年児、適令児の順になる。しかし特に目立つ点は、適令児が過年児に比してよみよりも書取に差がある点である。これは后者の方が文字への実利的な面で意識を換起される故であろう。日常彼等に接していてもこのことは充分にうかゞわれることで、一応、それがこの場合一致した結果として出たわけである。又これは年令に従い言語活動は話から文章にと範囲をひろげる傾向にも一致することである。

Ⅲ　テストの結果による個々の感想

A　夜間部生徒の非論理的面

先ず文法の試験の結果は特にこの点を示している。又、書取りに於ては、特に「初」を夜間生徒が「初」と記してしまう点が目立つ。これは文字が通じればいゝという気持をもっている者の多いためである。このことは、不正確な態度を招き、次に論理的なものへの無関心となって現れ、又無理解ともなるのであろう。これが起因するところは、年少にして肉体労働に従事し、理論的なものを必要としない利害関係の中に成育することによることが大きな原因となるであろう。つまり生活に根ざす人生観的なものに支配されるものである。

又、更に云えば「於いて」とか「対して」とかいう関係を示す言葉が誠に漠然としていることである。正式の調査を行ってはいないが、このようなことが、観念用語の不足と共に、彼等の国語の正確な把握を何らかの形で邪魔していると思われる。そしてそれもまた、彼等の生活との関係で以後の調査を必要とするものであろう。

B　自信のないために起る学力不進

特に気付く点は問題の主旨を読みとる点に夜間部生徒は誠に自信がない。この試験で特に感じたことではないが、明白に問題の主旨を把んでいる場合にすら、改めて念をおす場合が多い

（17）（18）

のである。又今度の試験の場合も、「放送局」の如き前後の意味からも明瞭なときでさえ、一度ふり仮名をほどこして后、これを消し、又書く場合も見られる。テストで云えば、3年の向四である。昼間では何とか漢字にしようとする努力があるが、夜間部では、「利益」という字「成功」という字まできれいに仮名がきしていることである。漢字を知らないこともあろうが、半分は自信がないからであろう。又、夜間部は出来ない場合、白紙にのこす点も一つはこの原因にあるのかもしれない。しかし、この問題はもっと複雑なものとからみあうのであろう。

C　漢字の個々の意味を知らない点

書取で、「討議」の読みの場合、昼間部では「討」に「う」とか「うち」とか訓をうっているのに、夜間部では全くめちゃめちゃなものが多い。又、「勉学」を「強学」と読もうとするものが夜間に多い点は一字一字を明瞭に知っていない点である。この点はアテ字が夜間部に非常に多いことでも解る。例えば、「来た」を「切た」、「政治」を「生治」とし、「黄」を「横」とかく場合で、特にヘンの意味するところのものの理解は昼間部に比して劣るのである。

D　然し、生活との関係で考えるとき、漢字を生活の中から理解しようとする努力は非常に大きいものと思われる。つまり「励」むがわからないとき、彼等は「営む」とよむ。「政治」を「生治」又は「正治」と書く。何か后者の場合、採点中に思わない皮肉にぶつかったようで苦笑を禁じ得なかった。彼等は非常に大きな生活を負っているのである。そのネガティフな反映が書取と読みに現われる。夜間部生徒は「よめない」「かけない」といわれることとなるのだ。

彼等は「よめない」「かけない」と自分で言う場合も度々ある。事実、過年児は「読めない」「書けない」ことを悲しんで、或は悲しまされて自らこの学校へ飛び込んできたものが多いのである。自転車事故で始末書をかくときポリスに軽蔑されたことに入学の動機をもつものも事実いるのだ。

彼等は自分で云うのだ。しかし、我々が彼等の実力を嘆くとき「それは、無理です。私たちにはさし迫った生活がある。『書けない、読めない』よりも、まず私たちは『生活が出来ない』んです」と云われたらどうしよう。……　我々の嘆きは恐らくは、もっと別のところに起因すると云わなければならないのではないか？

数　学（3年のみのテストの結果）

Ⅰ、数学科テストに就いて、

A．試験施行対象人数

3年 昼間部（男子）24、（女子）30　（計）54
3年 夜間部 適令児（男子）23（女子）9（計）32
過年児（男子）11（女子）2（計）13
計（男子 34（女子）11（計）45

B　出題内容の分類（附　参照　3枚一組45分間）

a）第一頁（一年程度より出題）
- （問Ⅰ）10題…各1点…計算問題
- （問Ⅱ）5題…各2点…知識(常識)
- （問Ⅲ）2題…各5点…知識(数学常識)

b）第二頁（二年程度より出題）
- （問Ⅰ）5題…各2点…計算問題
- （問Ⅱ）4題…各2点…代数計算
- （問Ⅲ）5題6問各2点…知　識

c）第三頁（三年程度連立方程式迄）
- （問Ⅰ）2題　各5点　計算問題
- （問Ⅱ）2題　各5点　知識と理解
- （問Ⅲ）2題　各5点　理解による式の扱い

（注　第一学年程度に於いては計算を中心に常識的な実生活に直接密接に使用される程度、第二学年に於いては知識と計算が融合したもの、第三学年に於いては理解（技術の理論づけ、知識の裏付けを含む）なくしては解決不可能な半高等常識という意味で出題傾向を定めた。しかし傾向を異にする問題間の比重は全く主観的にこれを定める以外にはなかった。

Ⅱ　結果（このテストは3年のみのものであるが、2年以下についても大体同一の傾向を有するものとみてよい。）

a）平均得点

昼間部　54点
夜間部　36点　差18点．

(21)

数学テストの結果　Mft

	得点	昼間部 m	昼間部 f	昼間部 tot	夜間部 夜間3年総員 m	夜間3年総員 f	夜間3年総員 tot	適令児	適令児	適令児	過令児	過令児	過令児
一年程度（第1頁）	0	0	1	1	0	0	0	0	0	0	0	0	0
	1～5	1	2	3	3	2	5	3	2	5	0	0	0
	6～10	4	2	6	4	3	7	3	3	6	1	0	1
	11～20	5	8	13	16	5	21	12	3	15	4	2	6
	21～30	14	17	31	11	1	12	5	1	6	6	0	6
二年程度（第2頁）	0	0	1	1	3	0	3	3	0	3	0	0	0
	1～5	0	2	2	5	3	8	3	3	6	2	0	2
	6～10	3	1	4	4	3	7	4	3	7	0	0	0
	11～20	13	13	26	10	4	14	9	2	11	1	3	4
	21～30	8	13	21	11	1	12	4	1	5	7	0	7
三年程度（第3頁）	0	0	2	2	17	5	22	15	4	19	2	1	3
	1～5	2	0	2	6	2	8	4	2	6	2	0	2
	6～10	2	2	4	1	0	1	0	0	0	1	0	1
	11～20	9	13	22	7	3	10	4	3	7	3	0	3
	21～30	7	12	19	3	1	4	0	0	0	3	1	4
	31～40	4	1	5	0	0	0	0	0	0	0	0	0
総合得点	0	0	1	1	0	0	0	0	0	0	0	0	0
	1～10	0	1	1	2	1	3	2	1	3	0	0	0
	11～20	1	1	2	6	5	11	5	5	10	1	0	1
	21～30	3	1	4	9	0	9	8	0	8	1	0	1
	31～40	4	1	5	3	1	4	3	0	3	0	1	1
	41～50	2	2	4	4	0	4	2	0	2	2	0	2
	51～60	1	7	8	3	4	7	1	1	2	2	3	5
	61～70	5	10	15	3	0	3	2	0	2	1	0	1
	71～80	1	3	4	2	0	2	0	0	0	2	0	2
	81～90	4	1	5	2	0	2	0	0	0	2	0	2
	91～100	3	0	3	0	0	0	0	0	0	0	0	0

※適令児、過年児の、項は総員の内訳けとなる。

b）第一頁の問題（グラフⓂ－1）

昼間部はごく僅かなものを除いて計算のミスによる減点のため満点を失している場合が多い。グラフに於いても満点に近いものゝ比が多いのはこれを示している。しかし夜間部に於いてはグラフにもさだかなように満点に近いものの比率が最下位であることは計算のミスによる以外に他の原因を探らなければならない。採点に於いて以下感じたことを述べてみたい。

夜間部に於いては計算問題自体が既に生徒にとって難解なのである。特に小数計算、その中でも除法は誠に不得手であり、小数の意味するものは、彼等に於いては次に述べ

(22)

る分数と共に明瞭な概念に至っていない。

分数計算は小数と共に同一分母の加法、減法までは兎も角、異分母による加法減法すら未知の境を脱っしていないと云っているものが相当多数である。

なお、夜間部に於いて特に計算問題上の難関は多数の桁を有する計算に ある。これは彼等が多桁の数（微小の数も含めて）に実感を有し得ない状態にあることを意味するのではないであろうか。又、数の概念が至って視覚的であることに依るのではあるまいか。例えば、驚くべきことであるが一年など計算を説明する場合、リンゴとかヨーカンとか物体を例に図説する場合割に理解するか、次に数だけの類似の計算を行わしめる時、既に全く計算不能になる者が相当の数いることにもこのことが現われる。かような生徒には常に数は視覚的な実在物でしかあり得ない。その場合、微小量を示す数であれ高次な桁数の数自体が、又分数自体が彼等の生活中に存在していないからである。数字でありながら、彼等の頭の中には多量の量、微小の量を示す数は英語の単語同様に翻訳を要するのである。ウサギが何匹、又その何百部の又何百倍というふうに一数を視覚的に考え直すのであろう。故に小数、分数の微量な数に至っては実感は殆ど成立しない。「リンゴを3ツに切ったもの3つあつめたら」というと「1個」と即座に答えるであろう。しかし「$\frac{1}{3}$を3つ集めると」というと既に一年生、二年生に於いて答に詰る場合が多い。彼等の頭の中には個とか本とか、何円とかが常に数字の一部を成している場合が多い。

加法、減法、乗法までは理解する。

しかし除法が二様の意味を有することを意識して使い分けるものは少い。又、九九を正確に知らないものは

(23)

百余の全生徒の中に7、8％にも及ぶ状態である。

以上のような状態で4.25時を分に換算することが容易である筈がない。又75％という整数が小数価の言い換えである点を理解するのに努力が少くてすむ筈がない。彼等は常識的な整数と、単位は常に1であり、10進法以外には数概念は持っていないのかもしれない。（但し4.25時間＝（ ）時間（ ）分の問題では昼間部でも正解者は誠に少かった）。

数学常識の問題、即、三角形の面積の出し方等でも夜間部は明らかに昼部の得点に劣る。

昼部に於いてもその式の意味（「矩形の半分の面積を有する」が故に と）を説明し得ない者もいると思われる。しかし暗記でも可能な問題であるのに、これが夜間部に於いて劣る点は、勉強時間の不足その他に大きな原因をもつのである。

（ ）オ二頁の問題（グラフⓂ－2）

この問題は二年程度である。この頁に於いても殆ど第一頁の結果と同様のことが云い得るのであるが、Ⓜ－1Ⓜ－2で夜間部だけを比較してみても既に理解不充分な者が多数を占める傾向が明白である。殊に累乗と同類項の理解は昼夜を通じて一応云いうるとしても、夜間部に於いてははなはだしい無理解を示した。つまり数字と文字とが全く分離した概念でしか捕えられていない。授業で□＋3＝5でやると2の答えは容易なのに$x+3=5$となると、もういけない。或は空所のない文字には何か記入不可能な絶対的な何ものかを感じているのかも知れない。彼らはxはxでしかあり得ないのか……。文字は文字であり、この点やはり至って視覚的である。

累乗の場合の指数の意味がわからない。乗という意味をしか理解しない。$a^2=2a$としてしまう。

位置の異りは彼等にはどうでもいいのであり、至って位置の観念がうすい。或は次のような彼等の欠点と何か相通ずるものがあるのではないかとさえ思えるのである。即、

(24)

10糎立方が$10 \times 10 = 100 (cm^2)$と答える者の多いことだ。空間観念は至って低いものである。教え直すと、不思議そうな顔をして「あゝそうですかねえ」と云うものがある。彼等はふざけてはいないのだ。それどころか真剣そのものなのだ。私はこゝら辺に彼等の心理的なものの研究の必要を痛感する。

知識の問題は極く簡単なものであったゝめ、充分の結論に至らなかった。

c）第三頁の問題（Ⓜ－3）

昼夜を通じて感じた点は応用問題は全滅に近い状態である。数学の基礎に言語の思索が存在することを彼等は意識していない、或は数自身が言語の一部であるとは思っていないのだろう。又式を作る問題では、彼等の答という観念が常に単一な数でなければならないという気持が未だに抜けていないようだ。

特に夜間部に於いてははなはだしい、第二頁の同類項をまとめることが不思議でならないようだ。$2 \neq ab$とする傾向が強い。授業で$a + a + b$はとやる。すると$2a + b$と一応出しても、「これからが解らないんです」と意気込んで云う。「これでいゝのだ」と云うと、「はあ」と不思議な顔をする場合が特に二年生などに多いようだ。

d）綜合的にみて（Ⓜ-4）

本夜間部は特別な実力段階方式を採用したゝめに、この昼夜の開きがあったことを認める。しかし昼間部の小数のものはたまたま暗記的に見知っていた、ごく簡単な問題を解答したゝめによる或程度の点数上の得があったことであろう。夜間部の大部分は三年の授業は未知のものであった。こゝで問題が生ずるのは確かである。つまり、二つの立場が出てくる。　解らなくても公式を暗記しておけば何点かは取れるという考え、これを逆に教師の側から云えば生徒が解

らなくても授業に出しておけば何点かは取らせ得るという考えと、点数の問題は別として理解を中心にする教師（及び生徒）の二つの立場である。

成程、数学では数単元進んで始めて以前の単元を理解する場合が応々にある。この面では正規な授業にあらゆる生徒を従わしめることも長い目でみて決して悪いとは云えない。

しかし、a）b）c）で述べた有様の我々の生徒に対して正規の方式が取り得るだろうか。若し取り得るという人がいたならば、それは何点かの生徒に点がやれるからという安易な入試本意的な教師の立場としか解釈出来ない。正常な生活の中に育つ生徒ならいざ知らず、ものすごくエネルギーを生活手段にさく彼等に、教師は自分のやることは一応やったからという安易な責任で対するならその時間はあまりに生徒にとつてみじめである。又空費となる、又昼間の労働の疲労を増加し、自信を失わせることになるであろう。

そして更に極逃るなら自身自らを省みてみじめさを感ずることになるであろう

それなら実力段階別授業は生徒に自信喪失を来さないだろうか。これは確かに我々の中でも問題となつた点であるが、上述説明した通りである。

問題は生徒の生活にある。この点については各教科に於いても同一であろう。誰が何時、これを解決してくれるであろうか。

社　会

(社会科3) 社会科の学力について……附問題集「社会科テスト」参照

1　出題した社会科の問題

問題 ①　日本の各地域名称を言葉で記入する。文字は漢字は勿論平仮名・片仮名でもよいし、その地域が何地方であるか判読出来得るならよいとした。日本の地域区分が理解されているかの問題である。

問題 ②　日本の位置づけと季節風にともなう気候についての知識や理解を判定する問題であつて、挿入用語を列記し、その中から選択させる方法の問題である。

問題 ③　日本の四大工業地帯について、それらの地域工業の特色が説明されており、用語を選択記入させる問題である。日本の工業特色及その地域についての知識を判定しようとした。

問題 ④　世界の気候特色を理解しているかどうかについて、五つの気候帯を選び、その特色を説明した短文にあてはまる用語を採択挿入させる。知識や理解を判定する問題である。

問題 ⑤　大化の改新について、その内容を説明した短文をあげて正誤を判定させる問題。

問題 ⑥　史的用語について関連する事項を選択記入させる問題。

問題 ⑦　文章を読ませ、その中の重要な用語を摘出して、それに適当する語句を記入させる択一式方法の問題。理解や知識を判定する。

問題 ⑧　三権分立を正しく理解しているかどうか、政治機関の関係について正しく記入させる問題。理解力を試みる。

問題 ⑨　生産や労働などについて正しい知識に基く理解がなされているか、語句を選択記入し、文を完成させる方法の問題。

以上の問題に対する実施対象及テスト時間などは、次のとおりである。

2　調査対象は本校昼夜間の1年から3年までの延264人の生徒である。

学年	1年		2年		3年		計	
昼夜別／男女別	男	女	男	女	男	女	男	女
昼間部	27	28	28	26	28	27	83	81
	55		54		55		164	
夜間部	9	5	22	15	16	13	67	33
	14		37		49		100	
計	69		91		104		264	

○此のテスト参加生徒中、1年は問題の第3問まで、2年は第1問から第6問までとし、3年のみ第9問まで全問題解答させた。そして1問題について5分間のテスト時間とし、1年は15分間、2年は30分間、3年は45分間の範囲で実施したものである。

○その結果第1問より、第3問までは参加した昼夜全生徒についてのテスト結果を知ることができた。

	男	女	計
1問から3問まで参加生徒数延	150人{昼83 夜67	114人{昼81 夜33	264人{昼164 夜100
1問から6問まで参加生徒数延	114人{昼56 夜58	81人{昼53 夜28	195人{昼109 夜86
1問から9問まで参加生徒数延	64人{昼28 夜36	40人{昼27 夜13	104人{昼55 夜49

(27)

3.　テストの結果昼間夜間の学力を比較してみると次のような表やグラフなどが資料となる。但し此の統計資料は本校昼間部の参加生徒（各学年1学級）を標準として作成したものである。

㋑　昼夜別各学年別に総得点をだし平均点を比較してみると、次のようになる。但し一年は40点を　2年は70点を　3年は100点を総点として、平均を出したものである。　尚換算とあるのは、1年及2年については夫々100点として換算したものである。

社会科問題　各学年別総得点及平均点比較、昼夜平均得点(%)比較表

昼夜	昼間部			夜間部		
	1年(40点中)	2年(70点中)	3年(100点中)	1年(40点中)	2年(70点中)	3年(100点中)
総点／人数	1350／55人	2006／54人	3503／55人	371／14人	1026／37人	2262／49
平均点	24.56	36.98	63.61	25.72	27.41	42.67
換算 x/100	61.4	52.8	63.6	64.3	39.2	42.7
昼夜各平均	59.3			48.7		

※ 此の結果からみると、昼夜各平均点の差は10.6となる。

㋺　これを昼夜比較のグラフにしてみると次のようになる。

社会科問題　各学年得点（平均点%）比較

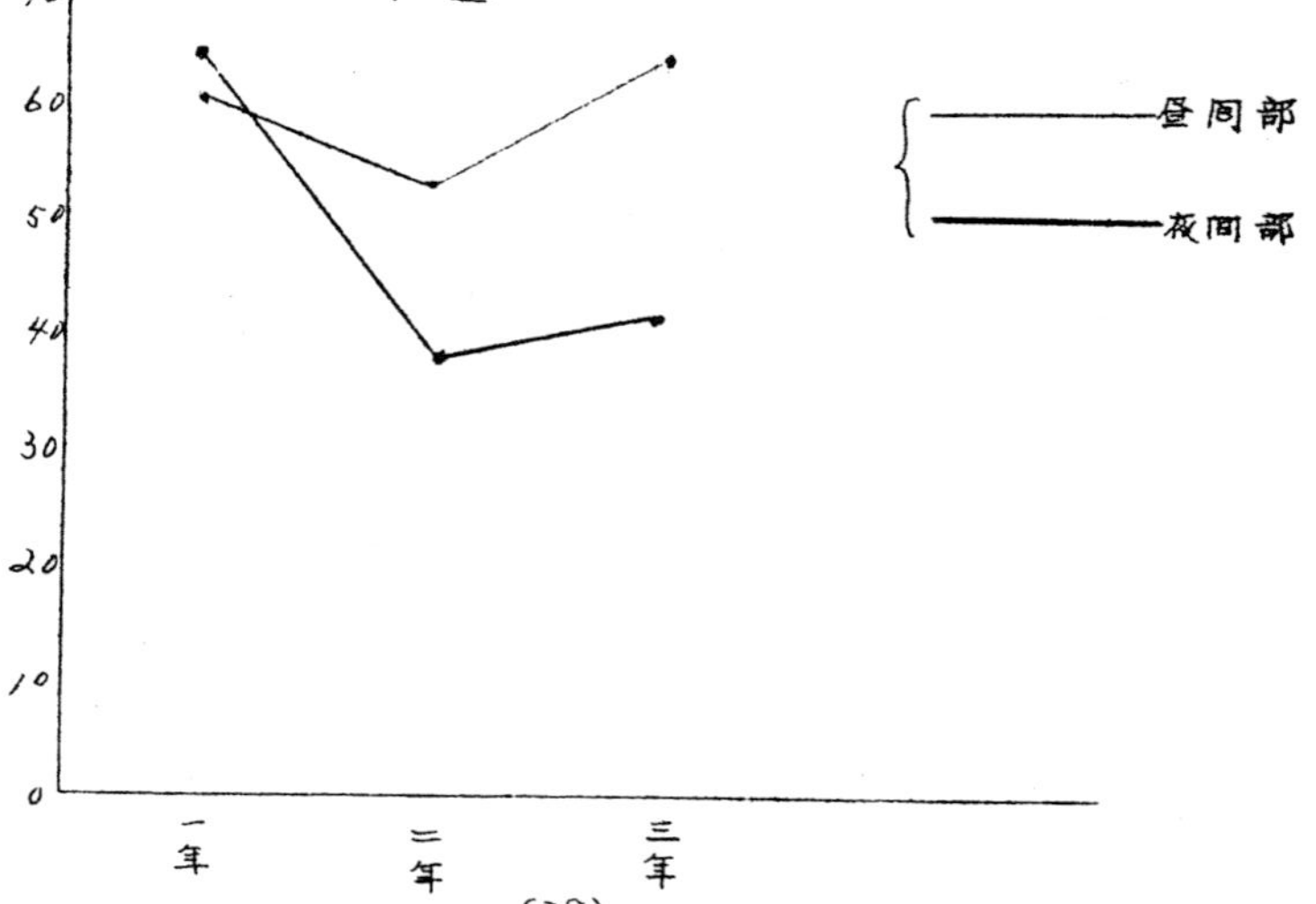

(28)

㈧　次に昼夜各学年共通問題の平均点数を比較してみると、次のような表となる。

社会科問題 1〜3．各学年共通問題に於ける平均点数比較表（40点満点）

	昼間部（1年55人 2年54人 3年55人）						夜間部（1年14人 2年37人 3年49人）					
学年	1 年		2 年		3 年		1 年		2 年		3 年	
男女別	m	f	m	f	m	f	m	f	m	f	m	f
総点 / 人数	690 / 27人	660 / 28人	749 / 28人	527 / 26人	902 / 28人	701 / 27人	256 / 9人	115 / 5人	374 / 32人	206 / 15人	918 / 36人	204 / 13人
平均点	25.6	23.6	26.8	20.3	32.2	26.3	28.4	23.0	17.0	13.7	25.5	15.7
男女総点 / 人数	1350 / 55人		1278 / 54人		1603 / 55人		371 / 14人		580 / 37人		1122 / 49人	
平均点	24.56		23.51		29.27		25.72		15.37		20.59	
昼夜各平均	25.78（$\frac{64.5}{100}$%）						20.56（$\frac{51.4}{100}$%）					

※　最下段欄の昼夜各平均の差は 5.2 であり、100点に換算してみると 13.1 の差となる。

㈡　次に此の共通問題について、0点より40点までを10段階として、昼夜各々の得点人数を段階別にグラフに示すと、次のようになる。

尚参加数は夜間部は100人であるので、昼間部も100に換算したものである。

社会科問題 1〜3．各学年共通問題に於ける得点比較（100人中……%）

{ 昼間部　　夜間部 }

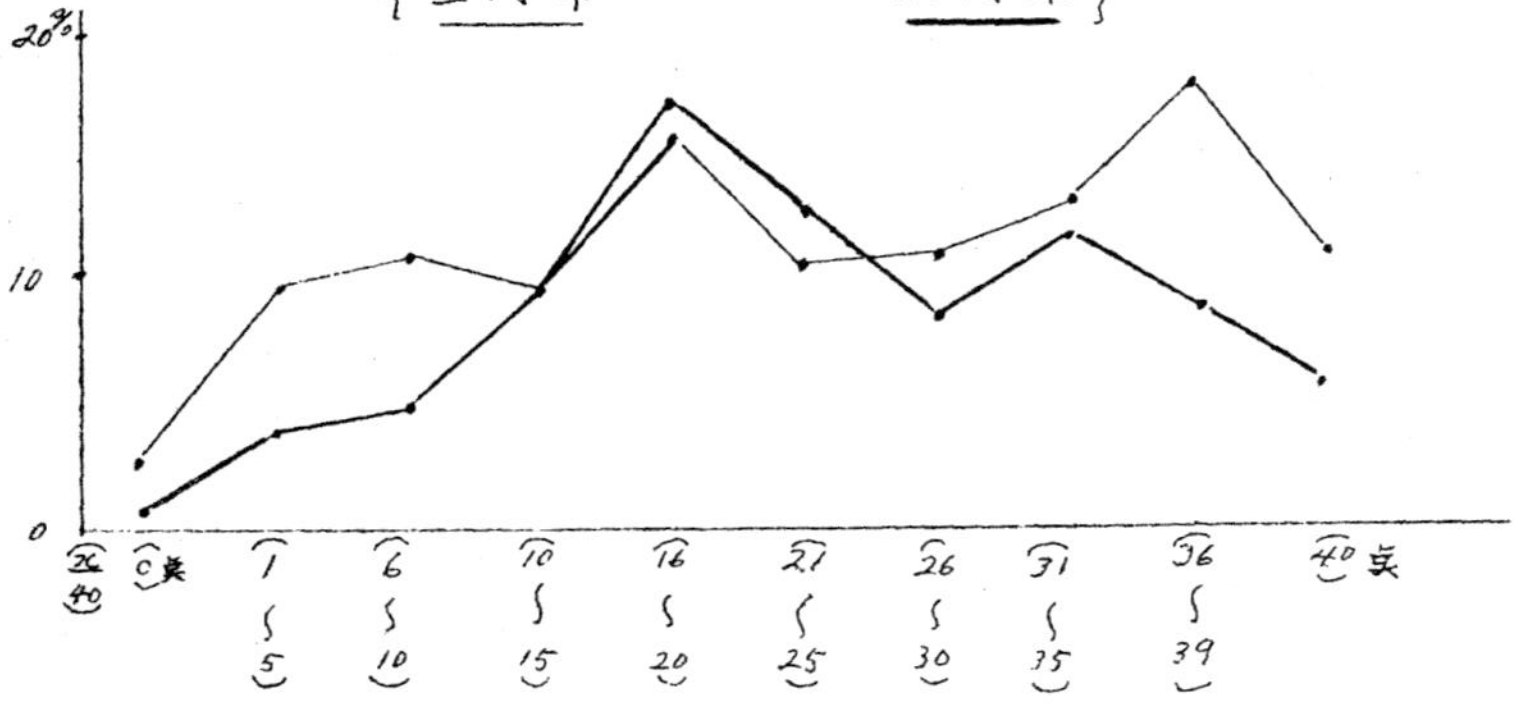

夜間部に於ては、16点〜20点までが最も多く　17%を示して居る

昼間部に於ては、36点〜39点までが最も多く　18%を示して居る

㈭　共通問題第1問について調べたところ、次のような結果があらはれた。尚調査人数については、㈡と同様100に換算したものである。

社会科問題 1．日本の地域名称記入に於ける不正解者数（100人中……%）

{ □ 昼間部 100人　▨ 夜間部 100人 }

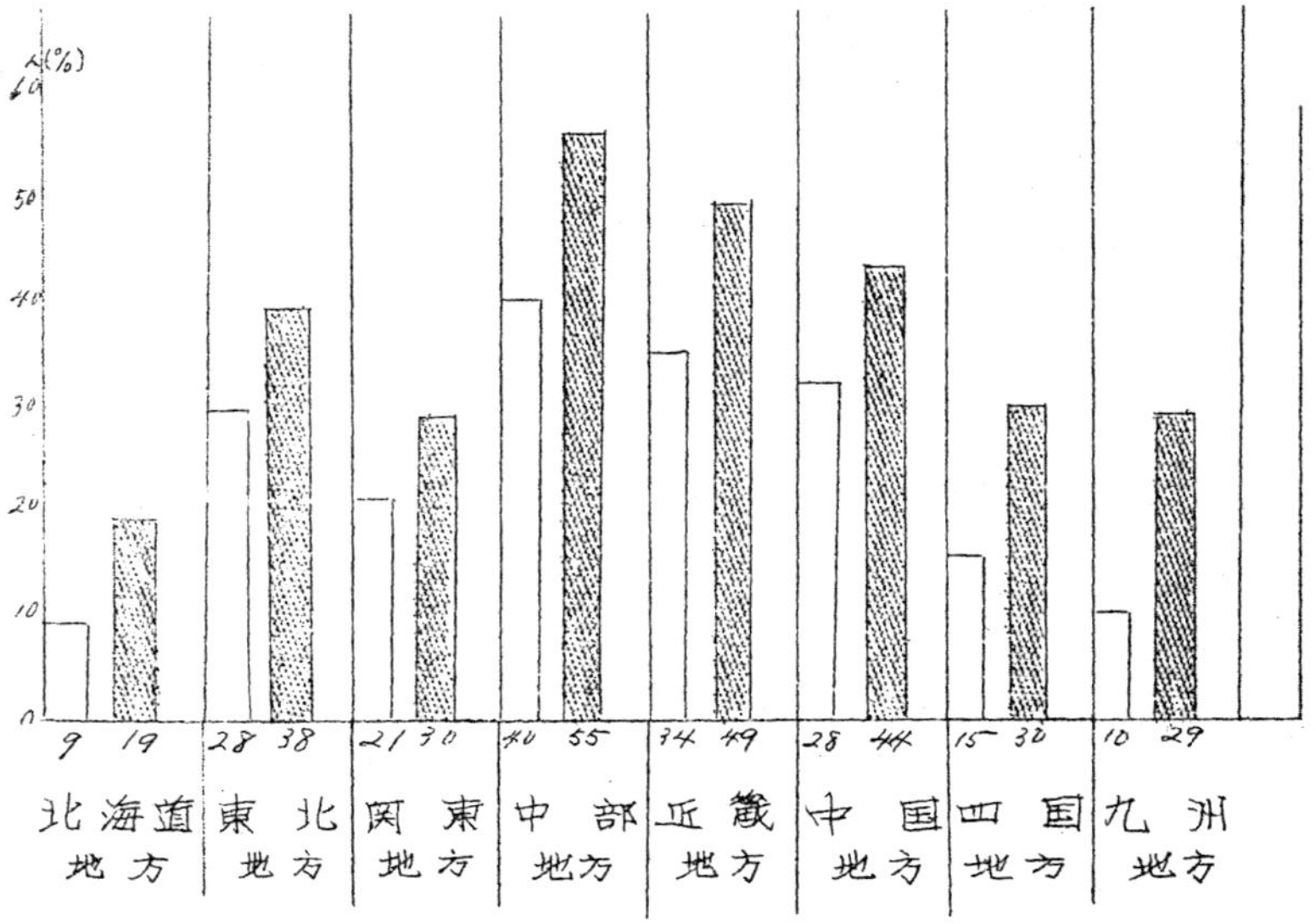

※　北海道・四国・九州地方に較べ本州の地方区分が極めてあいまいであり、不正確である。このグラフによってみるも中部地方の名称に於ては、100人中55人（昼40人）も不正解であった。

※　尚地方名称の全正解人数は、昼は72人で（$\frac{44\%}{100}$であり）夜は27人で（$\frac{27\%}{100}$で）あった。

又地方名の全然記入出来なかった人数は昼は3人（$\frac{1.8\%}{100}$）で夜は11人（$\frac{11.0\%}{100}$）であった。

結　び

誠に不完全な研究で申訳けない次第である。が、限られた時間に出来るだけのものをするべく努力は払った積りである。その上では売店部の御協力は誠に感謝に耐えない。

この研究では、売店部を見学した人々が感じたような感激的な面は一つも取り上げられなかった。それはこの研究が「詩」を創る目的で成されたのではないからだ。これを読まれてあきれている方もいるかも知れない。しかし何らかの関心をでも以台において示して下さるなら、我々は大きな満足を持ち得るのである。

何故なら、いかなることに於いても、又いかなる意味に於いても「関心」というものこそ生徒そのものへの最初の「まごころ」であるからだ。

この研究が少しでも多くの人々の関心を引けるなら有難いことである。

国語テスト（一年用）

（　）組（　）番　氏名

一、つぎの文の——のところはよいつかい方とはいえませんから、その下の（　）にそこの部分をなおしなさい。

(イ) うちのにいさん（　　　）に、ちよつとお目にかゝつて（　　）ください。

(ロ) 先生、ぼくお手本を忘れて来たよ（　　）

(ハ) 先生はまだ来ませんか（　　　）

(ニ) どうぞ、ごはんをいたゞいて（　　）ください

二、つぎの——のある漢字のよみがなを下の（　）にかいてください。

(イ) 浴場（　）へ行って水を浴び（　）た。

(ロ) 快活（　）な人なので快く（　）話してくれた。

(ハ) 変色（　）とは色が変ることだ（　）

(ニ) 昔の僧にとつて、旅行（　）は修行（　）のひとつだった。

(ホ) かれはなめらかな口調（　）で話したが、それはみな口実（　）だった。

三、一般に文は組立ての上からつぎの三つに分けることが出来ます。

(1) 何がどうする（例　人が出る）

(2) 何が何である（例　君は生徒だ）

(3) 何がどんなだ（例　これは赤い）

つぎの各文の組立ては右の三つのうちのどの形か、文の上にある（　）にその番号を書いてください（例(2)私は太郎です）

(イ)（　）これが図書館だ。　(ロ)（　）海はひろい。　(ハ)（　）晴れた空にくつがなる。　(ニ)（　）こゝが私の教室です。

(ホ)（　）道子が学校からかえりました。

四、つぎのことば、または文の正しい意味を下の（　）の中から一つえらんで、それを線でかこんでください。

(イ) 終日（①ひぐれ、②一日中、③よる、④太陽の出ない日）

(ロ) 肩身がせまい（①やせている、②着物が少さい、③ぐあいわるい、④ひけめをかんじる。）

(ハ) 肥沃（①[illegible]をためること、②金もち、③よく植物がそだつ ④[illegible]）

(ニ) 風景（①景色 ②[illegible] ③お宮の中 ④まわりのありさま）

(ホ) 一般に（①一どに ②ふつうには ③一せきの舟は ④だいたい）

(ヘ) 能率的（①頭がよさそう ②理くつにあって ③はやくてむだのない ④上手に）

(ト) あたかも（①ちょうど ②はっきり ③あんまり ④ぼんやり）

(チ) なまなましい（①なまいきな ②ひどい ③いきいきした ④なつかしい）

(リ) 台帳にある（①台帳のようすをみる、②台帳をひきうける、③台帳にてらしあわせてみる ④台帳にぶつかる）

(ヌ) その森は緑がしたゝるようだった、（①その森は葉がもう落ちそうだった、②その森から雨のしずくがいっぱい落ちそうだった ③その森は青々としていた）

五、次の文をよんで、あとの問に答えなさい、

「もう帰ってくればいゝ」――かれはそうも念じてみた。が、行くところまで行かなければトロッコもかれらも帰れないことは、もちろんかれにもわかりきっていた。

その次に車の止まったのは切りくずした山を背負っているわら屋根の茶店の前だった。ふたりの土工はその店にはいると、乳のみ子をおぶったかみさんを相手にゆうゆうと茶などを飲みはじめた。

良平はひとりいらいらしながらトロッコのまわりを回ってみた。がんじような車台にはわかえったどろがかわいていた。

しばらくののち、茶店を出て来しなに、巻たばこを耳にはさんだ男は（その時はもうはさんでいなかったが）トロッコのそばにいる良平に新聞紙に包んだ駄菓子をくれた。良平は冷淡に「ありがとう」と云った。が、すぐに冷淡にしては相手にすまないなと思い直した。かれはその冷淡さをとりつくろうように、包みの菓子の一つを口に入れた。菓子は新聞紙にあったらしい石油のにおいがしみついていた。

〔問一〕 この文で良平の気持は、次のどれにあたりますか、よいと思うものをえらんで、その上に○をつけなさい（文全体から考えること）

(イ) 日ぐれ時だというのに、遠くまできてしまって、なかなか家に帰れない悲しい気持、

(ロ) 早く帰りたいと思っているのに、土工たちが出て来ず、いらいらしている気持、

(ハ) 自分だけ茶店の外にひとり残されて待たされた心細い気持、

(ニ) 親切に菓子をくれた人にたいして、冷淡にしてはいけないという反省の気持、

〔問二〕 ――の箇所はこの場合の良平の気持を、動作や様子でいっそう効果的に表現したところです。この文にもう一ヶ所にこれに、にた表現のところがあります。本文に直接そのところの横に、――をひいて下さい。

〔問三〕 本文の中に「ごまかす」というような意味に使われていることばが一つあります、それをみつけて、その横に═══をひいて下さい。

国語テスト（二年用）

（　）組（　）番　氏名

一、つぎの文の（　）には、左の六つのことばのどれを入れたらよいでしょう、入れる言葉の番号を（　）に書いてくださいくたぶし、一つを何度つかってもよい）

(イ) 時代によることばのちがいわ（　）と（　）にもつともよくあらわれる

(ロ) その土地その土地での特別ないゝ方を、その土地の（　）という。

(ハ)（　）はその土地だけしか通用しないことがあるが（　）は日本中どこでも通用する。

①方言　②歴史かなづかい　③　現在かなづかい。④敬語

⑤英語　⑥標準語

二、漢字のよみがなを（　）にかいてください。

期待（　）気高い（　）組織（　）会釈（　）営む（　）

疲れる（　）範囲（　）禁物（　）輸入（　）外米（　）

三、つぎの（　）に適当なことばを入れてください

(イ)　けっして、告げ（　）(ロ)　どうかおいで（　）(ハ)　まさか、失敗しない（　）(ニ)　たとえだめであろう（　）(ホ)　このように（　）のうちのあるものは、それをうける言葉に特別ないい方を要求する。

四、つぎの語句の意味を一つだけ（　）の中からえらんで、その番号のところに○をつけてください。

(イ)　たしなみ（①たいど　②服装持物　③このみ）

(ロ)　あたかも（①ちようど　②やはり　③きっと　④大そう。）

(ハ)　干渉（①ひもの　②口出しをする　③交さいすること、④歩くこと）

(ニ)　知己（①あたまのよいこと　②知識　③親友　④ものわかりよいこと）

(ホ)　範囲（①きそく　②長さ　③かこいの中　④まわること

(ヘ)　いとなむ（①くらす　②糸をつむぐ、③たべる　④生活のために仕事をする。

(ト)　虚栄心（①みえをはる心　②うそをつく心　③　元気な　④ぜいたくな心）

(チ)　心もとない（①気のかわりやすい　②　心ぼそい　③　よくわからない。）

(リ)　断念（①あきらめ、②残念　③はっきり考える　④やりとおす。

(ヌ)　ものごころつく（①正気にかえる、②世の中のことがわかりはじめる　③すぎさったことを思い出す　④好ききらい

がはっきりする）

五、別紙の文は二人の人の会話をばらばらに並べたものである、次の問に答えなさい。

〔問一〕　この会話は誰と誰の会話か　答（　　と　　）

〔問二〕(イ)　この会話の始めは（答　）

(ロ)　最後の部分は（答　　）

(ハ)　(ヌ)の次にくるのは（答　）

(ニ)　(ヌ)は誰のことばか（答

国語（二年用）

(1)　ところで今度は君のことだけれど、君は上級学校希望だから、試験の当日には日頃の実力をじゅうぶん発揮できるように、体の方もよく気をつけるのだね。

(2)　うん、それはよかった。実はまだきまっていなかったから、私の会社の事務員にでもと思っていたところだよ

(3)　えゝ、そうします、試験の当日の体の調子が悪くなったら困りますから。

(4)　この春はもう卒業だね、一郎君の同級生もいろいろと自分の志願校や希望校、又は希望の職業などを考えていることだろう。およそどのくらいの人が上級学校を希望しているのかな

(5)　えゝ、太郎君はこの間の試験で○○工場に合格しました。彼は理科的な才能もあり、その方面の仕事を熱心に希望していましたから、ほんとうによかったと思います。

(6)　どうもありがとう。明日学校で太郎君に会ったら、おじさんの今夜のお話を伝えておきます。

(7)　そうすると、およそ七割ぐらいの人が就職したり、家事の手伝いをすることになるわけですね、しかし、今年は就職希望の人は大へんだろうね。君の親友の太郎君は就職がきまったのかね。

(8)　そうですね、私の同級生では、およそ三十%ぐらいが進学し

ます。

国語テスト（三年用）

（　）組（　）番　氏名

一、次の単語のうち、下に何か別の言葉がつくと形を変えるものがいくつかある。この言葉は活用があるという。次の単語のうち活用のあるものには○を、活用のないものには×を、それぞれの（　）の中に記してその異いを示せ。

（　）大きい　（　）ひじょうに　（　）流れる　（　）日本　（　）机　（　）行く、
（　）来る　（　）少ない　（　）アイスクリーム　（　）希望　（　）これ
（　）作る　（　）天体　（　）すばらしい　（　）与える

二、次の言葉の下の（　）によみがなを示せ。

1 定員（　）　定石（　）
2 境内（　）　境界（　）
3 声明（　）　光明（　）
4 本望（　）　希望（　）
5 家具（　）　家来（　）
6 必然（　）　天然（　）
7 体裁（　）　全体（　）
8 一対（　）　対面（　）
9 駅頭（　）　頭上（　）
10 遺言　言行

三　つぎの各文で＝＝＝をつけたところは、下のそれぞれのどの部分を直接に説明しているのか、その番号を文尾の（　）に記せ

(イ)　今まではっきり見えていた(1)光が(2)急に(3)消えた(4)……（　　）
(ロ)　朝がたから思い出したように(1)降った(2)雪が(3)うすく(4)積った……（　）
(ハ)　私はけっして悪い(1)ことはしない(2)人に(3)なります(4)……（　　）
(ニ)　小さな石がころころ谷底に(1)ころがり(2)おちた(3)……（　　）
(ホ)　まじめなそしてじょうぶなよい(1)生徒に(2)なりたい……（　　）

四　つぎの漢字の(1)反対の(2)意味のことばを、(3)左のかなの(4)ことばから(5)えらび、それを漢字になおして（　）にかいて下さい。漢字になおせなかったらかなのまゝでもかくこと。

一般（　）　単純（　）　損失（　）　減少（　）　上昇（　）
模倣（　）　容易（　）　失敗（　）　抽象（　）　危険（　）
（ふくざつ、こんなん、ぐたい、とくしゅ　りえき　せいこう

(37)

ぞおか）

五、別紙の文をよんで、次の問に答えなさい。

〔問一〕――線部(1)は次のどのことをいっているか、一つだけえらんで◯でかこめ。
(1)作者の母、(2)子供たちの母　(3)食物　(4)子供たちの父母

〔問二〕――線部(2)の母はつぎのどちらか、正しい方を◯でかこめ。
(1)作者の母、(2)子供たちの母、

〔問三〕――線部(3)の「事実」とは、つぎのうちどれを言っているか、文頭に○をつけよ
(1)私がなにげなく「私の母」という題で感想をかいたこと
(2)感想をかきおえて、私の心が悪事でもしたように痛んだこと、
(3)私の母は生きているが、お前たちの母は死んでしまったこと。
(4)感想をかいた後で、すぐお前たちのことを考えたこと。

国　語　（三年用）

お前たちは去年一人の、たった一人のママを永久に失ってしまった。お前たちは生まれると間もなく、生命にいちばん大事な養分を(1)奪われてしまった。お前たちの人生はそこですでに暗い。この間ある雑誌の人が「私の母」という小さな感想をかけといって来た時、私はなんの気もなく、自分の幸福が母が始めから一人で今も生きていることだと書いてのけた。そして(2)、私の万年筆がそれを書きおえるかおえないかに私はすぐお前たちのことを思った。私の心は悪事でも仂いたように痛かった。しかも事実は事実だ。私はその点幸福だった。お前たちは不幸だ。回復の(3)道なく不幸だ。不幸なものたちよ。

共通テスト

一、右にある文章の仮名（かな）の部分（ぶぶん）を（　）の中に漢字（かんじ）でかき入れなさい。

(イ)（きよう）（ぼく）は（にわ）に（うめ）の木を（うえ）ました。
(ロ)よい（せいじ）はよい（しやかい）とよい（にんげん）を（つく）ります。
(ハ)（あか）るい（つき）が（うみ）に（で）て（なみ）が（うつく）しくかがやきました。

(38)

(ニ) 五(さい)の(おとうと)が(ゆび)を(き)ったので(わたくし)はびっくりしました。

(ホ) (うんどうかい)の(あさ)、(とも)だちが(げんき)な(かお)で(むか)えに(き)た。

(ヘ) (さんみゃく)は(あお)々とした(そら)に、くっきり(う)きだして(しょか)の(きぶん)は万点であった。

(ト) (のうか)の人は(ごらく)が(すくな)いので(まつり)はとても(たの)しいそうです。

(チ) (こうえん)は木の(は)がもう(きいろ)くなり(とり)の(こえ)も(さむ)そうに(きこ)えた。

(リ) (てがみ)をもらったので、すぐ(へんじ)をだした。

(ヌ) この(みずうみ)には(ゆうめい)な(かな)しい(ものがたり)がつたわっている。

二、次の文の傍線の漢字の右側に「ひらがな」でよみ仮名をつけなさい。

(イ) 希望を持って勉学に励むひとこそ将来に大きな期待のもてるひとです。

(ロ) この店の責任者の長男が道に迷った。

(ハ) 放送局は普通番組を中断して人工衛星の電波の信号音を聴かせた。

(ニ) 薬にはその製造年月日と有効期間が明示されてある。

(ホ) きょうの研究題目は環境がわれわれの人格の発達にどんな影響を与えるかということです。

(ヘ) 一つの出来事、一つの場合を例に取り上げて青年の気持ちを理解し、討議することも経験を深める結果となります。

(ト) 精神の衛生については毎日の生活態度を考えてみる必要がある。

(チ) 豊作を喜ぶお百姓さんの顔には、いままでの苦労のしわが刻まれていた。

国語 (一・二・三・年共通問題)

年 (男女の別)

氏名

数学 (3年)

第( )学年( )組( )番

第一頁　　　　氏名

I、次の計算をして( )に答えを書きなさい。

(1) $27+39=($　$)$　　(2) $105-26=($　$)$

(3) $26\times18=($　$)$　　(4) $36\div15=($　$)$

(5) $\frac{1}{2}+\frac{1}{7}=($　$)$　　(6) $\frac{4}{10}-\frac{1}{8}=($　$)$

(7) $\frac{4}{15}\times\frac{3}{8}=($　$)$　　(8) $\frac{5}{49}\div\frac{5}{7}=($　$)$

(9) $0.201-0.09=($　$)$　　(10) $0.09\div2=($　$)$

II 次の( )に適当な数字を記入すること、

(1) 4.25時間＝(　)時間(　)分

(2) 78%＝(　)割(　)分＝(0.　)＝(　)分の(　)

(3) 半径10cmの円の周囲は(　)πcmである。

III 次の◎のついた角の呼び名は下の4つのうちでどれか、それを線でかこめ、(ただし一つだけえらぶこと)

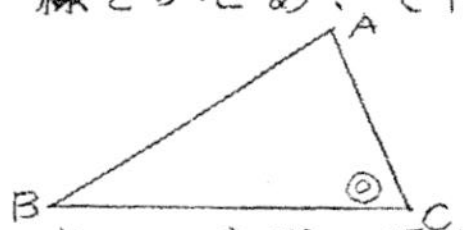

∠ABC、∠BAC、∠CAB、∠ACB.

IV 次の三角形の面積は、どの式をつかって計算したのか、正しいのか正しい式を線でかこむ

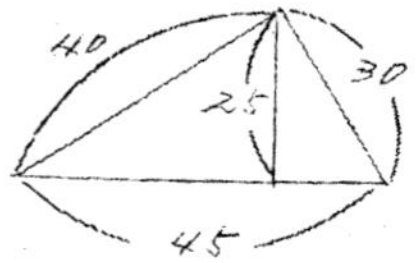

(1) $40\times25\div2$　　(2) $30\times45\div2$

(3) $45\times25\div2$　　(4) $45\times40\div2$

第二頁

I 次の計算の答を( )に書きなさい。

(1) $(-10)-(-6)=($　$)$　　(2) $(-7)\div3=($　$)$

(3) $7-\frac{1}{5}-10=($　$)$　　(4) $3a+a^3-4a^2\times a=($　$)$

(5) $\frac{1}{2}a-3b+5b=($　$)$

II 次の各式のxを求め □ の中にそれを示しなさい。

(1) $5x-\frac{1}{6}=12$ □　　(2) $7x-\frac{1}{3}x=2\frac{1}{5}$ □

(3) $x : 5 = 7 : 10$ □　　(4) $7\left(\frac{2}{14}x - 6\right) = 10$ □

Ⅲ　次の（　）に下の単語のうちどれを入れたらよいだろうか、入れる単語の番号を（　）に書き入れなさい。

(1)　円すいの（　）は底面積に（　）をかけ３で割ったものである。

(2)　一つ５円のリンゴを買うとき、リンゴの箇数と支払うお金の高は（　）する。

(3)　三角形の（　）の和は２直角である。

(4)　平行線に一つの直線が交わるとき、その（　）角は等しい。

(5)　二等辺三角形はその（　）があい等しい

①比例	②高さ
③二辺	④内角
⑤体積	⑥同位

第三頁

Ⅰ (1) 次の x と y の値を求め（　）に示せ

$18x + 6y = 30$

$9x + 8y = 40$

（ $x =$ 　 $y =$ 　）

(2) 次の計算をした結果（　）に示せ

$3x + 7 \,\overline{)\, 2x^2 - x + 3}$

（　　　　）

Ⅱ　次の □ に数字を入れよ

(1) $(x + \square y)^2 = x^2 + \square xy + 9y^2$

(2) $(x - 6y)(x + \square y) = x^2 - xy - \square y^2$

(3) $(x - 6)(x + \square) = x^2 - 36$

(4) $(x - \square)^2 = x^2 - x + \frac{1}{4}$

Ⅲ　あるゴム製品は10ダース700円で、それ以上かうときは１箇につき５円である。このゴム製品を a 箇かうときの代金を示す式をつくれ、たゞし　$a \geqq 120$

求める式は

Ⅳ　右図のようなベルトを巻いたA、B二箇の歯車がある。Aの歯車の直径は x cm　Bは10cm とすると、Aが20回まわったときBは何回まわることになるか、（　）に示せ

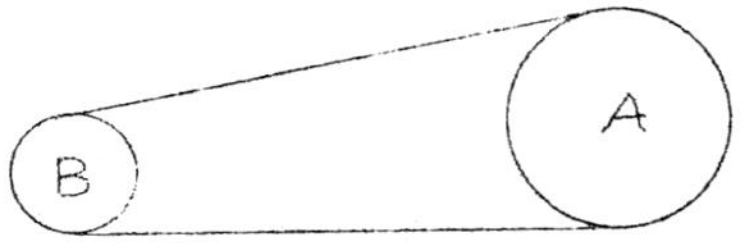

Bは（　　）回まわる

(41)

社会科　1（昼間、夜間）○でかこみなさい

年　男女の別　氏名

1　図のように日本を少さく１から８まで地方区分してあるが、それぞれ何といいますか。下の欄に地方名を書き入れなさい。

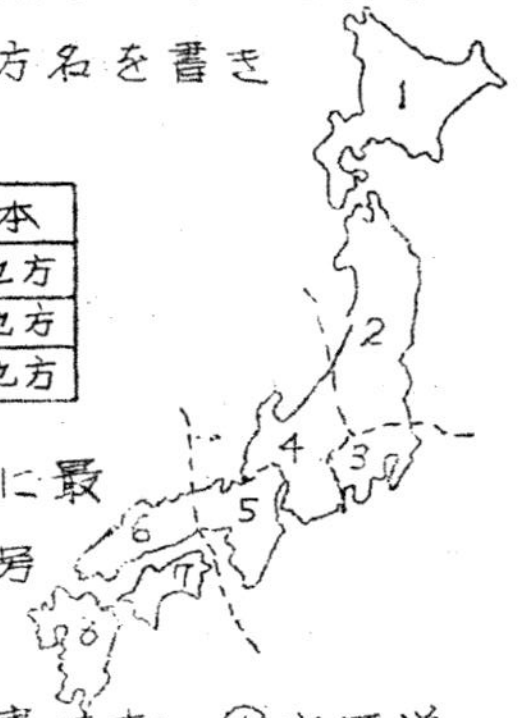

得点	東北日本	中央日本	西南日本
	①　　地方	③　　地方	⑥　　地方
	②　　地方	④　　地方	⑦　　地方
		⑤　　地方	⑧　　地方

2　次の語群の中から下の文章の（　）の中に最も適当すると思うものを選び出して番号を記入しなさい。

①北海道　②瀬戸内海　③表日本　④裏日本　⑤太平洋
⑥日本海　⑦紀伊山脈　⑧四国山脈　⑨中国山脈　⑩塩田
⑪米の二期作　⑫シベリア　⑬西インド諸島　⑭赤道

日本列島の中央部には主要な山脈が縦に走っているので背稜これによって、日本を表日本と裏日本とに分けている。この二つの地域について考えると（　）で夏には雨が多く（　）では冬に降水量が多い。これは日本列島へふいてくる風の方向が季節によって違うからである。すなわち夏になると風は（　）地方から（　）をわたって吹いてくるが冬になると（　）地方から（　）をわたってくるので、これらの風が中央部の山脈にぶつかって、その山麓に多くの降水量をもたらすのである。しかし（　）地方はこういった風が（　）と（　）とによってさえぎられるために年間の雨量は少なく、気温も高いので（　）などが発達している。

3、次の文にあてはまる工業地帯名を下から選んで（イ,ロ,ハ,ニ）を記入しなさい。

(42)

① 紡績、陶器などの工業が盛んで中部地方の水力発電を利用するのに都合のよい地域にある。----------（　　　　）

② 炭田が近くにあり大きな製鉄所などがあって、金属工業が特にさかんな工業地帯。----------------（　　　　）

③ 広い平野と全国でも一番多い人口をもっている地域で自動車、電気、造船などの機械工業や金属工業のほか、印刷、製本工業もさかんな地帯。----------------------（　　　　）

④ 昔から、商業、運送業のさかんな地域で大きな貿易港を二つもっており機械・金属、繊維工業が発達している工業地帯。--（　　　　）

㋑北九州工業地帯　㋺阪神工業地帯　㋩名古屋工業地帯、㋥京浜工業地帯、

4、次の各文はある地域の気候特色をのべているが、それぞれどの気候帯にはいるか下の語群から選び出して記入しなさい。

a、四季の別が明きらかで夏は高温になるが冬は寒い。季節風のため雨は夏に多く、冬は少ない。-----------（　　　　）

b　年中ほとんど、こおっているが夏の短い間だけ表面の氷がとけてコケの類が生える。針葉樹林帯よりさらに北部地域。--（　　　　）

c　夏と冬との気温の差が大きく半年以上も寒い冬が続く。雨は少なく針葉樹の森林がしげっている。ヨーロッパ、アジア、北アメリカの北部を東西に分布する。--（　　　　）

d　気温は年中高いが雨季と乾季があり、低い　がまばらに生えている。雨季には背の高い草がしげり、乾期にはかれる。アフリカ南部、インド、南米ブラジルなど----（　　　　）

e　雨は少し降るが森林がそだつには足りない。そのため短い草が一面に生えている。中央アジア、北アメリカの中部、南米の南部、オーストラリヤ東南部など------（　　　　）

・ツンドラ　・サバンナ　・タイガ　・ステップ　・モンスーン、

5、大化の改新について述べた次の文のうち正しいと思うものに○印正しくないと思うものに×印をつけなさい。

1（　）土地人民は公地公民として国家が直接に治めることになった。

2（　）6才以上の男女は口分田を与えられ、死ぬまで使用させた

3（　）人民はみな公民としての身分を得たから階級の差別がなくなった。

4（　）租・庸・調などの新しい税法を定め、これがのちの律令のきまりで整えられた。

5（　）全国に氏族を派遣し、国造として、朝廷のさしずのもとに、地方を治めさせた。

総合点

社会科　Ⅱ、

6　次のA群と関係の深いものをB群から選びその記号を（　）の中に書きなさい。

A群	B群	
1（　）土偶	㋑原日本人	㋬畑作
2（　）貝塚	㋺炉の址	㋣祭器
3（　）銅鐸	㋩屈葬	㋠水田址
4（　）登呂	㋥原始信仰	㋷仏教
5（　）竪穴	㋭石器時代	㋦遺物

7、次の一文を読んで下の間の中から各々正しいものを選び右の中に番号を入れなさい。

「絶対王制の君主の支配のもとにあった人々の間に市民階級が新しくおこった。彼等は始め王の権力とむすんで諸侯の勢力を打破ることに成功したが次に王の専制支配を打破しようとした。またルネサンス以後の合理的精神にもとづいて、文化も、さかんとなり、やがてアメリカの独立、フランス革命とつぎつぎに社会の近代化が行はれていった。

イ、絶対王制とは、

①市民の権力が強く民主政治が行はれること。
②農民の力が強く荘園を支配すること。
③国王の権力が強く専制政治が行はれること。 ---------（　）

ロ、市民階級のおきた原因は、

①商工業の発達により市民の経済活動が盛んとなったから。
②地理上の発見によりヨーロッパ国王の植民政策の結果。
③市民が武装して武力をもち諸候の権力を圧倒したから。（　）

ハ、ルネサンス以後の合理的な文化とは、

① 封建文化　② 市民文化　③ 農民文化 -----------（　）

ニ、アメリカ大陸にはじめて開拓のため渡った人々は、

① ヤソ会の人々　② ポルトガル人　③ 清教徒（ピューリタン）の人々（　）

ホ　フランス革命後市民の手によって発布された宣言は、

① 人権宣言　② ポツダム宣言　③ 独立宣言 ---------（　）

8、日本国憲法の示す三権分立について下の関係の◯の中の番号に適する用語を、語群の中から選び出して右の（　）の中にイ、ロ、ハ、ニ、ホ、の記号を記入しなさい。（矢印に注意のこと）

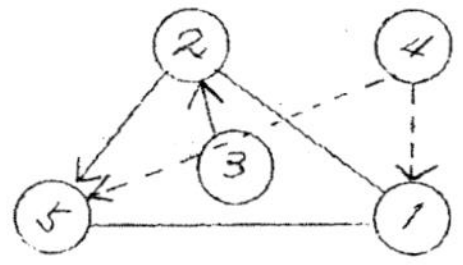

イ 天皇
ロ 国民
ハ 裁判所
ニ 国民
ホ 内閣

①------（　）
②------（　）
③------（　）
④------（　）
⑤------（　）

9、次の文の番号に適する用語を下の語群の中から選び出して右の（　）の中にイ、ロ、ハ、ニ、の記号を記入しなさい。

近代工業の発達により製品が①に生産されて、便利な品物が自由に得られ②は豊かになった。しかし一方では③労働時間④賃銀、婦人子供の⑤の労働、⑥な工場施設など労働⑦について、大きな労働⑧が起り、これらの改善と労働者の⑨のため、労働組合法、⑩などの法律ができた。

①----（　）
②----（　）
③----（　）
④----（　）

（45）

イ	過度	ロ	適度	ハ	高い
ニ	低い	ホ	長い	ヘ	短い
ト	完全	チ	不完全	リ	多量
ヌ	生活	ル	文化	ヲ	条件
ワ	保護	カ	問題	ヨ	契約
タ	労働基準法			レ	経済
ソ	労働関係調整法				

⑤----（　）
⑥----（　）
⑦----（　）
⑧----（　）
⑨----（　）
⑩----（　）

（46）

國　語（人数は線毎の対象となったもの〻総数を100としパーセントで各段階を示すものとする。）

―――線――昼間
・・・・・線――夜間
-------線――夜間部適令児

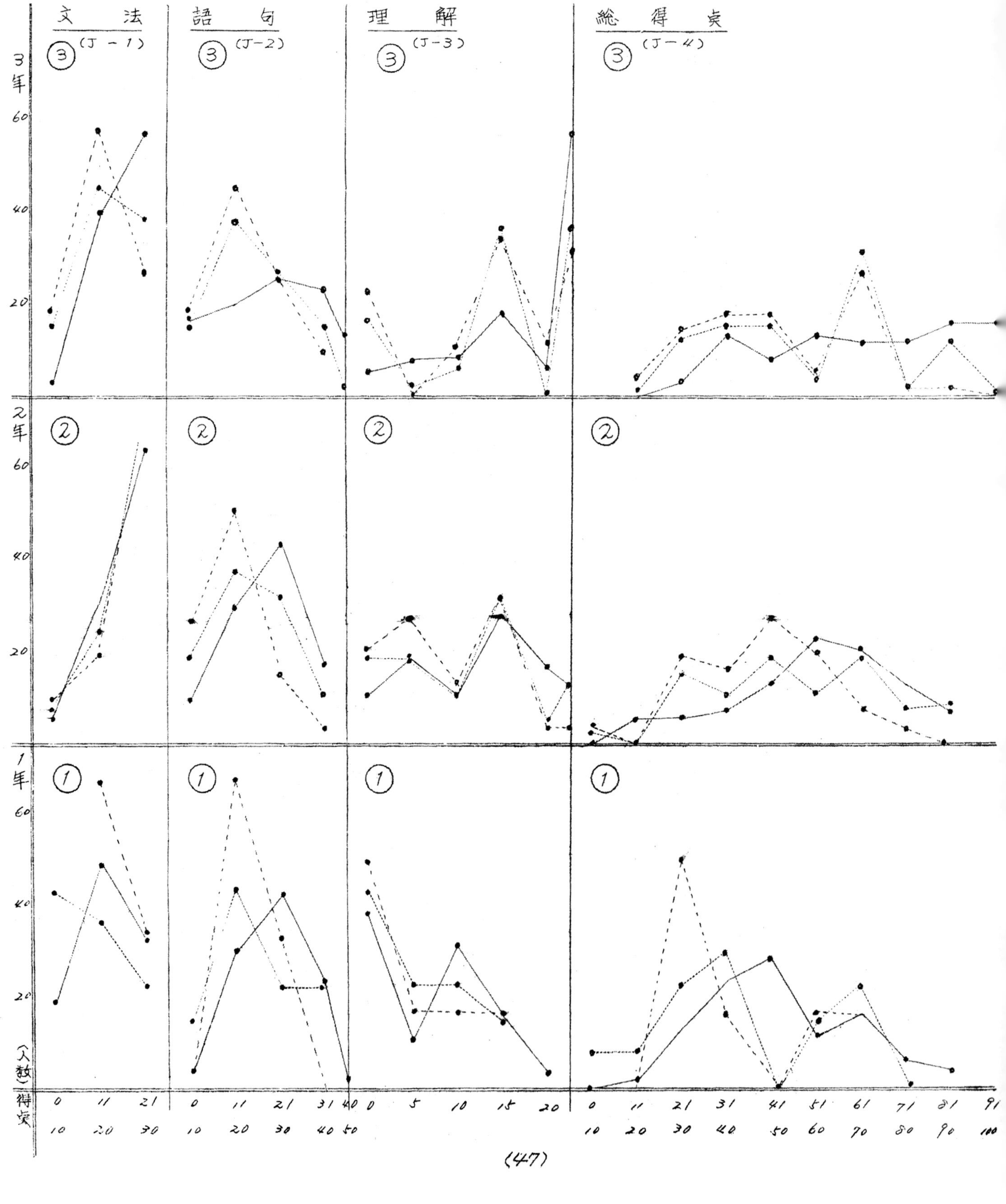

(47)

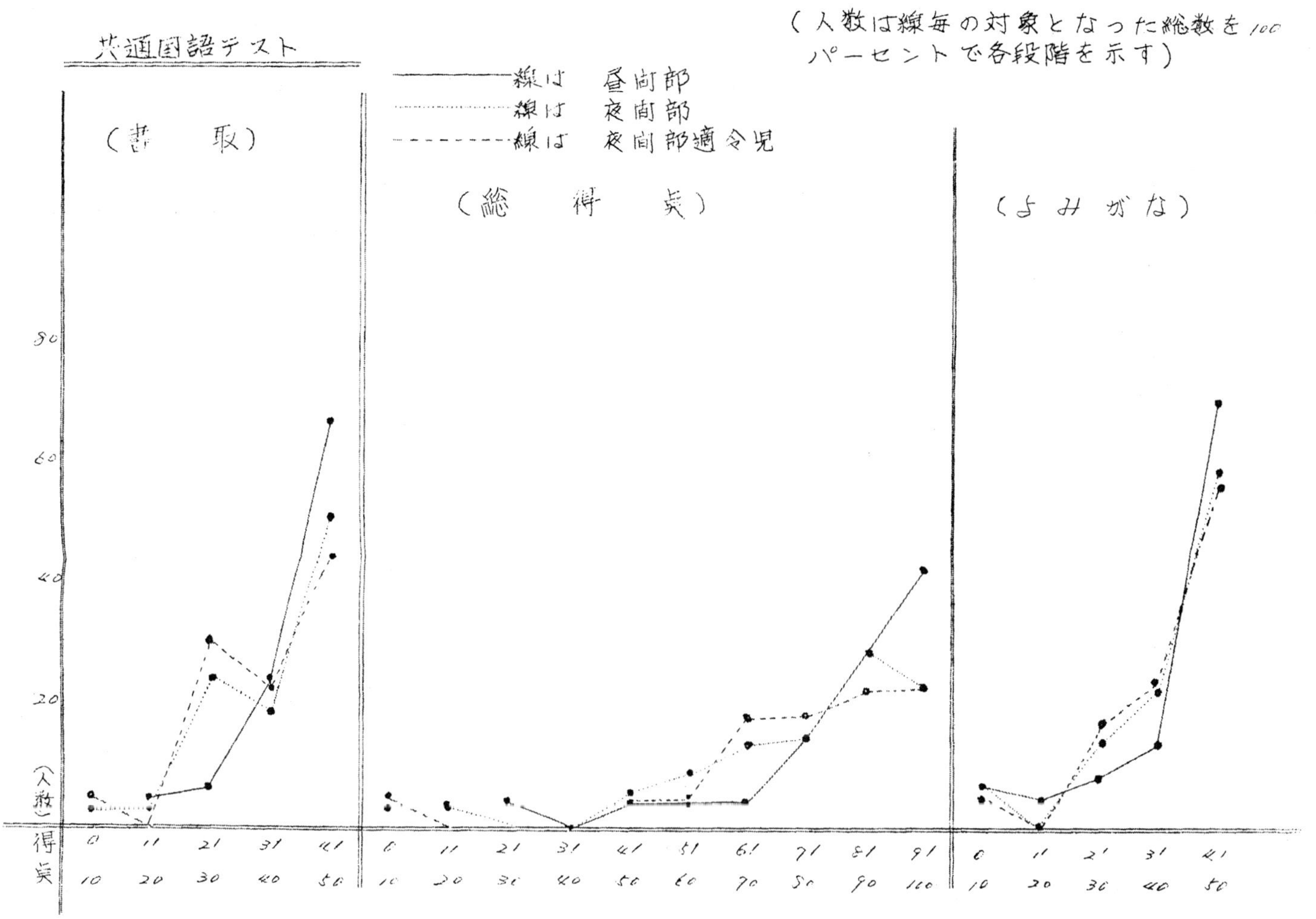
共通国語テスト
（人数は線毎の対象となった総数を100パーセントで各段階を示す）
——線は 昼間部
……線は 夜間部
----線は 夜間部適令児
（書取）
（総得点）
（よみがな）
80
60
40
20
（人数）
得点
0 10
11 20
21 30
31 40
41 50
51 60
61 70
71 80
81 90
91 100

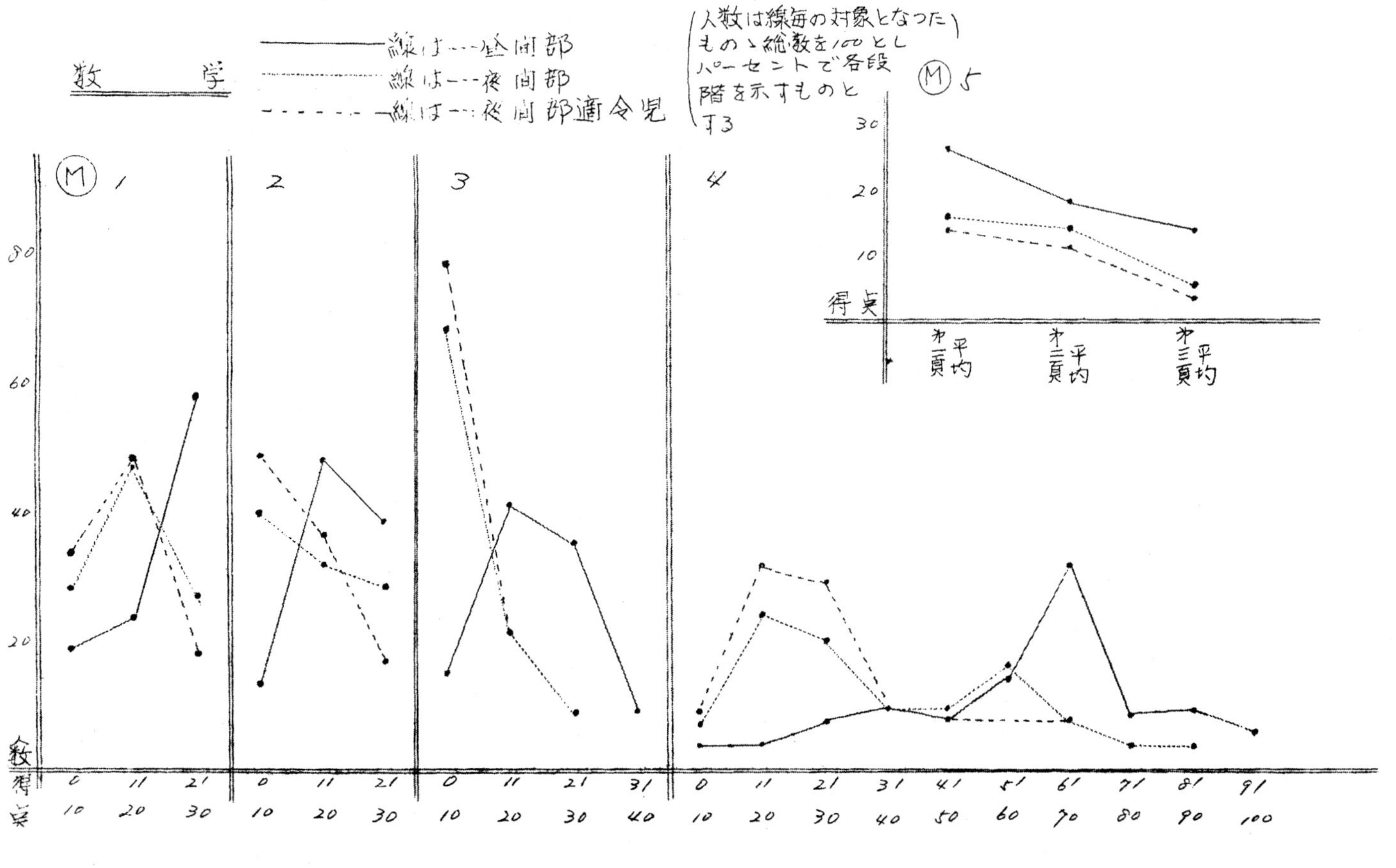
数学
——線は…昼間部
……線は…夜間部
----線は…夜間部適令児
（人数は線毎の対象となったものゝ総数を100とし パーセントで各段階を示すものとする）
Ⓜ 1
2
3
4
Ⓜ 5
80
60
40
20
人数
得点
0 10
11 20
21 30
31 40
41 50
51 60
61 70
71 80
81 90
91 100
30
20
10
得点
第一頁平均
第二頁平均
第三頁平均

昭和三十二年十月二十五日(金)
十月二十六日(土)

全国中学校夜間中学教育研究協議会

発表要項

福岡市西堅粕六丁目二五〇番地
福岡市立　東光中学校

生活記録による個別指導 ―発表要項― 　福岡市立東光中学校

◎本校教育の目標

一 本校教育の一般目標

教育基本法の精神に則り
特に「身体強健にして文化的なたくましい産業人」を育成する。

(一) 身体強健
1. 身体各部の均斉な発達
2. 身体諸器官の機能の増進
3. 耐久力に富む旺盛な活動力

(二) 文化的なたくましい産業人
1. 個人的
(1) 自主積極性に富み不断に真理を探究する。
(2) 鋭い道徳観を持ち自己の生活を律する。
(3) 広く芸術を理解し豊かな感情と高雅な趣味を持つ。
2. 社会的
(1) 家族の一員としての務めを自覚し民主的家庭生活の建設に協力する。
(2) 礼儀を尊び個人の自由と人格を尊重する。
(3) 社会秩序を重んじ社会の幸福と繁栄に協力する。
(4) 正義を愛し世界の平和と文化の創造発展に貢献する。
3. 産業人
(1) 強靱な意志と実践力をもつ。
(2) 責任を重んじ勤労を尊ぶ。
(3) 進んで合理的・能率的に立案し創意工夫する。
(4) 国民生活を理解し国家経済の自立に必要な科学的知識技能を身につける。
(5) 近代的産業人としての正しい職業観を確立する。

二、本年度の努力目標

前記一般目標は本校教育の全分野にわたる教育指針で一般的恒常的目標であるが更に調査に基づく生徒の実態及び社会の要求等を考慮して本年度の努力目標を左記の通り設定した。

○生活指導を如何にするか

三、本年度二部学級経営上の努力目標

○二部学級における生活指導―生活記録による個別指導―

附 1.無償給食の完全実施

2.二部学級指導教員の必要経費の確保

(一) 設定の理由

二部学級の生徒は、その大半が人生に於ける最も多感な少年時代を友人に恵まれず、指導者にも恵まれぬままに経過してきている。彼等は共に語り合える同年代の友人を欲し、心あたたかき教師の指導を熱望している。日頃何かと心の中にうつ積している悩みを吐き出し前途に生きる明かるい希望を語り合う機会を希求している。

しかし現実には限られた授業時間の指導に追われて、ホーム・ルームの時間を特設することも殆んど至難の状況である。彼等の生活指導のためにこの困難を克服して本年度は最小限週一回のロングホームルームの時間を特設すると共に日記意見感想文その他生活記録を随時提出させ、これらに表現された諸問題をもとにした個別指導に重点をおくこととした。

(二) 問題点の想定

1.生徒個々の心身上の諸問題

2.家庭生活上の諸問題

3.職場生活上の諸問題

4.学校生活上の諸問題

5その他

(三) 指導方法

○個別面接　○保護者面接　○家庭訪問　○職場訪問

○ホーム・ルームに於ける指導講話　○デスカッション　○昼間の生徒との文通・交際

○卒業生との連絡・懇談会　○年間二回の遠足　○給食時間の利用

○文集の作成　○就職・進学指導

◎本校二部学級経営のあゆみ

一、開設の時期　昭和二十六年六月

二、開設の動機　1 長欠不就学生徒の救済上

2.右生徒の不良化防止及び問題の指導上

3.義務教育の機会均等達成上

三、卒業生の状況

年次 性別	26	27	28	29	30	31	計
男	2	2	16	7	9	8	44
女	3	4	8	8	5	2	30
計	5	6	24	15	14	10	74
備考 進学	0	3	6	2	0	2	13
備考 就職	5	3	18	13	14	8	61
備考 計	5	6	24	15	14	10	74

備考

○昭和二十六年度／昭和二十七年度 卒業生中、自力で商店経営をしている者が二名

○昭和二十八年度卒業生中　夜間大学進学希望者　三名

四、本校二部学級生徒の現状（昭和三十二年十月一日現在）

(一)調査(1)

種別	学年	一	二	三	計
在籍	男	3	16	10	29
	女	6	6	9	21
	計	9	22	19	50
年令構成	正常	5	6	6	17
	不正常	4	16	13	33
	計	9	22	19	50
学歴	小中退	2	3	2	7
	小卒	5	13	11	29
	中中退	2	6	6	14
	計	9	22	19	50
就職状況	家事	4	7	4	15
	就職	5	15	15	35
	計	9	22	19	50

備考

○在籍者五〇人（二・三年の複式及び三年の単式計三学級）の月末統計に表われた平均出席率は五四・六％で、その主な原因は職場の残業による。

○年令構成中、不正常者三十三名は該当学年の学令を超過した生徒（最高三十五才）で最低、最高の間に十二年の開きがある。

○学歴では小学校五年・六年で中退した者が七名、小学校はどうにか卒業したがその後一年～四年間就学しなかった者が二十九名、高小卒・旧制中学中退者が十四名で学力差が大きい。

○就職状況　・家事手伝は全部女生徒で、就職者は平均月収住込み八百円――参千円
通勤三千円――一万円で殆んどが月平均千円～～六千円の家計補助に協力している。
尚職場での休日は月二回が圧倒的に多い。
・自宅又は職場から乗物で三十分～～四十分の通学距離の者が多く、午後六時半頃に出席者が出そろう現状である。（始業時刻六時）
ただしこれは給食実施によって相当程度解決できる見込みである。

(二)調査(2)――記録及び記録を通して――

○二部学級のあることをどこで知ったか。
(1)新聞で知った。(2)市政だよりで知った。(3)学校からの通知で知った。
(4)職場の先輩友人の紹介で知った。(5)教育委員会で知った。(6)その他
備考―左記は本年四月初旬　市政だよりに載せた入学案内――

働きながら中学に

東光中学校（市内西堅粕六の三五〇）では色々な事情で普通の中学校教育を受けることのできない生徒を集めて、毎日午後六時から八時半まで夜間中学を開設しています。費用は一切不要ですし、校区にも年令にも特別に制限はありません。これは市教育委員会の特別の配慮によるもので開設以来すでに六年を経た現在では夜間高校への進学生も数多く出ています。とくに本年度からは給食も実施される予定ですから、職場から直ちに登校できるようになります。ついては新学期にあたって一・二・三各学年とも新入生を募集しますので希望者は至急東光中学校教務課へ申込んで下さい。

＊　凡例の基準により、本記事は削除した。

二部学級生徒の日常生活の実態

昭和32年10月

名古屋市立　天神山中学校

本市における　小・中学生の

長期欠席者の現況

本市教委の31年度　小・中学生の長期欠席者調査によると年間50日以上欠席は全児童生徒に対して、小学生　0,76%　中学生1,72%で　年々減少しているが、家事手伝いから女子中学生の欠席率が高いことなどは問題である。

調査によると　1343名　で全児童の　0,76%（男子0,76%　女子0,72%）だが、学年別では　5年が　0,93%で最高3年生が　0,68%　で最低となつている。27年度の　1,55%に比べると半減しているが、30年度の　0.79%　と大差のないのは今後指導しても減少がむつかしいことを示している。つまり小学生の長欠理由は病気や勉強ぎらいなど　本人によるものが、73,4%を占め、家庭の無理解など家庭事情によるものが減少している。

中学生の長欠者は　1322名　全体の　1,72%（男子1,6%、女子1,84%）で　27年度は　3,84%　30年度は　2,27%だから、かなり長欠者は少くなつている。　高学年になるほど欠席率は高く、また男子は　1,6%　に対し　女子は　1,84%　が長欠者で、欠席理由も小学校に比べ家庭事情によるものが多くなつて　54,7%　を占め　本人によるもの　45.3%　である。

長欠者の中には手のほどこしようのないものもあるが、なんらかの措置を必要とするものは、小学生に　45%　中学生に　82%に及んでいる。

これらの実情から今後の対策として

(1) 児童生徒に対する教育扶助に力を入れ　家庭の貧しいものには教科書費、P.T.A会費、学級費を補助するようにつとめる。

(2) 交友関係のわるいものはよく指導し、勉強ぎらいの者は教育課程を改善して喜んで登校するようにする。

(3) 貧困家庭にはできるだけ生活保護法適用し無理解な家庭には教育の重要性を啓発する。

要するに、長欠の理由は家庭の貧困の一語につきる・勉学の意欲があり、能力がありながら、不適な環境のため昼間の就学が不可能になったのである。

本校二部学級に学ぶ生徒の日常生活の実態を考察してみよう。

1　家庭環境

本校二部学級生徒　47名　について家庭の環境或は周囲の状況について調べてみよう。

a．家族の状況

摘要 / 学年	両親のある者		片親のみの者		孤独	計
	父母健	片親弱	父のみ	母のみ		
一年	5	4	2	2	1	14
二年	5	3	1	1	2	12
三年	7	3	2	8	1	21
計	17	10	5	11	4	47

b．家族の員数

員数 / 学年	～3人	4～5人	6～7人	8～9人	10人以上
一年	2	2	8	1	1
二年	2	6	3	1	0
三年	5	4	5	7	0
計	9	12	16	9	1

C 家族の職業

学年＼職業別	塗装工	印刷工	鉄工仕上工	晒工	乳母車製造	工員	木工業	人夫	靴	女中	内職	左官	店員	染物業	修繕工	炭坑工	無職	その他
一年						3		4	1	2	1		1				1	1
二年						4			1	2	1			1	1			2
三年	1	1	1	3	1	4	1	3	1			1				1	2	1
計	1	1	1	3	1	11	1	7	3	4	2	1	1	1	1	1	3	4

D 生徒の職業

学年＼職業別	メリヤス工員	塗装工	工員	木工工員	菓子工員	ナイロン袋造り	電気工員	機械工員	化生材料工員	ミシン工	女中	紙箱工	内職	印刷工	るす番	幼稚園助手	店員	くつ見習	豆ふ製造	水こんにゃく製造	運転士
一年			1		4				1				4		2		2				
二年	1				2		1				3				4			1			
三年	3	1		1		1		1		1		2		1		1	3	2	2	1	1
計	4	1	1	1	6	1	1	1	1	1	3	2	4	1	6	1	5	3	2	1	1

E 住込・通勤・並内職

種別＼性・学年	一年 男	一年 女	二年 男	二年 女	三年 男	三年 女	計 男	計 女
通勤	2	5	2	3	6	8	10	16
住込	1			3	3	1	4	4
内職		4					0	4
家業				1	1	1	1	2
るす番		2		3		1	0	6

Ⅱ 学習の環境

a 家庭学習について

理由＼学年	一年	二年	三年	計
勉強をする	1	1	5	7
時にはする	13	11	6	30
全然しない	0	0	10	10

b 家庭で勉強しない理由

理由＼学年	一年	二年	三年	計
疲れてやれない	5	3	8	16
勉強する時がない	6	7	8	21
きらい	2	1	4	7
むつかしくわからない	1	1	1	3

c 夜間に入学の理由

理由＼性・学年	男 1	男 2	男 3	女 1	女 2	女 3	計
家が貧しいから	1	1	7	5	5	9	28
家事の手助	0	0	1	5	4	1	11
病気で学業がおくれたから		1					1
病気以外で学業がおくれたから	2		2	1	1	1	7

Ⅲ　生徒日常生活の記録

数名の生徒の記録によって生活を想像して下さい。

私の毎日　　M子　12才

朝六時半ごろに起きてすぐ陶器の仕事にかかります。最初に土を水でうすくしてから、土をひ杓でくんで土の中のかたまったものをとり一度そうじした型につぎこみ、十分程して下のせんをぬき五分程おいておくと、かたの中でコーヒーの手の形をした物ができます。一箱に百五十本はいります。それだけやるのに十五分か二十分位かかります。一箱やると七時ぐらいになり朝ごはんを食べます。

そうしてあとしまつをしてから又仕事にかゝります。それからおなじことをしてひるまでには七箱位できます。

ひるごはんを食べてすぐ仕事の仕上にかかり、一番初めに、かたとかたのあわせるところにすきまができますと、はみだしというものがまん中にできるので、まわりをかいてとり、そのあとがついてきたないので、こんどは海綿にさらしの袋をかぶせたものできれいにふきます。私がやるあとからお母さんが、検査器でコーヒー茶わんにきちんとあうようにきります。それからふくだけで三十分かかり四時まで一生けんめいやらないとできないので一生けんめいやっていると寒い日でも汗が出てきますが、手がまっ白でやっている時はなにもさわれません。汗もふけません。四時の時計がうつまでやっています。

仕事をしまうと学校へ来るばかりにようい をしてからお友達がくるまでおしめを洗ったり、水をくんだりお母さんのお手伝をして来ます。学校へ来てお友達や先生と勉強をしたり遊んだりするのがた

のしみです。学校では給食がありますが家へかへってからごはんを食べてねます。毎日おなじことをくりかへしています。

僕の日記の中から　　T生　13才

○月○日

僕は朝七時半に起きて店の掃除をした。自転車をだし、荷物をだし、荷物を出す時は重いので中々骨がおれる。掃除がおわったは八時かっきり。　電話が鳴っている。

「はい□です」。

「あ、□さん、あのね共栄印のNO25．93－10文まで各二足午前中までにもってきてもらえんですか。」

「ひるまでに持って行くんですね。はいわかりました。毎度ありがとうございました。」

さっそく注文の商品を出してしらべる。女中さんが「T生君ごはんですよ」と言う。注文の商品をそのまゝにし急いでごはんを食べてくる。食べ終るとすぐ仕事のつづきをはじめる。商品がそろうと名前を伝票に書く。商品ケースの中にいれて自転車につける。家を出発するのが九時半、守山市まで直通で行き商品をおさめてその帰り道○○商店へよって注文をもらう。そして午後から又同じようにしてもって行く。午後からはなんとなく行きたくないが自分で自分をしかり行く。時々おそくなるので学校をちこくする時もある。今日もどうやらちこくかな。ちこくしないようにと足に力を入れてペタルをふむ。僕には父も母もいないが、店の主人が親切で、学校へも行かせてもらえるし、お金も月に千五百円もらえるしとてもうれしい。学校から帰りふとんをしき、ふろへ行き家へ帰ったのが十時。十時に店の戸をしめる。もうねるだけだ。

○月○日

カチカチと時計の音がする。あと三十分で十時だ、十時になれば店の戸をしめてねるだけだ。この三十分間にお客さんが二組きた。

初めにきた人は4人。みな親子である。

「ビニールの靴を二足買って行くからまけてくれ」。

「もう家は安くしてあるのでまかりません」。

「そんな事いわずにまけといてよ」。

「家はね問屋ですから小売屋のようにまけるという事ができないのですよ。だからね、いっぱいのそうばで売っているんですよ」。

「二足買って行くからいいでしょ」。

「すみませんがね、何足買っていただいてもまかりませんのですよ。」

「じゃあよそへ行きましょ。さっきの店の方がいいからさっきの店へいこ」。

おばあさんの方が一人ごとのような、子供にいうようないいかたをしてさっさと出て行った。僕は女のくせにくどい人だなあと心で思った。小売屋さんならまけなければいけないが立場を考えてほしかった。

又一人お客さんが来た。この人は運動靴一足買いまけろといわずに買って行った。こういう人は家がまからないということを知っているからである。

十時だ戸をしめようかなと思っていると、さっきまけろといった人達が又ぞろぞろ入って来た。今度は何ともいわずに二足買って行った。家がまからないということと立場がわかったのだろう。

もうその時は十時十五分である。いつもより十五分おくれた。さっそく店の戸をしめて電燈を消した。

私の仕事場

E子　14才

私は現在名西高校前の「ひかり屋」というお菓子屋さんに勤めています。朝六時に起き、大あわてで仕度をして七時十五分前から七時まで位に家をとびだして行きます。かけ足で15分位かかりますが、時々二十分位かかる時もあります。そんなに早くいってももう二人はちゃんと来てみえます。そして一甲がもう少しで終ってしまう所です。私達の仕事は男の人達が焼くビスケットを加工するのです。サンドの時なら二人一組になって一人がクリームをつけると一人が合わせます。この仕事は相手仕事なので、相手の人がおそいと製品の出来高がうんとちがいます。けれど私はたいてい早い人ばかりと組ませてもらいます。それでないと、今仕事が忙しいのでたくさんやらなければならないのが、少ししかできないからです。

もう一つの仕事はならべです。この仕事はサンドマシーンという機械でやる仕事なので私達が一枚一枚生地をならべるのです。このならべの時に二人が六時半頃から来て、私がくるまでにおおかた一甲近くやってしまうのです。一甲とはリンゴ箱位の箱に一ぱいです。一甲は普通の人は約五十分から一時間位かかりますが私達は約三十五分か四十分位でやってしまいます。一甲やっただけでは十分か十五分のちがいですがこれが一日となるととても差が大きいのです。普通の人が十甲から十二甲やる間に私達は十四甲から十五甲位できます。いつも一番早い人と競争をしていますが、そんなに差はなくなりました。

せいぶんなので自分さえ一生懸命やれば、子供でも給料はいくらでもいただけます。私は毎月平均六千五百円から七千円位です。アルバイトとしてはとてもよい給料なのでよろこんでいます。毎月みんなお母さんにあげて私はいる時だけもらいますが、毎月多いのでいつもお母さんがよろこびます。

会社の工員は三十人位いますがみんな親切な人ばかりです。中には、二三人意地の悪い人もいますが、私には悦ちゃんや文ちゃんなどお友達がたくさんいるので、平気です。

六時五分前くらいに終つて学校へ来ますが、学校では給食が出るのでお腹がすいたとは思いません。

僕の日常生活

S生　１４才

朝１時か１時半頃、母に起されて、ねむたい目をこすりながら、豆腐屋に行きます。そして主人と一諸に豆腐を作りはじめます。５時頃今できた豆腐を車にのせて、ラッパを吹きながら町々をあるきます。これは雨の日も、風の日も毎日つづけるのです。今日は沢山売れた、今日はちっとも売れない、、、といろいろの日があります。７時頃帰ると、豆腐型枠を洗ったり、客が来られると売つたりして、朝の食事は８時になります。僕はよく使われます。又各八百屋さんに配達もしなければなりません。１１時から午后２時頃まで午睡をとります。それから豆腐つくりをはじめ、４時頃ラッパをふいて売りあるきます。５時半になると大急ぎで学校に来ます、先生や友達と一しよに勉強したり、遊んだりするのが楽しみです。しかし体がつかれるので家に帰るとすぐねます。

私の日常生活

Ｈ子　１４才

私は朝五時半頃起きて、朝食の用意をします。夜おそいので起るのがとてもいやです。私の母はあまり体が丈夫でないので、私が仂きに行こうと思っても行けません。それに弟や妹が多いし、一番末は生れて、十ヶ月の弟がいます。七時半頃、ごはんのあとかたづけ、洗濯、掃除などすますと十時頃です。それからミシンで縫物をします。昼、父や姉が昼食を食べに来るので十一時半には食事の用意をしなければしかられます。昼からは、あとかたづけ洗濯のしまつ、お風呂に水を入れたり、弟の子守りなどと次から次とおいまくられます。そして四時頃夕食の支度をして、五時半になると自転車で学校にかけつけます。学校で先生やお友達と勉強や運動をしている時が私にとつて一番幸せの時です。この時が家でのつらいこと、悲しいことをみんな忘れてしまいます。学校の休みの日はとても淋しく思います。

私の日常生活

Ｔ子　１４才

朝七時五十分に、メリヤス工場に行きます。工場には同じ年の人が、三人とミシンをかける人が十六人程いますが、なかには怒る人がいますが親切な人もいます。私の仕事はゴムをシャツの袖口に合せて切ったり、エリを折つたり、出来上りの品をそろえたりするのですが毎日立仕事ばかりなのでとてもつかれます。それに奥様がよく怒るので一日の仕事がいやになる日があります。午后五時に帰って学校に来て勉強します。学校から帰えると９時頃になります。それから内職として、人形造りをします。ねるのは十一時半か十二時頃になります。

僕の日常生活　　　T 生　24才

僕は朝大体6時半に起床して、仕事にかかるのが7時少し過ぎた頃です。僕の仕事は、家業の農業用肥び杓つくりに従事していますので通勤時間の必要はありません。仕事の内容は、祖父の代から受け継いだままの製作方法で、機械は殆んどといってもいい程利用していないので、努い時間をつめて働かねばなりません。これに木の板を湯で煮て曲げる作業のため大変労力と技術が必要です。機械化ができないので、大量生産が難かしく、零細企業のみじめさで、労力も延長した割に収益が少く、生活水準は向上しません。然し大量生産ができない為に注文は沢山あり、追われ通しです。僕は毎月小遣として三千円戴き、それを身廻品や娯楽に使い、できるだけ貯金の方にまわすように心掛けています。晩5時10分に仕事をやめて、支度をして学校にかけつけます。授業が終って家に帰ると9時10分位で、それから仕事を手伝い10時頃に終ります。

それから風呂に行き帰って復習を終わると11時頃になります。学校で給食が有りますので、晩ごはんが遅くなっても余り空腹を感じません、僕が国民学校高等科を終えて学業を放棄したが、将来の事を考えて、どうしても高等学校程度の学力を得たいと思い、今までの空白期間を埋めるための学力と定時制高校入学資格を得るために努力しています。こういう機関をもっと早く知ったら、年令的にもゆとりができてよかったろうと思います。

大会宣言〔案〕

平和にして民主的な國家の建設は、いつにかかつて教育の民主化にありとの根本理念から、わが國教育史上いまだかつてない六・三・三・四の学制改革が断行され義務教育の一つとして三年制中学校が誕生してからはやくもここに満十年を迎え、漸くその教育効果が高く評価されるに至りましたことは、誠に喜ばしい次第であります。

しかしながら、國民生活の現状をみまするに、中学校の発足当時と比較して、格段の向上はあるとはいえ、いまだ敗戦の深傷は完全に回復しておらず、経済の動揺に伴い、ますます複雑となり、特に戦災都市においては、教育の義務さえ履行できない人人の多数おりますことは、甚だ遺憾であります。

昭和三十一年度文部省全國学校調査統計によれば、未就学者ならびに長期欠席者の数は、中学生のみで実に十五万人を越えているのであります。

われわれ教育の任にあります者は、この現実を無視するにしのびず、一つには向学心に燃えながらも、昼間通学不可能な恵まれない生徒のために、また他には、青少年の不良化防止のために夜間学級を設け昼間の勤務を終えた教師を激励して過去七年間これが解決のために献身的努力を捧げてまいりました。この努力の結果、年年未就学者及び長期欠席者の数は減少しておりますことは事実でありますが、これも全体の二%にすぎず、いまにして施策を講じなければ将来に大いなる禍根を残すおそれがあります。

いまここに全國より夜間中学校の運営に労苦を共にした責任者が一堂に会し過去の苦難の道を偲び現在の施策を考究し併せて将来を考えこれらの不幸な青少年の救済のために、夜間学級における教育内容の充実とこれが推進を図るために総力を挙げて実現を期するものであります。

昭和三十二年十月二十六日

第四回全國中学校夜間部教育研究協議会大会

決　議　〔案〕

(一)、未就学者並びに長期欠席者の救済対策を講ぜられたい。

(二)、夜間二部学級関係職員の定員数確保を要望する。

(三)、夜間二部学級の就学奨励費による財政援助を強化されるよう切望する。

(四)、夜間二部学級の特殊性にかんがみ、主として夜間二部学級の生徒及び教諭等に対する訪問教師の制度を確立されるよう切望する。

(五)、夜間二部学級生徒の健康を守るための無償給食の実施を切望する。

(六)、中学校夜間二部学級を設置するために特別措置を講ぜられたい。

昭和三十二年十月二十六日

第四回全國中学校夜間部教育研究協議会大会

夜間学級の実態

全国中学校夜間部教育研究協議会
横浜市公立中学校長会

── 目　　次 ──

はしがき　夜間学級の現状に想う … … … 横浜市教育長　大砂吉雄 … … … … 1
一、夜間学級の実態調査 … … … … … … … … … … … … … … … … 3
　1. 夜間学級設置校 … … … … … … … … … … … … … … … 5
　2. 生　徒　数 … … … … … … … … … … … … … … … … 7
　3. 学　級　数 … … … … … … … … … … … … … … … … 10
　4. 教員作業員(使丁)数 … … … … … … … … … … … … … … 10
　5. 教員に対する給与状況 … … … … … … … … … … … … … 10
　6. 1日の授業状況 … … … … … … … … … … … … … … … 11
　7. 週授業時間数 … … … … … … … … … … … … … … … … 12
　8. 出　席　状　況 … … … … … … … … … … … … … … … 14
　9. 施　設　の　状　況 … … … … … … … … … … … … … … 15
　10. 教育費総額（常用費関係）… … … … … … … … … … … … 17
　11. 生徒学資負担 … … … … … … … … … … … … … … … … 17
　12. 夜間学級と管理機関との関係 … … … … … … … … … … … 18
　13. 学校保健事業 … … … … … … … … … … … … … … … … 19
　14. 現状についての参考意見及び将来の要望事項… … … … … … … 19
二、教　師　の　声 … … … … … … … … … … … … … … … … … 21
　1. 夜間学級の悩み… … … … … 立川才三中学校　風間方美 … … … … 23
　2. 要　　望… … … … … … … 双葉中学校　臼倉甚八 … … … … 24
　3. 喜びも悲しみもない！　ある夜間中学生の手記から
　　　　　　　　　　　　　　岩井原中学校　みねを・まさつぐ … … … … 25
　4.「S　君」… … … … … … … 蒔田中学校　大川和夫 … … … … 27
　5. 夜間中学生に給食を… … … … … 西中学校　小宮隼人 … … … … 28
　6. 夜学生を受持つて … … … … … 鶴見中学校　甲斐　宏 … … … … 29
　7. 夜間部教師としての悩みと希望 … … 戸塚中学校　間中福蔵 … … … … 30
三、生　徒　の　声 … … … … … … … … … … … … … … … … … 33
　1. 東京都や京都の夜間中学の人達へ… … 東港中学校 … … … … 35
　2. 社会への不満 … … … … … … 曳舟中学校 … … … … 35
　3. 社会に訴える … … … … … … 同 … … … … 36
　4. 僕の境遇 … … … … … … 同 … … … … 36
　5. 社会の理解を … … … … … … 同 … … … … 37
　6. 苦　　学 … … … … … … 双葉中学校 … … … … 38
　7.「詩」苦水・甘水 … … … … … 同 … … … … 38
　8. 私の希望 … … … … … … 蒔田中学校 … … … … 39
　9. 夜間中学 … … … … … … 戸塚中学校 … … … … 39
四、編　集　後　記 … … … … … … … … … … … … … … … … … 40

――はしがき――

夜間学級の現状に想う

横浜市教育長　大砂吉雄

今年は全国中学校夜間部教育研究協議会が本市において開催されるというので、早くから関係者の間で、いろいろ準備が進められていたが今、全国からの夜間学級の実態調査と担当教諭や生徒の生の声を集められたことは、きわめて有意義なことゝ思われます。

恵まれない少年達が歯をくいしばつて働きながら勉学している様子には強く胸を打たれました。校長も教師もこのような生徒達の真摯な姿に教育愛を燃やし、多くの悪条件の中に懸命な努力をささげております。しかしそうした努力やねがいにもかかわらず、どうにもならないことがあまりにも沢山あります。

何とか学級の充実を図りたくても確たる法的根拠のないことは、何といつても一番大きな悩みの種です。夜間を法的に認めれば労働基準法との矛盾も生じて来ます。しかし現実はそんなことをいつておれないきびしいものがあります。目の前に救わなければならない多くの青少年が日夜世の荒波の中にもまれております。この点についての夜間教師の矛盾、悩みもよくわかります。教師の給与や労力の点においても調査や記録に見られる通りあまりにも矛盾だらけです。

夜間学級のこの現実はもつともつと多くの人に知つてもらわなければなりません。たまたま本年この大会に参加された方々ばかりでなく世の多くの人に、また関係者には凡てこの記録は読んでもらいたいと思います。

横浜市教育委員会としては調査でもわかる通り全国にさきがけて夜間学級を設置し、発足以来すでに七年にもなるが、なかなか思うような運営もできず多くの困難の中に悩みながらも、できるだけの努力は続けております。

今回の全国大会が大きな成果をあげられ、あらゆる面で生徒と教師の悩みが一歩でも改善され、しあわせが得られるよう一重に念願するものであります。

夜間学級の実態調査

1. 夜間学級設置校

（昭和32年5月1日現在）

	夜間学級をもつ学校名	校長氏名	開設年月日	在籍生徒数	学校所在地
東京都	足立ヲ四中学校	岩間昌稔	26年7月16日	205	都内足立区梅島町10
	双葉 〃	高野鷹二	29. 4. 20	107	都内葛飾区上千葉町511
	糀谷 〃	小林俊之助	28. 9. 1	148	都内大田区糀谷町2～613
	曳舟 〃	関根重四郎	28. 5. 1	136	都内墨田区吾嬬町西3の1
	新星 〃	奥山吾一	29. 5. 1	61	都内世田谷区三宿町10
	八王子ヲ五 〃	住友国春	27. 5. 1	63	八王子市明神町99
	立川ヲ三 〃	星川富雄	27. 5. 12	12	立川市錦町5～58
神奈川県	港中学校	鈴木直吉	25. 4. 1	18	横浜市中区山下町241
	西 〃	飯田赳夫	25. 5. 1	38	〃 西区西戸部町3の285
	蒔田 〃	村杉武夫	25. 5. 1	42	〃 南区花の木町2の45
	平楽 〃	立石実信	25. 5. 1	46	〃 南区平楽町1
	金沢 〃	丸茂長要	31. 6. 1	5	〃 金沢区釜利谷町443
	戸塚 〃	椎名邦三郎	25 5. 1	9	〃 戸塚区矢部町146
	鶴見 〃	斉藤新作	25. 4. 1	15	〃 鶴見区鶴見町1253
	浦島丘 〃	関戸小一	25. 5. 20	64	神奈川区白幡東町17
	塚越 〃	川中金蔵	28. 5. 11	20	川崎市塚越1～60
	川中島 〃	土田耕	28. 4. 1	31	〃 藤崎町2～1
愛知県	東港中学校	都筑渉	27. 12. 15	22	名古屋市港区港楽町1～29
	天神山 〃	竹内親儀	27. 12. 10	49	〃 西区天神山町2～70
京都府	嘉楽中学校	堤浦亦吉	25. 5. 10	30	京都市上京区今出川通千本東入般舟院前町148
	鳥丸 〃	太田勉	25. 5. 10	22	〃 上京区相国寺門前町647の1
	北野 〃	八田久太郎	25. 5. 10	20	〃 中京区西京中保町
	朱雀 〃	西田重雄	25. 10. 2	21	〃 中京区壬生中川町20
	皆山 〃	滝本啓三	25. 4. 10	47	〃 下京区間の町七条上ル堀詰町
	九条 〃	津田治夫	25. 5. 9	20	〃 南区西九条南小路町10
	高野 〃	長谷川守司	26. 10. 25	21	〃 左京区田中上古川町25
	洛東 〃	中村金一	25. 5. 11	16	〃 東山区六波羅門脇町
	弥栄 〃	山本忠一	28. 9. 1	14	〃 東山区祇園町南側
	山科 〃	寺田昌	25. 5. 18	7	〃 東山区山科東野八反畑町54
	藤森 〃	服部英夫	25. 5. 6	24	〃 伏見区深草飯喰町8
大阪府	大浜中学校	岡崎繁	25. 7. 1	26	堺市大浜南町92
兵庫県	駒ケ林中学校	栃木勇	24. 2. 10	21	神戸市長田区若松町1丁目
	(丸山中学校西野分教場)	伊藤常吉	25. 1. 16	81	〃 長田区三番町1丁目
	布引中学校	米村岩夫	25. 4. 1	28	〃 葺合区小野柄通二丁目
	昭和 〃	高橋英雄	26. 6. 26	12	尼崎市三反田芦原448
	明倫 〃	七岡卓	27.	28	〃 蓬川町320
	小田南 〃	高橋一雄	25. 4. 1	18	〃 長州中通1の51の7
	大庄東 〃	前西謙二	26. 4	15	〃 築切山町37

	夜間学級をもつ学校名	校長氏名	開設年月日	在籍生徒数	学校所在地
兵庫県	(大社中学校芦原分校)	江本武夫	26. 5. 21	63	西宮市神祇官町62
	南中学校	足立絜	25. 8. 1	28	伊丹市平松町8-8-1
	由良 〃	田中義剛	25. 9. 1	28	洲本市由良町南
三重県	崇広中学校	山岡克巳	24. 9. 15	48	上野市丸之内78
広島県	二葉中学校	古田加茂太	28. 5. 1	62	広島市尾長町
	観音 〃	徳崎好夫	28. 5. 1	53	〃 南観音町734
	豊浜 〃	重国斌貝雄	26. 1. 18	65	広島県豊田郡豊浜村
福岡県	東光中学校	吉武不二男	26. 6. 1	90	福岡市大字西堅粕6の250
	歴木 〃	河野幸治	28. 5. 8	11	大牟田市大字歴木1150
	47校				以上本調査対象校
大阪府	布施四中				
兵庫県	尼ケ崎市城内中				
奈良県	奈良市若草中				
	高市郡公東中				
和歌山県	新宮市城南中				
	同 緑ケ丘中				
	南牟婁郡西向中				
	同 木宮村中				
	西牟婁郡日置中				
福岡県	小倉市企救中				
	山田市南中				
	粕谷郡宇美中				
計	59校				

2. 生 徒 数

（才１表）

区分	男 12才	男 13才	男 14才	男 15才	男 16才	男 17才	男 18才	男 19才	男 20才以上	男 計	女 12才	女 13才	女 14才	女 15才	女 16才	女 17才	女 18才	女 19才	女 20才以上	女 計	合計
才1学年	32	44	36	17	16	9	9	5	16	184	43	53	39	18	9	13	5	6	4	190	374
才2学年	2	107	97	51	50	19	14	8	34	382	1	109	85	43	36	13	9	7	15	318	700
才3学年		4	172	121	49	51	28	17	48	490		3	179	102	59	47	31	6	19	446	936
計	34	155	305	189	115	79	51	30	98	1056	44	165	303	163	104	73	45	19	38	954	2.010

（５月31日現在）

在籍生徒数の総計は2010名、全国60校中47校の生徒数である。学令期（15才未満）にあるものは、1.006名、超過学令児は1004名となつている。このうち、20才以上は男子が98名、女子が38名となつている。また注目すべき点は、一年の在学者なしが８校、１名が７校、２名が５校、３名が４校、４名が４校、５名が１校あつた。この点は将来の夜間中学校の重要な問題となることがうかがわれる。

(1)　地域別校数と生徒数　　　　（才２表）

地域名	校数 32年	校数 28年	在籍数 32年	在籍数 28年	地域名	校数 32年	校数 28年	在籍数 32年	在籍数 28年
東京	7	5	732	628	兵庫	10 (4)	16	322	772
神奈川	10	12	288	340	奈良	(3)	3	不明	128
愛知	2	2	71	79	和歌山	(8)	9	不明	318
京都	11	13	242	415	広島	3	3	180	209
大阪	1 (2)	3	26	94	福岡	2 (3)	5	101	213
					三重	1	／	48	／

〔注〕（　）中は未解答の学校で31.10.1現在のもの

才２表における28年度の校数及び在籍数は文部省が各地の教育委員から求めた報告による昭和28年11月１日より12月末日までのもので計71校3.196名となる。しかし、実際に文部省と三省合同で作つた調査の票が集つたのは65校2.141名　男1.080名女1.061名である。これを今回の調査によると、31年10月１日現在の（その後廃止した校は除き）60校で11校少くなくなり、解答した校数は47校で生徒数は2.010名となつている。そこで一般時傾向としては、ある程度まで増加していると見ることが出来るのではないだろうか。

(2)　学令児と超過学令児との比較

(i)　男女別比較　　（才３表）

		15才未満	15才以上
実数	男	494	562
	女	512	442
指数	男	46.8	53.2
	女	53.7	46.3

男女別学令児、超過学令児の問題は左の指数が示した通り男子においては、学令児が少なく超過学令児が多く、女子は男子とはまつたく反対となつている。このことは男子が社会的に学校卒ということがいかに重く見られているかということと、その自巳にとつての必要性が強く出ていると見られる。又女子は学令児が家庭を担うという点で、いかに犠牲にされているかということの一つの現れであろう。

(ii)　年度別比較　　（才４表）

		15才未満	15才以上	計
二十八年度	実数	886	1255	2,141
	指数	41,3	58,7	1000
三十年度	実数	1006	1,004	2010
	指数	50,1	49,9	100,0

（28年度の資料は"労仂省婦人少年局調査資料27集「夜間学級に学びながら仂く年少者」より）

以上の数字を基として考えて見ると、28年度の三省合同の調査による夜間中学校の性格は多分に、学令児の救済というよりも超過学令児の必要によつて開設されているという性格をもつていた。しかし今回の調査によると、回答率の低さによりその信頼度はいくぶんそがれるにしても、その百分率は、50.1%と8.8%の増加となり学令児の増加していることは今後の問題となろう。

(8) 各学年別の年令別状況

男　子　オ1図

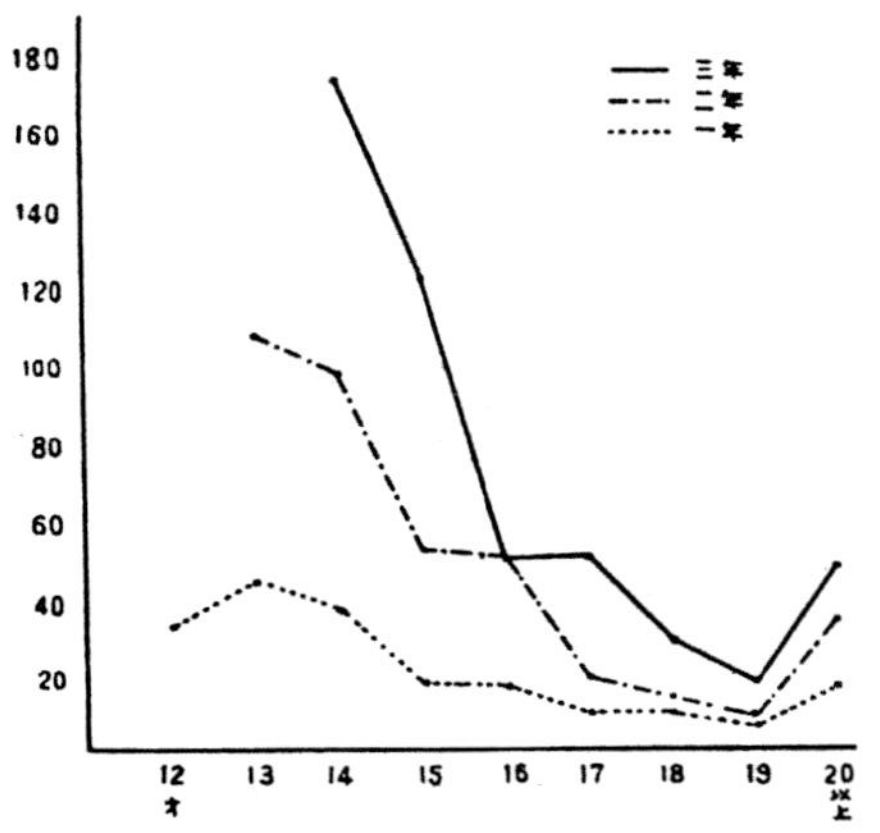

女　子　オ2図

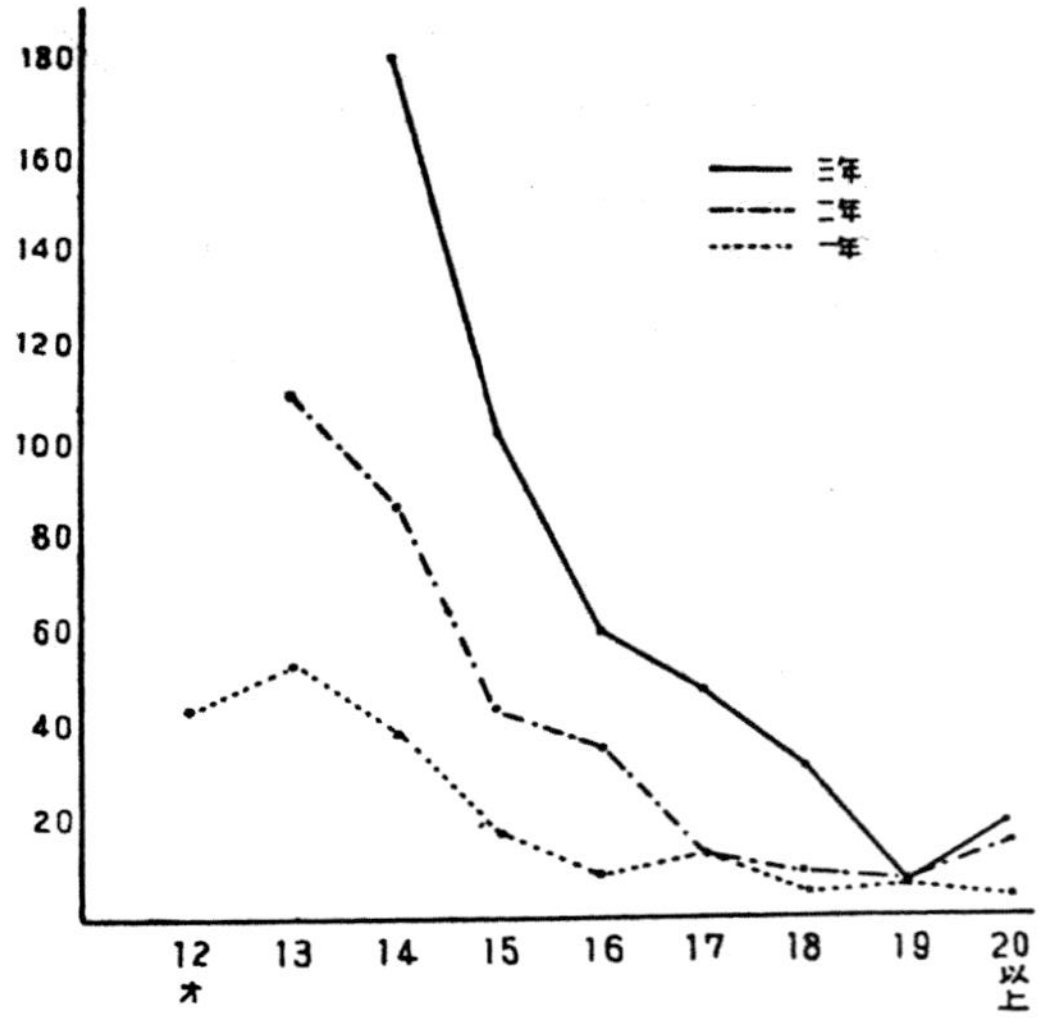

性別、学年別に年令の状況をみると両者に共通して云えることは学年順に在籍者数が少くなるということと、年令の多い順に従つて在籍数が少くなくなつていることとである。

又20才以上は、女子よりも男子の方が多く、ここにも男子にとつてのある一つの性格を示しているように思はれる。

この傾向は28年度の文部省統計にも見られることであり、このことは学業中ばの者が、後から転入して来ることを示しているのではあるまいか。ここにも夜間学級の性格の一端がうかがわれる。

3.　学　級　数　　（オ5表）

区分	1年	2年	3年	計
単式	10	10	16	36
復式	1.2年 7	2.3年 3	1.2.3年 32	42
計				78

（オ3図）

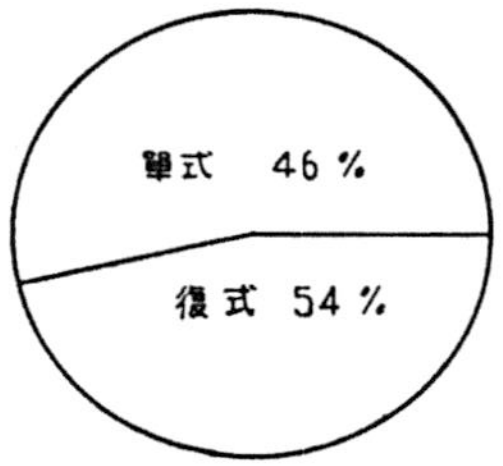

学級の編成状況を、単一学年の生徒のみをもつて編成した単式学級と、二つ以上の学年をもつて編成した復式学級に分けてみると、学級数78のうち、42学級は復式でありそのうち32校が一年、二年、三年のすべてを含んでいる復式である。単式は一年が10級、二年が10級、三年16級となつている。

4.　教員、作業員、（使丁）数　　（オ6表）

区分	教諭		助教諭		養教(助)諭		講師		作業員(使丁)		
性別	男	女	男	女	男	女	男	女	男	女	計
専任	63	8	0	1	0	1	18	4	9	3	107
兼任	158	14	1	0	0	4	43	12	30	7	269

（オ4図）

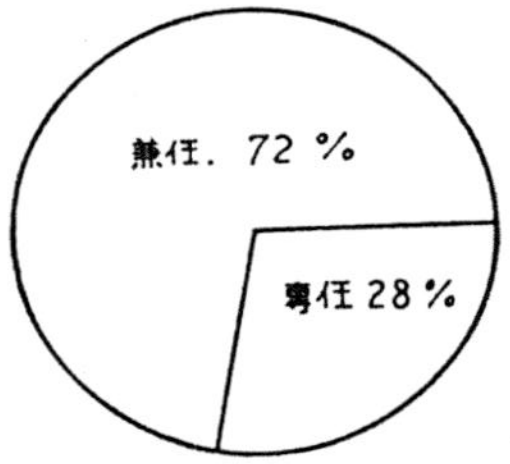

夜間学級に勤務する教員数として報告されたものは上記の通り378名であり、専任教師と兼任教師との比率は右のオ4図に示す通りで専任28%兼任72%である。

この数字は一時の数字より、かなりの増加を示しているので、ここから夜間学級の業績が実質的に証明せられて来ているようにも思はれる。

5.　教員に対する給与状況

(1)　給与状況の最低額と最高額　　（オ7表）

校長	500,-	1,000,-	1,200,-	1,500,-	1,600,-	2,000,-				
副校長	500,-	600,-	3,000,-（主任）							
講師	500,-	800,-	1,000 -	1,200,-	1,300,-	1,600,-	2,400,-	3,000,-	4,000,-	4,800,-
兼任教諭	500,-	700,-	1,000,-	1,100,-	1,300,-	1,500,-	2,000,-	2,500,-	3,000,-	
助教諭	1,500,-									
養教諭	500,-									
作業員	200,-	500,-	600,-	1,000,-	3,000,-					

6. 一日の授業状況

(1) 授業開始時刻　　(才8表)

	5.00	5.20	5.25	5.30	5.40	5.45	5.50	6.00	6.30	
	2	1	1	17	1	3	1	17	5	

(2) 授業終了時刻　　(才9表)

	8.00	8.20	8.25	8.30	8.35	8.40	8.45	8.50	8.55	9.00	9.10	9.50
	5	2	2	10	4	3	1	1	2	13	1	1

(3) 一日の時限数
(授業時間数)　(才10表)

	2時間	3時間	4時間
	2	25	21

(4) 一時限の長さ　　(才11表)

	35分	40分	45分	50分
	1	19	21	7

(5) 休憩時間の長さ　(才12表)

	5 分	10 分	20 分
	27	19	1

(1) 授業開始時は才8表で示したごとく「5時30分」と「6時」が17校で最も多く、次いで「6時30分」が5校「5時45分」が3校「5時」が2校　「5時20分」「5時25分」「5時40分」「5時50分」が各1校となつている。

(2) 授業終了時刻は才9表で示したごとく、(3)授業時数及び(4)一時間の長さにより種々異つてくるが、「9時」が13校で最も多く次いで「8時30分」の10校となり、他はかなり終了時刻が異つている。最も早い学校は「8時」5校、最も遅い学校は「9時50分」となり、最も早い学校より2時間も遅くなつている。

(3) 一日の時限数は、才10表に示したごとく、「3時間」が25校「4時間」が21校あり、大半を占めているが「2時間」も2校あつた。

(4) 一時間の長さは才9表で示したごとく「45分」が21校「40分」が19校で最も多く、「50分」は7校「35分」が1校あつた。

(5) 休み時間の長さは才10表に示したごとく「5分」が27校で最も多く「10分」が19校あつた。「20分」も1校あつた。しかし「5」分と分類した中にも給食時とする一時限と二時限との間は「15分」とするところがかなり含まれている。

7. 週授業時間数　　(才13表)

区分	国語	社会	数学	理科	音楽	図工	職家	保体	外国語	ホームルーム	特別教育活動 生徒会生徒集会	特別教育活動 クラブ活動	計
才1学年	166	142	136	103	49.5	58	103	74.5	85.5	30	4.5	11	963
才2学年	164	144	135	104	49.5	58	103	74.5	85.5	30	4.5	11	963
才3学年	162	144	136	104	49.5	58	104	74.5	85.5	30	4.5	11	963

(才5図)

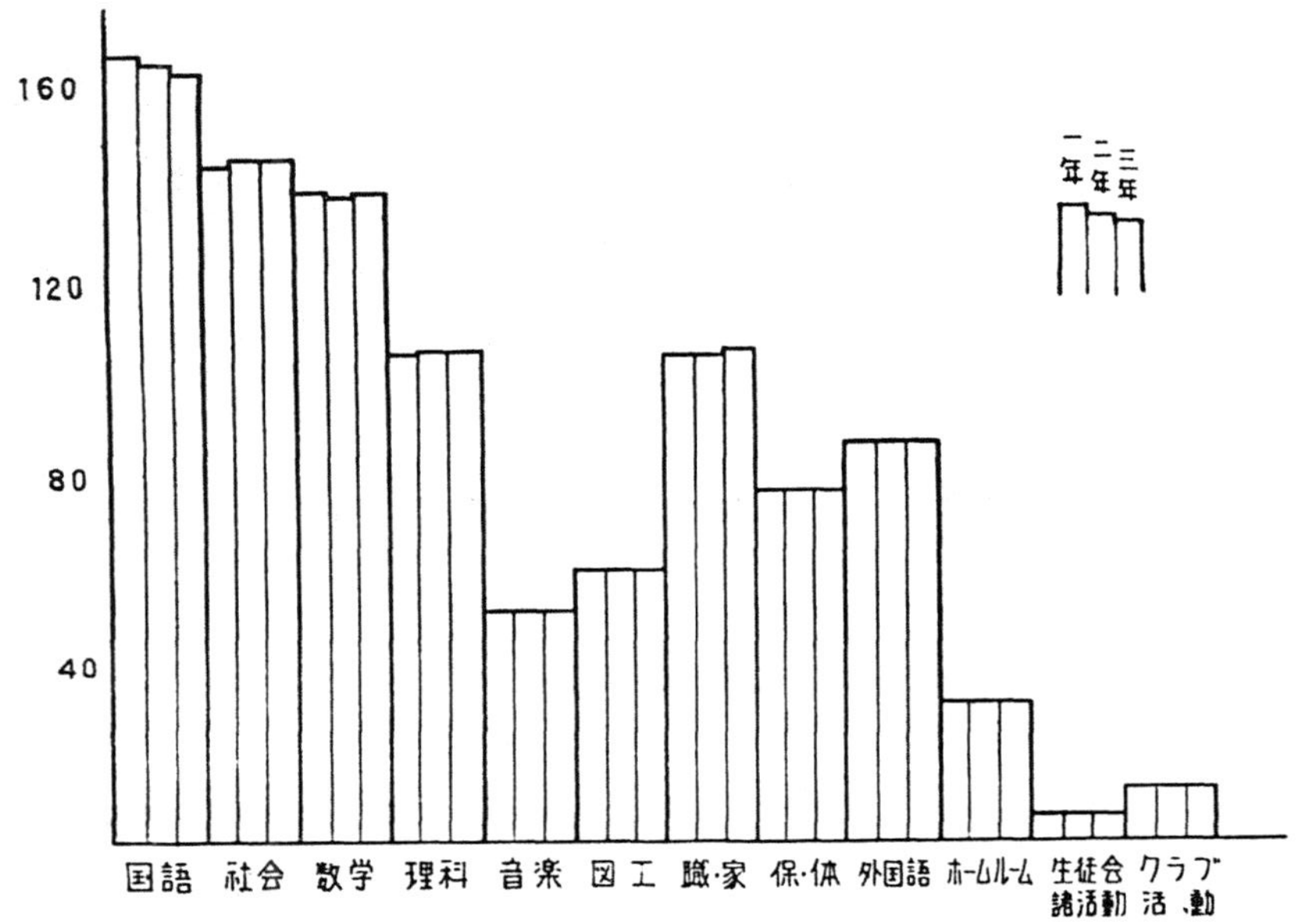

上記、才11表は週授業時間数の全国集計である。又才5図はこれを図によつて示したものであるが、これにより夜間学級における教育内容の傾向がうかがわれよう。

(1)　学年別科目週授業時間数　　（オ14表）

時間数 ＼ 科目	国語			社会			数学			理科			音楽			図工			職・家			保・体			外国語			ホームルーム			生徒会諸活動			クラブ活動		
学年	1	2	3	1	2	3	1	2	3	1	2	3	1	2	3	1	2	3	1	2	3	1	2	3	1	2	3	1	2	3	1	2	3	1	2	3
0.5時間	—	—	—	—	—	—	—	—	—	—	—	—	3	3	3	2	2	2	—	—	—	1	1	1	1	1	1	—	—	—	1	1	1	—	—	—
1. 時間	—	—	—	—	—	—	—	—	—	4	4	4	30	32	32	21	21	23	8	8	8	14	14	12	8	8	8	19	19	19	4	4	4	7	7	7
2. 時間	2	4	4	10	11	11	11	11	13	15	15	15	6	5	5	16	16	15	15	15	15	16	16	17	20	20	20	1	1	1	—	—	—	2	2	2
3. 時間	21	21	21	24	24	24	28	29	24	23	22	22	2	2	2	—	—	—	12	12	12	6	6	6	11	11	11	1	1	1	—	—	—	—	—	—
4. 時間	17	18	19	11	11	11	6	5	8	—	1	1	-	—	—	1	1	1	3	3	3	1	1	1	1	1	1	—	—	—	—	—	—	—	—	—
5. 時間	5	3	3	—	—	—	—	—	—	—	—	—	—	—	—	—	—	—	1	1	1	-	—	—	—	—	—	—	—	—	—	—	—	—	—	—
6. 時間	1	1	—	1	1	1	1	1	1	—	—	—	—	—	—	—	—	—	2	2	2	1	1	1	—	—	—	1	1	1	—	—	—	—	—	—
授業を持たない学校	—	—	—	—	—	—	—	—	—	4	4	4	5	5	5	3	4	4	2	2	2	6	7	7	2	2	2	11	11	11	43	43	43	36	36	36

上記オ12表は、週授業時間数の学年別、科目別による集計である。これによつて明らかなことは、国語、社会、数学の三教科はかなり重点的に行はれているように思はれる。しかし他の教科はいくつかの学校では行われていないことがわかる。又、生徒会諸活動、クラブ活動は夜間学級であるためにきわめて低調である。

学年によつて科目や、授業時間を変えている学校もいくつか見うけられる。

(2)　週授業時数の分類　　（オ15表）

時間数	9時間	12時間	16時間	18時間	19時間	20時間	21時間	22時間	24時間	25時間	26時間	30時間
校数	1	1	1	16	1	2	1	1	15	4	2	1

週授業時数はその一時限の長さにより種々異つている。最も多いのが1週18時間で16校、次いで24時間の15校である。最も多い時間数は1週30時間で、最少は9時間であつた。

8.　出席状況　（昭和31年度間）　　（オ16表）

区分	4月	5月	6月	7月	8月	9月	10月	11月	12月	1月	2月	3月	計
出席すべき延日数	29,705	36,554	39,535	31,101	6,775	45,019	40,981	37,962	29,183	31,691	37,165	29,646	395,317
出席延日数	22,048	25,380	27,384	21,850	4,529	26,009	28,127	25,848	19,125	20,747	25,429	20,122	266,598
出席百分率	70.42	69.45	69.26	70.25	66.85	54.24	68.63	68.09	65.53	65.47	68.42	67.88	67.44

（注）　有効数35校、無効数12校

（オ6図）

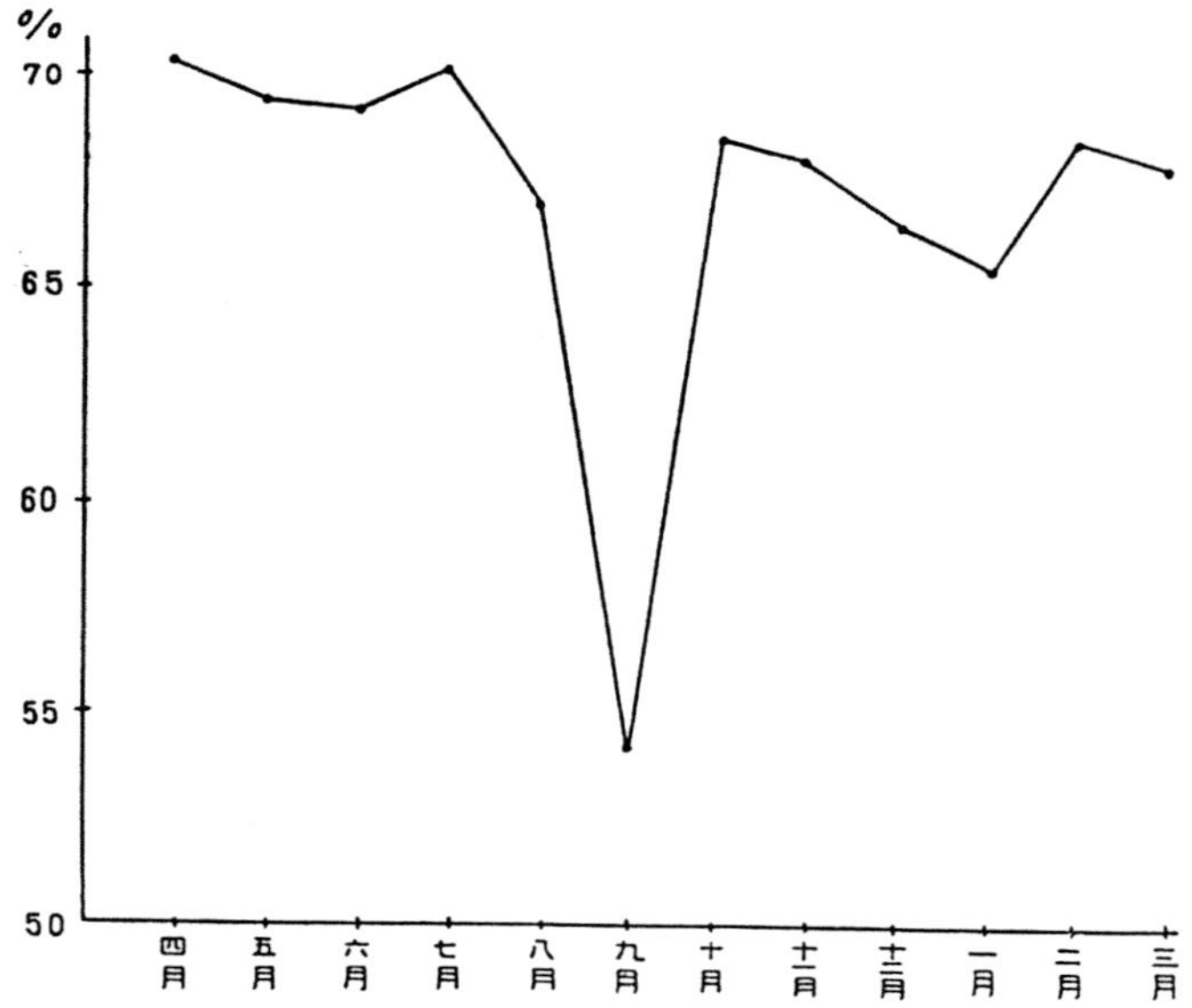

上記の表は、年間を通じての出席率である。しかし有効数は、記入上の誤りなどで35校となつている。

8月の出席日数の少ないのは夏休みを設けている学校が多いためであり、この集計は夏休みを持たない学校のものである。そして、上の図によつて明らかな如く、9月が最も悪くなつているが、これは夏休み後のため、解放された生徒の生活が元の習慣にもどるまでの一時期と考えられる。

9.　施設の状況

(1)　教室の照明の状況

普通電灯　　　　（才17表）

	120W	100W								60W		50W
個数	6	9	8	7	6	5	4	3	2	4	8	9
室数	1	1	4	5	4	11	8	2	3	3	1	1

螢光灯　　　　（才18表）

W数	100W		40W						20W			
個数	8	2	9	6	5	4	3	2	12	6	2	1
室数	1	1	1	1	3	3	1	4	2	2	1	1

（注）室数は使用全教室数ではなく、それぞれの状況にある室の数を示す。
教室の照明状況については、教室の規模、構造等が不明のため、はつきりしたことはわからないが調査結果は上記の通りとなる。

(2)　運動場の照明　　　（才19表）

有	無
2 2	2 5

運動場の照明施設を有する学校は22校である。他の無しと答えた学校は、休育を一時間目にやるとか、又は室内電燈の反射を利用し、ほそぼそと行つているにすぎない。

(3)　給食施設　　　（才20表）

有					無
パン	ウドン	特食	ミルク	茶	
16	3	2	5	1	31

（才7図）

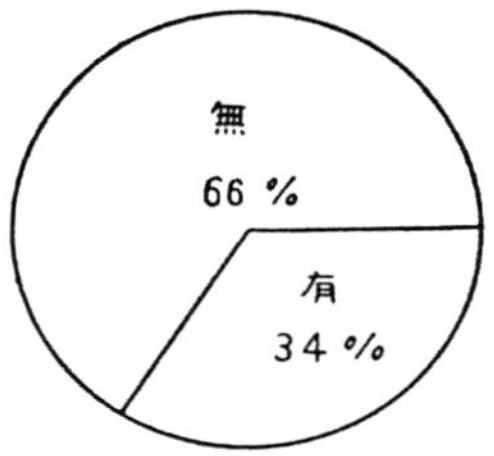

給食施設「有り」と答えた中には、一校でパンとミルク等を給食しているため、計は校数と一致しない。そこで無しと答えた31校と「有り」と答えた16校とを比較すると右のごとく給食施設のある学校は全体の34%を占め無しは66%である。

都府県別給食状況　　　（才21表）

地域名	有り	無し
東京都	パン（5）パンと茶（1）	1
神奈川県	パン（2）	8
愛知県	パン、ミルク（2）	0
京都府	／	11
大阪府	／	1
兵庫県	パン、ミルク（3）パン、ウドン特食（1）	6
三重県	／	1
広島県	パン、ウドン（2）	1
福岡県	／	2

(4)　学習環境　　　（才22表）

暖房施設		図書館の利用		教科書の無償配布			教科書の貸与			学用品の無償配布			学用品の貸与		
有	無	有	無	有		無	有		無	有		無	有		無
				全部	一部		全部	一部		全部	一部		全部	一部	
38	9	32	15	7	16	5	7	14	10	7	31	5	5	19	12

暖房施設については冬期において、火鉢一ケなどというものも38校の中にはいくつか含まれておりまことに心もとないものである。なんとか対策を考えるべきであろう。
教科書や学用品については義務教育のたてまえからも、彼等の生活を考えて完全に無償とすべきであろう。

10　教育費総額　（常用費関係）　（昭和31年度間）　（オ23表）

県	県 市町村費(夜間配当)	市町村費 (昼夜一本のもの)	PTA会費	学校徴収金	計
消耗品費	384,554,-	1,273,133,-	126,870,-	2,000,-	1,786,557,-
燃料費	274,210,-	354,290,-	5,000,-		633,500,-
印刷製本費	19,000,-	125,945,-	19,810,-	3,000,-	167,755,-
光熱水費	58,340,-	863,887,-	3,000,-		925,227,-
通信運搬費	21,800,-	217,619,-	25,956,-	500,-	265,875,-
備品費	427,200,-	1,375,690,-	71,700,-	1,000,-	1,875,590,-
その他	1,591,120,-	305,341,-	293,956,-	3,500,-	2,193,917,-
計	2,776,224,-	4,515,905,-	546,292,-	10,000,-	7,848,421,-

ここに掲げてある数字は、一応全記入校の集計であるが、無記入校も多く、又二番目の市町村費（昼夜一本のもの）の項目に対する定義もあいまいなため、統計時数値として比較対照を行うことは不可能である。

11　生徒の学資負担

（1）　生徒1人当り月平均支出額　（オ24表）

項目	金額	校数	平均支出額
PTA会費	210円	3	70,-
学級費	110円	5	22,-
給食費	200円	1	200,-
生徒会費	218円	9	24,-
旅行積立金	367円	6	61,-
その他	230円	4	57,50,
計	1,335円		434,50,

左のオ24表に集計した金額は、徴収校15校のみのものであり、そのために平均支出額もかなり高くなつている。

次に納入校と完全無償校との割合を見るとオ8図の如く納入校15校で32%、無償校は32校で全体の68%を占めている。

(1)　地域別無償納入校　（オ25表）

地域名	納入校	無償校
東京	6	1
神奈川	1	8
愛知	1	1
京都	4	7
大阪	0	1
三重	0	1
兵庫	2	8
広島	1	2
福岡	0	2

（オ8図）

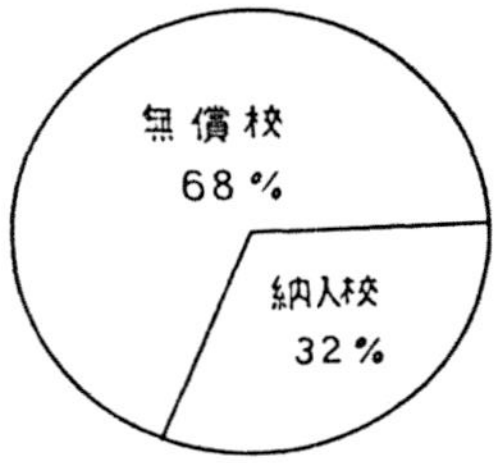

オ25表は、その納入金の多少にかかわらず納入校とした。

12　夜間学級と管理機関との関係　（オ26表）

地域名	
東京都	〔各　区〕 学務課学務係、管理課管理係、学務課学事係 教職員係、指導室、学校教育課、社会教育課
神奈川県	〔横浜市〕 教育委員会、指導室 〔川崎市〕 教育委員会、学校教育課指導係、管理課
愛知県	〔名古屋市〕 教務部指導課、二部学級係、指導主事
京都府	〔京都市〕 学校教育課、夜間学級係
大阪府	〔堺　市〕 教育委員会、学校教育課
兵庫県	〔神戸市〕 指導課特殊教育係、総務部学校教育課夜間学級係 指導課指導係、 〔尼崎市〕 総務課庶務係、民生部不就学協議会
三重県	〔上野市〕 学校教育課、夜学運営委員会
広島県	〔広島市〕 教育委員会、総務課学事係
福岡県	なし

オ26表を見ればわかるとおり、法的根拠がないためか実にまちまちであり、将来はこれが統一されることが望ましい。

13　学校保健事業　（昭和31年度）　（オ27表）

(1)

実施内容	X線検査	健康相談	歯科予防処置	寄生虫卵検査	寄生虫駆除	トラホーム予防処置
回　数	37回	51回	28回	34回	37回	32回

上記オ27表は31年度に実施した学校保健事業回数の全国集計である。しかし何ら実施していない学校が4校もあり、他には健康相談やトラホーム予防などを二回やるだけでX線検査をまつたく行はないでいる学校が17校あつた。

設備とか、校医の不在などで実施はかなりむずかしい点もあろうが、彼等の生活や仕事の内容も考え、もつと積極的に健康管理をおしすすめるべきであろう。

X線検査による結核性疾患者数

(2)　（オ28表）

検査人員		1030
結核性疾患者数	呼吸器系	14（10）
	その他	3（2）

（　）内は療養中のものを再掲する。

検査人員数は延1,030名、そのうち疾患者は26名（2.5%）である。

14　現状についての参考意見及び将来の要望事項

1. 学校運営費の補助金の予算化
2. 修学旅行費の全額補助
3. 無償給食の実施
4. 二部学級の主事制の実施
5. 施設の充実
6. 専任教師の設置
7. 教科書の無償給与の実施
8. 手当の増額
9. 基礎学力の低下を防げ
10. 法的確立を望む
11. 保健衛生の管理を望む
12. 夜間学級のみの教室を設けたい

教　師　の　声

1. 夜間学級の悩み

立川市立 立川才三中学校
才二部主事　風　間　方　美

本校の夜間学級は昭和二十七年五月から開設したので、満五年の月日を経過している。この間における悩みであり大きな問題は、長期欠席不就学の者の就学対策である。おそらく他の学校の場合と大きな違いがあると思う。それは夜間学級の経営以前の問題だからである。

東京都教育庁では、昨年度夜間学級の生徒数が少ないという理由で、夜間学級の存在を認めなかつたことがある。今こゝにとりあげるのは、単に夜間学級の生徒数だけの問題ではない。学校教育全般の立場から長期欠席不就学者に対する就学対策の問題をとりあげているのである。

文部省の調査では、昭和三十年度の全国長期欠席児童生徒数は26万人（小学校11万、中学校15万）と発表している。東京都では小学校9,774人、中学校7,804人、合計17,578人と教育庁で発表している。これに対して、文部厚生両省では三年越しに対策を進めているし、また東京都では民生局が本年度から、具体的に対策を実施するようになつた。しかし果してどれだけの成果を挙げることができるだろうか。これだけではまだまだ完全に就学させることができない隘路が残されている。まだ仕事をはじめたばかりではあるが、教育庁でも民生局でもこの点を重要視している。この隘路こそ本校夜間部の最大の悩みである。

本校の夜間部は、立川市内三校に在籍する生徒を対象としている。地域的にも狭い範囲内で、学校相互と家庭との連絡もよく徹底できる。また生徒は働きながらでも就学できるので、すべての条件が整つて誠に恵まれている。しかし就学に応ずる父兄生徒はいつも少く、夜間学級が問題になつてくる。

ではなぜ生徒は就学しないのか。生徒の就学を阻むものはいろいろあるが、それらは極めて複雑にからみあつている。

これを生徒の側からみると、学校では「教育の機会均等」とか「能力に応じた教育」など教育理論と実践が真剣に行われているが、知能の遅れたものや、みんなと同じように適応できない生徒を、すし詰め教室の片隅にとり残し忘れていないと言い切れるだろうか。生徒にしてみると、不適応の場にそのまま置き放され忘れられて面白いはずがない。小学校から中学まで九年間もつらい毎日を強いられたのではたまらない。窮屈な学校生活にあきあきして、友達からも教師からも遠く離れるばかりである。そしてやがては学校や教師から完全に忘れられとり残されてしまうのである。昨年度東京都教組の研究集会で勤労青少年の問題をとり上げた部会があつたが、ここでも労仂のための欠席や不就学の生徒は完全に放り出され忘れられていた。生徒の就学を阻む一因が学校や教師の側にないといえるだろうか。

次に教師の立場から逆にみると、生徒の欠席不就学は、まず何よりも家庭環境の貧困が最大の原因となつている。ところがここに問題がある。貧困の実態を分析してみると、単に物質的の経済面だけの貧困ではない。その外に教育的貧困ということが大きな比率を占めている。学校の調査による教育庁側と、民生委員の調査による民生局側との資料に大きな違いがあることでも明らかである。教育に対して無理解とか無関心といわれる教育的水準が非常に低いこの環境に育てられている生徒の就学はなかなかむずかしい。文部省の調査でもこの点を特に重視している。

最後に社会的な面から見ると、明るい民主社会といわれる片隅に、封建的な暗い見方や考え方がまだ根強く陰をひそめてはいないだろうか。これは夜間部の生徒自身の卑屈な面もあるが、生徒が必要以上にいつも恐れているのは、社会の冷たい目である。

このことは才二回全国大会のとき、東京都七校の生徒が、当時の松村文部大臣の出席を得て、直接訴えたとおりである。「何だ、夜学生か。」という階級的な見下げた見方。「徒弟とか職人。」といつた昔気質の考え方。「昔の親は…………。」「今の学校は…………。」「今の生徒は…………。」 等々の見方や考え方をよく聞かされる。ともすると六三制の義務教育を否定するようなことも耳にする。

夜間部の生徒に物質的な援助もある程度必要ではあるが、それよりももつと大事なものは、明るい社会の温い理解と愛情とである。これはひとり夜間部の場合だけでなく、就学を忌避している児童生徒に最も必要なものである。

以上生徒の就学を阻む問題について述べたが、これらの点を従来余り考えにおかず、就学の問題は関係者が夫々別個の立場で協議するとか申合わせる程度にとゞまり、実際には具体的に効果を挙げることはできなかつた。夜間学級の今大会は、これを教育委員会の問題としてとりあげ、教育委員会にその善処方を要請したらどうかと考える。就学の問題は学校や地域の特殊性を生かすべきであるが、広く横へのつながりを強化して、そこに法的な措置をとるべきである。そこで早急に次の点を提案して、この善処と批判をお願いする次才である。

一、全国の教育委員会は昼間就学できない欠席児童生徒の中で、やむを得ず夜間でなければ就学できないものは夜間学級に就学させる法的措置をとられたい。

二、夜間学級未設置の教育委員会は地域内の生徒で夜間学級に該当するものを、すでに設置されている教育委員会に依託する方法をとられたい。

— 以上 —

2. 要　　望

双葉中学校　臼　倉　甚　八

夜間中学に五カ年、才一線の衝に当つて境遇の恵まれない青少年に、国家として妥当な考慮も妥当な教育施策も皆無なのに、淋しさを増すと共に其の青少年に対する同情を深めた。

民主立国を標榜して十数年を経た今日、夜間中学の生徒は「偉い人はもつと私達の事を知つて貰いたい。」と言つている。彼等は社会の諸々の矛盾の中に苦闘し喘いでいるのである。

現在の夜間中学には複雑にして解決に困難な問題が実に多い。

国家の英断を以つて適切な根本的改革をなさざる限り、全国民の義務教育完全履行は不可能である事を明確に感じて来た。

其れを詳述すると尨大なものになるので、それは他の機会にゆずり、ここでは只義務教育の完遂を計るには次の方途を開かなければならないと思う私としての結論を得ているので其の骨子を列挙する。

一、境遇上又健康上学令中にはどうしても小学校を卒業し得なかつた青少年がある。その青少年に小学校卒業中学校入学資格の認定の道を開くこと。

二、中学校生徒は軽労仂に就く事の可能な年令であるので、家庭によつてはその就労によつて得る収入が家計の支柱になつている事や、又他家に住込み保護して貰はねばならない事情下にある青少年が多数ある事を考え

定時制中学　及

通信教育の途を開くこと。

その卒業生の扱いを昼間の中学卒業生と絶対に平等にすること。

三、昼間の中学に通学し得ない最大の原因は経済事情にあるので、それを解決することが重要であるが其の解決の一部面として、公的な職業実習場を設けること。而して物心両面の安定を計ると共に、仂いて学ぶのであるとの誇りを持たせること。

四、義務教育課程にある児童生徒に健康保険の制度を設けること。学校身体検査の結果を家庭で気軽く活用出来る上、勤労少年にとつては大きな福音となる。その精神的安定は大きい。

五、少年院等で出す義務教育修了証明は止め、普通の中学校で普通の生徒と同様に証明出来る途を開くこと。

六、学籍整理、就学及出席督促、不良化防止を主な職務内容とする活動分野を拓き、必要な職員をおくこと。

夜間中学は各地で試験的に設置されているらしいが、夜間中学につながる問題は此の試験的施設の表面的な動向などによつて判るものでない。又解決出来るものでもない。

問題の根底は実に深い。よろしく国家の中央の問題とし天下の問題として根本的な解決を画るべきであると思う。

3　喜びも、悲しみもない！
―ある夜間中学生の手記から―

横浜市立岩井原中学校長　みねを・まさつぐ

ゴーッという音で目がさめた。

一番電車が通つたらしい。またこつくり、こつくりねむつた。それから少したつて、五時半に起きた。ゆうべ、ハンカチたたみの手伝いをして、少しねたので、なんだか身体がだるい。身じたくをして会社へいそぐ。一時間半ほどで会社のはじまる時間だ。ウーツとサイレンが鳴つてコンプレッサーがうなり出す。音、音、音が重々しく合唱のようにきこえる。なんとなくいい気持だ。

ぼくは塗装工だ。エアホースと、スプレーガンをもつて、部分品を赤、青、黒といろいろの色で塗つていく。仕事をしているときは何も考えない。

十二時のサイレンがなると、腹がへつたと思う。日によつてちがうけれど、十一時ころから腹がへつて、お昼が待ち遠しいようなこともある。昼食後の三十分の休みには仲間とピンポンをやつてあそぶ。一時になると作業はじめ。また夢中で仕事をし、五時まで仂く。終りのサイレンが鳴るとセイセイする。帰りに学校え寄つて勉強し、寝るのが十時半。これがぼくの一日だ。別に喜びも、悲しみもない。

これは一夜間中学生の一日生活記録である。

別に喜びも悲しみもない。

別に喜びも悲しみもない。

この記録をよんだ私は最后のこの一行を口にした時は、どうしてもそれをそのまゝ呑みこめなくなつた。この最后の一句を何度か口の中でカンでみた。かみ砕いていると、

〃これは今日を生きている者の、数多くの嘆息かもしれないぞ〃と、ふいとこんなことが頭の中に生きてきた。言うまでもなく、これは人生に対する悲哀である。行く先々の広がつている少年の記録から大人つぽいこんな悲しみを読み取ることはいけない。そこで、〃それほどに平凡なくらしをしているのだ〃と気にかゝる句を読み変えてみた。が、この変化だけでは、どうしても私の気持を変えてはくれない。それどころか、

〃喜びも、悲しみもない。何の感動もない人間。二十世紀の地球上にはこんな人間がウョウョしている〃と、こんな意識がその上にのしかゝつて、〃私もその一人ではなかろうか〃と、追込まれると、どうにも明るい気持になれなくなつてしまつた。

これから、幾日も幾日も私はこのことのとりこになつて、或る日のこと友人とはなしてみた。〃それは言い過ぎではないか〃とその人は言つた。〃では君にはほんとうによろこびがあると言うんだね。心から笑う日があつたと言うのかね………〃と更に私はつっ込んでみた。こう問い返えされると、彼にも確かな返事がもうでてこなかつた。それどころか、彼はいつの間にか私の考えにまき込まれて、ショセンどうにもならない壁にぶつかつて、まだそれを意識してもがいているうちはいい。何んとかこの壁を打破ろうと。だが、それもどうにもならないと承知して、次才にその壁のあることも意識の底に沈んでしまつて、よろこびもない、悲しみもない。感動をなくした毎日をうめて行く。そうして、パチンコ、キャバレー、真夜キッサ、機械…………の中で身も心もすりへらしていくか、さもなければ、〃人にメイワクをかけてはいけない。〃とまことしやかな論理のワクの中で、かたつむりのように人生をおくるかどつちか…………………………と、とんだところまでおしやべりがすぎてしまつた。

およそ生徒と名のつく者の前に立つと、それがはじめてであつても十年の知り合であつたかの様な振舞いのできる技術がいつか私にも身につく年頃になつた。などと言えばいかにも老練な教師であるかの様なきどつた言い方でマコトに恐縮ではあるが、確かに、そうしたワザが身につき、校長から紹介されて、夜の中学生の前に立つた私は、〃今晩から、お互に名前を呼びあつてはなしの出来る間柄になろうじやないか〃とよびかけ、一人一人の名をたずねた。名前をおぼえると妙なものでもう他人と言う意識はなくなる。

〃［A］君、どこに勤めているの？〃

〃おう！　トコヤさんか、じやあ、一つ先生のアタマを…………〃とハゲタ頭に手をやれば、きせずしてドット笑いが起る。

私はこんなところから夜間中学校の教師になつた。どの生徒も聞けば悲しい身の上ばなし、私も人間であれば情も湧く。

〃一日仂いて夜の学校はつらいだろう？〃と、きけばみんな口を揃えて、〃先生、うちにいてもつまんないや、学校にくる方が面白いや〃と言う。言う如く、彼等はほがらかである。

よく笑う
よくしやべる
よくとび廻る
男も女も別にへだてがない
どの顔にも暗いかげと言うものはない

心理学に補償作用と言うことがあるが、私は暗いと思つた彼等のこの笑いを人生のうめあわせ作用と解釈してみた。日々の生活の大きな不足をこの夜間中学校で補つていると言うこと。若しこのいい方があたつているとすれば彼等の生活には笑いが、おしやべりが、自由が一番かけていると言うことになりそうだが、私は教室でのあばれも、はしやぎも、無礼も、オシャベリも、大声も、大笑いも大巾に許すことにした。時にゲンコツでガラスをなぐりけがをしたこともあつたほどに。

彼等は授業時間私とよくはなした。英語の教師である私の問いは彼等にとつて、いつもそうたやすいものばかりではなかろう。だが、彼等は間違いを恐れない。できないことには、できないと卒直である。このことは、成績について強いコンプレックスを持つているひるの子供にはみられない光景である。私はたまらなくうれしくなつた。

夏がくると、〃先生、住所を教えろ〃と言う。たどたどしい文字とコトバではあつたが多くの生徒が暑中見舞なるものをくれた。会話が必要だからもつと会話を教えてくれと言うもの、もつと程度をあげろと言うもの、アルファベットを教えろと言うもの、……………………それぞれの希望や、意見がかきとめてあつた。

夏が終つて、明るい教室が始つた。と、

ある日のこと同僚から彼等の生活記録をみせられた。前記のものはその一つである。読ませて貰らつて、心理的な解釈だけに過した私の行き方は大きくトンザした。彼等の笑いを、彼等のおしやべりを、安易に、いいことにしていられない気が強く迫つて、〃不可能に近いことかもしれないが、人生のホントのよろこび、マコトの悲哀を――心からの感動を――そうしてマコトの人間をどうしてとりもどしてやるか………………〃と。この言い方は、私自身のものでありながら余り調子が高すぎて、どうにも困つて、迷うばかりであるが、何んとかして、彼等の日々の生活の中から人間らしい感動を汲み出してあげたい。

人間らしい感動、それは一体どんなものだろうか？

4. 『S 君』

蒔田中学校夜間部教諭　大　川　和　夫

『先生御蔭様で卒業出来ました』こう言つてS君は私に誇らしげに卒業証書を見せて呉れた『おめでとう』S君は続けてこう言うのです『僕達だけですよ、先生、中学校から高校と全部夜学で卒業したのは』その言葉にはすこしの歪みも何もなく、全く天下を取つた様に明るかつた。私は今迄数多くの生徒を送り出したが、こんなに嬉しく目頭を熱くして見入つた証書は他にない。S君も本校の夜間で印象に残つている先生は私だろう。

『先生、この学校に夜間部があると聞いて来たのですが入れて下さるでしようか、僕は小学校を家庭の事情で四年迄もいつていないのですが』本校が創立間もない頃でS君と同じ様な学歴の生徒は他もいた。丁度授業が私の数学であつたので私は手続の書類を作つて入学を許可した。夜間部の事由早速その晩からS君の勉強はためられた。年令は高校生であつたが一年生から籍を置いてもらつた。S君の勉強は真剣そのものであつた。私の黒板に書く式問題は彼には本当に初めてでX, Y も英語の記号すら解らなかつた。彼は卒業する時に私に話したが黒板の字はほとんどが読めなかつたそうである。幸いに彼の職場は学校の前の自動車の部分品店でその主人は彼の通学に理解を持つていた。遅刻する事はなく又休む事すらなかつた。体格の立派な彼も学校に入つてからはすつかり中学生になりきつた。

学生服を着、学帽も被ぶり昼間の生徒と同様に上履も持つて毎夜登校した。雨の日も風の日も雪の夜も、勉強がだんだん進んで行くと授業時間だけでは足りなくなつた。そして学年も進むにつれ解らぬ事も多くなつた。熱心な彼は放課后勉強する為に残る事を私に申し出て来た。宿直の時は私は職員室に呼んで夜遅くなる迄勉強を見た。そんな事が度重なる内にS君は登校して私の顔を見つけると今晩も勉強を教えて呉れる様に頼む様になつた。

彼の家は学校から市電で四〇分余掛る処である。彼と私は時間の経つのも忘れて勉強する事が多くなつた。私もつい彼の熱心さにつられて学校へ宿る事が多くなつた『おい、昨夜は電車があつたか？』私が聞くと、彼は笑いながら『なかつたから歩いて帰りましたよ』と涼しい顔で又今晩の勉強を頼むのである。彼の真剣な努力は、いつしか昼間の生徒の成績の上位に入つて来た。私は常に昼間、夜間の区別はしない。悪い事があつたら夜の生徒でも昼の生徒と同様に叱るとは常に生徒に言つている。そのかわり君達は夜間の生徒だから俺達はどうのと、言う気持は持たないで呉れろと頼んでいる。夜間の生徒にも運動会はある。昼間の生徒の真中に夜間部と大きなプラカードを立てゝ席を与へ、昼間の生徒との中に入つて競走もする。S君は障害物で入賞して御褒美をもらつた。すると昼間の生徒から、私達の組にあんな大きな人を入れたので負けたと抗議された。しかし私は彼等に先生が昼、夜の生徒の区別なく皆同じ学校の生徒で皆同じ様に可愛い事を話したら彼等は気持良く退つて呉れた。そんなことがあつたので私は運動会の半ばで夜間部の席に行つて見た。其処で見られた事は本当に私のいじめられてはいないか、の心配は飛んで仕舞つた。昼の生徒が夜の生徒にお菓子を与へたり、与へられたり、我が色劣勢と見ると夜間部の生徒が応援席の前に飛び出て応援のリーダーをつとめているではありませんか。S君も応援歌の紙を手に握つて歌つている。昼と夜との溝は全く無い。常々校長も多くの先生もが抱いていた夢が目の前に現れている。この喜び天にも登る嬉しさである。

又S君は私のクラスの生徒と一緒に修学旅行に行つた。今でも私の想い出のアルバムにあの日の事が残つている。旅行の前に私はクラスにグループを作つて其の長を決めさせた。しかし旅行の一日目が終る頃にはグループ、クラス全体の推薦でS君が世話係になつて面倒を見ている。私が黙つて見ているとクラスの者が良くその指示に従つているのには、私は驚いたと同時に安心した。私のクラス（昼）の生徒から較べるとS君は年令が上であつたせいもあるが良く気がついて呉れる。旅行が終つて帰つてからも、彼の職場が学校の前なので私のクラスの生徒は二階や屋上からよく声を掛けあつている暖い光景に時折接した。

卒業真近かア・テストが行われた。彼の成績は平均点を四五点以上にたつしていた。昼夜合同の卒業式にはS君は全職員の意見で卒業生総代に選ばれた。卒業式当日、名前を呼ばれて立つS君の顔は真赤に緊張していた。一歩一歩踏出す足も心持ふるえている様だ。あのヨもあの晩も又あの苦しかつた時もと、送り出す私のクラスの生徒の事をしばし忘れてS君の後姿を見る時唯胸が一杯になつて来るのだつた。

其のS君が今日喜びに満ちて私に高校の卒業証書を見せて呉れたのであえ…………………。

5. 夜間中学生に給食を

横浜市立西中学校二部
教　諭　小　宮　隼　人

週一日二時間、夜間中学に兼務するようになつて間もないこと。昼間の勤めをおわつて、急いで夜間校にかけつけ、教室に入つてパンをかじつていたら、ホーム主任のK先生に、『夕食は応接室でたべてください。』と注意されてしまつた。生徒はみな夕食をたべずにくるのだから、生徒の面前でたべるのは遠慮してほしい、というのである。夜間の生徒たちはみな職場からまつすぐに学校にやつてきて、勉強し、帰宅してから夕食をとるのだ。それくらいのことは、じぶんもじゆうぶん承知していたはずだのに、ついウツカリ、こころないふるまいをしてしまつて、ほんとうに恥ずかしかつた。

夜間の生徒たちは思つたより明るい。職場の交友関係にもそれぞれ楽しみはあるらしいが、そこには、またさまざまな気兼ねや重苦しさのあることも事実らしい。学校にはそんな気づまりはないから、始業前や休憩時間には、（そしてしばしば授業中にも）みな屈託なくよくしやべる。職をもつているという落ちつきもあり、世なれているというせいもあり、どことなくマセていて、とにかく、みんな卒業さえできれば………といつた表情である。こちらも、どうも片手間という気持から抜けきれない。これではいけない。もつと一人一人の内面にとびこみ、その真情にふれ、きめこまかな指導をしなければ、と思い、作文を書くように、とすすめた。

『先生、作文なんか書くひまはないよ。』とみんなが口をそろえて反撥してきたが、くりかえし、くりかえし説得したら、ポツポツ書き出した。

［A］はこんな作文を書いた。

——ぼ く の 一 日——

——ぼくはあさごはんをたべる前に、神様に『どうかはやく印刷をおぼえてりつぱな印刷工になり、ぼくをうんでくれたお母さんのところへあいにいけるようにおねがいします。』といのつてごはんをたべました。ぼくが家を出ようとすると、おばさんが『ぼく、はやく帰るんだよ。』といいました。ぼくは『うん。』といつて一色印刷をめざしてすすみました。そしてついたらおじさんが『［A］ちやん組はんをやつてね。』といいました。ぼくはうれしくて組はんをやつているとおじさんが『［A］ちやんはやくきかいをおぼえてきかいのほうをやつてくれ』といいました。ぼくはなみだがでるほどうれしかつた。ぼくは一色印刷所を四時はんにでて学校にくるのです。べんきようをしているとおなかがすいていらいらしてきます。ぼくはいそいで家へ帰りごはんをたべてねます。でもこのごろはなれたから平気です……………。

［A］の作文を読んだとき、ぼくは胸をうたれた。『おなかがすいていらいらする。』と彼が書いたことに。また『このごろは（おなかのすくのに）なれたから平気です。』と書いたことに——。

そこでぼくは考える。『夜間中学生にも給食をはじめられないものだろうか。』と。きけば夜間定時制高校で給食をしているところも現にあるそうだし、それが夜間中学にひろげられない理由はなさそうに思えてならないのである。

きよう昼間勤務校の方へ、夜間中学の施設拡充資金募集のチラシが廻つてきた。恵まれることのうすい夜間中学生の実情を伝えながら、ホームの子どもたちに、資金募集の趣旨を訴えると、かなりつよい反響が起つた。募金が全校でどのくらい集るかはまだわからないが、こうして集められる資金は全国でどのくらいの額に達するものであろう。また、その金は何に使われるものであろう。ぼくはそれを知らない。しかし、できることなら、その金をもとにして、「夜間中学生への給食」を実施してもらいたい、とぼくはこころから願わないではいられない。一人のタツノリのために。また［A］と同じような、おおぜいの夜間中学生のために……
……………。

（九・二一）

6. 夜学生を受持つて

鶴見中学校　甲　斐　　宏

夜間中学生の在り方については種々な見方もあるようだが、夜間部の生徒が年々増加するような傾向は望ましくない。

然し現状を見ると全国的に莫大な数に上ると云う。これは終戦後被つた疲弊した日本の痛手がまだいえきれないことを物語つているのではなかろうか。私共夜間部に籍を置く以上此の状態を認識して昼間通学し得る生徒以上に関心を持つ必要がある。彼等の大部分が働かなければ生活が出来なく、然も学問の必要を痛感し、中学校の卒業証書を有たなければ社会に出て不自由を感ずる生徒達ばかりである。

私達は何とかして彼等の希望に添うべく努力すべきであるが、今の現状では容易に彼等の希望に添うことは至難な感じがする。

私はこれが解消の一策として次のようなことを考えて見た。

オ一は兼務制をなくしたい。

私の学校のように兼務制で昼間本務を持ち乍ら尚且つ夜間に務めることはなかなか困難で、夜間授業の方がついつい才二次的なものになりがちである。それに生徒の中に出席常ならない子供も出て、これが督促を必要としても容易に家庭訪問等が出来ない。又生徒の中には転々と住所を変じて行方不明なものがあるので、これ等の処理をつけたくも時間の都合もあり至難事である。兎に角こうした事務的な仕事が停滞し勝ちでなかなか生徒の把握が出来ない。

オ二は授業の実際である。

中学の全科に渉つては出来なくとも、読書数については何とか社会に出て不自由ないまでに力を付けたい。これには各児の実状を細かく観察して、一人一人を指導するに当り親身になつて世話する心構えでなくてはならない。不良性を帯びる生徒も出てくるが、これ等は教師が生徒のもつ不平不満をよく聞く心構えがあれば或程度救えることもあると思う。

オ三は女生徒の通学について。

私の学校では女生徒の通学が少なく、卒業生もかぞえる程である。入学当初は向学心に燃えているが、何時とはなしに姿を見せなくなる。事情を調べて見るとその原因は通学の途中が危険である者、夜遅くては物騒だと云う生徒が多いようである。其の間男子生徒の問題もあつて逐々通学不能になる者もある。

これ等の故障を排除する良策はないものかと何時も思つている。これも専任制であれば或程度世話も出来るが兼務であれば只口で云ふだけで途中までの督促が届かない事が多い。

オ四は給食の問題である。

私の学校の生徒は相当遠距離から通学しているものがあるが、これ等の生徒が夕食を取つてこないものが多い。授業の途中空腹を訴えるので非常に気の毒である。何とか給食の方法を構じてもらい度いと何時も思つている。

以上思い出すまゝに書きなぐつたが大方の批判を仰ぎたい。

— 終り —

7. 夜間部教師としての悩みと希望

横浜市立戸塚中学校
教　諭　間　　中　　福　　蔵

横浜市立戸塚中学校に夜間部が置かれたのは、たしか昭和二十五年頃だつたと思う。当初は、青少年の不良化防止と、貧困生徒の救済の意図のもとに開設されたもので、学校を長欠する生徒（主として家庭事情による。）を収容し、夜間少しでも教育を受けさせようとしたものである。過去七年の間に、卒業生は三十四、五名近く出ており、生徒は二、三十名毎日登校した事もあるし、在籍していても、一人も来なくなつてしまつた事もあつた。現在十九名在籍のうち、よく登校する者七名、時々の者二名、全く来ない者十名と言つた実状である。全く来ない者は家庭の無理解、怠学、遠距離の為に夜間通学困難、病気等の色々な理由による。現在教師は学校長、副校長、K教諭、O教諭、T教諭と私の六名で、皆開設当初以来の者である。担当教科は専門教科のほか他の一教科位を担任し、一・二年複式授業であり、全く個人指導といつてよい。以下私たちの苦しみとか、悩み、当局への希望など述べてみたいと思う。（個人の意見になると思うが……………。）

一）夜間教師としての悩み

1. 家庭訪問

生徒はいずれも、昼間は家事の手伝い、工場の臨時雇、留守番、子守などをして、家計の一端を助けており、昼間、学校に出たくても出られない者である。夜間部に入学して始めて、その喜びを感じている者が多い。これ等の生徒は別に問題はないが、全然、学校に出ない者については、私達は昼間の仕事がすんだあと、手分けをして、学校に来るように再三、家庭訪問をするのである。又昼間の生徒で長欠している生徒があればホーム主任と協力して、夜学に入るよう勧めたりするのである。これらの仕事はかなり私達の重荷になるのである。しかしこんな喜びもあつた。学校では、全然低能生で、友だちもなく皆から馬鹿にされるので、一年の二学期頃から来なくなつてしまつた。ところが訪問の結果、I君は、夜学がおもしろくなり、性格も前より明るくなり、無口の子が私達に平気で話すようになつた。学校の良さがつくづくわかるようになつたのである。こうして二年後にI君は卒業していつた。こんな事はつらい仕事の中の喜びの一つだと思つている。とにかく無理解な家庭を説得するつらさをしみじみ味つている。

2. 学習指導

中学の課程を普通に受けていない生徒が多いので、その能力差が甚だしい。三年といつても一年位しか能力のない者もある。この者たちが、一・二・三年生と一教室に居るのだから教師として、誠にやりにくい。全くの個人指導である。学用品と言えば、ノート一冊とまちまちな古い教科書を持ち、所定の教科書など大半持つていない。そこで使い古しの本を昼間の生徒から寄附してもらつたり、買入れたりして、本を与えている始末である。要するに能力差に応じた教育と教科書の不足にはいつも悩まされている。又これらの生徒の大半は勉強のきらいな者たちである。これを普通に教えると、いやけがさしてしまう。そこで学習は二の次にして、まず生徒の良き相談相手となつてやり、生徒の願いや苦しみを聞いてやるのである。夏の日の長い時などボール遊びの仲間に入つたり、漫画とか雑誌も見せてやる。あまり叱らないで少しでも喜んで来させるようにする。学校に親しませてから授業をしている。こういう苦心を私達はいつもしているのである。

3. 勤務と手当

私達は教育調査員手当月一、一九六円（税金差引額）の支給を、横浜市教委より受け、月平均七、八回は夜間の勤務に当る。夕食代等を差引と四〇〇円内外の金が残ることになる。手当については、弁当代位で結構で、多くを望んでいないが、しかしこの月、些細な収入が、年末になると、税金の対象となり、年末調整で四千円から五千円位の税金が加算されてくる。市民税もそれにつれて多くなつてくる。夜間の手当を受ける為に収入がマイナスになりかねない現状である。この為、税のかゝらない若い先生と交代させてもらうように再三、学校長に頼んでいる始末である。これではなにももらわない方がましである。なまじいに教育調査員手当という名目で支給されるのは甚だ迷惑な話である。なにももらわないでいた方が、一層気楽であるとさえ思つている。この悩みは私達だけだろうか。

又勤務は五時から八時までであるが、時には生徒の相談で九時頃になることもある。生徒が集まるのが五時半より六時頃なので、大低は六時頃から二時間授業をすることになつている。この三月卒業生を出して以来、よく来る生徒も二名位になり、これも今では全然来なくなつた。こういう場合でも私達は八時まで勤務するのである。二学期になつて、漸く生徒も出るようになつたので、私達も張り合いを感じるようになつたのである。

土曜日などの勤めは、出直してくる先生もあるが、正午から五時まで残つている時など無聊で悩む事が多い。

又生徒数が少なくても、よく市や県からなかなか厄介な調査がくる。こんなことまで私達で処理するのである。

さて夜学が終つて帰宅すれば、明日の教材研究もあるし、夜間の勤務はなかなか楽ではないと思うのである。

二）学校、当局、社会への希望

1. 学　校

私達の学校では、既に実施している事であるが、まず夜間生徒の教科書について、学校では心配してやることである。生徒の大半は生活困窮者であるから満足に教科書を持つていない。そこで学校では古い教科書を昼間の生徒から寄附してもらつたり、買い上げたり、出版社から送本された教科書見本を集めておき、それを生徒に与えたり、貸与したりして、勉学の便を図つている。

又生徒の家庭訪問とか、市県への報告書、長欠生徒の夜間部への勧誘、職員手当の請求、時間割作製等なかなか事務があるので、専任の教師一名位おいてもらえると非常によいと思つている。

2. 当　局

夜間生の教科書について、学校で一々心配出来ない場合もあるので、当局では、まず出版社へ交渉するなりして、見本でもよいから夜学のある中学校に無料で、送本してもらえるよう配慮願いたい。一・二・三年用数冊あればよい。同じ様な教科書をもたせることが非常に指導し易いのである。

又市当局へは、わら半紙、燃料、電灯などの費用について今後とも一層留意されるよう懇請願いたい。

前述の如く私達夜間教師の最大の悩みは、少額の手当が本俸に加算されて、多くの税金を支払わされることが全くやりきれないのである。この点は教師個人の収入の多寡によると思うが、私の学校の教師はみな、この点の善処を願うものである。教育調査員手当などという名目でなく、なんの名目でもよいから税の対象にならないものにして欲しい。この大きな悩みを市当局へ是非とも懇請されて、解決していたゞきたいものである。

3. 社　会

夜間部生徒は、主として生活の為に仂き、又親、兄弟の為に家事の手伝いなどをしているものであるから、社会一般の人及び児童福祉団体では、猶一層の暖いいたわりが欲しい。近来学校、区内警察少年係、児童委員の人達が一体となつて、これらの救済に関心をよせられる様になつた事は非常に歓びに堪えない。一段と援助を切望してやまない。

現に戸塚区では、警察少年係の方が、区内中学の長欠者の家庭を訪問されて、夜間部へ行く様に勧められているが、甚だ嬉しい事の一つである。

又前年、警察少年係、児童福祉委員、民生委員、夜間職員たちの会合をもつた事がある。その席に夜学生も同席させて、その苦しみを聞いてやつたり、励ましたりして、終りに激励の意味で記念品を贈つている。こういつた催しも、夜間の生徒には強い感銘をもたらす一事であろう。

— 以上 —

生　徒　の　声

1.　東京都や京都の夜間中学の人達へ

名古屋市立東港中学校夜間学級才二学年
A

長い間お便りしませんでしたが、みなさんお元気ですか。きようは私達の学校や学校の近辺の事などをお知らせしましよう。

私達の学校は名古屋市の港区にあります。ここは市の西南端でして、昔は、沼のような所で葦がしげつていたそうです。今でも学校の近くの道ばたには沢山はえています。そこを江戸時代に尾張藩士で熱田奉行をしていた津金文左衛門という人が干拓しました。しかしその時にお金が沢山いりすぎたので文左衛門はその責任を負んで自害したと言われています。学校の西北に運河をへだてて小さい公園があります。そこに津金文左衛門の頌徳碑があります。区内に津金町という所がありますが、その町名もこの人の姓にちなんだものでしよう。

この様に港区は干拓した所ですから土地も低いのです。名古屋市の中でも港区が一番低いそうです。区の南のはしに名古屋港があります。外国船がよく入ります。外国の軍艦もたまに入港します。そういう時には小中学生が見学に来る事があります。外人相手の店も沢山あつて、船が入港するとにぎあいます。しかし港といつても船客が乗つたりおりたりする港ではなくて、貨物を輸出入する港でして、鉄道でいえば貨物駅にあたりましよう。名古屋港は貿易額の点では、神戸港、横浜港の次でして、大阪港をしのいでいるという事です。

港区は工業地帯なので工場が沢山あります。私達の学校の東には住友金属工業名古屋伸銅所というとても大きな工場があります。私達の学校は南向きでして、運動場は校舎の北にあります。運動場の北に運河が東西に流れています。その向こうにさきほど申しました港北公園という公園があります。この公園には遊び道具はありませんがよく野球をしています。学校の東北には、労仂省中部労災病院という大きな病院が最近たちました。とても広い地域をしめていて、今もさかんに擴張工事を行つています。学校の西どなりにも小ちな児童公園があつて、ここには遊び道具があります。そのほか学校からあまりへだたつていない所に市電の車庫やガス工場があります。ガス工場は労災病院よりも、もつとずつと広い地域をしめています。

みなさんの学校の所在地附近の事もうかがいたいと思います。勉強によい季節になりました。おたがいにはげみましよう。

— さようなら —

四月二十五日

2.　社会への不満

曳舟中学夜間部三年
A

さくらの花の咲く四五月、僕は茨城の中学校を二年で中退して東京へ出てきました。それを思い出すといやな気がします。そのわけは僕の父は六十才を過ぎ、母は病気で兄が一人で仂き、それで親子六人が食つていけるわけがありません。それで僕が中学二年、弟が小学五年、他に仂くものはなく、家の中は真暗で僕は家にいるのがいやになりました。その時僕の家に東京にいい所があるから世話をしてやると言つた人がいるので、親達はことわりましたが、その人が帰る時を待つて、僕は行きますからぜひ世話をして下さいと言つてたのみました。すると、その人は親がだめだと言うんだから行かない方が良いだろうと言いましたが、むりに僕が頼んで東京の墨田の工場にきたわけです。田舎を出てから家を思うと涙が出る時もありましたが、がまんをして仂きました。その工場にいた人はいまこの学校にいるA君でした。そのA君は意地が悪くて、僕はさんざんいじめられ、倉庫で泣いた事もあります。ある日A君が自分で石をなげて硝子をわりました。それを僕にかこつけようとしたので、僕はおくさんにしかられるから、僕がわつたのじやないと言うと、Aがおこつて、もつてい

た棒で僕をなぐりつけました。僕も身体は少さいけれど、男の意地でがまんが出来ず手むかいしました。するとおくさんが出てきて、『お前は小さいし、あとからきていばるからけんかになる。』としかられたのがもとで、それ以後おくさんの言う事をききたくなくなりました。ある日の夜、僕は、おくさんが実家に帰るのだから駅まで荷物をもつてこいつて言われましたけれど、昼間仕事でつかれていたので、返事をしなかつたら、それをきいていた主人が出てきて、僕をつかんでなぐろうとしたので、僕は反対に相手の手をぐつと引くと、主人は飲んでいたので、ころんでしまいました。それから僕は、会社をやめるといつたら、すぐに出ていけと言われましたので、僕はその夜の中に、いつもいつているとこ屋さんの所に行きました。わけを話すと、よくわかつたから、安心しろと言つてくれましたので僕は泣き出しそうでした。それから、とこやさんの世話でプレス会社に行きました。そこで僕が前の話をすると、それでは夜間中学があるから行きなさいとすすめられたので学校に来る事になりました。その時僕は、世の中には悪い人もいるが良い人もいるなとつくづく思いました。夜になつて床に入つて、自分も良い人間になり、世の中を良い人ばかりにしたいものだと思いました。

3.　社会に訴える

曳舟中学校三年
A

今日、夕刊を配達に行く途中の事、増頁のため到着が遅れたので、私は急いでいました。町内はちようどお祭で賑わつています。その私の前へいきなり一人のはつぴに、ねじり鉢巻のよつぱらいが出て来て、「おい、夕刊一枚くれ。」と立ちふさがつて私を通してくれません。新聞は一枚も余分がないので、もしやれば、一軒の読者の手許に届かなくなります。私は「今日は余分がないのです。許して下さい。」と云つて立ち去ろうとしました。するとその男は「おい、朝日は生意気だぞ。」といふなり私の顔面を二つ三つぶんなぐりました。私はその時は非常に腹がたち、立向つてやろうかとも思いましたが、大事な夕刊を小脇にかゝえている上に、時間はたつばかり、それに大の男にかなうわけもなし、我慢してすきを見て逃げました。けれども配達しながらも、はじめのうちは腹がたつてしかたがありませんでした。が、だんだん気がしずまるにつれ、その男があわれに思われ、おとなしく逃げて来た私は弱虫と思われるかもしれませんが、かないつこない大の男に立向つて被害を大きくするより賢明であつたと思いました。今日あつたこの出来事は、たゞ私だけの小さい事ですが、何もしない私にこのような事をしかけてきた男、このような人物が社会にいるという事は非常に悲しく思われました。きつとこの男は教養もなく、社会的にもあまり惠まれず、その不満を、きつと、お祭の酒によつて、ちようど通りかゝつた私に対して出したのでしよう。もし、教養があれば多少の酒によつた位でこのような行為には出られないはずです。今日は、教養を身につけるという事が、如何に大事であり、その人の日常生活を左右するかを身にしみて感じました。そして、私など、今は新聞店に仂きながら夜間中学に通つていますが、それが苦しくつらい事でも、勉強し知識と円満な常識を身につける事が、将来の社会生活に非常にプラスであり、又社会の一員である以上、そうでなければならないとつくづく思いました。

4.　僕　の　境　遇

曳舟中学校夜間部
三　年　A

僕は今、或る合紙店に住込みで仂らいている。この店に来てから三年になる。こゝの主人は物わかりがいゝ人なのだが、たまたま酔つては、わけのわからないことをいゝだすので非常にこまる。僕よりも妹の B がかわいそうだ。まだ十になつたばかりなのに、台所をさせられたり、酒を買いにやらされたりしている。その

[B]が夜おそく泣いて僕の部屋にくるので、どうしたのだと聞くと、[B]がねているのに足で顔をけつとばされたといつたので、その時はほんとうになさけなくなつた。その夜は仕方なく妹を一緒にねかせた。

あくる朝、妹の目が非常に赤いので、よく考えてみると、昨夜主人にけられたのがわるく、それが原因らしい。

だが妹はここの家の養女になつたのだ。それもどうして主人が妹を養女にくれといつたのかゞわからないのだ。主人は、妹を女中のために仂かすのか、それとも、うわべだけの礼義なのだかゞ、よくわからないのだ。

食べさせてもらうのは有りがたいが、僕も食べているだけではなく、昼は店員とおなじように仂かされて、五時からは学校にくるのだが、僕にしてみればつらいことだ。妹は朝の食事がすんだ後でそれをかたしてからご飯を食べて学校にいくのだが、帰つてくれば小さい子の子守り、それ、おつかいだの、ご飯の用意だなどゝさんざんに使われる。夜は夜で、皆んながねるまでおきていなけりやいけないと云われたのらしく、ねる前にかぎをしめてねる。妹のことを思えば、僕などは帰るとすぐに床に入つてしまう。このようなこともみんな親がわるいのだと僕はいつもそう思つている。

九つの時に母親は父とけんかをして籍をぬき、そのまゝ実家へ帰つたが、相手にされずしかたなく山伏になり心を清めるといつたが、はたして、その心を清めるといつたはずの信教も、それでわなくして、食べる為めの信教に変つていつたらしい。

それからというものは、父の病気もひどくなり、今までやつていた芝居のなとりもできなくなつてしまい、社会の補助を受けていた。

ある時、父の小学校の友達の[C]という人が見えて、僕に東京にこないかと言つた。その時僕ははつきりことわつたが、父とその友達の[C]という人で、まるで僕をむりやりに東京につれてこようとしているようであつた。

「東京は、いゝ所だぞ、[A]、お前、東京に行つてえらくなるのだぞ。」 などと、そゝのかされて東京に来たが、いゝ所どころか、まるで、こきつかわれる為につれてこられたようなものだつた。その時の父と主人との相談は、なにかはわからなかつたが、東京にきたときは僕は父親がにくゝてたまらなかつた。僕をうら切り、そしてあげくのはてには、妹までもうら切り、天国へ行つてしまつたのかと思うと、いまさら父をうらむ気にもなれなかつた。

そのころの生活は非常に苦しく、社会の補助をもらつていたが、一家四人はとてもそれくらいでは食べていかれなかつたのだ。そこで主人が見えたのをさいわいに、金のことできつと僕をうらぎつたにちがいないのだ、という気持が今の僕の心からはなれないものとなつてしまつた。

こんどは、九ツの時に別れた母親が、なんのいゝがかりもない妹までも自分の為に、金で売ろうというのだろう。あんまりにも社会が冷めたいので、こういうこともあるのだろう。母親からの手紙は、病気だが、金に目がくらみ、妹を主人の養女にしたとのようなわびごとが書いてあつた。たゞ社会が冷たいのと、補助が足りない為に僕達のような目にあう人がまだまだあると思う。しかし僕も今に一人前になつて、妹と二人で立派にやつていける人間になりたいと思つているのだ。

5. 社会の理解を

墨田区立曳舟中学校夜間部
三年 [A]

私は夜間生活三年間を終えようとしています。それに当つて私はこれから後の生徒の為に、社会への希望を一つ書きたいと思います。私は家庭貧困の為に義務教育も終えずに社会に飛びだしました。ところが社会の人達はそうした私を温い気持で見てくれませんでした。私、だけではありません。この世の中には義務教育を受けたくてもいろいろな事情で受けられない人がたくさんいます。そうした人達はきつと私のように社会の人達

に温い目で見てはもらえないでしよう。いつも日影で小さくなつて仂らかなければならない人達の為に夜間中学がもうけられたのだと思います。でも夜学は政府からは認められてはいませんが、学校へ行けない人の為にあるのだと思います。昼間の中学へも行けず、昼間仂らいていて夜学校へ毎日来る人達、むろん私もその中の一人ですが、どう言うわけか知りませんが、社会の人達は私が夜間中学に通つていると言うと、とてもにがい顔をします。まだ政府から認められない学校では社会の人は温い気持では見てくださらないのでしようか。私、いや私と同じ学校に通つて来ている人達は皆んな家の為に仂らいている人達です。そうした人達が、少しの時間を見つけて、夜、勉強して義務教育を受け、少しでも早く一般の社会人になろうと努力をしているのですのに、なぜ世の中の人は温い気持で見てはくれないのでしよう。いつも日影で生活をしなくてはならない私達、いや、このような人達が今後も多く出て来ると思います。そうした人達にも社会の人は温い目で見てもらいたいのが私の社会えの希望です。会社へ入る時もそうです。夜間中学に行つていますと言うと会社ではやとつてくれない所が多いのです。どうして私達が夜間中学校へ通つているからといつて会社では入れてくださらないのでしようか。仕事は皆んなと同じようにするのに、たゞ中学校へ行つていると言う理由でことわられてしまうのです。このような事がないように一日も早く社会の人達に温い目で見ていただきたいと思います。

私はもうじき卒業ですが、今後、又この学校に入学してくる多くの人達の為にも社会の人達が温い目で見てくれたらどんなにうれしいでしようか、又勉強しやすいか分かりません。一日も早くこのような日が来るのを願つています。政府からも早く夜間学校を認めてくださる事を願つて筆をおきます。

— 昭和三十二年九月十七日 —

6. 苦　学

双葉中（二部） [B]

A君がここ数日又休んでいる。「どうしたのかしら。」僕は考えた。

「A君はさき頃盲腸炎をおこして入院していた。退院はしたが何しろ今まで入院していた費用を作り出さなければならない。病気あがりの完全でない体にむち打つて一生懸命仂いているのだろう」と。

普通の家庭の子供なら退院後は家で充分養生するであろうに——。それに比べて自分達の境遇の余りにも惨めなのを思うと悲しくなる。

しかし僕達は悲しんで挫けてはいけないのだ。仂きながら学んでいるのだ。学びながら一家の柱となつて毎日の生活に取っ組んでいるのだ。悲しみや苦しみの感情を捨てなくてはいけないのだ。

夜間中学をよく知らない人に「夜学校に通うのは大変でしよう。」と時折聞かれる。すると僕達夜学生はこう答えるのである。「悲しくなんかないよ。苦しくなんかないよ。」と。そしてにつこり笑うのである。その笑の中には夜学に学ぶ者だけの喜びがあり、楽しみがあるのだ。

明日はA君の家に行つて見よう。

僕は僕達のように仂きながら学んでいる者を対象とした健康保険の制度があればよいと思う。そうすればA君もあまり無理しないで済むと思う。

7. 「詩」 苦水・甘水

双葉中（二部） [A]

僕を目がけて、苦水がどつと流れて来た。
僕は飲んだ、生きる為に。
だが吐いた。苦さの為に。

甘い水を求めた。流れはなかつた。
しかたなく苦水を飲みなおした。すごく苦かつた。
しばらくして甘さを感じた。
チリチリチリン。夜明けだ。
いい味だ。
僕はこの味を完全な甘さにするため、一生懸命仂こう。

8.　私　の　希　望

蒔田中学校三年　A

希望としては将来の就職の事です。私の希望は看護婦になりたいのです。でもそれには上の学校へ行つて勉強をし、そして看護婦の学校へも行かなければならないのです。それも残念ながら思う様にはなれません。それは母がいない事と妹や弟のめんどうや家事の事をやらなければいけないからです。卒業しても今までの様に家にいて夜、洋裁学校へ行こうと思つています。でも父一人の仂きではたいへんですので弟が小学校へ入つてから、昼間どこかの女店員になつて仂きたいと思つています。白衣の天使………それは誰でもあこがれる職業です。せめて心の底で思つていれば良いのと自分にいいきかせて今はがまんします。そして就職がきまつたらしつかりやろうと思つています。

9.　夜　間　中　学

横浜市立戸塚中学校
夜間部二年　A

町を歩いて見ると、父に母に連れられて行く姿。「あゝ父がいたら。」と、思う。でもそれに負けてはいけない。私が一番上の姉なのにと考える。私がこんな事に負ければ母は泣くだろう。私の父は一生懸命に看護したかいもなく病気で死んでしまつた。父が死んでから、親というものは本当にありがたいとわかつた。それなのに、今の私は母をそまつにしている事が多い。今から母をだいじにしてあげてもおそくはない。私には勉強も大切だけれど、母に孝行をつくさなければならない。昼間は自分の家で、八百屋の手伝いをして、母をたすけ、妹や弟の面倒もみてやります。こんな理由から夜学で勉強することになりました。

家事を助けて、勉強することが出来るようになつた事は本当にうれしいと思います。夜学のお友達は、みんな私達と同じような人たちです。お姉さんのような人もいます。昼間の出来事を話し合つて、なぐさめ合つたり、はげまし合つたりして、とても楽しい。でも私だつて昼間、学校で勉強したい心は、いつになつても消えません。仲よしの友だちはどうしているかしら…………………。

夜間部に入つて希望は、なるべくなら昼間と同じに、全科目教えていただきたいと思います。短い時間で無理だと思いますが。

編　集　後　記

夜間学級の問題が如何に重大であるか、ということはこの小冊子でもわかつていただけると思う。但しまだまだ他にいくらでも解決をまつ問題が山積している。若い生命はその解決の日を待ちこがれているのだ。紙数の関係で教師の声、生徒の声を大部分割愛したことを残念に思う。今後互に手をしつかり握り合つて恵まれぬ子供達の為に奮斗することを誓いたい。

報道機関の取上げた主なる記事

年 月 日	報道機関名	来校者名	目的
二六、七、二三	足立タイムス	野沢氏	記事取材
七、二七	東京日日新聞社		学校状況視察
九、三	毎日中学生新聞	二名	〃
九、八	読売新聞社	吉村達二外三名	生徒入学状況 写真撮影 学校状況視察
九、二八	毎日、読売		主として取員定数・予算について
一〇、八	産業経済新聞	石井氏外一名	写真撮影
〃 〃	足立タイムス	野沢氏	校長岡西視察談記事取材
一一、二〇	毎日新聞	石川氏	学校状況視察
二七、一、二二	読売新聞	ニュース班	ニュース撮影
二、二二	朝日新聞	〃	〃
五、一四	大三教室編集部	伊藤善郎氏	生徒の作文掲載の件
六、三〇	産業経済新聞	前田一穂	二部状況視察、校長面会
七、五	岩波書店文化部	武田氏 推名氏	働きながら学ぶ生徒を「世界」に取上げるため
七、八	サンデー毎日・毎日新聞		夜間中学の件につき、生徒の家庭訪問につき、
一〇、三一	日本放送協会	矢部建雄 岡部正孝	録音放送打合せのため
一一、四	〃		生徒の学習状況 対談等録音 七日九時一五分より放送
二八、九、八	朝日新聞社	小川氏	明九日座談会の申込、打合
九、九	〃	小川氏 関根敏子氏	生徒との座談会 生徒の生活状態就学についての雇傭主の野笛等九月十一日朝日新聞夕刊全国版に掲載
九、一七	朝日クラブ	岩本氏	生徒の実態を特定個人を通して撮影（ A を指定）
九、二八	朝日新聞社	小川氏	生徒の作文を持参
一一、一九	小学館（中学生の友）	牧野氏	生徒写真撮影
二九、四、三〇	日本放送協会		テレビ撮影 不就学生徒の家庭、在校生徒の職場（洲）登校、下校の状況
五、一	日本放送協会		本木方面、学校長談話をテレビ撮影
五、一	日本文化放送		生徒との座談会を録音
五、七	毎日新聞社		ニュース撮影の打合せ、ニュース撮影 学校生活と職場生活
五、一〇	ラジオ東京	阿野広雄氏外二名	生徒との座談会録音 ひろばの時間「子供はみている」二〇日午後八～八、三〇放送
五、二八	日本放送協会		生徒との座談会録音（六月一日八、三〇～九、〇〇放送）
一〇、八	東京都教職員組合情宣部	石戸谷部員	取材の為
一〇、二八	ラジオ東京	小出プロデューサー 栗栖 アナウンサー 花岡氏	放送のための録音に
一一、七	ラジオ東京		生徒座談会を放送のため録音
一二、一四	朝日新聞	栗原記者	記事取材の為
一二、二五	日本教育新聞	〃	〃
三〇、二、七	NHK	横井氏	放送の為録音
三、七	読売新聞	中沢記者外カメラマン	取材撮影の為
三、二三	日本児童文化協会	記者二名	卒業式取材の為
三、二三	NHK	録音班	卒業式の実況録音の為
七、一三	毎日新聞	記者二名	記事取材の為
一一、三	前文部大臣 松村謙三		全国学校長会議の席
三一、三	同盟通信社（社会部部長）中村豊一		取材の為、（創立者）都立一橋高等学校長 伊藤泰治
五	同盟通信社 中村豊一（調査局）二村明.		

三〇、五、九、都、本島教育長 野間指導部長 長浜指導部主査 河南指導主事及都各産業教育指導校校長全員来校視察せらる。

全国中学校夜間部教育研究協議会
事務局 東京都千代田区代官町二
電話 代表 (34)(23)

1958年度

第五回全国中学校夜間部教育研究協議大会御案内

主催　全国中学校夜間部教育研究協議会
　　　福岡県中学校夜間部教育研究協議会

後援　福岡県教育委員会
　　　福岡市教育委員会
　　　福岡県中学校長会
　　　福岡市中学校長会
　　　同盟通信社

昭和二十九年全国中学校夜間部研究協議会結成以来満四ケ年関係同志の固い団結と真摯な努力によって着々その成果をあげつつあることは御同慶に堪えません。しかしながら今日尚就学義務年令生徒中に中学校十三万（小学校十一万）を超える不就学長欠生徒が存在することを思う時、今後に残された問題の余りにも多いことを痛感いたします。

わたくしどもはここに第五回全国大会を開催いたし、各都道府県の実情を更に検討するとともに、教育実践上の障害点を明らかにしこれを行政当局並に広く一般社会にも訴えて十三万不就学長欠生徒の救済、二千数百の夜間学級生徒の幸福増進の為に協議いたしたいと存じます。

会員各位は勿論同志皆さん多数の御参加を希望致しまして左記御案内申上げます。

昭和三十三年九月二十日

全国中学校夜間部教育研究協議会長　関根重四郎
福岡県中学校夜間部教育研究協議会長　飛永辰次郎

記

第五回全国中学校夜間部教育研究協議会大会要項

一、日時　第一日　昭和三十三年十月二十四日（金）午前九時三十分〜午後五時三十分
　　　　　第二日　昭和三十三年十月二十五日（土）午前九時〜正午

二、会場　福岡県学校給食会館（福岡市長浜町四の八　TEL ④□□□）（鹿児島本線博多駅下車駅前より西公園下行バスにて長浜四丁目下車二分）

三、主題　中学校夜間部教育の推進について

四、日程　第一日　十月二十四日（金）午前九時三十分〜午後五時三十分
1. 開会式
2. 議長選出
3. 経過報告並会計報告
4. 協議
5. 研究発表
◎リクリエーション（郷土紹介）
◎座談会（文部、厚生、労仂、各省事務官を囲んで）

第二日　十月二十五日（土）午前九時〜正午
1. 講演
2. 協議
3. 大会決議宣言
4. 閉会式
◎見学（希望者）

日程

時	第一日 十月二十四日（金）	第二日 十月二十五日（土）
9.00〜9.30	受付	講演
9.30〜10.00	開会式	講演
10.00〜10.15	開会式	協議
10.15〜10.30	議長選出	協議
10.30〜11.30	協議	協議
11.30〜12.00	協議	大会宣言・閉会式
12.00〜12.30	昼食	昼食
12.30〜1.00	リクリエーション	昼食
1.00〜2.00	協議	見学
2.00〜4.00	研究発表	見学
4.00〜4.10	休憩	散会
4.10〜5.30	座談会	

五、大会々費　一名五百円（両日の昼食代を含む）

六、申込み締切り　協議大会参加申込みは準備の都合上十月五日までに必着便で福岡市立東光中学校長飛永辰次郎宛申込書に会費を添え御送付下さい。

七、宿泊案内　旅館「一楽（いちらく）」
福岡市新柳町一の五二　TEL ②□
○博多駅前から市電循環線西新町行に乗車し柳橋（駅前から三つ目）下車　三分
○博多駅前からハイヤーで約十分（約百円）
この旅館は、歴史的伝統を誇る博多新柳町でも最高の格式を持った旧料亭であり、昔ながらに特別の接待をして戴くことになっていますので、多数御利用の程お奨め致します。
旅館賃は一泊二食付八百円ですから御希望の方は申込金弐百円を添えて協議大会参加申込みと同時にお申込み下さい。

八、見学　福岡市内及近郊名所見学

九、理事会　開催の場所並時刻は大会の際おしらせします。

十、九州観光案内　左記御参照の上御希望のコースをお申込み下さい。当方で観光案内所と連絡致し一切のお世話を致します。
Aコース　二泊三日　約五千円　長崎、佐世保、西海橋、雲仙、島原、熊本巡り
Bコース　二泊三日　約五千円　熊本、内牧温泉、阿蘇、別府巡り
Cコース　三泊四日　約六千円　鹿児島、宮崎、別府巡り
備考　1. AB両コースを熊本で結ぶコースも好いと思います。
　　　2. 詳細な日程については大会初日に会場でお知らせします。

十一、協議会の規約による一校当り参百円也の昭和三十三年度負担金未納校は、大会当日までに納入下さい。

豊穣の秋を迎えまして皆さん愈々御健勝のことと存じます。さて来る十月二十四日（金）二十五日（土）両日に亘って福岡県福岡市に於て開催予定の第五回全国中学校夜間部教育研究協議会につきましては、かねて御回答いただきました「研究主題」「研究発表」「協議題」「談話題」を左記の通り調整いたしましたので何卒御了承下さい。

各位の盛上る御熱意に対し深甚の敬意を表する次第ですが時間の制約上やむを得ませんので何卒事務局の趣旨をお含みの上御用意をお進め下さるよう重ねてお願いいたします。

昭和三十三年九月二十日

全国中学校夜間部教育研究協議会長　関根重四郎
本部事務局　東京都墨田区曳舟中学校
福岡県中学校夜間部教育研究協議会長　飛永辰次郎
第五回大会事務局　福岡県福岡市東光中学校
TEL ③

中学校長殿

記

一、研究主題

各校から御提出の分について十分検討審議の結果決定しました。

二、研究発表

△口述発表（一校当り十五分程度）

・研究発表の印刷物御用意の場合は一二〇部御送付又は御持参願います。
・文書発表については研究発表印刷を一二〇部御送付又は御持参下さい。

三、協議題

類似問題に分類いたしますので〇印校と於かれましては他の学校と連絡の上それを含めて提案理由の説明に当って戴くと好都合です。

四、談話題

協議題、研究発表題の内容はいずれも談話題になると思いますから文部、労働、厚生三省の事務官を囲んでの懇談会に積極的に持込んでいただきたいと存じます。

㈠ 研究主題

中学校夜間部教育の推進について

㈡ 研究発表

〇は口述発表　他は文書発表又は意見発表

① 学習指導の問題　〇広島　観音中
　仝　横浜　西中
　仝　福岡　東光中
② 基礎学力の向上について　〇兵庫尼崎　大庄東中
　仝　横浜　平楽中
　仝　横浜　戸塚中
　仝　広島　二葉中
③ 複式学級における学習指導法について　〇横浜　平楽中
　仝　横浜　蒔田中
　仝　横浜　戸塚中
　仝　福岡　山田中
④ 生向調査　〇東京　八王子第五中
　クレペリン検査結果に対する一考察　東京　糀谷中
　諸診断テストの結果について　福岡　東光中
⑤ 本校の道徳教育　〇名古屋　天神山中
　二部生徒と外部生徒との交友関係　横浜　西中
　学級と家庭との結びつきについて　横浜　西中
⑥ 人格的知能的発達程度に著しい差違のある生徒の集団指導　〇福岡　宇美中
　虞犯少年の生活指導について　横浜　蒔田中
　生徒の躾について　兵庫尼崎　大庄東中
　生徒の酒、煙草、トバク等を止めさすにはどのような処置が必要か　広島　豊浜中
　非行生徒の校外生活指導　福岡　山田南中
⑦ 同和教育対象地区における夜間学級経営について　〇兵庫尼崎　大庄東中
　同和教育と夜間学級の運営　兵庫西宮　大社中　芦原分校

② 本校に於ける夜間学級経営予算について　〇福岡　東光中
　財源問題　広島　観音中
　夜間部独立予算について　東京　曳舟中
　生徒に対する学習扶助について　大阪　堺大浜中
　専用教室の確保　広島　二葉中
③ 夜間学級に対する主事制の確立　〇東京　糀谷中
　主事制の確立　広島　観音中
　仝　横浜　鶴見中
　仝　東京　立川第三中
④ 専任教師、家庭訪問教師の獲得について　〇横浜　蒔田中
　仝　横浜　鶴見中
　夜間部専任教員定数の確保　東京　曳舟中
　仝　東京　立川第三中
　仝　福岡　山田南中
⑤ 健康管理上の諸問題　〇横浜　西中
　仝　横浜　平楽中
　仝　横浜　蒔田中
　仝　東京　曳舟中
　仝　広島　観音中
⑥ 無償給食の完全実施について　〇横浜　鶴見中
　仝　東京　糀谷中
　仝　福岡　東光中
　無償給食の道をいかにして開くか　横浜　蒔田中
⑦ 特殊生徒の就職指導　〇兵庫西宮　大社中
　仝　福岡　東光中
⑧ 京都市立中学校二部学級の実践並に不就学生徒対策　〇京都市　全中
　名古屋市に於ける長欠生徒の現状　〇名古屋　東港中
　不就学長欠生徒の救済方法について　東京　曳舟中
　仝　東立　立川第三中
　仝　横浜　西中
　仝　広島　観音中
　仝　福岡　東光中
　欠席勝ちの生徒に対する出席督励法　広島　二葉中
　仝　横浜　鶴見中
　仝　横浜　戸塚中
　夜間学級生徒を昼間就学可能にするための方策　福岡　宇美中

㈢ 協議題

（提案理由の説明時間一人につき十五分以内）

〇は提案校

① 法制化
　夜間学級の義務性を実現することとの必要　〇東京　曳舟中
　夜間学級を法的に認めること　横浜　戸塚中
　　　　　　　　　　　　　　　　　　校名不詳

㈣ 談話題

二部学級に対する文部、労働、厚生三省の協力方要請について

（各省関係事務官に対し中学校夜間部教育についての質問意見要望等を積極的に発言下さい。）

昭和三十三年十月二十四日(金)
昭和三十三年十月二十五日(土)

会場　福岡県学校給食会館
福岡市長浜町四丁目八番地
TEL ④□・□・□

第五回全国中学校夜間部教育研究協議大会要項

主催　全国中学校夜間部教育研究協議会
　　　福岡県中学校夜間部教育研究協議会
　　　福岡県教育委員会
　　　福岡市教育委員会
後援　福岡県中学校長会
　　　福岡市中学校長会
　　　同盟通信社

挨拶

第五回全国中学校夜間部教育研究協議会準備委員長
福岡市立東光中学校長　飛永辰次郎

今回当県に於て第五回全国夜間中学校研究協議大会を開催する運びとなり、はるばる多数の御参加を得て誠に喜びに堪えません。

幾多の難問題を抱えています二部学級教育の推進に関し、お互に一堂に会して、胸襟を開き、日頃の体験なり、貴重なる研究なりを発表して、意見を交換し、この日本全国各地の切実なる実情に基き、強力なる当局の支持を得、社会的世論を喚起して本教育の推進に資せんものと考えています。

本校の二部学級教育は本年度より二名の専任教師を置いて教育に当つています。従来は各教科別に異つた教師が指導に当つていましたが、当局の御配慮の結果専任制を採用することを得、その成績顕著なものがあります。尚この上は定員の増加等を要望する次第であります。

本市としましては、経費面に於て特に留意され、遂年予算の増加をみて、経営上多大の便宜を受けています。

尚昨年十二月より市当局の格別の理解、援助のもとに完全給食を実施し、成績誠に良好にして、生徒達は安心して勉学に励むことができ、満足しています。

本大会を開催するに当り、県、市当局及び関係諸学校、諸団体、地もと有志の有形無形の御援助を受け、ここに開催の運びとなつたことは誠に、感謝に堪えない次第であります。

九州は我国発祥の地と言われ、諸多の名所旧趾、又景勝の地も少くありません。折角の機会でありますので、遠隔の地から参加された方は、これらの地を探訪され筑紫路の情趣を味われるのもよいかと存じます。

当番校と致しましては、各位をお迎えする光栄に感激して、本会場、宿舎、観光等出来る限り手は尽したのでありますが、力足らずして、御不満の点も多々あると存じます。何卒御寛容の上私達の熱意あるところを、わずかでも御酌みとり願えれば幸この上もありません。

第五回全国中学校夜間部教育研究協議会要項

一、主　題　中学校夜間部教育の推進につて

二、挨　拶

	福岡市教育委員会教育長
全国中学校夜間部教育研究協議会長	関根重四郎
福岡県中学校夜間部教育研究協議会長	飛永辰次郎

三、協議題

第一日

①法制化	○東京曳舟中
夜間学級の義務性を実現することの必要	横浜戸塚中
夜間学級を法的に認めること	校名不詳
②本校に於ける夜間学級経営予算について	○福岡東光中
財源問題	広島観音中
夜間部独立予算について	東京曳舟中
生徒に対する学費扶助について	大阪堺大浜中
専用教室の確保	広島二葉中
③夜間学級に対する主事制の確立	○東京糀谷中
主事制の確立	広島観音中
同	横浜鶴見中
同	東京立川第三中
④専任教師、家庭訪問教師の獲得について	○横浜蒔田中
同	横浜鶴見中
夜間部専任教員定数の確保	東京曳舟中
同	東京立川第三中
同	福岡山田南中
⑤健康管理上の諸問題	○横浜西中
健康管理上の問題も含めて「夜間中学校について」文部大臣との対談—テープコーダー	
同	横浜平楽中
同	横浜蒔田中
同	東京曳舟中
同	広島観音中

第二日

⑥無償給食の完全実施について	○横浜鶴見中
同	東京糀谷中
同	福岡東光中
無償給食の道をいかにして開くか	横浜蒔田中
⑦名古屋市に於ける長欠生徒の現状	○名古屋東港中
不就学長欠生徒の救済方法について	東京曳舟中
同	東京立川第三中
同	横浜西中

同　広島観音中
同　福岡東光中
欠席勝ちの生徒に対する出席督励法　広島二葉中
同　横浜鶴見中
同　横浜戸塚中
夜間学級生徒を昼間就学可能にするための方策　福岡宇美中
二部生徒補導上の問題点　京都九条中

四、研究発表

①学習指導の問題　○広島観音中
同　横浜西中
同　福岡東光中
②基礎学力の向上について　○兵庫尼崎大庄東中
同　横浜平楽中
同　広島二葉中
同　横浜戸塚中
③複式学級における学習指導法について　○横浜浦島丘中
同　横浜平楽中
同　横浜蒔田中
同　横浜戸塚中
同　福岡山田南中

④性向調査　○東京八王子第五中
クレペリン検査結果に対する一考察　東京糀谷中
諸診断テストの結果について　福岡東光中
⑤本校の道徳教育　○名古屋天神山中
二部生徒と外部生徒との交友関係　横浜西中
学級と家庭との結びつきについて　横浜西中
⑥人格的知能的発達程度に著しい差異を持つ生徒の集団指導　○福岡宇美中
虞犯少年の生活指導について　横浜蒔田中
生徒の躾について　兵庫尼崎大庄東中
生徒の酒、煙草、トバク等を止めさすにはどのような処置が必要か　広島豊浜中
非行生徒の校外生活指導　福岡山田南中
⑦同和教育対象地区に於ける夜間学級経営について　○兵庫尼崎大庄東中
同和教育と夜間学級の運営　兵庫西宮大社中芦原分校
⑧京都市立中学校二部学級の実践並不就学生徒対策　○京都市全中

五、談話題

二部学級に対する文部、労働、厚生、三省の協力方要請について

六、講演　生産性九州地方本部専務理事　近見敏之
演題　生産性向上と教育

七、挨拶　文部事務官

八、日　程

時	第一日 十月二十四日（金）	第二日 十月二十五日（土）
・9.00	受　付	講　演
9.30	開会式	
10.00		
10.15	議長選出	協　議
10.30	協　議	
・11,30		大会宣言
		閉会式
12.00	昼　食 レクレーション	昼　食
・1.00	協　議	見　学
2.00	研究発表	
4.00	休　憩	散　会
4.10	座談会	
5.30		

六

＊　重複記事が収録されているため、本史料7～8頁は削除した。

全国中学校夜間部教育研究協議会役員

一　顧問　寺本喜一氏（京都市西京大学文科家政学部）
　　　　　伊藤泰治氏（東京都立一橋高等学校長）
　　　　　村田忠一氏（京都市立二条中学校長）
　　　　　立石実信氏（前横浜市立平楽中学校長）
二　会長　関根重四郎（東京都墨田区立曳舟中学校長）
三　副会長　飛永辰次郎（福岡市立東光中学校長）
　　　　　村形武夫（横浜市立蒔田中学校長）
四　理事　都筑渉（名古屋市立東港中学校長）
　　　　　竹島基三（三重県上野市立崇広中学校長）
　　　　　中村信次（奈良県奈良市立若草中学校長）
　　　　　由水茂（京都市立藤森中学校長）
　　　　　木田泰夫（新宮市立城南中学校長）
　　　　　栃木勇（神戸市立駒林中学校長）
　　　　　古田加茂太（広島市立二葉中学校長）
五　会計監査　竹内親儀（名古屋市立天神山中学校長）
　　　　　小林俊之助（東京都大田区立糀谷中学校長）
六　幹事　町田義三（東京都足立区立足立四中主事）―会計―
　　　　　関戸小一（横浜市立浦島丘中学校長）

九

一〇

設置校一覧

東京	足立区	足立四中
〃	葛飾区	双葉中
〃	大田区	糀谷中
〃	墨田区	曳舟中
〃	世田ヶ谷区	新星中
〃	荒川区	第九中
〃	立川市	立川三中
〃	八王子市	八王子五中
神奈川	横浜市	港中
〃	〃	西中
〃	〃	蒔田中
〃	〃	平楽中
〃	〃	金沢中
〃	〃	戸塚中
〃	〃	鶴見中
〃	〃	浦島丘中
〃	川崎市	塚越中
〃	〃	川中島中
愛知	名古屋市	天神山中
愛知	名古屋市	東港中
京都	京都市	嘉楽中
〃	〃	烏丸中
〃	〃	北野中
〃	〃	朱雀中
〃	〃	皆山中
〃	〃	九条中
〃	〃	高野中
〃	〃	洞東中
〃	〃	弥栄中
〃	〃	山科中
京都	京都市	藤森中
大阪	堺市	大浜中
〃	布施市	布施四中
兵庫	神戸市	駒ヶ林中
〃	〃	丸山中
〃	〃	布引中
〃	尼ヶ崎市	城内中
〃	〃	昭和中
〃	〃	明倫中
〃	〃	小山南中
〃	〃	大庄東中
〃	西宮市	大社中
〃	伊丹市	南中
〃	洲本市	由良中
三重	上野市	崇広中
奈良	奈良市	若草中
和歌山	新宮市	城南中
〃	〃	緑ヶ丘中
〃	南牟婁郡	西向中
〃	〃	木宮村中
〃	西牟婁郡	日置中
広島	広島市	二葉中
〃	〃	観音中
〃	豊田郡	豊浜中
福岡	福岡市	東光中
〃	大牟田市	歴木中
〃	山田市	南中
〃	粕屋郡	宇美中
計		五八校

三三、一〇、一現在　全国中学校夜間部教育研究協議会調

参加者名簿

（十月十五日現在）

都府県	勤務校	職	氏名
東京	大田区立糀谷中		石坂周一
	墨田区立曳舟中	校長	関根重四郎
	同	主事	矢口栄吉
	世田谷区立新星中	校長	奥山吾一
	荒川区立第九中	校長	吉原仁
	同	教諭	滝戸宏
	足立区立足立四中		
	葛飾区立双葉中		
	八王子市立八王子五中		蓮沼良滋
	立川市立立川三中		星川富雄
神奈川	横浜市立港中	校長	千葉達夫
	同 西中	同	飯田赳夫
	横浜市立蒔田中	校長	村形武夫
	同 戸塚中	副校長	河野英真
	同 鶴見中	校長	斎藤新作
	同 浦島丘中	同	関戸小一
	同 平楽中		

都府県	勤務校	職	氏名
神奈川	同 金沢中		
	川崎市立塚越中		
	同 川中島中		
愛知	名古屋市立東港中	校長	都筑渉
	同	教諭	福岡鋼平
	同 天神山中	校長	竹内親儀
	同	講師	増田かつえ
京都	京都市立嘉楽中	教諭	臼井弘
	同 烏丸中	同	岡田登
	同 北野中	同	加藤良三
	同 朱雀中	校長	西田重雄
	同	教諭	岡本武雄
	同 九条中	同	川井戒本
	同 高野中	同	藤田彰典
	同 洛東中	同	石井孝彦
	同 弥栄中	同	中新敬
	同 山科中	同	塩見作次

都府県	勤務校	職	氏名
京都	同 藤森中	校長	由水茂
	同	教諭	梶嘉一郎
	同 皆山中		
大阪	堺市立大浜中		
	布施市立四中		
三重	上野市立崇広中		谷口精
奈良	奈良市立若草中		
兵庫	尼ヶ崎市立大庄東中		西尾勝元
	神戸市立駒ヶ林中		
	同 丸山中西野分校		
	同 布引中		
	尼崎市立昭和中		
	同 明倫中		
	同 小田南中		
	同 城内中		
	伊丹市立南中		
兵庫	洲本市立由良中		
	姫路市立山陽中		

都府県	勤務校	職	氏名
和歌山	新宮市立城南中		
	同 緑ヶ丘中		
	南牟婁郡西向中		
	同 木宮村中		
	西牟婁郡日置中		
広島	広島市立二葉中		早間忠夫
	同 観音中		
	豊田郡豊浜中		
福岡	嘉穂郡山田市立山田南中	校長	松岡俊夫
	同 右	教諭	長谷川陽三
	大牟田市立歴木中	校長	河野幸治
	粕屋郡宇美中	校長	長崎初男
	同 右	教諭	松藤陽一
	福岡市立東光中	校長	飛永辰二郎
	同	教諭	幾竹武治
	同	同	今林要
	同 三筑中	校長	富田克己
	同	教諭	村上英之進

辞書は三省堂
コンサイス英和辞典
コンサイス和英辞典
コンサイス英英辞典
テイリーコンサイス英和辞典
新クラウン英和辞典 大D型 縮刷版
ジエム英和・和英辞典
明解英和辞典
中学英和新辞典
初級コンサイス英和辞典
初級コンサイス和英辞典
辞海 縮刷版 背革特装版
新版広辞林
広辞林
新小辞林
明解国語辞典 改訂版
明解古語辞典
小辞林
新修国語小辞典
音訓両引き 国漢辞典
SSD
東京・名古屋
大阪・福岡
三省堂

御土産は 博多織を
中西博多織元
博多・土居町電停前・寿通り角 電話③ ・ 番

事務用品
和洋紙
文房具
渡辺尚文堂
福岡市東光町
電話③

記念品
旗幕
時計
漆器
銀器
メタル
バッチ
ヒロカネ商会
営業所 福岡市東中洲電停前
電話東 ②・ ③

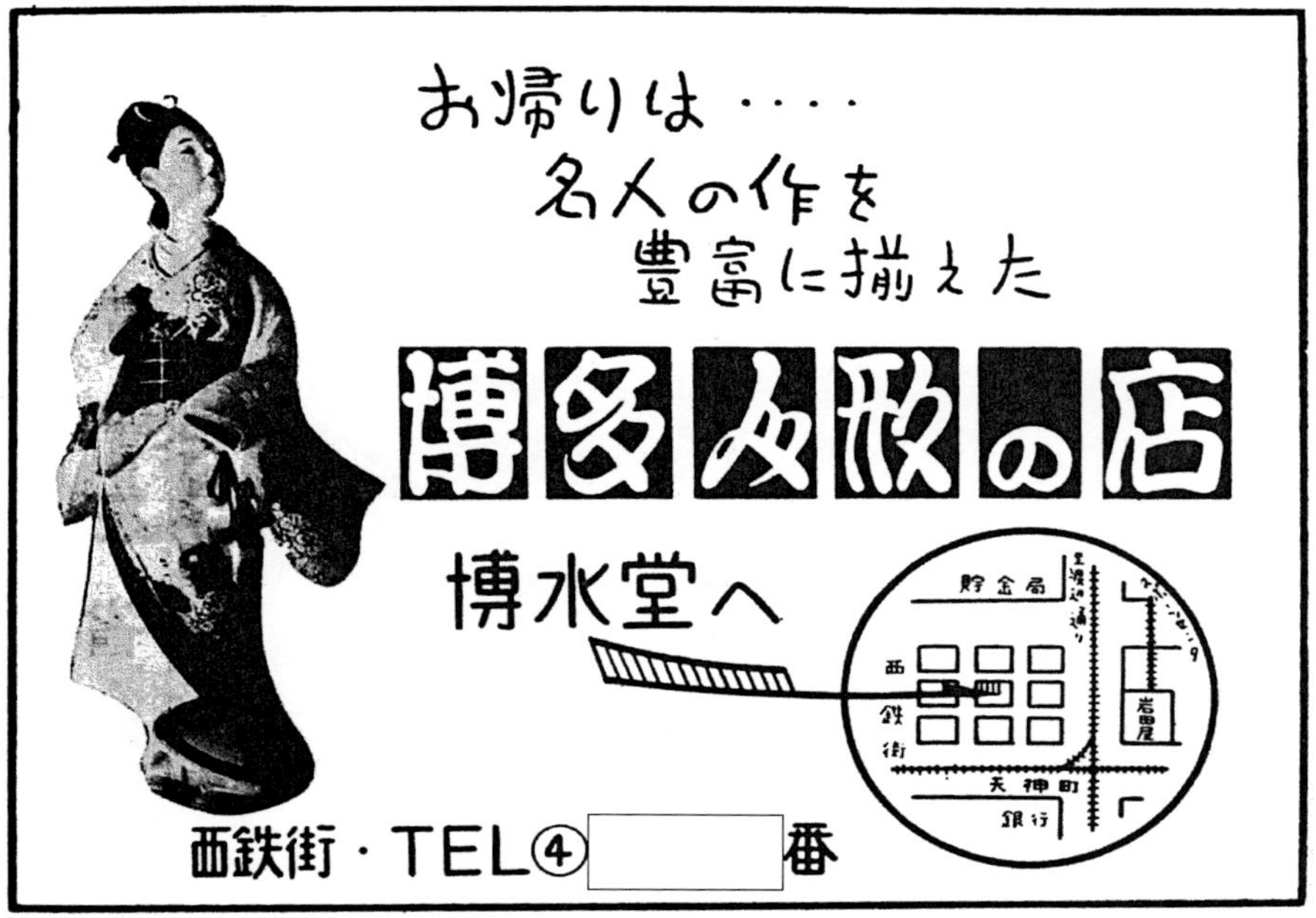

昭和33年10月20日　印刷

第五回全国中学校夜間部教育研究協議大会準備委員会

福岡県福岡市西堅粕6の250　TET ④

福岡市立東光中学校内

委員長　飛　永　辰　次　郎

第五回全国中学校夜間部教育研究協議会開催にあたり
福岡市長浜町四の八・福岡市学校給食会館に於て
昭和三十三年十月二十四日・二十五日

夜間中学の法制化を中心に
想うことの二、三

東京都葛飾区上千葉町五一一
双葉中学校第二部
臼倉甚八

一、現行法のままでも夜間中学は合法施設である

中学校の授業を昼間行わなければならないと規定する条文はどこにもない。

法規の解釈は、ここでは青少年が解釈如何によって如何に利益するかの考慮の上にたたなければならない。

学校教育法の提案理由を精読すれば、学校教育法の制定当時は夜間中学の設置などは豫想もしていなかったのであったろう事が察せられる。提案理由は法規そのものではないのであるから、豫想していなかったからとて夜間中学を法的に否定する根拠にはならない。

夜間中学を如何かと言うものには、昼間の中学に通い得ない少年の生活の実態をよく知らず、青少年が成長過程に於て通常あるべき昼間授業等の姿を合理化し常識化し、杞憂を加えて其の常識に反しているので非難めいた言辞を発する場合が多い。

夜間中学生の生活の実態を知れば知る程其の常識は、夜間中学生にとって迷惑であり誤である事が判る。

現在の経済事情下に於ては、むしろ合法施設であるとの確信のもとに堂々と行う方がかえって民主教育を標榜する学校教育法の精神を生かす常識であると信ずる。

義務教育修了までの国家保障が充分であれば問題は自ら別であるが、現在のままで全部の学令生徒に昼間通学を強要する事は無理である。夜間中学生の生活から不就学長期欠席生徒の生活を想像するに、彼等は何等かの形で家計を補わなければ家計そのものが成りたたないのが多いのである。彼等は職種によっては就労可能な年令である。夜間中学を論ずるは複雑な種々の線が錯綜している世界に生きる生徒を、種々の観点から見るので問題は非常に難しい。然し結論としては就労を公然と認め義務教育課程修了えの道を拓いてやるべきか、それともそれを彼等をとりまく法規を狭く解して彼等の将来までも制約すべきかの問題に落ちつくと思う。事理明かな気がする。

以上夜間中学は合法施設なりと強調するも現実に於ては現在のままでは不備の点が多く彼等に適切妥当な教育施設であると言うには可成りの距離がある。廂住居の居候の恰好では苦難ばかり多くて実效があがらない。ここに於て夜間中学を以って もぐりであるとか 不法施設であるとか言う余地のないよう法的措置の必要を痛感する。

二、夜間中学の法制化に向って運動を展開するに、その内容が不統一であることは假設論[illegible]として絶対に避けなければならない。

結論としては学校教育法第四十四条（定時制高校）に準ずる制度とすべきで、断じて第七十五

余（特殊教育）に依るべきではない。

尚距離的に又時間的に夜間にも通い得ない事情にある青少年に考慮を払わねばならない。二宮尊徳先生が現在少年でいらっしゃると仮定した場合、先生は恐らく夜間中学に通い得なかったであろう。そういう事情の者もある。それらの者を救済するため、中学校通信教育規定の是正を計るべきであると思う。

夜間中学に通信教育を併用した場合、義務教育完全遂行は至難な事ではなくなると思う。

凡そ義務教育は相等の修練課程を経たものに一人前にやれるぞという自覚を与える事に大きな意味があるのであって、昼間に於ける通学教育を偏重し、諸般の機構のギャップに苦しませて青少年の将来を暗くするのは、民主々義を標榜する教育行政のとってはならない所であると思うのである。

昼間通い得ない生徒の教育は昼間の生徒の教育に比し、対象である生徒の諸事情が大きく違い活動の分野特に力点のおき場が違う。従って教師の苦労と努力がいる。然してその如何は青少年の不良化の問題につながる。

制度化に当っては直接其の衝に当るものの自律性を確立し、責任と権威の所在を明確にすべきであると思う。少くとも現在の寄住居的存在関係は清算すべきである。

貧困のため昼間通学し得ない生徒には保護規定がかえって障害になっている場合が沢山ある。これらは是正されなければならない。又建設されねばならない部面も沢山ある。

協議会はこれらの問題を的確に探究し、一丸となって打開のため邁進すべきではないかと思う。

大会の決議に於て常設の活動本部を東京に設置し、強力に活溌に運動を展開し得る態勢を整うべし
我々は少くとも教員としての良識をかけ、更に教員としての生命を張ってこの問題に取り組んでいる。協議会としては大会毎に宣言決議をなし気勢もあげている。然るに本質的問題解決については遅々として前進を感じない程度にある。

夜間中学に関する諸般の問題は中央諸機関の討議決断によらねば解決出来ない性質のものが多い。

我々は運動のあり方について反省し一回の陳情に止まることなく、旧套を脱皮し適切な協力者を呼合して中央に向って強力にして活溌な運動を展開すべき段階に来ていると思う。

常設本部を東京としたのは人的構成を意味するものではない。東京に関係中央諸機関があるからである。


参加申込が事情あって非常に遅れたため、進行予定の関係上発言の機会のなくなっていた場合を懸念し、意見の一部を要約し印刷して持参する。

総会にとり入れる扱いについては会長と司会者に一任する。

電灯のある教室

夜間中学生の生活記録

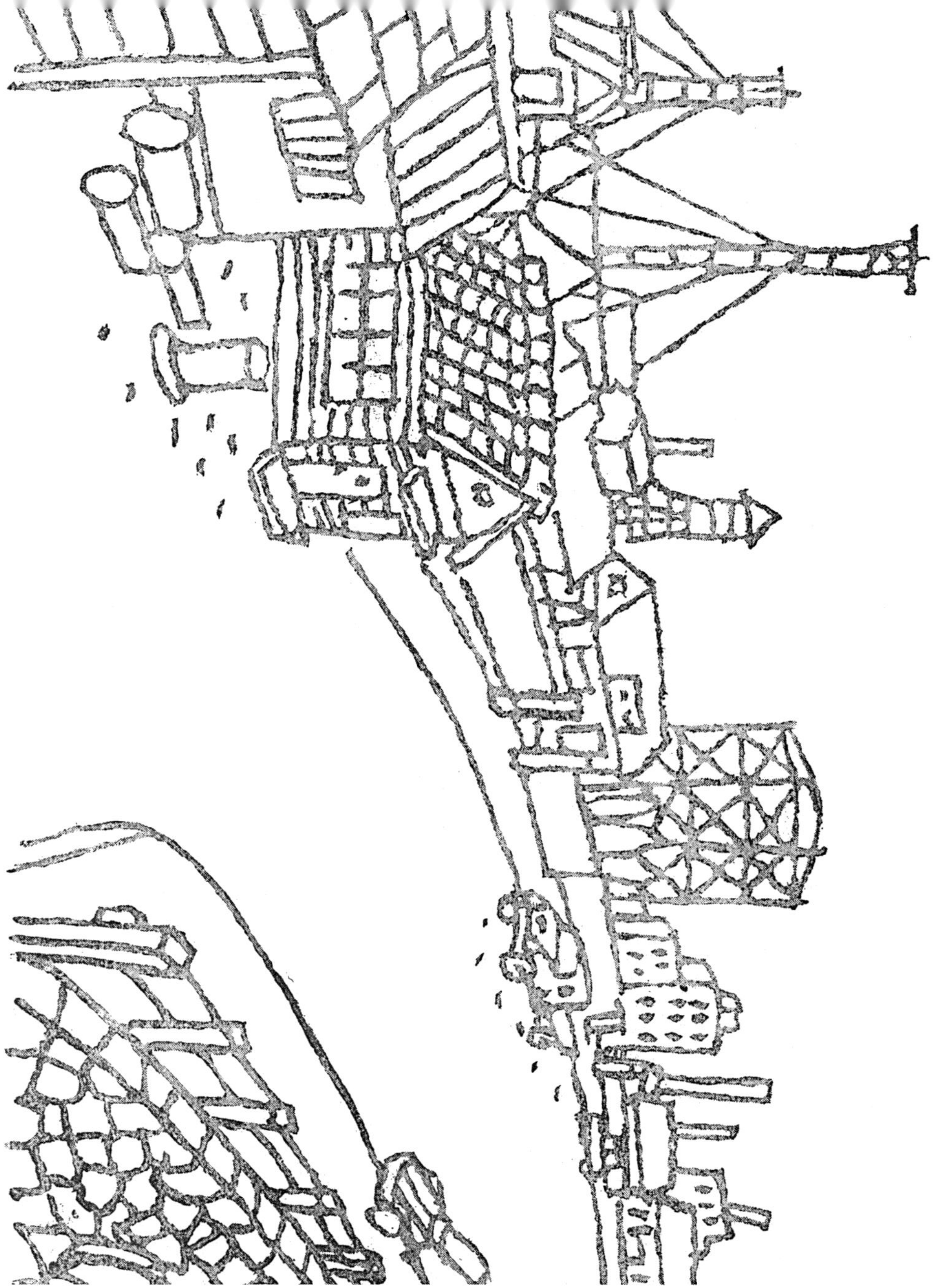

全中夜教・刊

電灯のある教室

―夜間中学生の生活記録―

全国中学校夜間部教育研究協議会編

夢と希望のすべてを
たくされた
「まなびや」の灯火は
春夏秋冬
絶えることなく
彼等をなぐさめ
はげましているようだ

（東京・双葉中夜間部）

私たちのクラスも
色々な職業をもった
生徒のあつまりです
昼間の仕事のつかれも
わすれたように
皆んな真剣な顔をしています

私は子守り兼女中としてお世話になって
います　坊やはてんしんらんまんです
御主人も奥さんも親切です　私は明るく
のびて行きたいとおもっています

道具と材料の一切
があてがわれまし
た　狭い家ですか
ら　押入の下段を
仕事場に　上段は
寝るところ
父も母もこどもも
みんなで働く

朝に星をいただき　夕に……もう遠い昔の言葉のように聞えるが　僕は現実にそれを実行している　ひたすら将来への希望がそうさせるのだ

横浜港には　大きな外国船が沢山出入りします僕も早く立派な船員になつてあんな船に乗りこむよう一生懸命です

感想

亀井勝一郎

中学までは義務教育になっているにも拘らず、いまなお貧しい家庭では、それさえ思うようには出来ないでいる状態が、ここにはっきりうかがわれる。

しかし若い人たちは決してあきらめていない。年令のことも考えずに勉強だけは身につけておこうと決心して、働きながら夜間中学に通っている。

めぐまれない条件というものが、人間をいぢけさせずに、逆に勇気と希望をもたらすよい例がここにみられる。大人になっても、この時の通学の喜びと努力を思ひ出し、どんな境遇でものりこえてゆく逞しい意志を育てて行ってほしい。

1

自分たちのいまの境遇こそ、一番力づよい人間を育てるのだという自信と誇りを失はないことが大切だ。同じ年ごろの少年少女はむろん、一つの社会問題として多くの父兄にも読んでもらいたい本である。

この文集を見て

阿部静枝

この文集を見て、目先きが明るくなる気がした。荒れ果てた地から春の草が芽ぶいて緑を敷き、やがて花実を持とうとするのを見るようである。

おとなならば心の飢え渇きから絶望的になり、未来まで踏みにじりそうなところを、若い命はそう傷つかずに切り抜ける。少年たちは、現実の泥にまみれず、未来をのぞんで伸びてゆく。彼らを成長させる光と栄養は学校である。

義務教育の六三制だが、不就学とか長期欠席とかとマークされて中学に行けない生徒は少なくない。父の死や両親の不和から来る貧困、朝鮮動乱の社会不安など、少年たちに外側から加えられる不幸が学校に行かせないのを、この文集から読みとれる。学校に行けない間は、辛くてさびしかった。昼は工場その他に働いて、夜間中学に通うようになってからは日々が楽しい。一人前の働き手となり、親と弟妹をしあわせにしたいとの素朴純情な願いが、生一本な表現で書いてあって、胸を打つ。つつましくて熱烈なこの願いを叶えてやりたい。

それにしても、日のかげりがちな場所で、力の限度を越えないように少年を守ってやるのが社会のつとめだと思う。夜間中学に給食があり、教科内容が充実しており、昼間の中学生と差別なく待遇され、高校進学の門も広くなければならない。こうした中学が都市農漁村にあって不就学をなくさねばならない。

貧困で矛盾のひどい日本にあって、善意の現れは夜間中学の労働少年のすがたとも言える。この人たちが、健康、希望、誠実を持ちつづけて成長し、世に立つ時、日本に適当した質実な生産社会が開けるだろう。楽に学べる人たちは心おごらずに、改めて学ぶ仕合せを感じて欲しいと思う。おとなも少年も読んで謙虚になる本である。

4

目次

感想		亀井勝一郎	一
この文集を見て		阿部静枝	三
雨の日（詩）	尼崎市小田南中		一三
苦しみの中で手をつないで	墨田区曳舟中		一四
水たまり（詩）	墨田区曳舟中		二四
かえらぬ母に（詩）	荒川区第九中		二五
太郎	墨田区曳舟中		二七
ある小さな生活	墨田区曳舟中		三〇
桐の花（詩）	大田区糀谷中		三四
句三題（俳句）	大田区糀谷中		三五
父・母・おとうと	荒川区第九中		三七
青果市場	墨田区曳舟中		四二
日記	福岡市東光中		四四

ある日の記　福岡市東光中　……四七
畑小僧　荒川区第九中　……四八
バード・ウイーク　墨田区曳舟中　……五〇
お空のおとうさん（詩）　横浜市戸塚中　……五四
朝の市場（詩）　名古屋市東港中　……五六
父を尋ねて日本へ　足立区第四中　……五八
私のお母さん　墨田区曳舟中　……六二
泣いていた（詩）　尼崎市小田南中　……六六
学校と生活　足立区第四中　……六八
住込の子守　足立区第四中　……七〇
働く喜びと悲しみ　横浜市西中　……七三
私の希望　横浜市西中　……七六
ばか貝取り　横浜市鶴見中　……七九
もう一度　横浜市鶴見中　……八一
迷子鳩　横浜市鶴見中　……八三
螢光相談室（身上相談）　京都市朱雀中……………八五
一枚の切手（詩）　京都市北野中　……九八

僕のきぼう　横浜市西中　……一〇〇
母の死から　大田区糀谷中　……一〇三
矢車草（詩）　横浜市蒔田中　……一〇七
ひらかない窓（詩）　世田谷区新星中　……一〇八
空を見る（詩）　横浜市蒔田中　……一〇九
私の一日　京都市皆山中　……一一一
死なないで！　母ちゃん　荒川区第九中　……一一四
びんぼう　荒川区第九中　……一一六
夜の道　墨田区曳舟中　……一一八
女中をしながら　葛飾区双葉中　……一二〇
あさり・蛤　大田区糀谷中　……一二三
ふみ子　足立区第四中　……一二五
夜の町（俳句）　大田区糀谷中　……一二九
ホーム・ルーム　京都市洛東中
欠席の防止をするにはどうすればよいか　……一三〇
学校へ（詩）　京都市九条中　……一三七
雨上り（詩）　京都市九条中　……一三八

母
夜間部に通って　八王子市第五中　……一三九
再　起　八王子市第五中　……一四三
母の家出　足立区第四中　……一四六
生活の中から　足立区第四中　……一五〇
おとうさんは三人目　足立区第四中　……一五三
私の家族　荒川区第九中　……一五四
母の死　荒川区第九中　……一五七
一日一日　荒川区第九中　……一五八
母の手（詩）　八王子市第五中　……一六〇
私の手（詩）　京都市朱雀中　……一六三
ハンマー振り　京都市朱雀中　……一六四
アイウエオ　横浜市浦島丘中　……一六六
おばさん　足立区第四中　……一六八
想い出　横浜市蒔田中　……一七二
僕らの学校（詩）　足立区第四中　……一七四
辻占売り　京都市修学院中　……一七八
　神戸市駒ケ林中　……一八〇

内　職　横浜市平楽中　……一八四
ぼくの日　荒川区第九中　……一八六
苦しみを越えて　京都市朱雀中　……一八九
母の死後　足立区第四中　……一九四
町の朝（詩）　大田区糀谷中　……一九八
追　憶（詩）　世田谷区新星中　……一九九
学校に通える喜び　足立区第四中　……二〇一
私の希望　八王子市第五中　……二〇四
帰り道　八王子市第五中　……二〇六
私の日々　名古屋市東港中　……二〇七
私の日常生活　名古屋市天神山中
　豆腐うり　……二一〇
　幸せの時　……二一一
　人形作り　……二一三
姉　妹　京都市高野中　……二一四
お父さんの死　京都市高野中　……二一六
登校への道　京都市藤森中　……二一九

ずず内職　京都市山科中　…二三一
かよい道　京都市山科中　…二三三
中学に入るまで　足立区第四中　…二三五
私のおいたち　足立区第四中　…二二八
僕のこと　足立区第四中　…二三三
不幸の爪　横浜市浦島丘中　…二三六
頑張り　葛飾区双葉中　…二三九
私の家　足立区第四中　…二四一
四年目に　横浜市蒔田中　…二四三
テレビ部品の熔接　川崎市川中島中　…二四五
雨の京浜線　横浜市浦島丘中　…二四七
仕事のひまに読む本の楽しさ　横浜市浦島丘中　…二五〇
僕の生い立ち　名古屋市東港中　…二五三
夜学へ　葛飾区双葉中　…二五五
うき世の風　京都市陶化中　…二五七
私の生活　福岡市東光中　…二五九
友へ手紙　神戸市駒林中　…二六一

友へ手紙　神戸市駒林中　…二六三

増補・改訂のことば　……………二六五
あとがき（全国中学校夜間部教育研究協議会）　……………二六七

電灯のある教室

雨の日

A
（尼崎市立小田南中夜間）

雨の日は　皆んなが休む
さみしい
どうして雨が降ると休むのだろう……

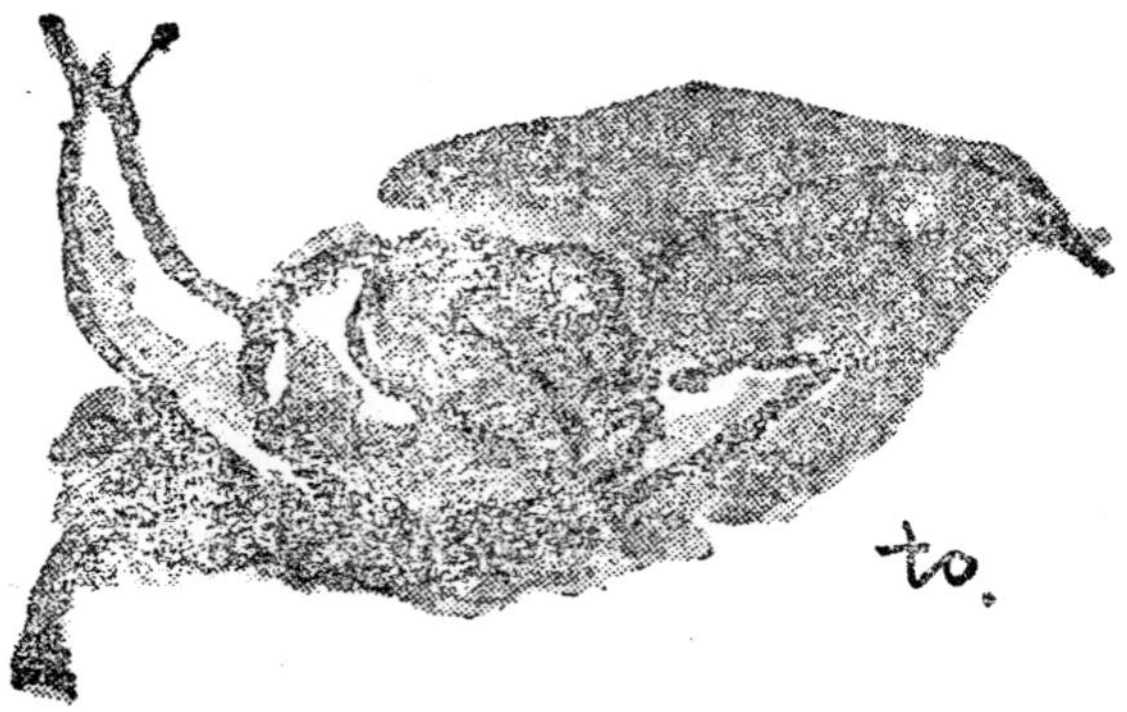

苦しみの中で手をつないで

［A］
（墨田区立曳舟中夜間）

1　父の顔

「父ちゃん、［A］は夜間の学校へいけないんだね」

私は父の顔を見た。やつれた顔、やせた体、父ちゃんの顔にひげがはえている。頭の方もだいぶはげてきた。父ちゃんは一生懸命働いているんだ。だが、父ちゃんの収入じゃ私を中学へあげられないんだ。

父ちゃんは、私のみている前で、

「［A］ゆるしておくれ、父ちゃんがいくじがないから、お前を夜間の中学にもあげられないんだ。お前が大きくなったら、父ちゃんをうらんでおくれ」といった。

あれはいつだったろう。私が小学校六年を卒業するまじかだった。私はみんながとてもうらやましかつた。なんの苦労もなく勉強さえしていればいいなんて。私なんか学校から帰ってくれば、台所を手伝わなくちゃならない。しかも、小学校を卒業したら夜学行きかと思うと悲しかった。

佐久間先生は、私をはげましてくれた。「［A］さんは、すなおでよく働きますね。つらくても、いつも元気でいるのよ」

私はうれしかった。「佐久間先生ありがとうございます。私は一生懸命働きます」

いつも私の心の中に先生のやさしい顔が浮んでいる。

私は、先生のおかげで曳舟中学という夜学を見つけられた。

五月一日、私は父といっしょにこの学校に入学した。まず職員室にはいった。小学校の職員室とくらべると、ずっと小さかったのでびっくりした。

私はそれから教室へあんないされた。夜学なんて、不良がいないかしら、父ちゃんは「夜学には不良が多いから、友達とつきあっちゃあいけないよ」といった。

2　小さくっても働く女中さん

その翌日から、私の生活がかわった。

「［A］ちゃん、［A］ちゃん、おきな」

朝六時に起こされた。――うるさいばばあだな〝なによ〟自分の子供は起こさないで、私の方が二つ、[B]ちゃんよりか小さいのに――と思うとしゃくにさわる。まったくうるさい。すぐおきたら洋服を着て、ふとんをたためか。三升五合ぐらいのお米をたくのに私はふらふらだったが、やむをえない。

おつけを作ったり、せんたくがタライ一ぱいあるのを洗う。そうじだ。ごはんの支度だって忙がしい。

家の人は、私のことを「[A]ちゃんはよくやる」といってくれる。お店の人は、みんな親切なので、私はうれしい。

でも、としよりのばばあがきにくわない。あれやれ、これやれって、私のやることをみてるんだから、私はいつも緊張している。

学校へいく時間になると、私はすっとんで家を出る。一日のうちで、学校が一番おもしろくなった。楽しくなった。でも、私は勉強が始まると、すぐねむくなる。二時間あたりになるとかならずだ。

私は「いけない、いけない、いねむりなんかしてちゃ勉強がわからなくなる」と思って、頭をあげるが、すぐ目がしょぼしょぼしてしまう。

私はがんばろう。いねむりぐらいで学校休んじゃいけないと思う。

休み時間のカネがなる。友達とつらいことや、おもしろいことを話し合うのが楽しみだ。晝間の学校へいくよりか、夜学の方が私のためによかったと思う。先生と私たちのあいだはとてもしたしくなっている。

また、友達同志が助け合っているこの学校は、美しいと思った。けっして、不服なんかいいやしない。私は疑がって、はずかしいくらいだ。

曳舟中学に入る時は、なんだかはずかしかった。悲しい気がした。私は、夜学だってりっぱな学校だ、晝間の生徒と私たちは同じ生徒なんだと思う。

3　悲しい時にはお星さまと話す

仕事でつらいことがあると、私は「お母さん、[A]はいつになったら幸福になれるの、お母さんが生きていたら、[A]はこんなくろうしなくてすむのよ」といって、空の星に話しかける。

学校が春休みになって、私は学校へいきたくて、いきたくてたまらなかった。学校が休みになったと思って、私をこき使う。お風呂をわかしたり、ごはんのあとかたずけをしたり、大変だった。その上おばさんは、

「[A]ちゃんは、何かいわれるとプーとふくれて返事をしないけどだめだよ。それから[A]ち

ゃんと[B]ちゃんとは、身分がちがうんだからいっしょにしちゃだめだよ。年上の人には年上、年下は年下、主人と使われている人は、使われている人、というふうに区別しなくちゃだめだよ」なんていう。

私はくやしかった。人間は皆んな平等だわ、「天は人の上に人を創らず、人の下に人を創らず」という言葉があるじゃないか、私は普通の子供と同じだ。私には家がない。お母さんだっていないわ。ひねくれているところがあるかもしれない。でも、人間は人間だ。身分のちがいなんかあるもんですかーと、私はおばさんにいってやりたかった。くやしくてくやして、私の目から涙が流れおちる。私はこんな家にいたくない。

学校が始まんないかなあ、そうすれば友達に相談できるんだがと思うと、みんなにあいたくてしようがなかった。

そのあくる日の夜、とうとう私はおばさんに友達の家にいってくるといって家を出た。[C]□さんの家にいって、[D]さんの家をおしえてもらって、[D]さんの家にとめてもらおうと思った。

十間橋でおりて、学校を通り抜け、吾嬬国際の映画館まできたが、[C]さんの家は一回しかきてないので道がよくわからなかった。困ったなあ、[C]さんの家はどこだろう。たしか左がわのさいしょの道をまがったと思ったんだけど、さっきからおなじ道をまわっているところを見ると、方向ちがいかなあと思うと、なんだか不安になった。困ったなあ、よし、もう一つさきの道をまがって見よう——と思って、歩きだした。そしたらたしか見たことのあるようなガラス工場にきた。

「ああここだ。この道をまがって……」

私の心は、はずんだ。

4 夜間部生はみんな親切だ

「こんばんわ……」

おずおずとのぞく私の耳に、

「だあれ」

ききなれた声がきこえた。

「[C]さん、わたし、家をとびだして——」

そういううちに、涙が私ののどをふさいでしまった。うれしいのか、悲しいのか、胸が一ぱいだった。急にわっと泣きたかった。[C]さんはおどろいていた。

[D]さんの家は、アパートだった。なんだか[D]さんが幸福にみえた。いくらせまい所でも、親子して楽しくくらしている所を見ると、私はとてもうらやましくてしようがなか

った。

　私は、[D]さんの家にとめてもらった。とても親切で、なんてお礼をいっていいかわからなかった。

　翌る日の四月九日は学校へ行く日だった。家には、どこへいくともいわないでとびだしたが、学校だけは休みたくなかった。学校へいってみんなに相談したら、家へいってくれるといった。

　あくる日、私はみんなと父のいる所へいった。「父ちゃん、おこるかな」私は心配していた。私は、「家なんかとびだして、ばかだなあ」と思った。

　父が出て来た。おこるかと心配していたが、そうでもなかった。

「[A]、お前は一人で働くっていうが、働

けるのかい、働く所がみつかったのかい」という。

「うん、[D]さんの近所のお菓子屋さんにいくことにした」

「働く所があるんならいいが、あんまりあるいちゃだめだよ。困ったことがあったら相談においで」

　と父はいった。

「父ちゃんごめんよ。[A]はばかだったんだ。でも、あのばばあがうるさくて、しゃくにさわるから出ちゃったんだ。こんだお菓子屋さんにいったらつらいことでも我慢するよ。私は、返事をしないくせがあるから、自分のいやなことでも〝はい、はい〟と返事をするつもりよ」私は心の中でつぶやいた。そして、[E]さん、[C]さん、[D]さんに、なんてお礼をいっていいかわからないくらいだった。

5　大きくなったら親孝行します

[D]さんのおかげで、近所のお菓子屋さんにつとめることになった。この家も、やはりいろいろのことを私にいった。ああ、どこの家もみんな同じなんだなあ、世の中って、そんなにあまいもんじゃないんだということが、はじめてわかった。
　でも、この家の子供達は、私にあんがい親切なのでうれしかった。それに、勉強する時間

が多少あるので勉強ができる。

「父ちゃん、ゆるしてください。父ちゃん一人おいて、私はいっちゃうなんて、父ちゃんに親孝行なんて一つもやってあげなかった。ほんとうに親不孝な私なんだ。今はできないかしれないが、私が大きくなったら、きっと、きっと、親孝行するからね。そして、私は一生懸命働くのよ。学校へいったら一生懸命勉強するのよ」

私はそう思うと、元気がでてくる。

どんなにくろうしても、悲しくても、今にきっと、きっと、幸福がやってくるんだ。

それまで私はがんばるんだ。仕事はとっても苦しいが……

また、学校も楽しい。お友達はみんな友情で一杯だ。

いじわるなんかする人、一人もいやしない。

みんな親切で、私は好きだ。あの時は、私のために心配してくれた。

私は一生おぼえていることだろう。

筆　者

[A]　昭和十九年□日生。（現住所尼崎市□）

家族は父母及び本人の三人暮しであるが、父は工員として作業中負傷して身体不自由のため、充分な仕事ができず、このため己むを得ず母と本人が大阪の工場に勤務している。学習成績も夜間生としては優良の部に属する。また性格も活発で積極的であり、常に学級の指導的役割を果している。（小田南中夜間担任）

[A]　昭和十七年□日生。

彼女の家族は父（病弱）と兄一人であり、（兄は一人で別の工場に従業し）小学校時代より父娘は一緒に他家を転々と住込みして歩いていたようである。本校入学式の日、私が会つた父親の感じは、生活に疲れた感じを強くうけ、自分の生計維持の能力のないことを子供の前で自から認めていた。

こんな状態は、[A]の心をひどくみじめなものとしていただろう。その反ぱつが、やがて彼女は勉強し始めた。体操も積極的にやりだした。そして、ある日作文のような事件が起つたのである。

しかし、それ以後、さらに勉強を充実するために現在、[E]と共に[E]の親戚に住込み高校進学を考慮中である。（曳舟中夜間担任　村井稔）

水たまり

A

（墨田区立曳舟中夜間）

雨がやんで　白い雲がぽっかりうつった
まるでかがみのように　きれいな水だ
私はいつまでも　その水をみた
子どもが水たまりにはいってきた
水はにごりはじめ　なにも見えなくなってしまった
空を見たら　雲はかわりなくすんでいた
空を見たら　雲はかわりなくすんでいた

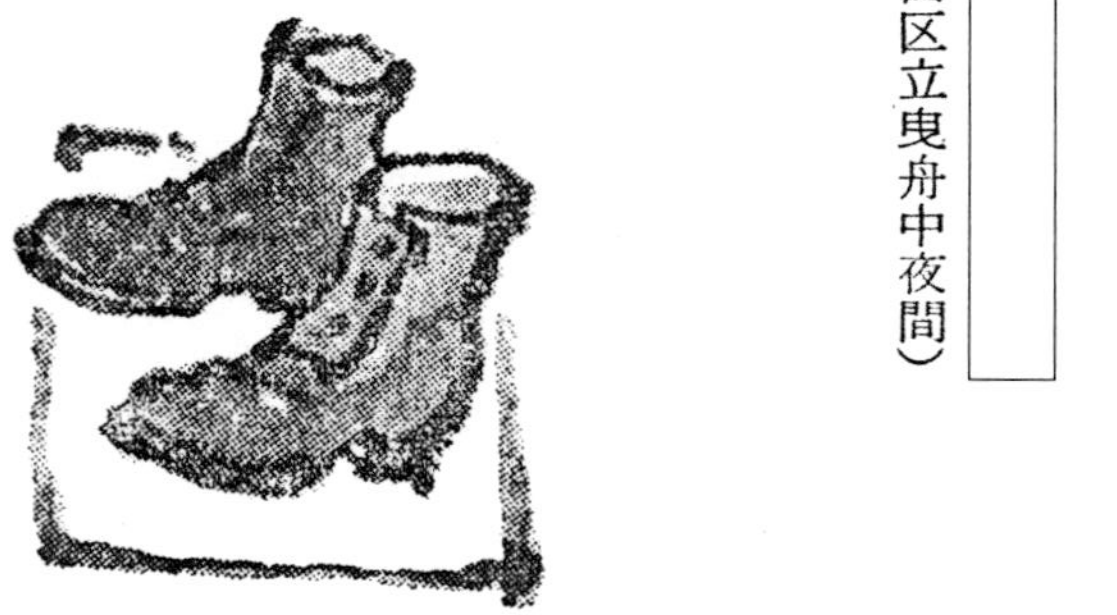

かえらぬ母に

A

（荒川区立荒川九中夜間）

お母ちゃん
お母ちゃんが死んだ夜は
星がとってもきれいだったんだよ
昭和二十七年九月三十日
お母ちゃんは三十八だった

お母ちゃん
もう帰って来ないね
私がいい子になったのに
頭をなでてくれる人はいないよ
星がきれいだと

私は母ちゃんのあたたかい手が
むしょうに恋しいよ
たった一人の
お母ちゃんのバカ

筆　者　A　昭和十五年□日生。父母兄弟姉妹の八人家族。上から四番目、次女である。小学校卒業後直ぐ玩具工場に入つた。成績は中、二年生当時、父姉兄が工員であるが、上の兄が結核で病床にあり、生活も楽でなかつた。二年生の夏休み直前、止むを得ざる事情（金の前借り）のため中華料理店に住込みで働かざるを得ないことになり、級友たちと別れを惜み淋しそうに去つて行つた。（曳舟中夜間担任　樋野教諭）

A　父は熔接工だつたが会社がつぶれ失業、母は幼い乳のみ児を含む六人の姉妹たちを残し、結核のため死亡。もともと気弱な父は、妻の死の打撃は余りに大きく、ただ一人の男の子を連れ、田舎へ出稼ぎに行き、そのまま帰らなかつた。残された姉妹五人は途方にくれた。

当時、中学を卒業したばかりの姉の勤め先の計いで、妹たちは保護施設や乳児園などへ離散、彼女も中学を止めて、いま働いている町工場へ住込みで働くようになつた。（荒川第九中夜間担任）

太　郎

A

（墨田区立曳舟中夜間）

雨が降ったので僕の仕事は午後からは休みになった。僕が帰ろうとすると、筏の上に一羽の鳥が寒そうに首をちぢめているではないか。

僕は急いで筏の上におりて、両手でつかまえると逃げもしないで何なくつかまってしまった。元気がなさそうである。その鳥はあまり大きくなく、毛の色がつやつやしていた。くちばしはあひるのように丸く長かった。僕が頭を「ぽん」とたたくと僕の顔をぢっと見つめていた。

つれて家に帰り、箱を作ってえさをやっておいた。すると近くの友だちが来て鳥を見ていた。

「君、この鳥何という鳥か知っているかい。」

「ぼくもあんまりよくは知らないが、くちばしがあひるみたいなのと足が三本くっついているから水鳥に間違いないよ。」

僕はさっそく近くの本屋さんで鳥の種類という本を買って調べたら、かもだという事がわかった。そこで、かものえさを作って毎日やっている。

この間の日曜日に外に出し、たらいの中で泳がせた。すると喜んでいるのか羽をばたばたさせていた。近所の人や友だちは、にがしてやれという。だが僕は今にがすと誰かにとられて食われてしまうのではないかと思う。それでとうぶん僕が飼っておこうと思っている。拾ってからは三日にしかならないが、僕の後について来る。こうなると、かわいらしくて手離すことが出来なくなる。名前を太郎とつけた。

この間、初めて「ガアー」と鳴いた。太郎が鳴いたとみんなで喜んでいる。僕はすぐその時ほうびのえさをやった。すると、腹がへっていたのかうまそうに食べていた。この頃ではえさを持って行くと「ガアー」と鳴くようになり、近所の人気者になった。猫はびっくりして逃げていく。太郎は強いと近所の人々にも折紙をつけられるようになった。拾つた時より一層元気になった。

もうこのへんで、どこか友だちがたくさんいる所へ逃がしてやろうと思って、いま考えている。どうだろう誰か飼ってくれる人はいないかなあ、かわいがって飼ってくれる人がいたら、すぐ持って行っておわたしするんだが。「太郎よ、僕の気持を知っているか知らないが、誰の所へ行くか知らないが、体に気をつけて僕のことを忘れないでくれ太郎。」


僕はいつしか鳥小屋の前で一人ごとをいっていた。

「とにかく君は誰かの所へ行きなさい。」

太郎は何も知らないで夕暮の鳥小屋の中で何を考えているのか、うづくまっている。

筆　者　［A］昭和十四年［　］日生。江戸川区［　］に生れ、父母兄弟、計六人家族の次男である。中学一年まで順調に進んだが、父一人（工員）の働きでは生計の維持が困難となり、昭和二十八年三月、中学一年終了後、学校を離れて墨田区［　］の某木材筏業に住込みで就職、そこで二ヵ年間、仕事に従事しながら家計を補助、やがて、義務教育終了の必要を痛感し、昭和三十年四月一日、曳舟中学校夜間部第二学年に編入学した。この間に職場での給料も上り、経済状態はクラスでも上位であつた。勉強は社会科を好み、数学が苦手であつた。性格は温和で、余りこだわりを持たず、クラスの表面に立たない。二、三の特に親しい友人と充分に夜間部の生活を楽しんでいた。三十二年三月卒後、両国高校定時制に進学。（曳舟中夜間担任　樋野教諭）

ある小さな生活

A

（墨田区立曳舟中夜間）

私は三十一年の四月一日に家を出ておばさんの家へ働きにきました。私の家はお母さんが二度目でとてもうるさい人です。このお母さんは、朝はおそくまでねていて、おばあちゃんが五時半ごろごはんをたき、お父ちゃんが六時におき、お茶をのみだすとやっとおきます。

近所では「おばあちゃんの娘さんですか」とよくいわれます。私も時々朝ぐらいは手伝ってあげてもいいのにと思うことがあります。でも、お父ちゃんはなにもいいません。おばあちゃんもだまって働いています。私たちの洋服一枚も洗ってくれません。五人きょうだいなのでせんたくものが一っぱいあるのに、なにもしてくれません。それでもおばあちゃんは笑って、からだがよわいし、おつとめをしているからしょうがないよ」といって、なに一つもんくをいいません。お兄ちゃんも時々おこってけんかをします。その時でもおばあちゃんはお兄ちゃんに「親とけんかをするものじゃありません」といってだまってしまいます。

お父ちゃんはその時、家にいてけんかを見ていて「朝のごはんぐらいはたきなさい」というのですが翌る日の朝一回ごはんをたくと、もう二日目からはおきなくなってしまいます。

お母ちゃんはけんかをするとすぐ家を出ていきます。お父ちゃんはお母ちやんが何日もかえってこないとわざわざむかえにいきます。お兄ちゃんはそれを見てへんな顔をしています。いつもでたりはいったりで、近所の人はいろいろなことをいっていました。

私も学校でとてもへんなことをいわれました。家がこまっている時は、お父ちゃんとお母ちゃんはいつもけんかをしています。私と妹は学校の門が閉るまで学校にいました。家へ帰えってもけんかをしてたり、きょうのばんごはんは質屋へいかないとお金がないからとかいろいろなことをいいあっています。お兄ちゃんは家へ帰えってきて、そういう話をきかされるのがいやで、いつも野球をして七時ごろかえってきました。

おばあちゃんも家の中のことはあまり子供にいわないようにしてくれといって、自分のきものも全部質屋へもっていきました。お父ちゃんはそれを見ていて、なにもいわないので、お兄ちゃんは、おばあちゃんのきものまでもっていかなくてもいいじゃないかと、おこっていました。

おばあちゃんは、いつも私たちにわからないように家の中のことをやっています。お母ちゃんは、自分のことばかり考えて子供のことなどぜんぜんかまってくれません。一ばん下の弟は「最初のお母ちゃんは今どこにいるのかなあ」と、いつもお母ちゃんのいない時は言っているので、おばあちゃんは、かわいそうにといつも言っていました。弟は三つぐらいの時お母ちゃんにわかれたので、顔もしらないのに「お母ちゃんはどこにいるかなあ」といっています。でも、今のお母ちゃんの前では、ぜったいにいいません。今のお母ちゃんにわるいからいわないのかもしれませんが、とてもかわいそうな気がします。

私がおぼんやお正月に家へかえるとよろこんでむかえてくれます。お正月にいった時なんかは、お年玉をもってきてくれたといって、かけてきます。少しでもあげると、よろこんであそびにいってしまいます。でも、もう四年か五年になったので、お母ちゃんのことはいわなくなりました。お母ちゃんには八年ぐらいあわないので顔もわすれてしまいました。

私がおばさんの家へくるのがいやで、家でぐずっていたら、「おばさんの家の方がこの家にいるよりもしあわせだ」とおばあちゃんがいったのできたのですが、おばさんの家へきておばあちゃんはだんだん私に対していじわるになってきました。私がなんかいうと「ひねくれてる」とか、「ごうじょっぱりだ」とか、「今の若い者は目上の人にもんくをいう」とか、とてもうるさくなってきました。

おばさんはとてもよくしてくれるし、おばさんの子供も、私にとてもよくなついてくれました。でも、おばあちゃんがいじわるなので、時どきおばさんの家にいるのがいやになってきます。この前もおばさんとおばあちゃんは二人で大げんかをしました。でも、このけんかはおじさんが中にはいっておさまりました。

おばあちゃんは、いつもおばさんがいない時、私たちのことをおじさんにいいつけます。おじさんは、私たちの話もきかないでおこりますが、でも、せわになっているのだからなまいきなことはいえないと思って、だまって自分のむねの中にしまっておくようにしています。

筆者　A　昭和十八年　　日生。世田ヶ谷区の家には、父・継母・祖母・兄・妹・弟二人がい、父は某鰹節問屋の従業員、継母は化粧品の外交で生計をたてている。昭和三十一年五月、世田ヶ谷弦巻中学より転校、台東区の叔母（スリッパ製造）の家に身を寄せ、夜本校に通学している。
日頃無口なところは家庭生活の矛盾のためかとも思えるが、落ち着いた態度にクラスの女子の中の人望が高い。目下、高校進学か否かに迷いつつも、毎日の補習に出席し一日一日の進歩にはげんでいる。（曳舟中夜間担任　村井稔）

桐の花

A

（大田区立糀谷中夜間）

道をいくと　よい花のにおいがする
あたまをあげると　たかいきりの木のはなだ
夕陽にそまって　あかむらさきになって　におっている
はちがはなから出たり入ったりしている
きりの花はまるでおかあさんのように　だまってみつをすわせている

句三題

A

（大田区立糀谷中夜間）

北風に山脈広し冬の空
一条の飛行雲あり空高く
秋燈下われも夜学の生徒なる

筆者 A　Aは三〇年に昼間の中学へ入ったのですが、おとうさんが弱かったので、学校へ行けず、近所で子守奉公をしながら、三一年の春夜間部の一年に改めて入りました。この詩は子守りをしていた時に作ったものです。二年の時、おとうさんが亡くなったので、兄さんと二人で家計を支えています。（糀谷中夜間担任）

現住所　大田区

生年月日　昭和一六年　日

家　族　母、兄（工員）弟（中学）妹（小学校）妹（小学校）

現　況　糀谷中学三年生、附近の工場勤め

A　Aは今年で二五になりますが、おとうさんが早く死んだので、長男のAは弟を卒業させるため、小学校五年の時から働いています。仕事が、電車の保線係で深夜業もあるため、毎日は来られません。三〇年の秋、一年に入ったのですが、まだ二年です。でも、何とかして卒業して、卒業したら保育園の仕事などをやつてみたいと思つています。

現住所　大田区

生年月日　昭和七年　日

家　族　母（半身不随）弟（工員）弟（中学生）

現　況　京浜急行保線係、糀谷中学二年

（糀谷中夜間担任）

父・母・おとうと

A

（荒川区立荒川九中夜間）

私の家は子供が多いので、朝など近所からよく苦情がくる。中で私と弟が一番うるさかったので、いつも母から叱られる。私は六人きょうだいの長女、家が裕福でないので、小学校も満足に出ないで働きにでなければならなかったのです。

近所の工場の女工となったものの一日として楽しい日なんかありませんでした。

毎朝ねむい目をこすりながら、好きな学校へも行かないで、家のためと思って毎日一生懸命に働きましたが、いくら私が雨の日も風の日も休みなく働いたとて、半月でたかが二千円ばかりなのです。

お母さんや弟にきれいな洋服の一枚も、あたらしい靴の一足も買ってやりたいと思っていてもどうにもならず、母は私のそんな心を察してくれず、お金のないときや食べもののないときは、いつも私につらくあたるので、いけないなと思っていても、つい口答えをしてしまうのです。

私のうちだって、もとは近所の人にはいはいされていたのに、いまはこんなに落ぶれたのです。考えるとつくづくいやになります。

この苦しみが始まったのは私が七つ頃からでした。その時は余りいやだとも思いませんでしたが、父が急に仕事に失敗し、私とお母さんとわかれ、妹はよそのうちにもらわれてゆき、わたしの家には、たまには父が来てはくれますが、とまっていってもくれないですぐに帰ってしまうので、そのたびに私は、

「ね、かあちゃん、とうちゃんはいつもどこへ行くの、どうしてあたいの家で寝てゆかないの」とききました。

お母ちゃんは、

「仕事がいそがしいんだよ、」

とゆうけれど、私にはよくわからなかったのです。

「だって、よそのとうちゃんは毎日帰ってくるのに」

と不満でした。

私はとても淋しかったのです。

近所の家のおじさんが帰ってくると、その家の子供達がそとに出て、

「お帰んなさい。きょうのおみやげはなあに」

といっているんだものー。

そんな姿を見るたびに、「私のとうちゃんがうちでとまってくれさえすればなあ」といつも思い、いつもうらやましく思っていました。

そこで、たまにでも父がくると、私はとんでいって

「とうちゃん、きょうはとまってって」

とたのむのですが、父は首を横にふってだめというのです。

そんなとき私は父を憎みました。

こんなに父の来るのを待っている私に、父はつめたいことばだけなげつけてすぐに帰ってしまうのです。

こんなことがつづいて、私は父がきらいになりました。お父さんが来ると家によりつかない私になっていました。

家によりつかない私を、父はまた、叱りました。でも、そんなとき、まだきょうだいが三人もいましたから慰めがありました。

でも、それから、急にお母さんと別れなくてはならなくなった時はずいぶん泣きました。泣いたところでどうにもならないとあきらめるには、だいぶ時間がかかりました。

そのあくる日、私と弟は大きなふろしきずつみをしょって、父に手をひかれて家を出まし

た。私は反対だったのに、妹はよそのおばさんの家につれてゆかれました。

私たちが来たのは父の家でした。

私も弟も父の家のおばさんには、しかられどうしでした。夜、ふとんに入って、お母さんのことを思い出して泣きました。

父の家と母の家は余り遠くはありませんでしたから、きょう逃げようか、あす逃げようかと何度おもったかわかりません。

父やおばさんに叱られると、涙が出ますが、姉の私がないたら弟がどんなに悲しいだろうと、私は何をいわれても、ただはいはいということをきき、小さな私には肩がいたい赤ん坊を背負ったまま、使い走り、台所のてつだいなど、すわるひまもありません。

こんな生活が四年間つづきました。泣き通しの四年間でした。

それから、お母さんと、やっといっしょにくらせるようになったのです。あの時は三人きょうだいだったのが、いまは五人になりました。

前にも書いたように、私は長女ですから、きょうだいたちの面倒を見たり、父や母の手つだいをしたり、働きに行っていますが、時には、父や母にむりをいうこともあります。でも、それは、両親を困らせようと思ってではなく、みんなを早く幸福にしてあげたいと思うからなのです。

私の心の中は、父、母、きょうだいのことでいっぱいです。

これからも一生懸命にはたらいて、早くみんなをしあわせにしたいと思っています。

筆者 A　自分の苗字と、父と呼ぶ人のそれが違うのと、父がどうして何時も自分たちと一緒にいてくれないのか、幼い彼女には理解出来ない。彼女の母は、もとはちよつとならしたとび職人の二号さん。しかし今は落ちぶれ、自分の実家を糊するに精一杯。彼女の母は彼女を頭に小さい子供たち六人をかかえ、その毎日がどん底の生活、朝から夜まで働く鉛筆の内職も一日に二百円とならない。いきおい彼女も小学校をおえると住込みの女中さんで近くの工場で働きに出るようになる。二年も働いた時、夜間中学の話を聞いたので早速学校へ出るようになつた。最初はなんとか納得してくれた主人も、その中、帰りが遅くて翌日の仕事にさしつかえる。別に仕事を探してでも学校を続けたいという彼女に、それでは替りの者を探して来い。といつた始末。

結局、彼女の細い腕に、家計を扶け、その上、自分の勉強をするということは無理だつた。今は彼女の姿は学校にみられなくなつた。あかぎれで大きくはれ、皮ふの破れた彼女の手は印象的である。（荒川九中夜間担任）

青果市場

A

（墨田区立曳舟中夜間）

朝の市場には静かな空気が流れてる。時々倉庫の方から荷をおろす音がきこえてくる。荷はリンゴ・ミカン・夏柑・メロン・いちご・といろいろな果物が夜勤者の手によって夜通しおろされる。

市場は二十四時間休むひまなく動いてる。僕は出勤してすぐ見本を出す、お客に見せるために見本を出すのだ。八時半せり開始。それまでに全部の見本を出さなくてはならない。僕はメロン専門だ。やがてせりはじめのサイレンがなる。市場の中が急に活気立つ。

市場に働く人間はいせいがいい、せり人がいくらというと、買人が指でみんな金のくらいをしめす。そうするとせり人は果物専門の口調をいう「チョンブリ」という。「チョンブリ」とは千二百円のことだ。メロンは貫いくらでうる。今の相場は千円から二千五百円ぐらいまで上下する。一箱に六コ入っている。二貫目あれば五千円だ。ちょっと大衆的な食物ではない。これらが仲買人の手をえて小売人まで行くうちに一コ千五百円にまではねあがる。

荷車は走り、オート三輪車も走る。人は広い市場に一ぱいになる。みんな何番々々という札を帽子につけとく。その札の番号で売買が行われる。

せりもおわり、見本もかえして、十一時薑ごはんだ。薑からは明日うるリンゴ、いろいろなものの荷うけをやる。リンゴをかつぐ、夏柑をかつぐ、そさいに行って十五貫のじやがいもをかつぐ、かたがばかになる。そのかわり果物は食べほうだいだ。神田市場には七ツの会社と四百数十けんの仲買の店がある。僕のつとめてる会社は日本一の青果会社である。従業員一千名をこす。売上げは東洋一のせいせきである。果物は世界各国に行く。サンフランシスコをはじめ、各国に支店がある。

以上は市場生活のほんの一部分を紹介したにすぎない。今日も各家庭ではここから出るおいしい果物を食べていることだろう。

筆者　A　昭和十八年　　生。郷里土浦市に母と妹（十一歳）を残し、三十三年四月台東区の親戚を頼り上京、　青物市場に昼間青果物の展示搬出に従事、本校夜間に席を置いたが、過労に倒れ、休養のため目下帰省中である。

高校進学の希望もあり、病魔に倒れたことはおしまれる。一日も早く健康の恢復することを心から望む次第だ。性格はいささかハニカミヤ。（曳舟中夜間担任　村井　稔）

日　記

［　A　］

（福岡市立東光中夜間）

×月×日

ぼくの生れたのは北陸の石川県、一人になつて夕ぐれの空を見るたびに田舎のことが思い出されます。

そして時々こんなことを考えるのです。「ぼくはいったい大きくなったら何をするのだろう。」十七才になった僕が未だにこんなことを考えてぼっさりしていていいのだろうか……

こんなことを考えたり、遠い空をみるとひとりでに目から涙が流れ出るのです。

父がいないと思うと、なおさら勇気と涙が流れ出るのです。

こんな時、だれか僕の話をきいてくれる人はいないか、自分の思っていることを――なんでも話して見たい気がします。

時々空を見て、ひとり語をいうのです。

この時が一ばん楽しく、また悲しい時のような気もします。

ある日の記

［　A　］

（福岡市立東光中夜間）

七月二日

今日、学校に来る時、バスの中で酔客を見た。その客は車内で煙草を吸っていいかとしきりに車掌に尋ねたり、運転手に自分が下車する所まで何分かかるかと、うるさく話しかけていた。

あんな人を見ると、私だけでなく、乗客みんながいやな思いをするだろうに……

もう少しの道徳があればと思う。

帰りに、友達と未来の希望について話し合いながら帰ったが、私たちが大きなのぞみをいうと、よく大人たちは「その願いがかなうのはいつのことやら」と笑うが、そのちよっとした言葉がどれだけ私たちにいやな感じを与えるか考えたことがあるだろうか。

七月十七日

四、五日前のことです。ある人より［　B　］さんという方がなくなられたと耳にして、私は全身がわなわなとふるえ、一時ぼうーっとしてクラクラとなりました。なぜなら、B おじさんとは他人の方なのですが、私が理髪業にはいって、顔そりのけいこ代になって下さったおじさんです。

すごく毛が濃くて、とてもかたいのです。でも、そのおじさんのおかげで、どうやら半年目で御客様の顔そりもできるようになったのです。

ユーモラスのあるおじさんで、毎年夏になると夏ミカンを持って来て下さったやさしいおじさん。そのおじさんが、私の手が上手になったのも知らず、なくなられました。何の御礼もできなかったことはまことに残念に思います。

でも仕方がありません。せめて、お墓参りに、花さしにお花をあげて心行くばかり御祈りを申し上げてこようと思います。

「人間ってはかないね。」おじさんはとってもやさしい人でしたから、きっとよい天国にいらっしゃるだろうと信じます。そう信じたいのです。

「おじさん、迷わず静かにおねむり下さい。」

と五分間手を合しておがみました。

御墓まいりに行ったら、まだまだたくさんお祈りしようと思っています。

筆者

A 本人は石川県から縁故をたよつて福岡市に来て、伯父の鉄工所に勤めるかたわら、本夜間学級に熱心に学び、今春卒業し、福岡高校夜間部に入学している。（福岡市東光中夜間教諭　幾竹武治）

A 兄弟多く、それに父は病身で働けず、止むなく昼間の中学には行けず夜間に通学していたもので、暫く理髪店で働いていたこともある。現在は、学校を卒業後、ある喫茶店に勤めている。（福岡市東光中夜間教諭　幾竹武治）

畑小僧

A

（荒川区立荒川第九中夜間）

弟のあだ名を畑小僧と僕はつけた。毎年顔に〃はたけ〃を作っているからである。「畑に何か植えたらどうだ。」「うん、植えてもいいけど、芽がでないからよす」と、ざっとこんな具合だ。

弟の性格は、まず家べんけいである。また兄貴おもいである。僕とけんかをする時は泣くまでだが、僕はけんかとなると、おかしくなって笑い出すので、泣くのはきまって弟である。弟が外でけんかをし、泣いて帰って来たので、「相手はだれだ」ときいたら、僕の友達の B だといった。自慢じゃないが、僕は弟とのけんかにしか自信がない。弟には悪かったが、このけんかを買うわけにはゆかなかった。

弟が中学一年で迎えた夏休みに、隣の C さんにつれられて、五日市のキャンプ場へ行った。弟は三年間夏休みになると行って来た。ところが弟は休みの終り頃になると、サマーライフを持って友達のところで全部うつしてくる。僕が自分でやれというと「この方が早くて簡単だ」という。

この頃弟の態度が変った。いつもなら僕が頼んだことは引き受けてくれたのに、返事もしないことが多くなった。

「返事ぐらいしたらどうだ」と兄貴らしい声を出して僕がとがめたら、

「ふん」

と、鼻をならした。そこでケンカとなる。僕の顔を見ると弟はさっと外へとび出して行った。

いつだったか、刑事が来た。やっぱりやったなと思った。

だが、弟のことではなかった。

僕は本屋へいって「児童心理」という本を見たが、よくわからなかった。どうして、弟が変ったのか、どうして悪くなったのか、ぼくにはわからない。

弟よ！またもとのような素直な弟になってくれ。勉強をききに来た「畑小僧」になっておくれ！弟よ！

バード・ウイーク

A
（墨田区立曳舟中夜間）

バード・ウイーク、今年もきた。

「小鳥はいいな」と思う。でも、やはり小鳥にも、小鳥の社会があるのかもしれない。人間の社会のようではない。小鳥は人間とちがって空をとべる。いやな時に野や山を思いっきりとべる。人間はとべやしない、考えまいと思えば思うほど自然に考えてしまう。いやなことはわすれようとしても、わすれられず、うれしいことは、ほんのわずかの時だけである。

現在の私に、いやなことばかりだ。けれども、そのいやなことは、私は、私自身へ何かいっているように思われてしかたがない。だが、いやな半面うれしいこともある。私は、学校へ来るのが一番楽しい。またうれしい。学校の門をくぐる前までは、「今日こそは、すこしおとなしくしていよう」と思う。しかしそれはただ思うだけのことであって、いざ門をくぐるととっても楽しい心になってしまう。

「どうして、こんなにあたしっておてんばなんだろう」と思う時がしばしばある。そういう時に「きっといつかなおるわ」と自分にいうことがある。

でも、家に帰ればただ仕事、お金のことしか考えない。父や母は、お金のない時はいつでもおこったような顔をしていてなんだかつまらない。でも、だれでも金がないと、おこったり、いやな顔をするのかもしれない。父が日雇いなので入る金より出るお金の方が多いらしい。母はすぐ「戦争のために」と、時々前の事を思い出して涙ぐむ。

すぎたことはしかたがないが、なぜ戦争などをしなければならないのでしょうか。戦争すれば、世界がよくなるのでしょうか、よろこぶ人がいるのでしょうか。でも、えらい人達は喜ぶかも知れません。でも、泣く人の方が多いのです。戦争のために私の父のように仕事がなくなり、子供が多いので就職はことわられ……食べていけない。

やはり何もできなければ、しだいに悪の道に入ってしまう。

「私達はまだよいのです。給食のパンだってあります。」私が東京へ出てきた時は、パンもなく、朝から夜までグリンピースばかりだった。私はまだ六年生だったので、母と一諸に鉄くず拾いもやった。たまにごはんだと、おかゆか、麦の多いごはんだった。いまでは平気な顔をしているが、思えばみんな夢のようである。

私が四年生になったばかりのことだった。父が仕事がないので、母がヤミ屋もやった。私も母と近くのおばさんとその子供と四人で、東京へ米やあづきなどをもっていって売ってあるいた。

そのころ、とても東京では高かった。でも、ときどき高崎か田口、軽井沢のへんで、おまわりさんが四、五人入ってきて、人の荷物にさわっているのに私はびっくりして母にきいたこともあった。母はいわなかったけれども後でわかった。それから、魚屋もやった。私の田舎は、海が近いのでカニ釣もやった。お祭りにはお宮に店をだしてアメやリンゴを売ったこともある。その後　東京へ出てもキャンデー屋をやったり、ナットー売りもした。だが、たいてい母がやってくれた。私は家で赤ン坊のおもりをしながら母の帰りをまっていた。

母はあまり働きすぎて結核になってしまった。それからまた〃どんぞこ〃におちた。しかたなく二十五年の八月から私が仕事に出た。でも年がいかないのであまり働けなかった。それから少いながらも私が働いてきたお金だといって、神様にお祈りしてから使いはじめた。それが何回かくり返して現在までに及んでいる。

今は、弟が今年から仕事に行っているので、私と弟と父と母の収入を合わせて、ややらくになってきた。もう一歩がんばろう。

でも、もう一人でも私達のような目にあわない社会を作りあげたいなあ、小鳥のような美しい声で私は小さく平和をねがう。

筆　者

A　兄弟は四人で、父は達者で働いているが、兄が腎臓を患つて入院してから、家は苦しくなつた。弟の学校を続けるために、自分は、中学を二年でやめて働き、この学校が出来ると一番に入学した。この春、卒業した彼は、上野高校の定時制へ進学した。

（荒川第九中夜間担任）

A　昭和十二年□生。
東京都墨田区□に生れ、父は日雇で、母及び多くの弟妹の生活を維持せねばならず、小学校卒業と同時に隣家玩具小工場の手伝いをし手間賃をかせいでいたが、昭和二十八年本校開設と同時に入学、三十一年に第三期生として卒業した。
普通ものに頓着せず明朗な性で、父の職種を聞いても少しも臆すところなく、また、家庭訪門にも（当時バラック建）恥かしがる様子をみせなかつた。
しかし一面家庭内のことに対しては、姉としての悩みも多く、三年になつてから一時弟の中学進学の経費のことなどを深く考え、一カ月程とくに苦しい気持に落ちたことがある。
現在二十歳の娘さんだが、まだ社会の矛盾に負けぬ純粋さを持ち続けている。「先生、こんにちわ」といつまでもピョコッと職員室に入つてくる彼女であつてほしい。（曳舟中夜間担任　村井稔）

お空のおとうさん

（横浜市立戸塚中夜間）　A

私は父が死んでから
今まで二年間がんばってきた
でも、今は父が死んだ直後とちがって
いまは生活さえやっとである
だが、ここで私がだめになったら
あとの者がどうなるか
それを思うと長女というのがつくづくいやになる
今までの二年間、苦しみながらかなしみが続いてきたのだから
もう少しである
あと一年と半年で卒業なのお父さん
お空から見てて——みまもっていてね

かならず、かならずやって見せるわよ
そして店をもっともっときれいにしてみるわよ
そしてお空のお父さんの幸福をいのっています
B も C も母にもそろって幸福をあたえたいと思います
どうかお空で安心してねむって下さい
さようなら……

筆者　A　小学校五年の頃、お父さんが病気で亡くなられ、そのあとをお母さんが八百屋さんをやつております。女手一つでお母さんが働いているのを A さんは手伝つて、朝早くお母さんの代りに市場へ行つて仕入れをしたり、また、お客の買物をその家に配達したりしてお母さんのよい片腕として親孝行を尽しております。そのため中学一年の終りから夜間部の方に籍を移して、お店の手伝いをしていました。その頃にお祖母さんが病気で倒れ、国立病院に入院し、お母さんがつきそいで病院に行つている時は、小さな妹弟をかばいながら、お店の方を引き受け、その上に病院へ病人のためにいろいろのものを運んだり非常によく働いておりました。そして二年生の時も夜間部の方におりましたが三年の最終学年になつて、昼間の方にくるようになり、今は皆と共に一生懸命勉強しております。

（戸塚中夜間担任）

朝の市場

（名古屋市立東港中夜間）　A

朝だ　朝だ
いろんな車をひきながら
人が市場へあつまってくる

朝だ　朝だ
いろんな品を売っている
ダイコン　キユウリ
肉　魚……
いろんな物を売っている

朝だ　朝だ
来る人　帰る人
みんな一しょうけんめいだ
先に買おう
先に売ろう

筆者　A　家族は父母一男三女、A が長男、その下に三女あり、父は A の生後間もなく応召、出征。帰還後、アメ売、電球売、土方などを経て、今は屑買出人。母は内職、夫と共に屑の買出し、お好み焼屋を経て、今は A と共に親戚に当る店に使われて働いている。

A は、第二学年の初に夜間学級に移つて来た。その時は両親が共に屑の買出しをやつていた時で、A は留守をしながら、家の前に大衆向の古雑誌を並べて売つていた。家は市電の通りに面する小さな家で見すぼらしかつた。でも彼が本校夜間に移つて来た当時より現在は家計も豊かになつたと思われる。（東港中夜間担任　福岡鋼平）

父を尋ねて日本へ

A

（足立区立第四中夜間）

一九五〇年六月、朝鮮国は北と南に三十八度線を境にわかれて戦争が始まった。この戦争はもの凄く激しかった。そのため学校では勉強をすることもできなかった。生活も生きるにやっとだった。あまりに苦しいため、僕は四年前に日本へ行った父の所へ行こうと思って母に相談すると、母も賛成してくれた。

僕は早速、日本に居る父を尋ね、日本へ渡って来た。渡ってくるときに乗っていた船が何と密輸船ではないか。密輸船に乗ってきたため警察へ行くようになった。警察で調べられた時が一番苦しかった。なにしろ日本のことばを知らないのだから何を聞かれても僕には通じない。仕方がなく調べずに大村収容所に移された。

大村収容所にはいって驚ろいたのは、食べ物が出た時だった。国で一年に数えられる程しか配給されない食べ物を僕らに出してくれたのだから。それは、白米と麦をまぜたご飯だった。今までは粟のごはんを食べていた。白米と麦のごはんの味は忘れられない程おいしかった。大村収容所で一年位たって、やっと父は東京に居ることがわかり、父を呼ぶことができた。

父は僕を大村収容所から引取るために来たが、連れ帰るには外人登録をつくらなければならないのである。登録をつくるには大金がいるので父は東京へ戻り金を借り登録をつくって大村収容所へ来た。それで僕は釈放された。けれど出る時は淋しかった。あの食べ物のことが忘られなかった。父と僕は長崎の町を歩いた。歩いた時目にうつるものはみんな見たことないものばかりである。自動車、自転車、電車、ラジオ、電球、時計、動物園の動物など。道を歩く時、父がついていなかったら僕はあの世へいってるかもしれない。信号などのことを僕はまるで知らないのだから。また、お風呂へ行ってお湯をだす時、いくら栓をまわしてもお湯が出てこない。おすのを知らずに廻していたのだ。やること、見るもの、何から何まで不思議なことばかり、ふしぎだと思いながら父と僕は汽車に乗って東京へ行った。東京へ来て、父を随分困らせたと思う。なにしろ上野の動物園へは一週間ぶっつづけに見に行った。また、映画を見た時などは僕はたづねた。「この間死んだ人が生きているではないか」と。そうすると、父は答えてくれたが僕には一向わからなかった。家に帰ればラジオのラッパのところに穴をあけてのぞいて見たり、時計をこわしてみたり、電球をわって見たりした。それこそ毎日こわすものばかりだった。

そうこうしているうちに、或る日のこと、父が急に口から血を吐き病院へ入院したが、翌る日父はこの世の人ではなくなってしまった。父は前から病気であったが金がないために入院することができず、無理をして仕事をして居たのだ。父が死んだあと、僕はおじの家に預けられ、おじと一緒にゴムマリの仕事をすることになった。

この仕事を二年位した時、或る日、大学生から夜学の中学校の話を聞いた。僕はこの時学校へ行かなければいけないとわかり、足立四中の二部へ入ることになった。入ってからというものは、とても忙しかった。今迄朝鮮の小学校と中学校へ行つていたのだから、日本語を一生懸命に習ってみんなに追いついていかなければならない。

それこそ今迄の二倍も勉強をしなければならなかった。だけど、楽しかった。父が死んでから僕は気が小さくなってしまって、親戚の家へ遊びに行くと金でも貰いにいってるような気がして、いきたくなくなり、お友達と遊ぶときも、誰かが僕のことを変に云っているようであった。

このようなことが続いたために、今でも気が小さくなっている。本当に父が死んでからは生きたいと思わない程この世がつまらなかったのが、この四中の二部へ入ってからは今迄のことを忘れて、楽しいことが続いた。これも先生方が親のようにかまってくれたおかげである。今では毎日楽しく仕事ができ、学校へ通って誰にも負けないように勉強している。

勉強と云っても学校で習うことばかりではない。僕は朝鮮人であるために国の勉強も一生懸命にやっている。僕の望みは電気学を学んで、大学まで行きたいのである。このように勉強を一生懸命にやって日本のお友達ともっと仲好くしようと思っている。

筆者 Ａ　日本で生れ、終戦後済州島で母と農業を営んで暮していたが、一九五〇年朝鮮動乱が起つて朝鮮での生活が極めて困難になつたので、母のすすめで日本に住んでいる父を尋ねて単身日本へ渡つてきたのである。翌一九五一年都立第一朝鮮人学校へ四年生として入学し、一九五四年都立朝鮮中学校へ入学したが、父の死により親戚に引取られ、そのまま働いて学校は長欠してしまつていた。然し彼の学校への意欲は強かつたので一九五六年（昭和三十一年）九月本校へ一年生として入学した。彼は非常に真面目な性格で学習にも極めて熱心で、国語と社会を除いては成績優秀である。漢字はちつとも習つて居ないということで、国語、社会の学習は困難であつたのであろうけれど、漢字の習得に努力して短い時日に相当の成績を収めてきたので私の方で驚く程である。社会なども他の生徒の及ばない程の勉強をしている。また極めて働きものでクラスの整頓掃除など黙々と一人で働くので、その骨惜しみをしない性格は私の長い教員生活にも全く珍らしい。（足立第四中夜間担任　町田義三）

私のお母さん

［A］

（墨田区立曳舟中夜間）

私の家には、やさしいお母さんをはじめ、兄弟姉妹、みんな健康に貧しさにも決して敗けないで明るい毎日を過していました。

それは、お母さんがやさしいばかりでなく、私たちは、お母さんの云われることを信じ、お母さんを一番尊敬しているからです。

常に、私たちをいたわってくれるお母さんには、どこか何物にも負けない強い力がひそんでいるような気がしてなりません。

でも、そのやさしいお母さんとも別居しなければならなくなったのです。

お母さんは、最後の日にいいました。

「いくらくらしは貧しくとも、心の中までそうなってはいけないよ。そうして正直に何でも、ハイハイといって主人や、奥さんの云いつけを守るんですよ。」私は、泣くまいと思っても知らず知らずのうちに涙がほほを流れていました。

お母さんは、「馬鹿だねお前は、何も泣くことはないよ、□と□のかわっただけじゃないか、でも近いからといって、けっして主人の目をぬすんで来てはいけないよ」そういうお母さんの目にも涙が光ったのを私は見のがしませんでした。

四月一日に奉公に行きました。初めての夜、月を見ながらお母さんのことを考えました。

「今ごろ母ちゃん達は何をしているかなあ」と、

だんだん月日がたつにつれて、新しい環境にもなれ、主人の性格なども判ってきました。

主人はとても思いやりのある人、それで私を学校に上げて下さったのです。私の身の廻りはみんな主人もちで、そのかわり月給なんてありません。年に二度の休みはお小遣をいただくのです。家に帰る時などは、その晩なかなかねつかれません。家にいけばお母さんが泣いて喜んでくれるのです。

「大きくなったね、」とか「家にいる時よりも太ったね」とかいってよろこぶのです。

「ねえかあちゃん、私工場でもいいから働いて、かあちゃん達と一緒にくらそうよ」

かあちゃんはおこって、

「家にいた所で何一つふえるわけじゃなし、お前もつらいだろうが、そこをしんぼうして一生懸命つとめれば主人だって認めてくれるよ。そうすればお前が大きくなるまでには、着物の二、三、四枚は出来るよ」、

「どんなにつらいことでもこらえて、しかられても自分が悪いからしかられるのだと思ってすなおにあやまるんですよ。いいねえ、お前がまだ家にいた時は、かあちゃんよくしかったろう、でもかあちゃんはお前がにくくてしかったんじゃないよ。お前がかわいければこそしかったんだよ、それと同じように主人がしかるんだって、お前を良い子にしようと思っているんだよ。でも、無理ないねえ、お前の年で、かあちゃんだってお前とおなじ年で奉公に出たんだよ。」

お母さんは、昔を思い出すように言いました。

「私のいた所はとてもつらかったよ、お前もつらいだろうが、がまんして一日も早く大きくなっておくれ」

私達は泣きました。そばにいた弟達は不思議な顔をして私達をながめていましたが、一番下の弟が急に泣き出しました。

「どうして泣くの」

「姉ちゃんをしかったらだめ」、

私とお母さんはいつの間にか笑ってしまいました。

「［A］、ちょっと来てみなさい」

「なあに」

「ほらきれいなお月様と星が光っているだろう、あの星の中にきっと父ちゃんもいるよ。かあちゃんはねえ、いつもさびしくなる時は星を見ていると元気が出てくるんだよ。父ちゃん星が敗けてはだめといっているようなんだよ。だからお前だって父ちゃんがきっと見守ってくれるよ」

「父ちゃんは、どこで戦死したの?」

「ビルマのチエコという所で死んだんだよ」

私は一日も早く看護婦になって、主人や、お母さんによろこんでもらおうと心にちかっています。

筆者 ［A］ 昭和十七年［　］日生。家族は父母本人（長女）、妹一人弟二人であるが、父は養父で硝子工場で働いていたが、生活が苦しく、彼女は小学卒業後、中学へ通うことができず、［　］の［　］歯科医へ女中として住込み主人の愛情によつて、夜間中学へ通学したが、その後、母親は本人を工場で働かせるため引取つたが、詳細は不明である。

性格は気が弱く、協調的な面があり、少し物が難しくなると人に頼るくせがある。（曳舟中夜間担任　村井稔）

泣いていた

（尼崎市立小田南中夜間 A）

暗い夜道をとぼとぼ歩いていた
ふと冷たい空を見上げる
月が二重にも三重にも見えた
——泣いていた
私の目には
理由のわからない
涙が光っていた

「今晩は」と私は教室を開けて入った時
皆なはほがらかそうに笑っていた
私は自分の席に着いた

皆なと一緒に笑えなかった
私だけが涙ぐんでいた
私だけが泣いていた

筆者 A 昭和十八年　日生。前住所（尼崎市　）現住所は不明。
家族は父戦死、母及び兄があるが家族間の折合いが悪く、お互に別居しており家庭的に恵まれておらず、このため彼女は二学年の半ばにして昼間より夜間に転入し、三十三年三月卒業した。現在は会社に勤務中、作文は三年在学中のものである。性格は積極的で活発であり、家庭の不遇を学校では現わさなかつた。（小田南中夜間担任）

学校と生活

A

（足立区立第四中夜間）

僕の生いたちの中で一番印象に残っている事は、小学校五・六年の頃である。僕の家は丁度京成のガードの下にあった。まるで豚小屋のようなきたない家だった。ある日授業が終って当番をしていると、友達が「君の家をおしえてくれよ」といった。僕はその時「ドキッ！」とした。だがその場はうまく切りぬけられた。途中までは一諸に帰るが、自分の家を知られたくないため横の人通りの少い道を選んで、かけ足で家へ飛びこむ。共同水道へ行く前に、学校の友達が通るか、通らないか、家の中から外を見て、友達が見えない時に急いで水道へかけて行く。水道で用をしていると、家の近くの友達が探偵ごっこをして遊んでいる。僕も遊びたいと思うが、自分で自分をいましめ、遊びの事をわすれて家へもどる。手伝いも終り、本を読もうとするが、家の中がせまいので本も読めない。

しかたなしに、外へ台をおき、座って本を読んでいると友達が笑って立っている。恥しいのをわすれて急いで本を家へおいて友達の所へ行くと「君の家ここだったのか。」といった。僕は友達を押すようにして公園につれていき、話を聞くと、「映画にいかないか。」ということだった。家へもどり母に云うと、「今日はお金がないので明日いけ。」といわれた。しかたなく友達に断って家に帰った。夜になり、星も輝やく頃になるとまた困ることがある。家には電気がないのでロウソクをつけている。ロウソクではすぐともってしまうので、あまり長い時間勉強も出来なかった。本を読んでいると、目も小さい頃よりも悪くなってきた。こういう生活を繰返し、やがて中学へ入ったが貧しかったので、小学校の時と同じように、一銭の費用も全然払えなかった。長く費用の払えない生活をおくるのはいやなので、夜学なら晝間仕事が出来るので、そのお金で学校へ行きたいと母に頼み、二学期から夜学に通うことになった。始めの一学期は、疲れただけで、早退はしたが、一日も休まなかった。おかげでクラス会費も一月づつ払えるようになり、楽しく一日をおくっている。

筆者 A 父が酒好きのため母と一度離婚したが、子供が五人いるので、また一緒になった。家は京成電鉄 駅の近くのガードの脇土手にたてかけて造つたバラックに住み、電灯もないという有様だつた。一昨年都営住宅（二種）があたり住いの方は解決したが、母は肺結核、姉は肋膜、弟が中耳炎をこじらして三歳位の頃から聾となり聾唖学校に通つている。A は体格もよく成績も優秀である。（足立第四中夜間担任　町田義三）

住込の子守

A
（足立区立第四中夜間）

私がこの夜間中学へくる前は、群馬県の学校に通っていた。でも家が貧しいため給食費も、生徒会費も、たった十円の学級費も払えなかった。学校へ行くといつでも会計係から責められた。そしてみんなから変な目でみられた。そんな時は泣きたくなってしまった。だから家に帰つて、ないのはしっていても「お金」「お金」とお金の事ばかり言っていた。お父さんは困った顔をして明日もって来てやるという、その次の日聞くとやっぱりない。

お父さんは頭に白毛が一杯ふえた。そして、とてもやせてしまった。そんな体をみるとほんとうに気の毒になってしまう。

ある日、親戚に当る東京のおばさんから、家に子守に来ないかという話があった。私ははじめ行くのはいやだったけれど。父も母も「東京のおばさんの所へ行った方が A ちゃんも幸わせだよ」というし、おじさんもおばさんも「来ないか来ないか」となんども言うので、私もとうとう行く気になった。

それに夜間の学校にもやってくれるというのでー。そして十月十二日おじさんにつれられて上京した。一週間休んで十九日始めて足立四中、この夜間中学校へ来た。

先生につれらて教室に入つて来て一番おどろいたのは、もう中学三年生位の生徒がずいぶんいる事だ。

でも、一緒に勉強しているうちにそんな事は気に止めなくなった。友達から「晝間の学校に入れないから、あんなに大きくなってからもくるのよ。あんな大きい体で中学一年だなんてばかにしちゃあいけないわ」といわれたからだ。それに私も、「いいなあ、夜間はあんなに大きくなってもはいれるし、みんな小さい子も大きい子も区別なく楽しく勉強が出来るので」と思った。

私も晝間の学校にいた時よりも、お金の心配もなく熱心に勉強出来るし、おもしろくもある。晝間の学校にいた時、私達のクラスに「私はお弁当を食べるのが楽しいので学校にくるの」と自分で言っていた子がいた。夜間にはそんな生徒はいない。私は住込の子守です。東京へくる前、私が想像した様にはいかなかった。でも家でいやな事があって学校にくると何もかも忘れて楽しく勉強をする事も出来るし、友達と冗談も言う事が出来る。

だから一日のうちで、学校にくるのが待ちどおしくて仕方がない。おばさんに叱られて涙が出そうになっても、学校にくる楽しみがあるからがまんする事も出来る。日曜日など、学校がないからつまらなくて仕方がない。

もし、この足立四中という夜の学校がなかったら、私は今頃どうなっていただろう。私はこの夜間中学校に心の灯をもやしながら、一生懸命励んでいきたいと思う。

筆者 ［A］ 群馬県伊勢崎の生れで、小学校入学前までは金融業の父をはじめ継母ではあるが母や兄姉たちと楽しい生活をおくつていたが、父が事業に失敗してからは、その日の生活にも困るようになつた。そうなると継母の態度も一変して家庭まで冷たいものになつた。兄一人、姉一人が家出して現在行方の知れないのも、生活が貧しいためとは言えない
本人は一年の二学期に従姉にあたる医者の家に子守として上京した。医者という職業柄、忙しく、学校には毎日遅刻であるが、どんなに遅くなつても学校は一日も休まず、授業が終了する頃に来る時は気の毒な有様である。真面目で、明るく、学校に通うということだけを楽しみに生活しているという生徒である。

中学校を卒業したら群馬県に帰つて、父親を楽にさせてやりたいといつている。（足立四中夜間担任　町田義三）

働く喜びと悲しみ

［A］
（横浜市立西中夜間）

中学二年の九月のはじめ、とつぜん父が親のように頼りにしていた□のおじさんが亡くなりました。そのことがよほど父に打撃を与えたと見えて、それからというものは、父は毎日酒はのむ、仕事は怠けるといったぐあいで、まるで別人のようになってしまいました。それであっという間に商売（洗濯業）もつぶれ、私たちは□から□へ転居しました
生活は日に日に苦しくなるばかりでした。

ある日、母と姉がとつぜん私に「学校をやめて働いてくれないか。」と言い出しました。私はいずれ働かねばと、ふだんかくごはしていたものの、父が姉ばかりかわいがっているので、「働くのなんかいやだ。」といおうとしたが、返事にこまり、「明日まで待って」といって、その場をきり抜けました。

私は寝ながら考えました。よく考えてみると、父や母がかわいそうに思えて、私は働く決心をしました。そして昼間の中学をやめ、夜間に転校しました。その時は、はずかしいやら

くやしいやらで泣いてしまいました。

私が関東印刷へ入ったのは、十月三日のことでした。最初会社の人たちはとても私をかわいがってくれました。何かわからないところがあれば、[B]さんのおばさんにきけば親切に教えてくれました。

ある時、箱の荷が入りました。私はどうしてよいか分らないので、立って見ていますと、[C]さんと[D]さんが「[A]さんは会社へ入つたばかりのくせに、立って見ている。」と言うのが聞こえたので、私は[B]のおばさんに「箱をどうすればいいのですか。」と聞くと、[B]のおばさんは「ただこの箱を軒の両側に積んでおけばいいのよ。」と言いました。

私は言われる通りにしたのですが、その時、[C]さんや[D]さんがなぜそう教えてくれないのか、と思ってとてもいやな気持がしました。

私たちの仕事は、印刷したものにロウを通して、それに火薬を入れるものをこしらえているのです。

私が会社に入って五月目のことです。二月五日にとつぜん私と[E]さんと二人で、本社へ行ってくれ、と事務所から話がありました。私と[E]さんは仕事がきれいだから、ぜひ本社へ来てくれ、と言うのだそうです。そういう話がまわりの人の耳に入ると、みんな「会社へ入ったばかりのくせになま意気だ。」という顔つきをしました。いままで親切だった[B]のおばさんまでが、とてもこわい顔つきで私たちに皮肉をいいました。

「おばさんが教えなければあんたたちはそれまでになれないくせに、ふつうならば、あたし（[B]のおばさん）がいくの当り前だ」と怒っているのです。

私はその時とてもくやしかった。いっそうのこと会社をやめてしまおうと思ったが、ここでやめてしまえば私の負けだと思って、歯をくいしばってがんばりました。

このごろではおばさんたちも悪かったと思ったのか、前のように、私にとてもやさしくしてくれるので、会社へいくのが楽しみです。

夜間中学へ転校してから、私は一日も休まず出席しています。私はなんとかして高校へ進学したいのです。それにはよほど真けんに勉強しなければ入試突破できないと思います。

筆者 [A] 現在カリエット工場の下請け工場に働いている。家族は両親に姉ふたり妹弟ひとりずつの七人家族で、以前は□でクリーニング店を営んでいたが失敗し、□に引越しその上現在の□に移転し、今度は人に使われる身になつた。大きい姉は長い間病気、小さい姉は定時制高校に通学しつつ働いている。

病人をかかえ、家業の失敗あわせて家族の多い等々、本人も働かなければならなくなつた。本人の性格はいたつて無口でおとなしくまじめである。学校もだれよりも早く登校し熱心に勉強し卒業の折には成績も良く答辞を読んだ。（横浜西中夜間担任）

私の希望

A

(横浜市立西中夜間)

私の父は戦争で死にました。それからというものは、母は舟の掃除婦となって働き、私たち姉妹を育ててきました。母は、私が七つの時に二度目の結婚をしました。それは、私たち家族に不幸のうわぬりをするようなものでした。

それというのは、二度目の父はすごくなまけ者で、母だけを働かして、バクチばかりしていたのです。そして、家ざい道具から私たちの着物まで売り払ってバクチのもとでにしてしまったのです。

母はとうとうがまんしきれず、父と別れました。そのあげく母は胸をわずらってしまったのです。その頃、母がどんな苦労をしたか、いまになって私には身にしみて感じられます。

やがて、母は三度目の夫を迎えました。三度目の父はとてもやさしい人で、私たちのために一生けんめい働いてくれました。そのため、家のくらしはだんだんよくなってきました。私はとてもうれしかった。

ところがまた不幸なことがおこりました。やはり舟の掃除夫をしていた父が、舟から落ちて大けがをしてしまったのです。その時の母のがっかりした顔は、つらくてとても見ていられませんでした。

私はうちのくらしを少しでもらくにしようと思って、ハンカチまきの内職をしました。しかし、それだけでは、とてもおっつかないので、二年生の二学期で岩井原中学をやめ、働くことになりました。そして、この西中の夜間部に入ったのです。

輸出向けのハンカチをきつたり、ミシンをかけたり、アイロンをかけたりするのが私の仕事です。収入は月四千五百円です。クタクタにつかれて、それから、「また学校か」と思うと、もううんざりして、「学校なんか、よそうか」と思うことも、たびたびありましたが、ちょうど一年間、通いつづけました。

でも、いまでは、学校にくるのが一番の楽しみです。学校へきて、みんなで歌をうたったり体操をしたりするとき、それから、みんなとわあわあおしゃべりするときは、苦労はすっかり忘れてしまいます。

私は早く卒業して一人前の人間になり、母を少しでも楽にさせてやりたいと思っています。それだけがいまの私の希望です。

筆者 A となつています。母は再婚し義妹が生れたが、義父なる人は酒のみで酒ぐせが悪くて離別し、現在の人と再び結婚し、今の人にもこどもがあるそうです。父は昭和十九年 □ 日付にて、東部ニューギニヤアイタペ方面で戦死

本人の籍は、父の籍の方にあり、祖父が健在であるが、母の方に同居している。

家庭の事情が事情であるためか、本人も勉強をあまり好まず、つい中学に入学しても休み勝だつたらしく、休んで家にいるのなら、内職でもやつたらと、ハンカチの内職を始めたが、いつでもあるというわけでなく、あつたりなかつたりで、そのうちにいやになり、ハンカチの内職もやめてしまつた。

西中の夜間部にはいつてからは、毎日学校には、まじめに来ていた。ほがらかで、だれとでも友達になつた。知人の紹介で六月一日から行く職場がきまつているとか、それまでのつなぎに、かんづめ工場に行つているようである。（西中夜間担任）

ばか貝取り

A（横浜市立鶴見中夜間）

朝起きて舟で沖合にいつものように、五人の仲間と、青やぎ貝を取りに、出掛けました。かごをおろして、ろくろ（ウインチと同じ）をまいて海へおろし地面の中を、かごでほじくり、そのかごをあげると青やぎ貝、普通ばか貝といわれている貝が、面白いようにたくさん中に入って居ります。

しかし、いくらばかでもそう毎日沢山取れるわけではありません。寒い日など少ししか取れない日など、家へ帰る足も重くなります。今日のように沢山取れた日などは、五人の人たちと楽しく「良かったなあ」とお互に肩をたたき合って喜び合います。こんな日などどんなにつかれていても、鶴見中学校の夜学に行くのもつらいとは思いません。足もかるく意気ようようと出掛けます。昼間つかれていてもそんなものは吹き飛んでしまいます。

僕の一日の生活に張りあいが出て来たことはたしかです。義務教育をりっぱに終りたいと、今はそれだけを楽しみに毎日の生活を送って居ります。

筆者 A 　A 君は鶴見区□、□に B 氏の長男として生れ、妹弟各一人、父の生業は漁業（貝取り）である。十四歳頃より家業を助くるため父と共に東京湾中の浅海に出漁し貝を採集して夜間本校に通学している。この生徒に依存している家庭であるため生活状態はよくない。この辺一帯にはこうした小漁業者が二十軒程密集して生計を営んで居る。然し本人は性質温良で営々として家業にいそしみ、また夜学にもよく来る。親の理解があれば昼間に入れるべき子供であるが、父は家業を継がすので学問はあまり必要はないと云つて居る。（鶴見中夜間主任　甲斐宏）

もう一度

A
（横浜市立鶴見中夜間）

時計の針が八時を指すと、お母さんは会社に行くしたくをする。行きがけにぼくをよんで、「学校に行きなさいな。」と、言って会社へ行く。

ぼくはお母さんの言いつけをやぶって学校に行かないで、家の中でじっとすわっている。お便所に行く時は、人に見られないようにいく、また、ある時は、便所のなかで、一日中かくれていたこともあった。

こんな日が毎日続いているうちに、学校に行くのがますますいやになった。お母さんには「学校に行きなさいよ。」とくちぐせのように言われるし、ぼくはなさけなくなった。どうして学校に行くのがいやなのか考えて見たが答はうかばない。

ある日お母さんが病気で休んでいる時、近所の人に見つかってしまった。ぼくははっとした。はずかしいやらこわいやらでへなってしまった。

その日の夕方、お母さんは急に学校へ行くと言い出した。とめるわけにも行かないので、だまって見送った。ぼくは机の上になきふした。それからしばらくして、お母さんが帰ってきた。

お母さんはないたらしく目がはれていた。お母さんがいうには、ぼくがやく一年学校に行かなかったから、もう一度一年からやりなおしと言われたとき、むねがつまって言葉がでなかった。

そのあくる日、お母さんにつれられてしょく員室に入った。そこにはうけ持の先生が持っていた。お母さんが「もう一度、一年からやりなおすのですか。」と聞いたら、先生は「A君はうち気だからむりだろうから、夜きたらどうですか。」と言われた。

そのあくる日から夜いくようになった。ぼくはいま、新しい希望にむねをおどらせながら毎日たのしく学校へかよっている。

筆　者　A　鶴見区□共同住宅に住居している。父兄共に健在で共稼ぎである。弟妹六人暮しの大家族である。

本人は一昨々年まで昼間の学校に通学していたが一度病気して引継き欠席した事が原因で、夜間に通学をすすめた生徒。性格は善良で学力もあり、家庭と相談の上、三年に復帰しているが他生と比べてあまり遜色がない。現在、昼間部の三年三組に在籍してよく勉強している。（鶴見中夜間担任　甲斐宏）

迷 子 鳩

A
（横浜市立鶴見中夜間）

□月□日は、僕のたんじょう日、兄さんのお古の時計を三日前に修理に出した。時計を今日もらった時、僕はうれしく友達に見せて上げた。「いいなあ」と、いっしょに見た。

すると五時をすぎていた。学校に行く時間が一時間と四十分ぐらいしかないので、いそいで家に帰った。そして、夕ごはんをすましてから、ハトにえさをやるので、ハシゴをかけて上つた。

僕の家のハトの数は八羽いる。僕はハトをとばしておりるのをまった。

ハトの数を見ると、九羽いるのでマイゴバトと思っていた。ハトは僕の屋根におりた。

どれがマイゴバトかとよくみると、それは僕が友達から買ったハトの子供であった。

そのハトの子供は、友達から買った時にはもう生れていた。そして僕は友達の家へいった。ハト小屋を見ると、ハト小屋がない、友達の家の前で名前をよんだがへんじがない。

僕は帰えろうとすると、向うから友達の弟がやって来たので聞いて見ると、

「ハトは全部売っちゃった」と、言ったので、また聞いて見た。
「家で買ったハトの子はどうした」と聞くと、
「知らない人に売っちやった」と言った。
僕は感心した。生れた所へもどらず親の所に来るとは、僕はまた感心した。
時計を見ると六時に近いので、僕は家にかえり急で学校へ行った。

筆者 A A君は、鶴見区□に居住。父は死亡、母は職業安定所の作業員である。兄が一人居るが他に勤めて現在は母子二人の生活である。性格は無口でおとなしい生徒、時々母の勤務の都合で留守居のため欠席することがある。母子共清貧にあまんじて居るといつた所である。（鶴見中夜間担任　甲斐宏）

螢光相談室（身上相談）

担当　京都市立朱雀中学校

二部の生徒はどの顔を見ても至って朗かなんですが、その胸中には痛々しい悩みを秘めているのが普通です。そこで、友人のその悩みを、生徒同志の手で解決してあげるために開設したのが、この螢光相談室です。お互に苦労しているから、他の苦しみもよくわかり、したがってその答もなかなか天晴れなものです。男の子の悩みを女の子が解決したり、三年生の苦しみを　年生が答えたりして、なかなか微笑ましいのも見受けられます。秘密は十分に守ってあげます。どうぞ御遠慮なく相談にお越し下さい。

相談A

父は若い時から酒のみで、数年前から病気になって、仕事をせずに家におりますが、病気の上にお酒を飲むので、毎日お医者に通っていますが、とうていなおる見込みはありません。小さい子供がたくさんいるのに、おまけに借金までして飲むので、母と兄の収入だけではとても足らず、毎日の生活に追われて、お米がなくって、どうしようかと心配していても、知らん顔でお酒を飲みに行きます。そして、母が何か言うと、すぐにおこってどなりちらします。時には暴力もふるいます。これ以上借金がふえると私達の生活は苦しくなる一方です。急にお酒はやめられないでしょうが生活の事をもう少し考えてほしいのですがどうすれば、もっと家庭の事を考えてくれるようになるでしょう。（三年女）

解　答

このような悩みは世間に多くありまして、あなたの悲しみはお察しします。あなたのお父さんは、何かそうなられたのには原因があったのではないでしょうか。あなたの家もなかなか子供さんが多く、苦しい生活をしておられるので腹も立ちましょうが、これからはお父さんが酒を飲んで、あなたや兄妹さん達にどんな事をされても、余り反抗的にならず、温かい態度で当ってあげなさい。家中みんなで温かくお父さんを包んであげる事です。お父さんとしても、お酒でも飲まなければ心が苦しいのでしょう。結局、あなたはお父さんをかわいそうな方と考えていれば、馬鹿でない限り、きっとお父さんは目がさめるでしょう。なお、家中の人と話し合ってみる事も大切です。（三年［A］）

相談B

私の父に「二度目の母をもらえ。」と父の兄弟がやかましく言って来ますが、私は反対なのです。死んだ母はとてもかわいがって下さいましたし、母の母（祖母）のことを思うと、とてもたまりません。二度目の母をもらうべきか、それとも今のように兄弟離れて生活する方がいいのかと、おじは私にせめます。兄弟一しょに生活したいし、二度目の母はいらない、と思う私はどうしたらよいでしょうか。お前は気ずい（気まま）ばかり言う、と言って、とても私はきらわれますし、心を鬼にして反対する私は死にたいほどの思いです。（三年女）

解　答

かんじんのお父さんの意志はどうなのですか。なによりも、お父さんや兄弟の意志が必要です。お父さんや兄さんたちがほしいといわれるのなら、あなたもがまんしなければなりません。お母さんはなくなられてしまったのですから、どうしようもありません。新しいお母さんをもらってもらい、親子仲よく暮す方がいいのではないでしょうか（二年［B］）

相談C

僕の勤めているとこの奥さんはちょっと変人で、僕におこらはると、僕が正しいと思って返答するとなに口答しているのや、とおこられる。大人には口答はしたらいかんのやろか。

それでなんと言うたらだれのためこんな大きくしてもろたのやって、そればかり言わはる。このごろは、だまってへえへえとうってるけど、そういう場合にはどうしたらええのやろうか。（二年男）

解　答

大人には口答はしていけないことはありません。でも自分が悪いくせに、自分の言っていることが正しいと思って、奥さんに一々口答をしては、奥さんも腹が立って言われるでしょう。大人の言われることは、大ていは間違っていないと思います。でも、あなたさえ歯を食いしばつてがまんをしていたらよいのではないでしょうか。そして自分を励まし、「僕は今は主人の奥さんにしかられてばかりいるが、僕はぜったいに怒りやの奥さんなどもらわない。」と思いながら、がまんをしていたらいいでしょう。（三年［C］）

相談D

僕はある人とつき合ったため、大変よくなり、先生からもほめられるほどになって、大変とくをしましたが、一方にまた次のような人がいて、つき合ったらその人がよくなるかどうか、迷っているのです。

それは男子で、僕よりも一年下ですが、初めは僕と大変仲のよかった友人でしたが、ある事で僕と別れ、ある男の人と遊ぶようになったが、大変悪くなり、それを見かねたある人と僕は、男の人からその人を離し、僕らの友人としたが、あまりよくはならない。僕も出来るだけしたが、あまりよくならなく僕がその人のようになりかけるから、僕はその人とつき合わないといい、自分が悪くならぬ程度に遊んでいたが、もう一人の人が、あの人は考えてみると大変かわいそうな人だから、もうちよっとよく言って、よい人にするのが三年生の役目と違うか、と言われた。僕はどうしたらよいだろうか。（三年男）

解　答

君はある人とつき合って先生からほめられるようになりましたね。だから君はそれだけある人のためによくなったのです。だから、君も一年下のその別れた友達を良くするようにとつき合ってその人を立派な良い人になられたら、その人はそれだけとくをすることになるのです。君と同じようにと、君は思ってまたその人と付き合いを始めたが、なかなか良い生徒になろうとしない。でも二年でも三年でも自分の心さえしっかりしていれば、悪くなりません。だから前より一そう力を入れて、その人をよくするためにがんばって下さい。（三年［D］）

相談E

私のお母さんは、ちよっとしたことでもすぐおこらはる。それが口で言うのやつたらまだましなのにひとの体やと思ってすぐたたかはる。たとえば、「今日はお店（お好み焼）がいそがしいし、学校を休んでや。」と言わはる。うちは本気になって「家より学校の方が大事やし、たとえ三十分間でも十分間でも、勉強したいのや。勉強したら、うちの成績今は悪いけど、もっとよくなってみせる。」と言うと、「ひと晩ぐらい休んでもこたえへん。」とお母さんが言う。うちは「いやや、学校へ行って来るえ」と言って、かばんを持ったら、足でけらはる。「お前はちびのくせに親にりくつを言うか、お母ちゃんが学校へ電話をするからかまへん。こんないそがしいのに、お前はなんで親をほっといて学校へ行かんならん。もしお母ちゃんが倒れたらどうする。お前ひとりでようやって行けへんや。」と言わはる。お母ちゃんが学校へ電話かけに行かはったあとで、お客さんが「お前とこのお母さん、こわいのやなあ」と言わはる。お客さんが帰らはったあとで、お母さんはものすごくたたいておこらはる。うちはこわいどんなふうにしたら、うちのお母さんにおこられないのだろうか。（二年女）

解　答

ほんとうにこわいお母さんですね。さぞかし毎日つらいでしょう。お店がいそがしいのは大へん結構ですけれども、あなたまで夜おそくまで働かなくてもよいでしょう。

あなたの言う通り、学問は大切です。けれどもお母さんも働いてしんどいのですから、怒りっぽくなるのでしょう。ちょっとのひまでもお母さんのお手伝いをしてはどうでしょうか。それでもお母さんがそんな乱暴されたら、あなたの口からお母さんに「どのようにしたらお母さんのゆうことがきけるのや。」と言って話してごらんなさい。そしたらお母さんもあんまりむりを言わないようになります。それから先生によくお話してもらって、お母さんに学校の大事なことを理解していただきなさい。（三年 E）

相談F

近所の人が私と同級生で同じ組になったので、やあ、あの人好きやろう、とからかわれるのがかないません。相手のお母さんにいやな感じを与えます。どうしたらからかわれなくなるか、方法を教えて下さい。（一年女）

解　答

私も小さい時に組に同じ人がいて、やはりひやかされました。そういうことはほっておきなさい。人のうわさは七十五日と昔から言いますから。それに怒ったりしたら、それがおもしろいのでからかわれます。（三年 F）

相談G

私は初めて勤めに行きました。大人はみな親切にしてくれます。しかし昼休みになると、大人はストーブにあたりながら、いやな話ばかりします。私は休みになると、すぐ外へ行きます。でも大きな声で話をするのがよく聞えます。私はいつもいやな気持でおります。どういう話かというと、ダンスとか、キャバレーなどの話をして喜んでいます。そんなのならまだいいんですが、赤線区域の話をします。仕事場の女の人はいやがっています。私はいやでいやでたまりません。私が一番小さいので、女の人はみな心配してくれます。私はどうしたらよいのでしょうか。(三年女)

解　答

変な勤め先ならば、やめてしまってはどうでしょう。しかしその前に、その大人達に、あなたからでも職場の人からでも、そんな話はやめて下さいということは言えないのですか。あなたもその方へ耳を向けなければいいでしょう。あなたはそんな事を知っているから、話されている人々の言われたことがよくわかるのじゃないでしょうか。(三年　G　)

相談H

私の仕事は、す昆布をしています。けれど、冬は手がつめたく、服や体は「す」のにおいがつき、私の部屋の中まで「す」のにおいがします。やめたいのですけれど、はじめその仕事は先生に世話していただいたものですから、簡単にやめるわけにはいきません。そして、私は卒業したら看護婦になる希望なんです。それで、今まで世話になっておいて、卒業すると同時にやめる事はいけないでしょうか。(三年女)

解　答

看護婦は消毒のにおいがしますよ。服や体にそんなにおいがついたくらいでやめたいというのは少しわがままですよ。

どんな仕事でも、初め入った時の気持でずっと働くのがよいのです。先生に世話していただいたのだから、絶対にやめてはいけない、ということはありませんけれども、今までつとめておきながら、卒業したら急にやめるというのは虫がよすぎます。

働くということは遊びごとではありません。つめたいぐらい、なんですか。もっと元気を出しなさい。

看護婦という仕事も大切な仕事ですから、どうしてもなりたいのなら、先生に相談したらどうでしょう。(三年　H　)

相　談I

父と姉はとても意見が合わないので、私達姉妹が姉のことを言うと父はおこります。姉は住込女中で、親の家の近くです。姉は中学校じぶから苦労をしています。住込先の休みももらえないので、私達姉妹がやめるように言っても、親と性質が合わないし、帰れない、と言って、そこに勤めています。姉はとても気が弱くて、すぐ涙もろいのです。どうしたら親と意見が合うようになるでしょうか。(一年女)

解　答

あなた達がお姉さんの事を言うとお父さんがおこられるのなら、何もお父さんの前で言わなくてもよいと思います。お姉さんは、親と性質が合わないし帰れないと言っておられても、本当は帰りたいのじゃないかと思います。ですから、お姉さんにも一応は責任があると思います。それは、親の意見が合わないといって住込んでいては、一向にお姉さんの心が親に通じるはずはありません。ですから、もちろん、親にも責任があるのですから、お姉さんがお父さんにどんな態度を取っておられるか知りませんが、お父さんは、お姉さんの態度が気にくわず、それでいざこざがおきるのじゃないかと思います。ですから、つとめてお姉さんはお父さんの気に入るような態度をしてあげればよいのじゃないかと思います(三年 I)

相談J

卒業が近づくにつれて、世の中というものが暗くなるような気がする。それは、自分の行先がないから、家へ帰っても、複雑な家庭のため、自分は同居するわけにもいかない。自分の頼る人は母だけ、しかし、お母ちゃんは義理の父の言うまま、なんの相談もできない。学校へ通っている間は、先生、お友達に慰められ、楽しく過ごしているが、友達の意見を聞けば聞くほど、自分は苦しくなる。若いうちに高校へも行きなさいとの母の言葉とともに、自分も一生懸命がんばっていた。今でも私は高校へ進学したいと思いながらも、このごろ母の意見は、はっきりせず　他の人達は反対である。今私はお好み焼屋へ勤めている。友人は卒業したら絶対やめよしや、との意見、しかし、私は自分の意志がしっかりしていれば、別に今と態度を変えることはないと思う。しかし　将来のため手に職を付けなければいけない。こんなことを思っていると、三学期でありながらも勉強が頭に入らない。私は今、高校へ行くということは、あきらめてはいるのですが、あなたの意見はどうでしょうか。(三年女)

解　答

学校に行っている間に、先生に、自分が高校に進学したいと言うたら、先生も何かよいことを考えてくれはりますやろ。僕の思うのは、職場はあんまり変らん方がよい。お好み焼屋でもりっぱな商売やと思うな。そんなん経営しようと思うたら、なかなかやで、それでも大したことはないけど、手に職がつくと思うな。そやし、大将に話して、高校に行ったらええ

と思う。（二年 J ）

相談M

私は長女なので早くお嫁に行かなくてはなりません。父は私が中学を卒業すれば、家庭の事を習って良いお嫁さんになる事を望んでいます。でも、私は高校へ行きたいのです。父は、女子はあまり勉強しなくてもよい、と言っています。だから、私が勉強しているとしかります。私の意志は、教養を身につけて、できるだけ長くいたいのです。できる事ならお嫁に行きたくないのです。でも、それはだめなので、あきらめていますが、どうして女は勉強をしてはいけないのでしょう。私は高校へ行きたくてたまりません。でも、私の下には弟や妹がたくさんいます。弟も高校へ行きたがっています。花嫁修業は高校を出てからでもおそくないと思うのです。私は高校へ行くことをあきらめなければならないでしょうか。（二年女）

解　答

あきらめんときなさい。お父さんは今の世の中というものを知らないのではないか。でも、お父さんに言わしてみれば、やはり、家庭で兄弟姉妹の多いわれわれになんということを言うか、との意見もあるでしょうが、やはりお父さん兄さんなどに十分相談して解決することがかんじんです。

女と勉強の問題ですが、女が勉強して何をする、と私もよく親達に言われた。私も女が勉強をしてはいけないという事はわかりません。私の親は、女の一生は結婚でなるのだ、といわれるが、若い今のわれわれの時分の教養がかんじんと思う。そのことを親はわかってくれない。女としてのだれの悩みも同じだと思いました。

だが、もしあなたの高校進学がいけなかったとしても、その間〝社会勉強もあることだし〟教養という悩みを自分ひとりでもっていないで、はきはきとみんなに言うことが大切だと思います。（二年 M ）

一枚の切手

A
（京都市立北野中夜間）

きちんと
正しい位置にはった
一枚の切手に
あなたのすなおな心が見えます

白い封筒は
あなたの顔でしょう
美しい宛名の文字は
あなたの衣しょうでしょう
そして切手は

あなたのブローチです
だれのも同じようであっても
やはりあなたの心が見えるブローチです

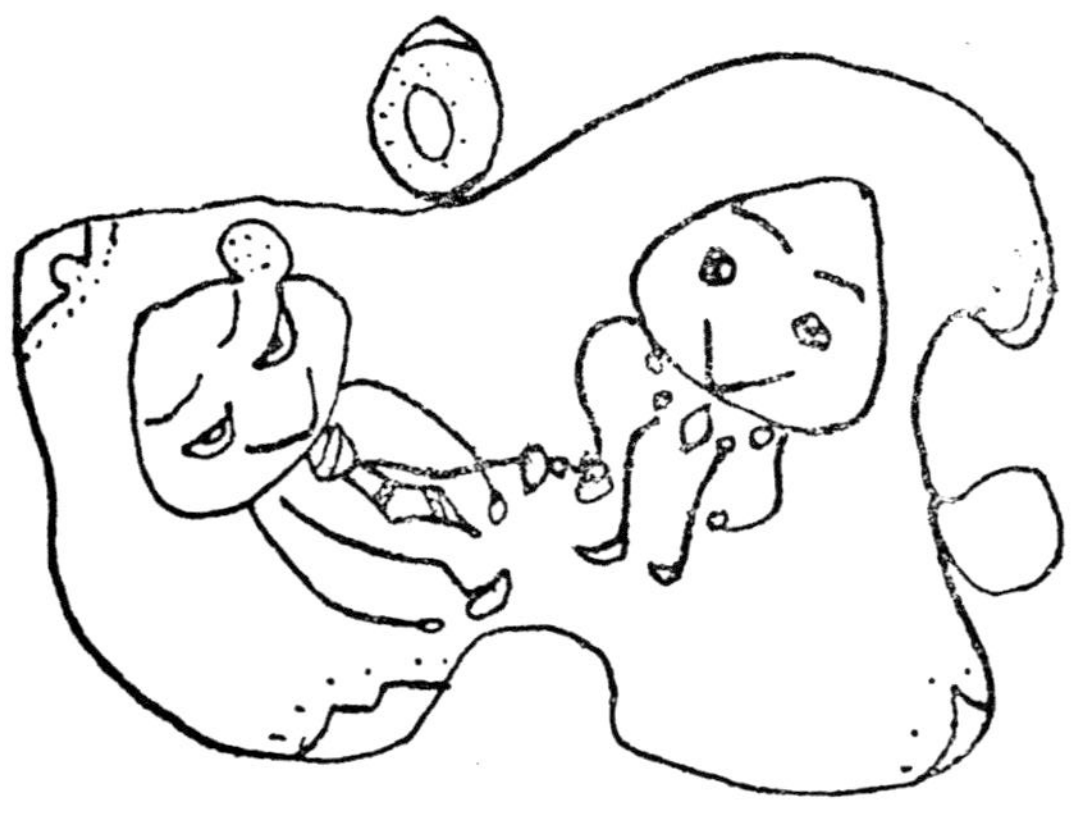

僕のきぼう

A

（横浜市立西中夜間）

　僕は、昭和十年□に、横浜市□で生まれた。その時、父は大工をしていた。上に兄が一人、姉が二人いた。僕のあとに、つづいて妹が一人生まれた。父はさけをのみすぎて、いかいようになり、僕が七つの時にぽっくり死んでしまった。

　それからきゅうに僕の家のくらしは苦しくなった。僕は、神橋小学校へあがるにはあがったが、家のくらしがだんだんたたなくなり、また、だんだんくろしゅうもひどくなったので、三年の時、家をでて舟乗りになった。僕の行ったさきは、子安の漁師の家だった。

　その家へ行くとき、母から「漁師の家へ行けば、ごはんがはら一ぱいたべられるからいい。学校へも行かしてくれるそうだ。」と言われた。それで僕は行く気になった。行ってから、僕は毎日海にでて、風と波にもまれて働いた。あみをあげたり、つなをたぐったりするのが、僕の仕事だった。仕事はずいぶんつらかった。とくに冬はつらかった。その上、休みは、おぼんとお正月だけしかもらえなかった。学校へもあげてくれなかった。

「漁師になるには勉強なんかいらない。」と、おやかたは言った。

　僕はそれもそうだなと思ったが、僕と同じぐらいの子が学校に行くのを見ると、なきそうになることもあった。

　家へかえりたくて、ないたこともあった。

「りょうしは泳げなくてはいけない。」とおやかたになぐられて、泣いたこともあった。

夜、漁にでて、エンジンをかけるのだから、ついねむくて、いねむりをして、エンジンをとめてしまい、なぐられてないたこともあった。

　なんども家へにげてかえろうと思ったが、家へにげてかえれば、母にしかられるし、またすぐおやかたの家につれもどされて「ずらかった。」と言って、しをきされるので　なきなき働いていた。

　僕のくらしは、どれいとかわりなかった。子安のはまには、ぼくとおなじような子が、いくにんもいた。

　それでだんだんけいさつがうるさくなり、□けいさつによばれた。その時おやかたは、けいさつへ行ったら、「家であそんでいるといえ。」と言った。

　僕はほんとうのことを言いたかったが、言えばなにをされるかわからないので、僕はけいさつできかれたとき、「家であそんでいる。」と言った。

そのかえりに、おやかたに、えいがをみせてもらった。せいぶげきであった。

僕はその時、はじめてえいがというものをみた。僕が十四か、十五の時だつた。

僕はおやかたの家で十一年働いた。そして、おやかたも死んだし、昭和三十一年、二十才の六月に、思いきって舟乗りをやめた。年きをつとめれば、かぶもたしてくれるし、家もたててくれるやくそくだったが、なんにもしてくれなかった。

やめてから、僕はしりあいの人のせわで、　運輸株式会社につとめることになった。仕事は甲板の上で、もやをとったり、デッキを洗ったりする仕事である。つとめがかわったときは、とてもうれしかったが、さて、つとめだすと、船長から、「字がよめない。」とバカにされたり、会社へ月給をもらいに行って、りょうしゅうしょがかけなくて、わらわれたりした時は、とても自分の無学がくやしかった。

僕はなんとかもっと勉強したいと思った。そしたら妹が、西中学校に夜間部があるとおしえてくれた。僕は新聞のこうこくをみては、どこかに勉強をおしえてくれるところはないかとさがしていたときだったので、さっそくてつづきしてにゅう学した。

僕はいま二十三才で、十才も年下の人と一しょに勉強するのは、すこしはずかしいきもするが、僕はがまんをして一しょうけんめい勉強している。いまの僕のきぼうは、ガソリン船の消ぼうふのめんきょしょうをとりたいということである。

母の死から

A

（大田区立糀谷中夜間）


小学校六年の三学期、十一月二十五日の事だった。学校で授業している時、突然お隣りのおばさんが学校へ知らせに来てくれた。それは、「お母さんが今病院で急に状態が悪くなって命が危い。」と云われたので急いで東京の　医科大学東京病院まで急いだ。しかしもう全々口がきけず、いくら注射しても駄目だった。そして暫く酸素呼吸を続けていたが癌の為結果が悪く、その日の午後三時二十分頃息を引きとった。

母が亡くなるまで四十五日あまり入院した。そして、母の入院中はお母さんのおばあさんが家の事を色々とやってくれたが、母が亡くなったため、田舎へ帰った。それからは、父が一人で会社の仕事、炊事、洗濯等をやらなければならなかった。そして僕はこう思った「母がいないとこんなにも苦労するものか。」と、しかし、もう遅い。

そして、その翌月、東京に強風注意報が出ている時だった。すぐ隣りが電熱器の掛け放しから火が出て火事になる所を僕がいちはやく見付け、急いで一一九番に電話した。そして、母のいはいと大事な物をもって外へ出た。幸い発見が早かったため、疊二帖、炬達、箪司等で済んだが、もしおそければ強風のため二、三軒では済まなかったかも知れない。そして、その日、新聞記者が来て色々と事情を聞いて写真を写していった。

その翌朝、朝日、毎日、読売新聞を見ると、「少年機転の一一九番」と大きく書いた見出しと記事と写真がのっていた。そして、その日の朝と夕方のラジオのニュースでも放送された。この時はとても嬉しかった。また表彰状や記念品、お金等を沢山頂いた事も一生忘れられない。

この様な事があって小学校卒業の日が来た。この卒業式に一つ思い残される嬉しい事があった。それは先生に通信簿を頂く時、僕が一学期総合一二三点、二学期総合一二二点、三学期一二二点とクラスで一番いい成績だと聞いて、とてもうれしかった。また六年の時、学校の生徒会長もやった。これで小学時代を楽しく卒業出来ましたが、家計の方は苦しくなる許りで、それは母の入院費やその間の色々な借金を返さなければならなかった。そのためお父さんの仕事を手伝い、少しでも楽になる様につとめた。

しかし大事な中学もいかず仕事許りしていたのではいけないと云うので入学したのが六月になってしまった。そのため、勉強の方もおくれて通信簿を見ると四・三あたりになってしまった。これではいけないというので一生懸命勉強しようと思ったが、家の方が少しも楽に

ならないので勉強も手につかず、また父一人で骨折るので、僕も晝間つとめて夜、学校へ行こうと、自分で決心した。

初めお父さんは反対したが、僕は聞かなかった。そして夜学の手続きも皆んな自分でしてしまった。また勤め先の店も住込みときまったので、僕は一生懸命働いた。そして、月給もみんな家に入れて家計を助けた。店の主人もよくわかってくれてとてもよかった。

そして、半年たった春休み、学校が休みなので七時頃まで働いた、店の主人は僕に腕時計を買ってくれた。この時はとても嬉しかった。そしてその年の暮十二月に学生服の上下も買っていただいた。よくこの様な高価なものを買って下さるのだろうと考えてみると、僕は半年許り全々休まない事があった。そして、僕が一生懸命働いているという事を店の主人がわかってくれたからなのである。

この時、僕はとても嬉しかった。

筆者 A　父の死にあい小学校二年を中途にて子安の漁師の家に預けられ、作文にも書いてあつたような苦しみの多い半生。家族は母に妹ふたり、兄夫婦にこどもひとりの七人家族であり、本人をのぞいた他の兄妹はみな中学をでているのです。学校にもやつてもらへず、苦労して育つた半生を持ちながらおだやかな人がらは、そんなに過去に苦労しているのかしらんと思われるほどです。浮いたところはひとつもなく、今までのたりない勉強を取りもどそうと努力しています。今後は喜びの多い人生をおくらせてあげたいと祈らずにはおられません。（横浜西中夜間担任）

A　A が夜間部へ入学したのは、三一年の春二月のはじめ、一四歳の時です。それから二年間、クラス一番の力持ちでした。住込み先が羽田の漁船に油を売る店でしたので、いつもドラム缶の積みおろしをやつていたからです。

三三年の四月からは定時制の港工業の生徒になりました。試験の時、三倍の競走率だつたので心配でしたが、無事、入学できました。

現住所　大田区

生年月日　昭和一七年

家族　父（工員）妹（羽田中学）弟（羽田小）

現況　油店内住込、都立港工業高校定時制機械科一年（糀谷中夜間担任）

矢 車 草

A

（横浜市立蒔田中夜間）

教室のかたすみに
咲いている矢車草
いぜんは私の家にも
咲いていたのだが
今はない……
ちょっとさみしい

筆者 A　兄が競輪選手になる事を家庭がこぞつて援助する様になり、本人は義務教習中なれど家庭の犠牲となつた。かくして学校に一年遅れる様になり、以前の学校に再び就学する事は、本人に取つて気まずくなり、学区域の隣接せる本校の夜間部に通学するに至つた。両親在、兄一、姉一、本人、（横浜蒔田中夜間担任）

ひらかない窓

A

（世田谷区立新星中夜間）

私はいつも見ている
灰色のこわれかかった窓を
でもその窓はまだ一度もひらかない
窓をあければ暖い太陽も
緑色の風もはいるのに
その家に住んでいる人は
太陽も風も知らないのかしら
私は今日も見た
やっぱり窓はしまっていた

空を見る

A

（横浜市立蒔田中夜間）

晴れている日の空は
とても気持がいいが
曇りの時は　心まで曇ってくる
いつ雨が降ってくるかと
気が気でならない

晴れている空は心までいきいきとして
なんだかうきうきしてくる
悲しい時も空を　さびしい時も空を
うれしい時も空を見る
空は私のなぐさめやくだ

何か考えている時など
いつも空を見る
私は空が大好きだ

筆　者　A　昭和十七年□生。世田谷区□に住み、家族は両親と兄弟十人の計十二人家族、本人は三女、父は病弱のため無職、母は職安で日雇人夫として働いている。家計を助けるため、昼働き夜間中学に通学して一生懸命に勉強していたが、三十三年三月卒業し、現在は世田谷区□の輸出用造花工場で働いている。（新星中夜間担任　岡本省吾）

A　生後間もなく母と死別、三人の兄弟が年上に在り、父一人では面倒が見れないので、□（孤児院）に小学校入学まで預けられ、其の後は兄弟も成長したので、父と共に生活して来たが、小学校六年二学期に今度は父と死別、後は姉の婚姻先に引き取られ学校に通学して来ました（教育扶助を受け）、其の後は、種々の事情より教員宅に子守として住込、夜間中学に通学するに至り、現在三年在（横浜蒔田中夜間担任）

私の一日

A
（京都市立皆山中夜間）

「A お起き、A お起き、」と、長いこと病床についていられる母が起す。うんと言ってまたうつらうつらと寝てしまう。すると母がまた
「A もう六時半やで」と言われ、私は「はっ」と、びっくりして起きる。

でも、なかなか目がゆうことを聞いてくれず、また、しょぼしょぼと目があかない。

起きてごはんごしらえにかかる。私がこしらえをしていると、隣りでも、ことことと何かを切る音がする。その内子供達が起き出す。兄が七時半に家を出るので、皆それにつらなってごはんを食べる。三人の妹や弟が早く学校へ行ってくれないかと思うくらいである。

皆が行ってしまうとほっとする。でも、のんきにほっと思っていられない。

家をかたづけていると早くから中央市場に行かれた父が帰って来る。魚の手伝いをしなければならない。魚をそろえて父が家を出るのが十二時近くである。

魚の行商に自転車に積んで行かれるのだ。暑いのに気の毒に思うがしかたがない。後から

「ありがとう。からっぽに売れますように」と、いのりながら送りだす。するともう昼ごはんのしたくをせねばならない。人数がすくなければよいが、なにしろ祖母、父母、兄一人、妹三人、弟一人の八人もの家族でたいていでない。お茶わんをあらったり、せんたくものもしなければならない。毎日すると肩がこってこってしかたがない。でもそんな事は言っていられない。

昼ごはんがすむとすぐ夕はんのしたく。米をあらってから市場へ買い物に行くうちにもう四時である。ごはんをたいていると皆が帰って来る。またにぎやかにわいわい、いいだす。もう毎日聞いていると頭ががんとなる。そう云っているうちに五時半。私は五時半になると学校に行くようになってしまって、ごはんのまだできていない時などは食べずに行くのである。後の事は妹にまかして学校に来る。学校に行っている間がいちばん楽しい。

勉強をしていると家のことなどわすれてしまう。勉強の時間が終り、家に帰る時は、いやな気がする。

家に帰ればかたづけをし、勉強している者にはおしえてやらなければならない。なにしろ一間の所で、勉強もし、あそびもし、ごはんも食べたり寝たりしなければならない。ほんとうに一間というもののふべんさ、もうせめて二間位ほしいとどれほど思うかしれない。どうやらねまもひけたらしい。ねまに入ればもう十一時ちかくになっている。

筆者

A 一家は戦前中国で旅館業を営み、相当盛大にやっていた。終戦後、無一文で内地へ引揚げて来た。間もなく、母親は胸部疾患のため、臥床、一家は経済的に相当苦しい状態である。

父親と兄は、魚の行商により一家を支えている。父と兄は早朝起き出して、大阪の市場まで魚を仕入れに行き、持ち帰って京都で行商する。母は臥床のために本人 A は毎朝未明に起き出して、食事の世話から家事一切をしている。

弟妹は、弟一人、妹二人ある。一家は父親の弟の家に間借りの生活をしており、何かにつけて不自由な点と、色々と日常生活のトラブルが起り困っている。

本人 A は夜間生として真面目に勉学しており模範生である。　（京都皆山中夜間担任　赤沢正次）

死なないで！母ちゃん

A
（荒川区立荒川九中夜間）

お母ちゃんはなぜ「死にたい」というのだろう。母ちゃんはいつも泣いている。父ちゃんはどうしてお酒をやめてくれないのだろう。母ちゃんはいつも父ちゃんにぶたれ、いつもだまっている。そして私に、

「A、お前は三年ひけたら住込みではたらきな、母ちゃんはお前たちがじぶんではたらけるようになればおもいのこすことはないからな。住込みではたらいてもまじめにやるんだよ。」

といったり、また、

「A、お前は父ちゃんみたいな酒のみの人を持つんじゃないよ」

と涙声でいったりする。

その度に私は涙が出てきて、ふいてもふいてもなくならない。私はうんとはたらいて母ちゃんを楽にさせてやりたい。はたらいても、はたらいてもちつとも楽にならない母ちゃん。

母ちゃんはどうして死にたいというのだろう。

「母ちゃん死んじゃいやだよ。死ぬなんていっちゃいやだよ。母ちゃんが死ぬんなら私も死ぬ」というと、母ちゃんは涙にぬれた顔に無理に笑いをつくって、

「そうだねぇ。死んじまったら何もかもおしまいだねえ」といった。

筆者　A寒い夜、彼女は今日も相変らず青い顔をして登校したものの、一時間目から少し休ませて下さいと、職員室のベットにもぐり込もうとする。ただならぬ様子にわけをきくと、昨夜、一すいもしなかつたそうだ。「父ちやんが私のトッパーコートを質に入れて借りて来た二百円まで焼酎を買つてしまい、家中、今日は何も食べていないのです。おまけに酔つた父ちやんはみんなにあたり散らし眠らしてくれないんです。母ちやんなんてかわいそうで……。」途中まで喋つて毛布に顔をうもらせる。素面の時はおとなしい父親も、飲むと持前の酒癖――酒癖といえば彼女の兄も二、三年前酒のために意見をする自分の母とよその人を刺して、今はその罪の償いをしているのだ。この兄のうわさが耳に入るたび、彼女は身を切られるような思いがして昼間の学校をよしたのだつた。（荒川九中夜間担任）

びんぼう

A
（荒川区立第九中夜間）

私の家は、私が小学校四年生の頃から貧しくなりはじめた。民生委員の世話になり始めたのもこの頃である。学校へ行っても、楽しいことなんか一度だってありゃしなかった。

友達から、「あんたのうち貧乏なので給食費も払えないんでしょう」といわれ、先生からは給食費のさいそくはされる。

学校の門を入ってから出るまで、ひやひやしていなければならなかった。民生委員からもらうわずかの補助のお金さえみんな父が使ってしまう。そういう時、長わずらいの母が死んだ。私は父をうらみ、うんとにくんだ。姉が□へ女中さんになって住込んだのは、それから間もなくで、姉がいなくなってからのうちは、毎日毎日ひどい生活がつづいた。

今考えてもゾッとするような毎日であった。食べるものが全然なくって三日間水ばかりのんで過したこともあった。やっとおばさんが食べ物を持って来てくれたがその時には食べ物がすぐに口には入らなかった。

この三日間のうち一日はまだよかったけれど、三日目にはうんとつらくなった。

「姉さんは、住込みで行っているからご飯がたべられていいなぁ」と思ったりした。

私は、姉さんにしてみれば、家に残っている私達のことが心配だったろうと思う。食べない私達も、食べている姉ちゃんも、どっちもつらいのかもしれない。

筆者 A 彼女の父は、この町で靴を作っていた。真面目に働いていた頃は、それでもなんとか食べていけたのだが、母親の死後、父はその悲しみを忘れるためか、焼酎ばかり飲んだ。僅かな民生委員の扶助金も父の焼酎代と、パチンコ代に変ってしまい、ついにこの扶助も打ち切られ、彼女と、その姉は住込みで働くようになり、弟たちは施設に入れられてしまった。金がなくなると父は娘たちの働く仕事先へ行き、彼女の少い給料の前借りに行くようなことも度々あった。そのため、彼女たちは折角なれた仕事先もちょいちょいかえなくていけなかった。或る時は、彼女は過労から慢性の中耳炎がひどくなり、姉は脚気で人知れず苦労をしなくてはいけない。父のため彼女らの医療保護さえ止められているのだ。でも学校では人一倍、明るく、元気な彼女は、いつもトップの成績だ。（荒川九中夜間担任）

夜の道

A（墨田区立曳舟中夜間）

シンとした夜の道を姉さんと二人で歩いていると、自分の靴の音がきみがわるい音を立てている。

私はその音を聞きながら歩く。コツ、コツ、パタン、シユシユという音がする。

ときどき背筋がゾーッとする。

「姉さん世の中にこわいものはないの」

「こわいものはないよ」

私は寒いのとこわいのでふるえて歩いた。

だれかが後からついて来るような気がして振り帰るとだれもいない。

「姉さん誰か来るみたい。」

姉さんは笑いだした。

暫らくして姉さんを見ると、なんだかこわそうに早足で歩く。私は、姉さんもこわいんだわ、やせがまんをしているんだわ、と思った。

そんなことを思っているうちに家についた。寝ると雨戸が風でコトコトいってこわかった。朝になったらちっともこわくなかった。

筆者　A　昭和十六年　生。八十歳の祖母と二人暮し。父母共に存否不明である。一人の姉が江戸川区に嫁いでいる。生活保護を受け本人は昼間近所の子守りをし、生活は本当に最低である。常に淋しい表情をし、余り自己表現をしない可哀相な子である。昭和二十九年四月一日、曳舟中学校夜間部に入学（小学校卒業直後）。三十二年三月卒業。卒業直前、姉さんの世話で江戸川区の某肉店に住込みで奉公、卒業直後、生みの母親が大阪にいることが判明し、近日中に心に描いた母親と対面出来る喜びを隠しきれぬ嬉しさと怖さを顔にたたえて学校に報告しに来た。しかし、それから約十日後、以前と同じ淋しい表情で学校に現れ、大阪の母親と対面したが、母は他家の人であり、子供が三人いて、また、母と二、三日一緒に過したが、母子らしい感情の交流もなく、思つた程の嬉しさも味わえなかつたと淋しく報告に来た。「心に母の姿を描いて東京で暮していた方が幸福です」としみじみ語つていた。今は江戸川の肉屋で働いている筈。（曳舟中夜間担任　樋口教諭）

女中をしながら

A
（葛飾区立双葉中夜間）

私は此処に来る前は静岡の片田舎に住んでいました。温泉はわくし気候は丁度良いし、とても住み良い所でした。

お父さんは英語の通訳をやっていたのですが、体が弱いので途中でやめてしまったのです。だからお母さんが働きました。

お母さんも体が弱いのに一生懸命でした。雨の降る日も風の日も毎日毎夜おそくまで、それは私には目をあいて見ている事が辛い事でした。

お父さんとお母さんはよく喧嘩をしました。それは家が困っているのが原因だと判って来ました。

或る時「A を東京で働かしたらどうだろう。」と話しているのを、そっと聞いてしまいました。

「花売り娘でも、靴磨きでも」と続きます。

そんな話が毎日のように続いた或る日、お父さんが「A どうだ。」と私に言いました。

お母さんは「もう少しの辛棒だから。」と言ったけど、やっぱりお父さんの勝でした。

そして私は知らない家に女中に住み込む事になったのです。そして、学校に通わせて下さるのは有り難いのですが夜学をすませて帰ると用事がたまっています。皆の茶碗などを洗ってやっと晩ご飯にありつけるのです。

寝るのが十一時なので朝寝坊をする事があります。するとみんなに叱られるのです。

「何をもさもさやってんの。」

「何をぐずぐずしてんの。」と。

一番楽しいのは学校です。ゆううつもみんな消えて忘れるからです。だから何か辛い事があると学校を思い出します。

私には学校は勉強出来る事より同じ苦労をしている人が集まって話し合える事が嬉しいのです。

いつかは春の花咲く事もあろう。

毎日それを楽しみに励んでいます。

筆者

［A］昭和十七年［　］日生。郷里は静岡県蒲原町で、家族は父、母、本人［A］の他に妹二人あり、父は病身のため母が古着行商をし、妹二人は郷里の小学校に通っている。

学歴は、三一年十月まで静岡県土肥原中学二年に在学した。性質は、しっかりした明るい性格の持主である。現在、葛飾区［　］のある瀬戸物屋に住込んでいる。（双葉中夜間担任　臼倉甚八）

あさり・蛤

［A］

（大田区立糀谷中夜間）

僕は［　］漁業組合の一員である。しかし今は［　］の町工場で働いている。というのは、去年、即ち、昭和三十二年の九月頃から私達の生活にとってなくてはならないアサリや蛤が急に死んでしまった。不思議に思った私は、同じ桟橋に船をつけている仲間達に聞いても分からなかった

その後二、三日たってから桟橋へ行った。何時もの様に仲間達は〝どうして死んだんだ〟と、口々に云っていると、其処へもう四〇年も漁師をしているおじさんが、沖の方を見ながらわしは四〇年もこの商売で食って来たがこんな年は始めてだ、どうしたもんかな。と云っていた。

そのあくる日、あまり良い天気だし、遊んでいるのは勿体ないので、いくらでも良いと思って海へむかった。ふだんの日は一斗樽に一〇杯から三〇杯もとれたのだ、この日はたったの五杯しかとれなかった。問屋へもっていくと一杯五五円である。ここから油代を百円引け

ば暗算でも出来るくらいの残金である。

そのあくる日は雨で休み、また次の日は風で休み、これではどうにもならなかった。幾日か日が経つにつれて、いまでは若い人殆どが陸の仕事をしている状態なのである。このままでは、羽田のアサリや蛤が何時になったら食べられるのかわからない。これこそ神武以来の大不景気なのである。

筆者　A　A は羽田小学校を終えるとすぐ夜間部に入りました。一年の頃は、おとうさんがとつてきたあさりを、同じ夜間部の三年であつた姉さんと二人で売つて歩いたのです。二年になつた時、正式に漁業組合に入れてもらつて舟に乗るようになりました。潮風に赤く焼けた A の顔は誇らし気でした。なぜなら、早く一本立ちの漁師になつて家計を助けるために、自分で選んだ夜学でしたから。工場に入つたのは三年の一学期です。今度は旋盤工になろうと新規播直しで張切つています。（糀谷中夜間担任）

現住所　大田区
生年月日、昭和一八年
家　族　父（漁師）母、姉（工員）妹、弟（羽田小学校）
現　況　大田区　　旋盤工

ふみ子

A
（足立区立第四中夜間）

「しらみたかり！」

ふみ子は穴にでも入りたくなった。耳の所でむぞうさに、プッツリと切ったふみ子の髪、油けも無くぼさぼさになっていて、後の方は水飴か何か付いたのか、くしの目も入りそうにないその髪は、誰が見てもしらみたかりにしか見えない。

しかしふみ子は、そんなみすぼらしい自分の姿を、かえりみるひまもなかった。でもクラスメートにしらみたかりなんて云われると、やっぱり悲しくはずかしかった。

かさかさにひびの切れた手は、ふだんふみ子がどんな仕事をしているかを、ものがたっている。三人の弟と二人の妹は、母のないふみ子には、背負いきれない大きな重荷だ。学校から帰るとすぐ弟達のよごし物を洗濯する。ソーダの多い安石けんは、ふっくらとしたふみ子の手をカサカサにし、のこぎりの様なほうちょうは、小さな手をえんりよなくきずつける。

そんな毎日を送っていると、かわいい弟の顔も、愛らしい妹の顔も、ふみ子には、ただわんぱくな小さいじゃま物にしか思えない。ふみ子は自分ほど不幸な子って他にいるかしら？とたえず人と比較した。先生から何かやさしい言葉をかけられると涙が出るほどうれしいのに、ツンと横をむいてしまう。そんな後、キットふみ子は唇をかんで泣いた。人の愛情にうえていながら、人からやさしくされるとどうしてもすなおに受ける事が出来ない。環境は、そんなふみ子を作ってしまった。

七時間目の終業のベルが校内に流れると、ふみ子はすばやく荷物をまとめ飛ぶ様に帰る。でも、今日は頭が、がんがんする。あつい御湯の様な物が、頭の中をぐるぐる回っている。

「どうしたのかしら？」

ふみ子はフト昨夜の事を思い出した。小さな弟にせがまれ、傘もささずに、降る雨の中を、角の駄菓子屋に飛んでいった事「きっと風邪でもひいたんだわ。」そんな軽い気持で家に帰ったが、夕方にはもうがまんが出来ず、せまい室のすみに、ふとんをひいて横になった。

うつらうつらするふみ子の顔の上で、幼い子達は、きゃあきゃあさわいでいる。ふみ子はこんな時、誰か子供達を見てくれたり、またやさしく看病してくれる人がいたらと思い、誰からも愛されない自分を、世界で一番かわいそうな子だと思った。涙が目尻をつたわり、ポトポト枕の上に落ちる。それまでは良いが、一時間もたたないうちに凡て夢の様になってき

た。ただ火が付いた様に顔がほてり、頭の中で鐘でも鳴っている様にガンガンする。後は何もわからなくなった。

何時間たったのか、イヤ何日かたったのか、ふみ子が重たいまぶたを開くと、目に入ったのは、大きな瞳に涙を一ぱいためた小さなじゃまもの達が見えた。

「お姉ちゃんだいじょうぶ？」

ふだん手におえない末のヨトちゃんが、うるんだ瞳を近づけてつぶやいた。何んてかわいい弟、ふみ子は、今迄一度だって妹や弟を、かわいいと思って見つめた事はなかった。ふだんあんなにきかんぼな子供達、ついさきまできゃあきゃあさわいでいた子供達が、外はぽかぽか春日よりなのに、外にも出ずに、きちんと小さなひざをそろえ、ふみ子のそばにすわっている。

こんなかわいい妹や弟を小さなじゃま者なんて、ふみ子は、たった小さな風邪ひきであったが、自分の幸福を始めて見い出した。小さな子供達に愛され、小さな子供達を愛す。自分の他にもっと幸福な人ってあるかしら。ふみ子はかわいいヨトちゃんにほほずりをした。

私の幸福、誰にも愛される様につとめ、誰をも愛する事が出来る様につとめる事、ふみ子は自分で、自分の幸福を作る事に、新しい希望と夢を抱いて、生ていく。

筆者 A

A 一家は満鉄重役の父を中心に、満州で何不自由のない生活をおくつていたが、終戦により一家の生活はどん底の生活を余儀なくされた。それは父親が京都帝大法学部出身というため、適当な職がなく、時たまあつても父親の方で昔の夢が忘れられないため、一ヵ月足らずでやめてしまうという有様なので、母親の内職と、兄（本校二部の出身で都立日比谷高校定時制に通学、昼間は本校二部図工科講師の紹介で特許庁につとめている。）の収入、それに、本人（荒川区の中小運送会社事務員）の得るわずかな収入で一家六人が生活している。（妹二人）A 本名は非常に秀れた才能を有しているが、勤務先の都合で（最後の車が会社に帰つてくるまで帰れないので）遅刻が多く、毎日、六時三十分頃でないと登校が出来ないので、自然と成績が落ちているという状態である。最近では父親の方も、前歴を中学校卒位にして仕事をみつけているが、五十五歳になつているので職がなく読書にすごしているという有様である。（足立第四中夜間担任　町田義三）

夜の町

A（大田区立糀谷中夜間）

帰えり道木がらし寒くみにしみる

夜の町ネオンサインのにぎやかさ

筆者 A　昭和十五年　　生。A は横浜の生麦で昼の中学に通つていたのですが、二八年頃、父が事業に失敗したので学校へ行けなくなつてしまつた。そして三一年秋、糀谷の夜間部に入つた。一家は父（工員）母、姉（店員）弟妹（小学校）未就学二人、A は　　漁業組合事務を勤めている。（大田区糀谷中夜間担任）

【ホーム・ルーム】

欠席の防止をするにはどうすればよいか

A
（京都市立洛東中夜間）

まえがき

僕等の二部学級にはよい週目標が立つ。よい目標が立っても充分実行出来ない。H・Rが開かれている時は皆良い事ばかり言ってその場はそれで終り、翌日になると十人の内八人位まで昨夜たてた自分達の目標を忘れて無視した行動を取る。それでは何のために目標をたてたのかわからない。変なことにはH・Rの時よく発言する者の多くが忘れているようだ。もう少しよく考えて自分は守れるかどうか。

また全体の人が実行出来るかどうかをよく考えて、目標をたてるのに真剣になる必

要がある。それでなかったら、H・Rを遊んでいるのと同じ事で発言者の態度もいいかげんな風になってしまう。今学年になってから目標がたっても守れて実行出来た週は一度としてなかった。多かれ少かれ破られている。これでは何の価値もない。こんな事ではがやがやもめて決める必要がないようだ。一人一人が守ろうとする気がどうして起らないのだろうか。不思議な気がする。どうして自分達で決めたことが守れないのか各人がもっと冷静に考えなければならない。よりよい二部学級とするためにはH・Rが一番大切ではないでしょうか。

〃H・R〃「欠席の防止をするにはどうすればよいか」

議長　〃今日はこれからどんな時に学校を休むか、またどうすれば欠席を防止することが出来るか。と云う事について話し合ってみたいと思います

どしどしよい意見を出して頂き度いと思います。まずどんな時に学校を休むか、個々の場合を発表して下さい〃

A　夏は日が長くて七時頃まで仕事をするのでつい欠席をし、また冬はなんだかねむくなってくるので欠席してしまうのです。

B　私は家で内職をしているので欠席するのは家の用事とか病気の時以外は休みません。

C　遅刻をするより休んだ方がましだと云う考えが出て、つい休んでしまうのです。

A　社長さんは早く学校へ行く様に云われるけれども、夜学へ行っていない同僚になんだか気がひけて行く気がにぶるのです。

D　学校で気にくわない事があると次の日、家を出てもつい足があっちの方へ向ってしまうのです。

議長　〃学校で嫌なことがあると云う事が出ましたが、どんな事ですか〃

E　自分のすかん先生や気にくわぬ教科の時は欠席したくなるのです。

D　此の前、皆でデッチボールをしている時、卓球をしている人に当っていざこざが起ったので、翌日なんだか学校へ行く気がしなかった。

議長　〃映画やテレビを見たい為に休むと云うことはないだろうか〃。

A　テレビで自分の好きなスポーツや娯楽等を見る為に欠席することがあります。

F　そんなのいかんと思います。やっぱり学校が一番大事だと思います。

A　僕の様に住込の者は家の人がつれていってくれる映画に僕だけついて行かないわけに行きませんので、つい皆と映画に行ってしまうんです。やっぱし一日働いてホットした時には学校より映画の方が面白い。（笑声）

F　そら私だって映画の方がよいが（笑声）しかし学校が大切で義理が悪くても学校へ来

るのが本当だと思います。またテストがあると休む人がありますがそれも悪い事だと思います。点数なんか気にせずに勇気を出して受験することが大切だと思います。

議長　〃Fさんの云われる事が本当だと思います。僕だってあんまりテストは好きではありませんが、休まない所に立派さがあると思います〃

G　私は住込なので欠席の半分は仕事の都合、残り半分は時々家に帰って手足をのばしたいので休みます。

H　私はお母さんがお使いに行かれると、留守番や子守をしなければなりませんので欠席します。

I　私はお母さんの容態が悪くなると欠席せねばなりません。

J　私は雨が降るとどうしても学校へ行く気がしないのです。

議長　〃大体欠席をする時の理由が分りましたが今日来てない人の中には学校が嫌いで休んでる人もあると思いますが、とに角是非とも欠席をせねばならないと云う理由を除いて他の場合の欠席を防止するにはどうしたらよいか、どしどし意見を出して下さい〃

A　昼間と同じ様に授業をまじめくさってやられると僕等の様に一日中働き、疲れて学校に来る者には心に余裕がなくなるのでつい欠席したくなるのですから、先生はユーモアな所を出してゆっくりした気持で授業出来る様にしたらよいと思います。（賛成の声)また自分はよく出来るぞとみせびらかされると、それ以下の人は見さげられている様にとって欠席したくなる気になられますし、その様な事のない様にし、また見さげられている様な気になる人はもっと大きな気持を持つ様にされたらよいと思います。

B　お友達がのけもんにするので休まれる点があると思います。

K　居眠りをする人があると笑われますが、なんで居眠をするのかと云うことを考えたらそのかっこうが面白くても笑えないのじゃないかと思います。居眠りを笑われることも気になると思います。

議長　〃のけものにもする、と云う言葉が出ましたがどうですか〃

A　僕達は決してのけものにしようなどと思っていないのですから、勝手にその様にとられるのであって、僕達が悪いかもしれませんがその人もあんまり神経過敏にならない方がよいと思います。（賛成の声）

B　学校外での友人であまりよくない友人が居て、そのグループに入っていると云うこともありますし、そんな人は途中から入って来た人なので早くお友達になってあげて仲良しになる様努力したらよいと思います。

C　私達は学校へどうしても行かねばならないと云う気にならんとあかんと思います。そうでないと、どうしても怠けぐせがついてしまうと思います。

議長　〃中学校は義務教育ですから、義務を怠ってはいけないと思います。そんな責任のない事では立派な社会人となれないと思います。一日働いて学校へ来るのですから大変辛いと思いますが、疲れた心身に鞭打って登校する努力が貴いと思います。

〃先生が成績の甲乙より努力と云われている所です〃

F　学校を休む人は先生に呼びに行ってもらったらよいと思います。

議長　〃僕達今日来ている人は大体あまり休まぬ者ですから、休んでいる人に今日の様なことを聞いて貰わねば何もなりません。長い事休んだりまたちょいちょい休んで欠席日数の多い人には先生は絶えず注意を行っておられますから僕達の力で出来る事なら手分けして又皆一緒に呼びに行くとか、誘いに行ってはどうかと思います。〃（賛成の声）

K　休んでくれと雇主から云われると、どうしても休まねばなりませんし、ほんとに辛いと思いますがこの点は先生からよろしくお願いします。

議長　〃もう一年行って卒業したらよいと云って欠席している人がありますが、そんな人は決して来年来られないと思いますし、今のうちに手をうって皆そろって卒業や進学したいと思います。〃

〃皆さん先生と共に大いに努力しようではありませんか〃

一同　賛成

筆者 A 幼時父を亡い、中学校に入るや二部に入学、口へらしのために仕出し屋へ住込みその信用も厚かつたが功をあせつたか一人前に鉋丁を持てる自信が認められず、その不満から遂に退職し、陶器製造所へ転職をして通勤していたが、彼の新しい父との思想的なギャツプから家を出ていた兄と同居し通勤通学をしていた。

学校にあつては暗い環境にもかかわらず常に朗らかで委員長として責任、誠実、自信と勇気を持つてクラスの指導に当り、常によく友人の世話をしていた。

三二年□新聞社の求人に応募し、百名になんなんとする応募者の中の二名の中に入り社会の新分野に一歩入る希望に満ちた人生は彼の胸中を温かくしていた。（京都洛東中夜間担任）

学校へ

A

（京都市立九条中夜間）

街灯のついた道を学校へ急ぐ
ぐーんと走る
間もなく　屁の疲れが出る
そうだ　僕の体は
今朝から売って歩いた豆腐のようだ
それでも走ろう
教室は静かだ　そっと開けろ

筆者 A 家庭は両親、兄、本人、弟妹二人の六人で父と兄は胸部疾患で病床にあり、わずかに父の失業手当のみが家計の主収入であつた。これがため A 君は豆腐を京都駅前方面に行商して家計を助けなければならなかつた。今は機械製作所に勤務。（京都九条中夜間担任　川井成本）

雨上り

A

（京都市立九条中夜間）

北の空が晴れてきた
軒下に一つの水たまりが出来た
私はじっとその水たまりを見つめていた
あの水たまりの中には
きっとすばらしい夢の国があるだろう
なんだか心の中が
すみきったように明るくなった。

筆者 A 家庭は父のつれ子二人、母のつれ子二人で A さんは母のつれ子で、さらに今の両親の間に出来た子二人と、それぞれ父母の異った六人の兄弟姉妹があって八人家族である。父は輪タク屋、母は日雇で毎日家をあける。本人は家事に従事、学校の成績も良好である。（京都九条中夜間担任　川井成本）

母

A

（八王子市立五中夜間）

昭和二十九年九月十五日、私は大切な母親を失くした。そのころ私は小学校六年を終えたばかりだった。中学校に通うにも父一人の力では三年間はむりだと思った。小学の頃は母が近くの家の草むしりをして、汗水流してまで学校を卒業させてくれたが、こんどばかりはむりだと思っていた。

やがて四月の春風も吹き、入学式となった。私は父に学校の話をした。すると父はお前一人ぐらいならなんとかなると言って許してくれた。でも、一年の三学期も終り近くなってきたころ父は酒ばかり飲んでいて、私の学級費のことなどなんとも思っていなかった。

私が新聞配達や、学校から帰っては山へもや取りにいって、近くの家へ売りに行ってはお金をためた。それにしても学級費はたりなかった。そんな時こそ本当の母親がどんなに大切だか、また父親にくらべて子供には、深い愛情を持っていてくれることをつくづく思った。そのたびにあつい涙が顔をぬらした。

一年も終り、二年生になる私は、社会に出て働きたかった。そうして父にらくをさせ、死んだ母のかわりに親孝行がしたい気持になってきた。中学二年になるとどうじに学校をやめて、はた屋へ住み込みで行ってしまった。すみきった青空の下で、私は大きな庭を竹箒を持って朝早くから一生懸命に掃除をした。そんなにまでやっても、主人に小言を言われる時がいちばん悲しかった。そんな日は工場の隅で泣いていた。こうした日はなんべんもあった。そのたびに親孝行というものは、親にお金をやったからそれで親孝行というものではなく、ただ親のそばで正しく真面目に仕事をしていれば、それで親孝行だと思った。

やがて四ヵ月たって八月になったが、私は自分の家の近くで遊んでいる友だちがうらやましくなって、仕事をやめてしまった。

家に帰ってくるとるすで、朝食のちらかったところをみて、私はなさけなくなった。でもどんなまずしい家でも、自分の家が一番いいと思った。父が帰ってないうちに家の中をきれいにそうじして、夕方の六時を待っていた。

六時になっても帰ってこないので、私は心配になって見にいった。

そうしたらよろよろして、道の両がわをいったり来たりして父はやっと家についた。

私は父に仕事をやめたことをはなすと、いきなり私の顔を思いきりぶった。そのとき、私はかっとなって、言えないことも言ってしまった。

「父ちゃんは、俺の本当の親じゃねえだ。だから俺ばかりいじめるんだな。」

と口元をふるわして口ばしった。それから近所の悪い友だちとは知りながら、遊んでしまった。それもつかの間、またすぐ裏のおばさんに注意されて父にも仕事をやめたことを許された。家の用事をすることになった。二年間も遊んで遊びあきた私は、近所の人に夜間中学のあることを聞いた。でも、歳が中学生でなければだめなんだろうと聞いたら、歳はいくつでもいいときいたから私はさっそくいってみた。すると大きな校舎の一教室にうすぐらい電気がついて、なん人かの生徒が勉強を一生懸命にやっているのを見て、私も勉強をしたい気持になった。

四月に私は初めて夜間部に入学した。一番最初はみんなからいやな目で見られたが、私はがまんして通学した。月日もたち私にも友だちができるようになった。ある友だちから就職のせわをしてもらって、また仕事をするようになった。仕事も最初はつらかったが、なれるにしたがって楽になった。私はなんだか夜間部に入って幸福のようにも思え、自分がみじめにも思えた。現在は友だちと手をとりあい、あたたかい愛情を受けている。でも学校のほかいろいろの心配ごとが私の頭をおさえている。僕はまけずに大きな希望を持って、社会に出てからがんばっていき、死んだ母にもよろこんでもらえる人になりたいと思っている。

筆者 [A] 昭和十五年[　]生。母は早くも逝去。[A]は四男であるが、兄弟はみな散りじりになつてしまつた。
父は継親で、日雇人夫をやつていた。酒くらいで、悪い癖を持つていた。大道でねているのを[A]は時に背負つては家に連れかえつた。たしか三十二年十二月に踏み切で電車にふれ、交通事故で死亡した。その時は酒は呑んでいなかつた。（八王子市五中夜間担任　蓮沼良湛）

夜間部に通って

[A]
（八王子市立五中夜間）

私は中学一年までは五中の昼間部にいましたが、どうしても二年になって本が買えなくなってしまった。

母は家で内職をしている。父は毎日働いているが、いくら働いてもお金がたりないので私は夜間に通うことになってしまった。

家族は全部で九人います。学校へ行っているのが私を入れて四人です。私のすぐ下の子が私と年ごなので今年の四月に中学に入学するのです。私は一人で夜間部に通うのはいやだと強情を張りました。母は「じゃ[B]と行けばいいだろう。」と言ったら[B]は変な顔をして「やだな！姉妹でいっている人なんかいないよ。」と言いました。私も（やだな！）と思った。一人で行くより姉妹で行った方がいいやと決心して夜間部に入学しました。これは偶然ここにも姉妹で通っている人がいました。私は（これは良かった）と安心した。それからは毎日夜間部に通うことになったのです。

私と妹は母の内職を手伝ったり掃除をする。近所の人は「[A]さんとこの子供はとてもえらいね。毎日夜間部へ通っているんだから」とうわさをしている。ある日、私は外へお使いに行ったら、中一年の友達と会ってしまった。私はその時とてもいやだった。友達の方で「あんたほかの学校へ行っているの？」といったので、私は思いきって「私ね、今度夜間部に通うことになったの」と言ったら友達の方はなんだか（可愛そうだ）と言うように顔に出てきた。私はあの時言った（私ね、今度夜間部に通うことになったの）と言った言葉がまだ頭に残っている。

あれからというものは、友達に会ってもあの言葉を忘れないですぐ口から出てしまう。ここらで私の詩を読もう。

夜間部生徒

仕事から帰って来てから
勉強だ
昼間の疲れを吹っとばせ
皆んなにこにこ冗談ばなし
つい話がうかれ出て
喧嘩のもとを作ってしまう
休み時間は短かいけれど
短かい時間を有効に
皆んなで楽しく過しましょう
夜間部生徒は希望を持って
社会の窓を作ろうと
夜間部生徒は誓っている。

筆者 [A] 昭和十八年[　]生。父母とも健在、父は日雇人夫として毎日出かけ、母は内職している。二男五女あり、[A]は三女である。（八王子五中夜間担任　蓮沼良湛）

再　起

A（足立区第四中夜間）

昭和十九年四月、北区□は大空襲の為に北区一面焼野原になってしまったが、不幸中の幸いとでも言うのか、母と六才の私は助かったのです。（父は海軍で出征しておりました）これが私の苦労の始りです。何もかも焼き尽し、どこも行く所がなく母と私はとほうに暮れてしまいました。

しかたなく新潟のおばさん（母の妹）の所へやっかいになりに行きました。始めはとても歓迎してくれましたが、日がたつにつれて親切がうすくなり、私達もいづらくなり、二十日位して東京へ帰って来てしまいました。

台東区におばあさん（父の母）がいるので行ってみたら、父が戦地から帰国の途中に空しゅうにあい戦死したと言う通知が来ていました。この時ほど私と母は戦争をうらんだ事はありませんでした。それからの母は男のように働きましたが、なんせ女の力では親子たべるだけがせいいっぱいでした。

終戦後、二、三年してから母は再婚しました。継父は始めとても可愛いがってくれましたが、年月が立つにつれておこりっぽくなり、私が何かするたびにおこり、そのたび母は何度間にはいって泣いたかわかりません。その頃の私の家の生活は、義父は毎日働いては来ますが飲む物（酒）は飲みほうだい、食べる物は食べほうだいなので、家には、ほとんど金は入らないと言っていいくらいでした。ですから母が一生懸命内職をして、私にごはんを食べさせてくれました。しかしごはんと言ってもすいとんか、さつまいもでした。でも私にはとてもおいしいごはんでした。

このような日が何年か続きました。そして昭和二十六年五月二十五日に本所中学の一年生の私が野球ゲーム中に、右足打撲をして骨にひびが入り、内出血をして一歩も歩けなくなってしまいました。この時医者にかかるお金がなく、母はお金のくめんに行ってくれましたが、前に書いたとおり、義父は酒を飲みそこら中借金だらけにしてしまっているので、どこへいっても貸してくれませんでした。家へ帰ってくれば私が痛い痛いと泣いてるので、母は死ぬほどつらかっただろうと、今考へると本当に苦労をかけて申しわけがなかったと思っております。

最後にたよるところは、義父に酒をやめてもらう他になくなってしまいました。母が義父に毎日泣いてたのみやつと義父は目をさましお酒をやめてくれました。その後、色々手をつくしましたが医者がこじらしてしまったのか、両膝がまがらなくなってしまいました。

ある日入院していた隣のベットに寝ていたおじさんが、君の病気は中野にある大和蒸し風呂へ行くと良いと、教えていただいて、そこへ行きやっと現在のように歩けるようになったのです。あまり病気の事ばかり心配して年のことを考えず、いざ気が附いて見るともう十八才でした。十八才になれば普通の人は働いて家の生活を助けているのに、私は病気のために中学校も出ていません。

ある日、北区の区役所に就職をたのみに行ったら、

「貴方は中学校を出ていないから就職口は有りません。」と断わられてしまいました。

「もし中学校へ行きたかったら、こうゆう所に夜間中学校があるから行ってごらんなさい。」と教えられて、この学校を知り、入れて頂いた次第です。

学校に入った以上多少のことでも頭に入れようと思って来たのですが、この所、学校の空気になれて来たせいか、私の心は勉強に向かず遊びの方に向いてしようがないのです。自分でこれはいけないと自分を叱っているのです。一日も早く直すつもりです。

私の現在の職業は婦人用腕時計のケースの仕上げ工です。職場の人達はみなよい人ばかりですが、中には「二十才で中学生では勉強がやさしすぎるだろう。」とひやかす人も居ります。昼休みは三十分でお弁当をたべるだけで終ってしまうのでもう三十分長くして貰いたいのが職場への希望です。

学校と勤めと同時にやりとげるということはとてもつらいことです。

しかし、この機会をのがしては他に勉強する機会はないと思いますので一生懸命勉強致します。

筆　者　A　昭和二十六年、本所中学一年の時に運動中、友人に野球のバットで足をなぐられたのが原因で歩けなくなり、長い療養の結果やっと歩けるように回復した時は昭和三十一年であった。それで北区□の住居からは遠いのであるが本校に入学して二学期から通学したのである。彼の父は幼い時戦死し母が連れ子して再婚し、継父は高職で子供のない人ではあったが、酒呑みで家庭的には苦労もあったようである。半年程たって通学になれた頃□の時計バンドをつくる工場に勤めて夜元気に通学している。彼は極めて真面目な性格で学習にも熱心なので間もなくクラス委員に選ばれ生徒会役員もして積極的に努力している。（足立四中夜間担任　町田義三）

母の家出

A

（足立区立四中夜間）

母の家出、私達一家にとってこれほどみじめなことはありません。妹が盲腸で入院した時、その病院の先生と母は毎日遊び歩き、それからの母は、まるで人が変ったようになり、酒は飲む、タバコは吸うというようになってしまったのです。家には十年余りも病床にいる父、泣きじゃくる妹や弟、兄弟でいくら力を合せて働いても母のいない家は灯の消えたようにひっそりしてしまったのです。「いつかは必ず家に帰って来てくれるだろう」と口ぐせのようにいいながら、父は苦しみ乍ら死んでしまいました。あとに残された私達兄弟はお互いに抱きあって泣くよりほかにしかたがなかったのです。近所の人達の御世話でやっとお葬式だけはだしたものの、その日からの生活にもこと欠くありさまでした。やっとのことで生活保護をもらい、兄弟七人の生活がはじまりました。学校に行っても満足にお金が払えず、何時も先生の顔ばかり気にしているようになりました。

そういう毎日では、学校へ行くのがいやになり、学校を休むようになりました。いっそ夜学へでも行った方が、ひけ目もなくよいだろうということで、兄と相談して、四中二部に入学することになりました。昼間は家事を一生懸命やり、夜は学校へ通うことを楽しみにするようになりました。ある時は、お米が一粒もなくお腹がすいたといって泣く弟をおぶってあてどもなく外を歩いたこともあります。お金がなくなり、集金の人がくると押入れにかくれたことも、毎日苦しい生活の連続ばかりです。でも、私の家ばかりがこんなに苦しいのではなく、四中二部の友達も皆にたり寄ったりの生活であるはずです。こう考えると夜学がどんなにいい所かということがわかります。私は母のかわりになって、弟や妹には出来るだけつらい思いだけはさせたくないと思っています。

筆者 A 父は古物商を営んでいたが、結核で三十一年に死亡した。母は父が死んでから二カ月程して姉が盲腸で入院した時、そこの病院の年若い医師とかけおちをし、現在は山谷のドヤ街に住み、夜は飲屋につとめている。家には、兄が五人おり、長兄と三番目の兄とが共に刑務所と少年院に入獄している。次兄と四番、五番目の兄は真面目に働いているが、十人兄弟で両親が居ないのでは生活がなりたたず、最近ある篤志家が、姉と A とを引取ることになり、そこから学校に通うようになつた。（足立四中担任　町田義三）

生活の中から

A

（足立区立第四中夜間）

僕の家は、むかし百姓だった。朝早くから、夜遅くまで、一生懸命働いている。この平凡な、百姓の生活も、父が花札というのをおぼえてからは、仕事もせず、夜遅く帰ってくるようになってしまってからは、だんだん田畑もうるようになってしまい、どうしても、東京にいかなければならなくなってしまった。

東京にきてみると、家は長屋で、四、五十年も経っており、のきもかた向き、雨もりのはげしい家だった。日曜日にコールタールを塗っても、雨もりは少しもよくならなかった。父は、東京にきてから一生懸命働らいたが、悪い友達にさそわれ競馬をやるようになってしまった。夜は必らず酒を飲んでくるようになった。母はおこった。父は、こんりんざい競馬はやらないと、約束して許してもらった。それからは、父母は、一生懸命働らいたが、二年目に父が病気になってしまった。兄も働らいた。ぼくは小学校を卒業すると、自分から進んで四中二部に入学した。それから半年たっても、家が楽にならないので、学校の紹介で住込で

働くようになった。

僕の仕事は、家庭で使うプロパンガスを運ぶ役目で、一日約四、五軒ぐらい運ぶ。朝早く電話がかかってくれば、えりまきをして、自転車に付けて運搬する。寒い日や、朝早くは、いやだなあと、思うこともある。しかし、父が病気でお母さんが、毎日働いていることを思うと、僕が一生懸命働いて、すこしでも家の暮をしらくにしてあげなければいけないと、精出している。僕の給料は、わずか二千円である。その内、千円を家に送ることにしている。夜、五時ごろ電話がかかってくる時もあるから、学校を遅刻することも多いが、住込なので仕方がないと思っている。ただそのたびに、勉強が少しずつおくれてしまうことだけが残念である。働いて勉強にはげんで、家の暮しをよくしてあげなければならないと、思っている。

筆者 A A は七人兄弟の四番目、父は千葉県で百姓をやっており、父が博打と酒にこりだし、東京に夜逃げ同様の有様で上京、足立区□のバタヤ部落に居を移すことになつた。その後、父親も目ざめ現在は母と一緒に職安に登録人夫として真面目に働いている。長兄は自動車の運転手として住込、次兄はプレス工、次姉はパチンコやに住込みで働いている。家には弟一人、妹一人がおり、A は学校の紹介でプロパンガスの小売店に三十三年の一月より住込みとして働くようになつた。真面目な性格であり、明朗で指導性もあり、一日も欠席せず通学している。（足立四中夜間担任　町田義三）

おとうさんは三人目

［　　A　　］

（荒川区立第九中夜間）

私のお母さんは実母ですが、父は三度目で籍が入っていません。兄妹は、誰もお父さんと呼ばないで父のみょうじの［B］さんをそのまま呼んでいます。

私の実の父は、私が小学一年のとき会社で死にました。

二度目の父がすぐ来ました。

母は三十一、父二十九才でした。二度目の父が来ると、すぐ東京に出て来て、新宿区［　］［　］でとうふ屋をはじめました。とうふ屋は三年でやめ、荒川区に引越して来ました。

父は［　］にある都民信用組合につとめましたが、半年もたたないうちに、つとめ先で三十万円がなくなり、父はクビになりました。三十万円は父の責任だというので、そのお金は毎月払うということになったので、母は菓子会社へ働きに出ました。

私の仕事は、るす番とお守をすることになり、学校には行けませんでした。父もほかのところで働きましたが、毎月持ってくるお金は二、三千円でした。

母は、そのつとめ先で三人目の［B］さんと知り合ったのです。

母の外泊が続きました。父のいない時に私にお金をおいて行くこともありました。

兄が怒って、「僕達でやるから、父は父、母は母でどこにでもいくがいい。」といい出しました。でも、妹や弟たちが泣いていやがりました。私もいやでした。母も、これからは家にいるといったので、母、兄二人、弟一人、それに私の五人でくらすようになったのです。

そのうちに二度目の父が妹二人、弟一人をつれてきて、

「どうしてもやってゆけないから、この子供たちを何とかしてくれ」

といいました。

その日からは、母と兄二人、弟二人、妹二人、たのしく暮していました。

ところが、ある日、三番目の父が来たのです。母につれられて……

昭和三十二年三月四日、実の弟が心臓病で死にました。

今の父は二十五、母は三十九、私には、どうして二人が結婚したのか、理解できません。

「いやだなあ、いやだなあ。」

母は、三度目の父が、兄がいないときに、弟を叱りつけているのに、だまっています。

私は十五、父が二十五。

「変だわねえ。」

「実の両親がいて、きょうだいがみんないっしょなら、屋根のないうちに住んでいたって、学校に行けなくたっていい。」と、私はきょうも思っています。

筆者 A（仮名）「どんなお父さんでもよい、お母さんより年の多いお父さんならば……。」これは彼女が時々口にする言葉である。彼女の父親は、現在二十五歳で、しかも彼女たちにとって三人目の父親なのだ。近くの工場で働く工員で、彼女ら六人の兄弟を養うには余りにも若い父親で、おまけに今は別居している二人目の父の子供—つまり彼女たちにとっては異父兄弟なのだが—彼らが連れてこられてからますます家計は苦しくなり、彼女は、学業半ばにして働かなくてはいけなくなり、昼間の学校を断念した。父や母の責任まで自分で背負いながら、案外素直に、無邪気に働き、学び、陽気に笑う彼女も仕事が忙しくなり、残業が続くとやはり父へのぐちもこんな形ちであらわれるのだろう。（荒川九中夜間担任）

私の家族

A
（荒川区立第九中夜間）

私の家には、家族が五人いる。ほんとに合せて六人か七人いる。下の妹と私は、父が別々、でも、妹の父は生きているからうらやましいきがする。弟は新聞配達をしている。

朝が早いから、と、めざまし時計を買ったがいまだにめざまし時計でおきたことはない。兄は少しばかり不良ですが、とってもおくびようで、その上、すごいくいしんぼうである。ですから、妹達のつまみ食いも、いつも兄がおこられる。もっとも、おこられても平気である。母は戦後いなかからお米を買ってきて売るしょうばいをしていたから、力が強かった。余り病気もしなかったのに、このごろは、はたらき過ぎて体が弱って来たらしい。

筆者 A 彼女は生れつきの慢性湿疹で夏になると急にこれが拡がり、髪の毛まで切って、くりくり坊主になつてしまつた。その頭にネツカチーフをかぶり学校に通い、この春彼女も元気に卒業していつた。（荒川九中夜間担任）

母の死

A（荒川区立第九中夜間）

母が死んだのは、昭和二十六年の一月二日お正月です。その朝、会社に行こうとした父に、母は、

「きょうは、なんだか気分が悪いからなるべく早く帰って来て下さいね」

と頼んでいたのをうろおぼえにおぼえています。

三時頃容態急変。医者に行ったがるすでした。

「ヤブ医者め、ヤブ医者め！」心の中で何回もどなっていた僕。

医者が来た時には、もう呼吸はとぎれとぎれでした。兄さんが帰って来て父を呼びにとび出して行った。近所の人たちがかけて来ました。心配そうな顔、顔、顔、

母は、神だなをさして、「水」と一言いって息をひきとりました。

息せききって玄関に父がとび込んで来ましたが、まっさおな母の顔を見て、ぼんやりとすわり込み、近所の人に頭を下げました。

弟は母の死がのみこめないらしく、みんなの顔を見まわすだけでした。

僕は、涙で顔が一ぱいになり、泣き声をとめようとすればする程、顔がくしゃくしゃになるのでした。

その夜、北向きに、だまって寝ている母の横でぼくはねました。

母が死んでから、ぼくの家に対する近所の人の目がちがって来ました。大家にだって家賃を払いたいと父は思っていますが、今の家計では無理なのです。そんなときには、いつも母がいればなあと思います。

兄弟げんかの末に弟が泣き出すと、きまって、

「母ちゃん母ちゃん」という。

そんなとき僕は、「お前は幾つになったんだ」と怒鳴りつけるけれど、本当は、僕だって心の中で母ちゃんを思い出しているんです。

筆者 A　子供にとつて、母の死ほど打撃を与えるものはない。彼も母の死の悲しみを味わつた一人だ。兄弟は四人で、父は達者で働いているのだが、たつた一人の兄が腎臓を患つて入院してから、だんだん家は苦しくなつた。弟の学校を続けさせるために自分は中学を二年でやめて働き、この学校が出来ると一番に入学した。この春、卒業した彼は、この学校最初の上野高校の定時制へ進学した。（荒川九中夜間担任）

一日一日

A
（八王子市立第五中夜間）

私は木戸にたち、すがすがしい朝の空気を胸いっぱいにすいこんだ。なにも考えずいっ時の幸福が私をつつんでくれた。

私はくずやをやっているせいか、無心でいる時は寝おきざま木戸にたちのびをするのはこの時だけだった。昼間黄ばんだ町中で犬にほえられ数人集まった人々の目にとっくられて、くず物が買えなかった。

そんな時はなみだぐむがごとく本当に心細くなってしまった。ほこりにつつまれたじゃり道を自転車にリヤカーをつけてハンドルに下あごがつくようなしせいで歯をくいしばって引っぱった。

「こんちくしょういやに今日は買えねえなあ」私は一人ごとを言いながら歩いた。

「よし今度は片っぱしから歩いてやれ」私は、砂利道の両側に立っている電柱ごとにリヤカーをとめて聞き歩いた。何度もくり返すうちに心おちついて来た。リヤカーにも荷がいくらかのってきたからだ。

「もういく時かな」荷はかなり集まったが、いやに腹がへって来た。パンでもかって食おうかと思ったがパンを食ってしまえば、今まで歩き回ったのがなんにもならないと思いやめてしまった。

荷ののったリヤカーは重かった。もうペタルをふんでリヤカーを動かす力はなくなってしまった。

「そうら今度は歩きだ」ハンドルに下あごがつくようなかっこうで、家に向った。まだこれだけの荷では家について「早くお茶をくれ、早くごはんにしてくれ」などと、大いばりで言えない。

腹はへり疲れてはいるが、まだ買おうとする気はあった。しばらく行っては入りよさそうな家があった。「くずはないか」ときくと、そのかいあって、一升ビン二本、新聞紙二貫目とを買った。体中汗びっしょり、ようやく家についた。

板にひびの入ったえんがわに腰をおろすと気がゆるんでぐったりしてしまった。母のにてくれたお茶をのどに流しこんだ。本当にお茶はうまい。御飯を食べながら母に今日あったことをいろいろ話した。

それから横になってなんとなしに今日一日のことを反省してみた。目をとじていると、自転車の前の車輪と砂利道がぐるぐるまわっているようにまぶたにうつる。

「今日はやっとリヤカーに荷が一台かえた。明日のことは考えまい。一日一日をがん張ればいいのだ。あそこの庭は良かったなあ」

その庭には「ちんちょうげ」がいっぱいうわって良い香りがしていた。私は人の庭には入れるためか、数多くの自然の美しさを知った。

もうあたりは、うす暗くなってきた。夕風が私の体をなぜて行く。私は横になったままじいっと夕暮の星をみつめた。

筆者 A 昭和十五年　生。一家は父なく、母と兄、本人、妹の四人暮しである。母は竹細工の仕事をしている。本人は三十三年三月まで紋紙切りの職場にいたが、工業定時高校に入学、電気技術を修得しようとしている。（八王子五中夜間担任蓮沼良湛）

母の手

A（京都市立朱雀中夜間）

トントン　トントン
まな板の上には
　つぎからつぎえと
大根のわ切がふえてゆく
母の手にはかなわない
　機械のように動いている
私はつくづく感じた
　母の手には何十年もの
けいこがあるのだな――と。

私の手

（京都市立朱雀中夜間）A

この二年間にこんなにかわった手
やけど　切りきずのあとがのこり
茶色にこげた手
かいでみたら
こおばしくにおうこの手
コークスの粉がしみこんで
どす黒いこの手
としよりのような手
私はいつもこの手に
言いきかされる
「この手にはじをかかない人間になれ。」と

筆者　A

父＝荷馬車運搬業を営んでいるが、近時トラック運送に押されて失業勝ち、あまつさえ病身のため、定収入なく、自暴自棄気味となり、飲酒にふける。酒乱で家人を虐待。

母＝日雇となり家計を賄つている。

本人＝通勤工員、小学校卒とともに本校入学し、二年の時就職、家事を兼ねている。（京都朱雀中夜間担任　岡本武雄）

A

父＝結核で久しく病臥、医療費がかさんで、貧窮。

母＝クリスマス電球の内職。

本人＝母を助けて内職、ガラス原料をとかし、それを口でふいて玉を造るため本詩のごとく手は荒れ、やけどのたえ間がない。中学一年はともかくも昼間に行つたが、欠席勝ちのため二年より夜間に転入。身体服装ともに不整不潔であつたが、卒業前には服装も他生徒並みとなり、性格も明るくなつた。（京都朱雀中夜間担任　岡本武雄）

ハンマー振り

A
（横浜市立浦島丘中夜間）

時々、ぶかっこうにふくれあがったまめだらけの手をながめては、心の底でニヤリと苦笑することがよくある。

だって手がきたなくてぶかっこうの方がよく働らくしょうこだと父がいつか言っていたっけ。主に、私鉄電車の部品を製造しているこの工場に入社したのは約二ヵ月前だった。今ではは仕事のようりょうもわかって働きがいがある。

朝早くから、ギヤケースの鉄板を鉄切台の上に乗せて、九キロのハンマーでたたき切る仕事がハンマー振りだ。半日も振れば大人の人もたいていはまいってしまう。

その仕事を数日前一日中ぶっ通しで振った。

「ヨイショ、ホラヨ。」ガツィン！手が電気にふれたようにハンマーを伝ってビリビリとふるえる。

初秋といえど、ここ二、三日雨模様の天気。しかし汗が目、鼻、口と伝わってたまり、大きな粒になってくつの上に落ちてにじんでくる。

はげしい労力がいる。あまり続けて長時間振っていると目が汗とつかれのため、ぼんやりとしてきて、鉄切の大きな頭も見まちがえて、鉄板の上にキズをつけてしまう。

「もうへばったのか、ホレもう一つ。」

ふつうでさえ、大きい声の親方にどなられて「チクショウ、これでもか」と力一っぱいたたきつけるように打った。

そんな時、妙に時間が長く感じられた。ハンマーを振る手のひらは赤く、汗がにじみ、額に当てるとタオルに熱湯をしめして額に当てた位に熱かった。昼飯がうまかった。まめだらけの山いもの様な手も、昼飯の時は、痛さをわすれて仕事の後の食よくをそそる。あとは帰りの時間がまちどおしい。

筆者 A 父は駐留軍に勤務していたが失職し、生計困難となり三二年九月本校に転校とともに鉄工所に勤めたが父が前借したために勤務意欲を失い、朝晩は新聞配達をし、昼間古道具屋へ手伝にいき家計を助けていた。三十三年五月より旋盤工として川崎の工場につとめ現在に至っている。生活保護をうけているとはいえ A を筆頭に七人の子供を抱え父が失職中である。本人の成績は欠席がちで良くないが能力は優れている。（横浜浦島丘中夜間担任）

アイウエオ

A

（足立区立第四中夜間）

小さい頃の記憶なのではっきりしないが、僕の家は戦災でやけてしまった。いつもお母さんがいないので父に

「お母さんはどうしたの。」

と聞くと、父は

「お前のお母さんはお前が生れるとすぐに死んでしまったのだ。」

と言った。

アルバムにお母さんの写真がありはしないかと思って何度もさがしたがなかった。家が焼ける時になにももって出なかったというから多分やけてしまったのだろう。だからいまだに僕はお母さんの顔を知らない。

二度目のお母さんが来たのが僕の五才の時であった。お父さんとお母さんはいつもけんかばかりしていた。けんかの原因は何時も僕の事だった。なべのふた、まきわり等でよくぶた

れたものだった。

何もしなくても「お父さんに言いつける。」と言われて父のいない時に僕にあたった。一度などは裏の川につれていかれて、川の中につき落された。その時、川の中のクイに頭がぶつかり顔中血だらけになった。

父が「医者を呼んでこい。」といっても呼びにいかず、医者にもかかれず僕はふとんの中で泣くよりほかになかった。しかし泣けば「うるさい。」とおこられるしまつだった。今もこのきずあとは目の上にのこっている。

こんな毎日だったので僕はお父さんのお母さんと別れて、東京の知人のもとにあずけられることになった。この家の人はふだんはよい人なのであるが、酒を飲むと人ががらりと変り、僕はよくビールびんでなぐられた。

寒い冬の夜に「外に立っていろ。」といわれて泣きながら立っており、おまわりさんが来て家に入れてくれたこともあった。

お父さんもお母さんと別れて、ある本屋に住込みになって働いた。僕も世話をしてくれる人があって、父と同じ職業の本屋にあずけられた。小学校入学の時になっても、手続をしてくれず、とうとう小学校に上ることもできなかった。新しいかばんを背負ってハンカチをぶらさげて通る人をみてなんど涙を出したかわからなかった。

小学校に一日も行くことが出来ず、毎日本屋でつかいばしりをやらされてすごしてきた。

その中、お父さんも三度目のお母さんをもらい、なにもないながら一家三人の生活がはじまったが、お父さんの体が弱くなって了ったので、僕が工場へ行って働くことになった。

学校へなどとうてい行くことはできなかった。家の暮しがらくになり中学校へいかれるようになったが小学校へ一日も行っていないので、どこの学校もいれてはくれなかった。

そのうち父の病気も再発するという有様で学校のことはそのままうち切りになり、また工場へ出ることになった。

毎日工場から帰って父にアイウエオから習った。文字を知るということがこんなにもすばらしいものであるとは夢にも思わなかった。工場への行き帰りに広告をみて、知っている文字があると声を出してよんだりした。幸い四中二部の夜間に入学することが出来たが、試験の時の様子は今でも目に浮んでくる。

おばさん

A

(横浜市立蒔田中夜間)

私は自分の母に好感を持っていない。どんな理由があったにしろ、私達四人の姉妹を見すてて家を出て行った母だ。

しかし母が家を出てしまった時は、どうしてよいのかわからなくなってしまった。母が家を出てからは二度目の母が来たが、実母以上に私達をかわいがってくれた。しかし私はお母さんと呼ぶのがはずかしかったので、おばさんで通してしまった。お母さんとよぶのには、若かすぎたのでおばさんとよんでいたのだ。

父が死んでからは、今まで苦しかった生活がそれ以上に苦しいので、おばさんの苦労は並たいていのものではなかった。一番下の一つの妹を背おい土方までやった。

二度目の母と言うと、皆んな継母特有のいじの悪い人を連想するだろうが、おばさんはほんとにやさしい人だ。おばさんと一緒にいる時は、どんなに苦しい生活でも、決してひねくれたりはしなかったが、しかしおばさんも私達四人を育てて行くのはむずかしかったので、私は親戚のおじさんの家に引き取られることになった。

おじさんの家は生活は楽であったが、おばさんは神経質な人なので、そばにおいてあるものがまがっていたり、きたなかったりするとすぐ私に当るのだ。

おばさんの私に対するしうちは、私をどんどんくらい性質にしてしまった。何かおばさんが言うとすぐ反抗してしまうのだ。それが実母に引き取られるとそれ以上に反抗した。

母は再婚して一人の子供までいるのだ。生活は楽ではないのになぜ私を引き取ったのだ。どうしてそんなに反抗したかと言うと、母が再婚したことが、不潔でしょうがないのだ。それも生活能力のない人なんかと、やっぱり母は私達のことをわすれていたのだ。

母に引き取られてからは、学校も休みがちであつた。自分で一生けんめい勉強しようと思っても、現在の母のだんなは、頭が悪いのに勉強なんかしたってしょうがないと言って、学校へあんまり出してくれないのだ。だから私はしょっちゅうおじさんとけんかだ。

そんなことをやっているうちに、私はこんな家にいたんじゃとてもだめだと思った。幸い母の知人の家で台所をやる人がいないので、私はすぐその家へ来てしまった。

四人家族だが、おばさんは桜木町へお店を出しているので、ときどきしか家へは帰ってこないのだ。私はそのおばさんに頼んで、夜学へ行かしてもらっている。そこで私の生活は一変した。生活が変り、他人の家へ来たせいか、性質も変り、会う人ごとに、明るくなったと

言われる。これからも自分の悪いところをなおし、素直な気持で暖い目で見てくれる人々に報いるように、一生けんめい自分をみがいていこうと思っている。

筆者　[A] [A] が生れるとすぐ母が死んでしまつた。五歳の時継母が来たが、この継母というのが非常に意地が悪く、[A] はこの継母に相当折檻された。現在でも、額のところに大きな傷あとが残つている。また胸にも非常に大きな、やけどのあとや、傷あとがある。余り子供をいじめるので父も仕方なく離婚し、子供を知人の家にあずけて住込で働くことになつた。その後、一応生活が安定するようになつてから、中学校へ行こうと、いくつもの学校を歩いたが、小学校に一日も行つていないのでどこの中学校でも入れてくれず、十六歳の時四中二部に入学申込に来、学力検査をして入学を許可した。現在父は古物商を営み、本人は電気会社の係長として勤務している。（足立四中夜間担任　町田義三）

[A] 父親が実父でないため嫌い、父母の元を離れて伯母の家に来ている。そのため、中学校も中退し、家事その他に従事し夜間部に通学、三十三年四月卒業、職に就く事なく、家事を現在も手伝つている。（横浜蒔田中夜間担任）

想い出

A

（足立区立第四中夜間）

「母ちゃんP・T・A会費二百円おくれ。」

「ああそうだったね。でも今ないから困ったね！　晦日にはお父さんが持って来ると思うからその時あげる。」

「ちえッこの前もそんな事いってもう二カ月分たまっているんだよ！　ねえ何とかしてくれよ！　有るだろ！　もう遅れるよね！」

「何てお前は分らない子だろう。そこにそうして居なさい。無いと云ったら無いんだからもう学校へ行なくともいいから。」

今でも僕は学校を止める動機となったあの事が頭に焼付いて離れない。それから僕はずる休みとゆう観念から束縛されながらも鶏の世話をしながら結構楽しんでいた。

二、三日たったある朝、母は突然「A！　お母さんと一緒においで、そのランニングの上へ開襟を着て。」

この時、母の眼は何かいように輝き僕をうながした。

「母ちゃんどこへ行くのね！」

僕はこの瞬間、不吉な予感がして何度も母に尋ねた。

「母ちゃん本当にどこへいくんよ！」

歩きながら母は「いいから一緒においで。」母の眼は、歩きながらも遠い空間を見つめていた。

僕は母に連れそい下を見ながらしかたなしに歩いて行った。はいてる下駄はあわてたせいかびっこだった。

やがてある家に着いた。かわら屋根で大きな感じを受けた。今思えば周囲が焼けあとのせいでそう感じたのかもしれない。その家の庭には小さな池と共に真赤なカンナの花が咲いていた。その翌日から僕は、通いとして勤めることになった。初め主人は住込みでも良いと言っていたが母は近いとゆう理由で通いにきめた。

後で分った事だが主人と母とはおさな友達で主人が小僧時代の頃、母は近所の御菓子屋の娘であったそうである。（僕は時々この事を想像するとこっけいに思えてならない。）

それはさておき僕は仕事にえらく興味を感じ今までの乱暴で腕白な気質はどこえやら先輩には忠実にし、とにかく仕事も一生懸命やらざるを得なかった。二年たち三年たってもやはりそうであった。精神的な痛手、そのより所が仕事の方へ行ってしまったのであろう。

それが一旦学窓を離れると懐しくてならない。友達はどんどん進んで行く。もう一度勇気を出して学校へ行こうか。いやもう遅い、自分には自分の果す事がある。それは仕事だ。そう考えて自分の乱れた気持を統一するのに努力した。

ある日、親友二、三に誘われ卒業式の会場へ行って見た。式も終り同級生は悲喜交々の最中であった。僕を珍らしそうに見つめる者、僕の境遇を励ましてくれる者、僕の気持は感慨無量であった。サインも終り夕暮時重い足取りで家に着いた。この時だけは夕飯も喉に通らなかった。

自分も学校に通っていれば卒業できたのに、取り残された自分、暗いやるせない気持で一ぱいだった。

翌日、僕宛に一通の手紙が来ていた。差出し人は中島和子とあり以前小学校の先生であった。この日以来僕の真暗な胸の中にも微かながらも灯がともされた。

「人間誰でも一生の内には大怪我もあればかすり傷もあります。もっと自分の現在やっている事に自信をお持ちなさい。そして進みなさい。」等々今でもその手紙は大切にしまってある。過去の古傷をなめてばかりいても気を腐らさすばかりかもしれない。

それ以来、暇があれば勉強をするようにし読み書きの練習もわずかながらもやった。何時しかひくつな根性も抜け去り、自分とゆう一個の人間を見極める事が僕なりにできるようになった。

筆者 [A] 戦争のため疎開したため、父が失職してしまい、農地解放により田地をとりあげられてしまつたので、[A]が中学校に在学中は非常に苦しい生活を送つた。学校に納入する費用も満足に払えず、そんなことにひけ目を感じているうち、いつということなしに学校を休んでしまい、そのままになつてしまつた。

その後、父親も通産省に復職し生活が楽になつたが、[A]はそのまま学校に行くよりも働く方がよいというので、彫刻の仕事をするようになつた。それから四年程たち、弟も妹も、昼間の高校を卒業し、本人も中学校をも卒業していないということに対して深く考えるようになり、本校二部に入学した。年はとつてしまつたが、定時制高校へ入学し、大学にまで行くとはりきつている。（足立四中夜間担任　町田義三）

僕らの学校

A（京都市立修学院中夜間）

西の空が赤くはえるころ
僕らは学校へ行く
最初の言葉は
「こんばんわ」という
卒業式の時、昼間といっしょなので朝から学校へ行く
そして先生に会ったら
「こんばんわ」といって笑われた

夏でも冬でも、どこで会っても
僕らは「こんばんわ」というくせがある
僕らは太陽を持っていない

そのかわり満月と螢光灯を持っている

担任の先生は毎日何かの授業を受け持っておられる
時には先輩も学校に来て
僕らといっしょに勉強する
七時過ぎにちこくしてくる友もいる
帰りはいつも皆いっしょに帰る

筆者 A　Aは二、三歳の時、小児麻痺に罹り、下肢不自由にて松葉杖によって歩行、しかし運動も好み、また世話ずきにて、松葉杖を器用に操り、指導や競技等には審判やスタート、決勝点の判定、あるいはテープ見張り等感心すべきものが多い。
父は学校作業員として十数年勤続、兄弟は七人あり、姉が蛸薬師でカメラ屋を営業しているためか、彼は家庭で写真現象などをしている。彼は肢体不自由、発育不充分のため小学校は殆んど独学で通した珍らしい男である。三十二年三月卒業し、現在、朱雀通信教育により高校教育を学習中である。（京都修学院中夜間担任　川勝房二）

辻占売り

[A]

（神戸市立駒ヶ林中夜間）

小学校四年生の頃から、家の事情で辻占を売りに雨の日も風の日も、休まず妹といっしょに働いていました。

六年生になってから、修学旅行に行く事になりましたのですが、私は、おしっこが近かったので、お母さんが「行ってはいけない」と、いいました。それを先生に言うと、先生が「気をつけてあげますから、心配せんと行きましょう。」と言ってくださったので、嬉しくって、その夜ねられませんでした。修学旅行は、楽しかったわ。夕御飯の時、お父さんが新聞を見て、「駒ヶ林中学校に夜間があるねん」と言って「幸子、行けへんか」と言ったので、「私凪行きたいわ」といったら、お母さんが「凪行かしたいけどな、お金たくさんいるやろし、先生が辻占やめんといかん言うやろからな」とお母さんが、顔をしかめて言いました。

中学に入学する時、大橋中学の先生に、「辻占やめないと入学出来ない」と言われて、し

かたなしに夜間学級に行く事になりました。

始めて学校にきた時は、皆なドッチをしていたと思います。佐野先生を見た時、こわい先生やなと思いましたが、なれたら自分のおじいさんの様な親しさを感じます。女の子はイケズやなと、心配していましたら、三年の[B]さんが「ドッチをしましょうか」と、やさしく言葉を掛けてくれました。

それから、皆さんと仲良くなりました。男の子は苦労しているせいか、やさしく、なじみやすく感じました。

今は、おたがいに、理解しあい、仲良く通学して三年生卒業の日を楽しみにしています。

私は夜間学級に行く事にはなったけれど、凪間遊ぶのはもったいないので、家の近くにあるミシン加工所へ下手間に入りました。

始めの頃は、子供の守をしたりしておりましたが、一年たって、ミシンをふましてくれる事になり嬉しくなりました。

工場の人達は年上の人ばかりで皆な優しくしてくれます。おじさんやおばさんは、とってもおもしろい人です。夏休みになったら、あぼしにつれていってくれます。だから、仕事をするのが楽しみなのです。だけど肩がよくこるので、お母さんは、「[A]はミシン工にはとてもようなれへんやろ」と言いますが、私は、人に笑われるから、なって見せると心できめ

ていますが、病気には勝てないから、病気をしないよう心掛ています。

まだまだ、一人前のミシン工になるまでは、大変苦労しないとなれないと年上の人が言っていました。心配です。たくさんお金を取るようになったら、親孝行しようと思ってはいますが、お母さんに、つい口ごたえをしてしまいます。後でしまったとよく思います。

お母さんは、私の言う事やったらなんでもしてくれるのですきです。

お母さんは、家の仕事が忙しいので、映画なんかいっかいも見られません。可哀そうやなと思います。でも、思うだけでどうしてあげる事もできません。

今は自分の事ばかし考えています。私の日曜日は山へ行ったり、海へ行ったりするのが楽しみです。お父さんが、山や海がすきで、花、魚、たこ、などよく取って来て皆を喜ばします。夏なんか仕事が休みになったら海に行こうとよく言います。

お父さんは、おこるとこわいけど、山や海につれて行ってくれるのです。でも、こんな事は学校卒業するまでで、卒業したのちは炊事、洗濯と家事の見習いをして教養をつんで、女らしくせんといかんと思っています。あれや、これやと色々考えます。

お父さんが、「A これから先の事ばかり言うと、おにがわらうで」とよく言われます。

夜間学級、皆そろって、遠足してみたいなと思っています。学校も後一年がんばらんと、いかん、東京旅行も近くなって来ました。どんなとこやろなと、色々考えています。乗物が

多いと聞いていますが、ほんとうかしらん、早く行きたいなと思っています。行くのが、楽しみです。五月が早く来てほしいなぁ。

筆者 A 辻占売りをしていたのは中学入学までのことで、当時、A をはじめ四人の子供と両親の六人家族、父は、兵隊に永らくいて恩給（若年停止）もあるのですが、最初□造船の工員でしたが巡査を希望でやめ失敗後国鉄工場、□電気臨時工と転々したが、収入はほとんど父本人が使つてまだ足らぬ位という状態でした。
母親は時に自殺を考えたこともある。（子供と共に死んだら、父は食べて行くだろうと）その頃、人に聞いてはじめたのが辻占売りです。母は乳呑児を背負つて三人の子供が辻占を売つたわけ、A が中学へ入学した当初、母親に会つた際母親も眼が悪いようだつた。現在は大分ゆとりのある生活をしている。A 本人は昼間近所のミシン工場に勤めている。性質も温良、よい生徒で環境から受けた悪い所は見あたらない。（神戸駒ケ林中夜間担任　佐野繁太郎）

内職

（横浜市立平楽中夜間）[A]

今日は、先生が作文をかきなさいといったので、はじめなにを書こうかまよった。でも、すぐに昼間やっているハンケチの内しょくのことを思いだした。

八月二十四日の朝、せんたくをしおわって、ほしていたらとなりの[B]さんのおばさんが「[C]ちゃん（私は家にいると近所の人が[C]ちゃんとよぶ）あなたもハンカチの内しょくをしない」ときいた。

「私はやりたいけれど、ぬい方がへたくそだからだめなの」といった。そしたら「じゃおばさんのみていれば、すぐできるようになるんじゃないの」といった。

私はそれもそうだなあと思った。初めっからだれだってじょおずにできるんじゃないからね。

私はその日からやりはじめた。今までに、できた枚数は百枚以上になっているので、一枚三円四十銭にして、計算してもずいぶんのお金になる。

お正月までに、いくらになるか、今からたのしみにしている。

筆者　[A]　昭和十七年十一月[　]生。家族は現在、両親、本人、妹、弟の五人である。父は定職なく現在は沖人夫をしているが、その大半は酒に費してしまう。父の帰宅はいつも遅く、夕食をともにしたことはない。母も日雇人夫として働いているので家は留守勝で[A]が妹弟の世話をしている。夜間中学への入学は二年生の二学期からで、性質はすなおで、すべてに消極的で口数も少ない。在学中就職試験に合格し、横浜市内の帛綿会社へ勤務したが、彼の真面目さを買われたものと思う。（横浜平楽中夜間担任萩谷教諭）

ぼくの日

A

（荒川区立第九中夜間）

僕は朝六時半に起きます。それから顔を洗い、朝食をつくり、
七時半に朝ごはんにします。あとかたづけを終り八時頃家を出ます。
（僕は男です）
仕事は八時からですが、たいてい遅刻です。
実際に仕事にかかるのが八時一〇分。
昼はラジオの前につきっきりできいています。
三時にお茶です。
僕の会社での楽しみはラジオをきくことです。
たった一つの楽しみなので、消されるとガッカリします。
五時に仕事を終って学校に行きます。
学校の門をくぐるとホッとします。

家に帰るとあしたのしたくです。
したくが終ってねるのが十二時です。

おとなども

会社に行くと、ぼくはしゃべりたくなくなる。人の顔を見るのがいやになる。
大人の顔がとくにきらいだ。
おとなは、うそばっかりいっている。
人にものをたのんで、その人がいなくなるとその人の悪口がはじまる。
ぼくはしゃくにさわってくる。
そんなところで、ぼくははたらいている。
そんなところで育ったんだ。
だが仕事は来年の三月までりっぱにやるつもりでいる。

ぼくの今まで

ぼくは小学校五年の時にカバンやにアルバイトにいった。そして三年間つとめました。
三年という長い間、みんなが遊んでいるのに僕だけ仕事にいっていたのです。

いやになっていましたがそれでも行きました。
たまに休むと、迎えに来るのです。
中学二年の三学期にすみこみでしごとに行ったのです。
重いボウルをかついだりしたが、同じ年の人がいるので負けずにやりました。
或日ともだちが来て中学校の二部ができたとしらせてくれたので、さっそく兄さんにしらせました。兄さんと僕とで母に学校にいかせてとたのんだ。
それでいま二部に来ているのです。

筆者 [B] （仮名[A]）彼の母は、昨年の秋自殺をした。一片の遺書も、遺言もなく年のいかない彼にはその原因はわからない。恐らく生活苦による精神の疲れと、折合い悪い、別居中の父との複雑な問題などだろうと想像される。

日頃無口で無表情な彼は、その時だけはさすがに悲しさに涙ぐんでいた。残された兄弟四人、兄は十八歳、二人の妹は、まだ小学生、兄と二人で汗みどろで働いても食べて行くのがせい一杯。自然、性格はかたくななものになり易い。勤めでは黙々と働いていても大人たちのみにくい嘘だらけの生活ばかりをみせつけられ、世の中の誰も信じられなくなつた時もあるそうである。でも短い学校生活に、彼は彼なりの喜びを見出した時はもう卒業だつた。（荒川第九中夜間担任）

苦しみを越えて

[A]
（京都市立朱雀中夜間）

五年生の時だった。八月から十一月十八日まで寝ていて、母は亡くなった。祖母が看病に来て下さったが、農家である祖母は凪は子守に家へ帰られた。私は毎日毎日四つの弟の守りをして、御飯たきから、母の便の始末までして、三カ月間、大方、学校を休んでしまった。

ある日、天皇陛下が関西線を通られるとき、駅へお迎えに行った。その帰り道、担任の仲先生に会った。先生は私を、

「母の病気ぐらいで学校を休んではいけない。」

と、ひどく叱られた。泣き泣き家に帰って、母に、

「お母ちゃんなんか早よ死んだ方がいい、どうせ、胃がんやもの、助からへん。」

と言ってしまった。

あまりの言い過ぎに、自分ながらハッとした。その日は、祖母が凪から来て下さったので、駅へ行ったのに、先生をうらんで、母をうらんで、みんなうらんでしまった。今もわす

れられないことだ。母はそれから一と月ほどして亡くなった。

兄弟はみな別々になった。兄は叔父へ、私は園部の伯父、弟[B]は祖母のもとに、下の弟[C]□は伯父の家へ、兄弟四人は一人ずつ別々に離されてしまった。

それから五年間のうち、兄弟四人が一しょに顔を合わせたのはたった二度、祖母のなくなった時と、春分に一度お墓まいりをした時だけである。

園部へ引きとられた私の方にすぐ不幸がやって来た。伯父の義母がなくなり、赤ちゃんもなくなった。伯父も病気で寝てしまった。三カ月ほどの間に、女中二人はひまを出されて、私は御飯たきから洗たく、病人の世話などで、てんてこまいをした。

学校は九時前に走って行った。病人は気に入らないことがあると叱るし、困ることもあった。でも、みんなよい人で、かわいがって下さった。

六年を卒業して、京に働きに出ている父のところへ遊びに行った時、おうどん屋の人が「うちで働かへんか」と言われ、京に来たかった私は喜んだ。園部へ帰って、このことを言うと、

「小さいのに働かなくても、中学出てから働けるから、ここで中学を出たら。」

と言われた。しかし、私はどうしても父のいる京都へ行きたかった。父と伯父との相談の結果、ついに私は京へ出ることになったのである。


昼働くのであるから、もちろん私は昼の中学へは行けない。入った学校は朱雀中学の二部学級である。その頃、一年生は私一人だけだった。百ワット球五つのくらい教室だった。

やれやれと思ったその一と月後の五月、父が腸チブスにかかって、□病院に入院した。私は歳をいつわって、二週間病院で看病した。病院から学校へ行ったこともある。

夜一、二時頃まで働くうどん屋の仕事は、小さい私の体にこたえたのか、私も十二月ごろから耳をわずらうようになった。そして、先生の世話で一条のある糸店へかわったのである。

その頃の私の生活は、たいていの朝は朝飯ぬきで、昼はパン、夜は学校がおそくなると、御飯は食べられない。しかたなしに、パンまたはうどんで過ごす。そんな毎日が半年ほど続いた。

父がまた入院した。こんどは盲腸である。手術に三時間かかった。手術がすんでから、病室へ行った時
「ハテここはどこだったかな。」と長いこと考え、ようやく□病院だったことを思い出した。

それくらい私はつかれていた。そしてまた看病生活が始まった。手術してから一週間目に手術のしなおしをした。こんどは六時間半もかかった。夜中の三時半に手術は終った。あくる日、ほうたいをかえる時見ると、腹中ざくざくで、ざくろのようなおなかだった。絶対に

動かしてはいけない。手におえなかった。

父の入院生活は、それから約半年続いた。そのあとの養生も長くかかった。私はこの父の世話をしながらも、糸屋の仕事と夜学はやめなかった。私の働いてくる月四千円たらずのお金でも、この家にとっては大へん大事なお金であつたからである。こうして、私はようやく中学三年になった。

こんな私にも、うれしいことが一つあった。それは、兄も京で働くようになり、C は四月に、B は五月、それぞれ京へ引取ったからだ。私の喜びようはなんにもたとえられないくらいだった。

それでも、それからのこの一年も大へんだった。朝六時に起きる。弟を学校へ出し、父を仕事に送り、私も仕事に行く。五時半に家へ帰り、御飯の用意をし、それから私の夜学。いつも遅刻ばっかりだ。

学校から帰れば九時半、それから米を洗い、明日のおかずの用意をしておく。本を半時間ほど見、つずりもの（着物）などして、寝るのは大てい十二時頃、弟の勉強も見てやらなければならない。とうとう朱雀中学の学芸会に出たあと、まもなくたおれてしまった。夜学だけは休むまいと、思った私も、とうとう、よく休むようになってしまった。

悪いことに、勤め先でも、ミシンの針が指につきささり、手術をしなければならなかった。仕事も行けず、学校にも行けない、この時が一番さびしかった。

弟も、しもやけや中耳炎で、お医者に通いづめであった。こんな状態では、いくら勉強好きの私でも、高校定時制進学はあきらめなければならなかった。

でも、いま私は幸福である。卒業もできたし、小さい時から離れていた父や弟といっしょだもの。兄もよく来てくれるし、私の仕事や弟のめんどうを見るくらい何でもない。

私もこれで落ちつける。弟は、私の苦しいことを話さないで、明るい子に育ててやりたい。私の心は、このことでいっぱいである。これからの道は大きく広いと思うが、りっぱに笑われないようにして、明るく人生を過ごしていきたい。

筆者 A 父は友禅工であるが病身で、とくに本人が中学在学中二度にわたる入院、一時は危篤状態にまで落ちたが、本人の手厚い看護によつて生命をとりとめた。母は、小学五年の時に病死、このため兄弟姉妹は離散の運命に遭った。本人は弟二人を母代りとなつて養育、末弟を学校へ連れて来て、守りをしながら学習することも再三あつた。本人は現に糸繰工として働いている。性格は、徹底的な逆境にもかかわらず、よく耐え抜いた強靱な意志と深い愛情の持主で学業も優秀、高校進学も明年実現せんとする意図のようである。（京都朱雀中夜間担任）

母の死後

A

（足立区立第四中夜間）

私の家は貧しく三度三度のご飯がやっとだった。お金さえあれば、友だちにもいじめられないにちがいないと思い、父母にないのを知っていながら、「お金」「お金」とお金のことばかり口にした。その度ごとに父や母は「そんなにくやしかったら、一生懸命勉強して成績を上げて、その友達を見返してやりなさい。」という。

私は、それもそうだと考え、一生懸命に勉強したが、一向にあがらなかった。そのかわり金持ちの子はどんどんあがっていった。

それからの私は、家の貧しい子はいくら勉強しても、金持ちの子にはかなわないと思う様になってしまった。しかし、こんな私にも、たった一つのなぐさめがあった。それは中学校へ行けば、中学校は各科目ごとに先生がちがうから精出して勉強しさえすればきっと成績は上るにちがいないと信じ、入学する事を心待ちにして小学校の門を出た。ところが中学校に入学して二週間目に、母が突然自殺してこの世を去ってしまった。母の自殺は、希望にもえ

て中学に入学した私にとっては一大打撃だった。　私を置き去りにして死んでしまった母を大変うらみ、おそう式の時にも涙一つ流さなかった。

それでも一年生の時はどうやらこうやらクラスの人々の同情もあり、自分を持ちこたえて来たが、二年生になった時担任の先生が変った。

その先生は、ものすごく恐く、私は何時も目がねの下からにらみつけられているような感じをうけた。毎日先生の顔色をうかがいながら学校に通ったので、勉強などてんで頭に入らず、先生の恐い目だけが私の脳裡にこびりつき、夜もろくろくねむれず神経衰弱になってしまった。

私は何んだか世の中がいやになり、母と同じ様に自殺しようと決心して、二十八年の六月に家を出て、母の郷里である岐阜に向った。私は一目岐阜の犬山を見て死にたかった。

しかし、私は犬山をみているうちに、大自然の偉大さ神秘さにうたれて死ぬのがいやになった。そして私が気がついた時は、名古屋の町をふらふらと歩いていたのだった。私はそこで、カトリック修道院に籍をおく B さんという人に話しかけられ、その人のはいっているカトリック修道院という所につれていかれた。

私はそこに一週間程、神父さんや院長先生の御好意でお世話になった。そこでの生活は、私の心を非常に強くした。私は迎えに来た兄と共に東京に帰った。私はその車中で、いろい

ろと心配してくれた親や先生に素直にあやまって、こんどこそ勉強に精出そうと思って、東京に着いた翌日から学校に通ったが、私をむかえたクラスの人々の目は前にもましてきまずい、いやなものだった。

先生方にも変な目で見られている様で、私の心は次第次第にくじけてしまった。私はとうとう夏休みと同時に、学校へ行くのをやめてしまった。近所の人や、家の者にまで不良扱いにされ、自分でも不良になってしまおうと思ったが、年老いた父が靴みがきに出かける姿をみていると、せめてこの父だけでも安心させてやりたいと思い、父の希望である洋裁学校に通い出した。

しかし、ここでは中学校を卒業していないことで、皆んなにばかにされた。私は、はじめて中学校卒業ということが如何に大切なことかを知った。と同時に中途で退学してしまった事が大それた事であるかを悟った。

私は無性に勉強がしたくなった。しかし二度と再び昼間の中学校へもどるのはいやだった。過去の事を誰一人知っている人のいない学校で心機一転勉強したかった。

丁度その時、足立四中二部の生徒募集を知り入学した。入学二日目に、私の目にし、耳にした事は、私よりもつともっと貧しい、暗い過去をもった人達の多いことであった。それらの人達の多くは昼間は工場で働き夜は疲れた体にむちうって学校に通っている。そして学校

を、唯一の憩いの場として、皆なんらかの希望をもって、現在の環境からぬけ出そうと、お互い同志たすけあい、はげましあって努力している姿であった。私は、ほほを強くなぐられたような感じがし、目の前が急に明るくなった。

今では家の貧しいことも、父の職業が靴みがきであることにもひけ目を感じないで、堂々と勉強に励んでいる。

筆者 A 家庭の貧困のため、学校に納入するお金が払えないような事が続いたので、学校というよりも先生というものを極度におそれている。中学一年の時、母が自殺したため、級友達の白眼視に堪えられず、二度ほど自殺をはかつた事があり、家出もした事があるが、四中二部に入学してからは真面目によく努力をしている。父は靴みがき、兄が□鉄道の運転手。本人は母がわりになつて家庭をきりもりしている。将来は看護婦になりたいと言つている。非常に優秀な生徒である。（足立四中夜間担任　町田義三）

町の朝

A

（大田区立糀谷中夜間）

町の朝
人々の顔は活気に満ちている
会社へ行く人
工場へ行く人
皆んなそれぞれ勤めに
町は朝からにぎやかだ
買物籠をさげた女の人
すがすがしい空気を胸一ぱい吸って
元気にあるく男の人
町の朝はにぎやかだ

追憶

A

（世田谷区立新星中夜間）

雨が降ると思い出す
遠い日のこと思い出す
傘もささずにどろんこ遊び
真黒で叱られた

雪が降ると思い出す
遠い日のこと思い出す
綿雪かぶっておつかいに
真白でほめられた

雲を見つめて思い出す

遠い日のこと思い出す
しなやかな芝生に寝ころんで
おとぎ話にききほれた

夕焼見つめて思い出す
遠い日のこと思い出す
松の木によりかかり
涙でほほをぬらした
過ぎし日のこと思い出す

筆　者　[A]　[A]はおとうさん（大工）もおかあさん（工員）も働いており、小さい弟妹が二人あつたので、その子たちの面倒を昼間みてやるため、小学校を出るとすぐ、夜間部に入りました。（糀谷中夜間担任）

[B]　（[A]）昭和十五年□生。豊島区□に単身住んでいる。田舎には四十二歳になる助産婦の母と十五歳になる弟とがいる。父は事情があつて生別、本人は上京してゴルフ練習場のキャデイなどをしつつ夜間中学にかよい、三十三年三月中学卒業と共に目黒の無線学校に入学した。（世田谷新星中夜間担任　岡本省吾）

学校に通える喜び

[A]
（足立区立第四中夜間）

僕の家は、□にあった。僕が五才の頃、戦災で家が焼けてしまったので、板橋へ引越すことになった。その頃は、貧しいながらも、楽しい生活であった。

小学校四年生の時、足立の□へ引越すことになった。梅島小学校に転入学し五年生の時、母が病気になったので、学校を休む日が多くなった。

一年余りの看病のかいもなく、母は二十七年の三月にこの世をさった。

父は四人の子供をかかえ途方にくれた。しかし、父が働かないのでは家の生活がなりたたないので、父は仕事に出かけた。

僕は学校を休んで、弟や妹の世話をした。とても苦しい毎日がつづいた。

そんな生活を続けていたある日、受持の先生が家へきて、学校にくるようにすすめてくれたので、学校に通うことになったが、家がくるしいため、半年もいけなかったが、先生のおかげで、どうやら卒業だけはできたが、中学校へ入学のことで、また、なやまなければならなかった。

昼間の学校にはとうてい入学することが出来ないと思ったので、友達にきいて四中二部に入ることになった。しかし、家が苦しいので一人でも家にいないと生活がらくになるからと父にいわれ、お花茶屋のたわしやへ住込で入ることになった。

学校から遠いので双葉中学の二部に変ることにした。しかし、仕事が忙しいので学校を休むこともたびたびであった。病気になっても薬も買ってくれず、しかたがないので家に帰ったら父が私の顔色をみて、心配しながらいろいろなことを聞いたので、かくさずにいままでの生活を話した。

「それでは体がもたないから家へ帰って来てもよい」ということになり、家に帰ってきた。

それから、ベニヤ工場、ペンキや、染物屋とてんてんと職をかえたが、いつも小さい工場ばかりなので、給料がもらえなかったり、工場がつぶれたり、自分の理由でやめたところは一つもなかった。

今は電線会社につとめ、学校にもいけるようになったので三年おくれてしまったが、弟と一緒に四中の二部に入り、机をならべている。

先生や友達がとってもいいので、弟と同じ机でも恥しくなく毎日勉強にはげんでいる。

会社もよい会社で五時にはちゃんと帰えしてくれますので、学校へは遅刻もしないで通える。これからも父を助け、貧乏でもたのしい明るい家をきずくよう精出して勉強したい。

筆者 [A] [A]の家は戦災で焼け、家業の床屋を復活することが出来ず、父は職安人夫として働いている。母親が[A]が小学校五年生の時にぜんそくで死んでからは、学校を早退したり、休んだりして母親がわりになつて小学校を卒業した。本校二部に入学してから住込で働くことになり、葛飾区の夜間中学校に転校したが、学校に通学させてくれず、給料もくれないので、やめて家に帰つて来た。それからベニヤ工場、□製作所の臨時工、箱屋等を転々として、現在は金属会社につとめている。学校の方も一年で中退し、三年たつて弟と一緒に本校二部に再入学し、現在は三歳年下の弟と机をならべて勉強している。非常に運動が好きで卓球等は学校一すぐれている。いままで生活扶助を受けていたが、三十三年より昼間の方から父に申出て、父を説得し、扶助を打切り、貧しいながらも自分達の力だけで生活しようとする意欲にもえている。弟一人、妹二人の四人兄弟である。（足立四中夜間担任　町田義三）

私の希望

A
（八王子市立八王子五中夜間）

家族六人、母のいない家庭で、私は毎日ご飯のしたくに、せんたく、おつかいと忙がしい。でも私はすこしもいやではない。それは学校という楽しいものが待っているからだ。

私は妹のこと、弟のことで毎日すごしている、母のいない家庭でも、私はすこしも不幸だとは思わない。それは日本中に私よりも、もっともっと不幸な人たちがいる。上にも下にもきりのない世のなか、中学校の夜間部はずいぶんありがたい。私にとっても夜間部にかよっている生徒にとってもなくてはならない。

夜間部がなかったら私は今どうしているだろう、学校にも行けず、暗い毎日を送っていただろうと思うとうれしくてなみだがでてくる。

夜間部……それには先生そのほかいろいろな人が力になっていてくれる、そのお礼にできるだけ学校をよくし、個人個人で自分を反省し、よく理解しあってクラスを良くしてゆきたい。私はこんなことを考えた。日本中の夜間部の生徒が手をつなぎ、文通かなにかでお互いの学校のことや家庭のことなどをしったら、どんなに楽しいかと思う。

それもむだではない、社会科の勉強にもなると思う、そんな日を夢みている。やれないことはない、やればできると思う。

いろいろな学校から手紙をもらって、お互いの勉強のやり方を交かんしてゆけば、夜間部も、もっともっと楽しいものになるのではないかと私は思う。

筆者 A 昭和十九年　生。父は機業で真面目に通勤していいる。母は長い間病臥していたが、昭和三十一年十二月死去、兄は高校全日制、本人は弟二人、妹一人を見ながら留守居をし二部に通学している。（八王子第五中夜間担任　蓮沼良湛）

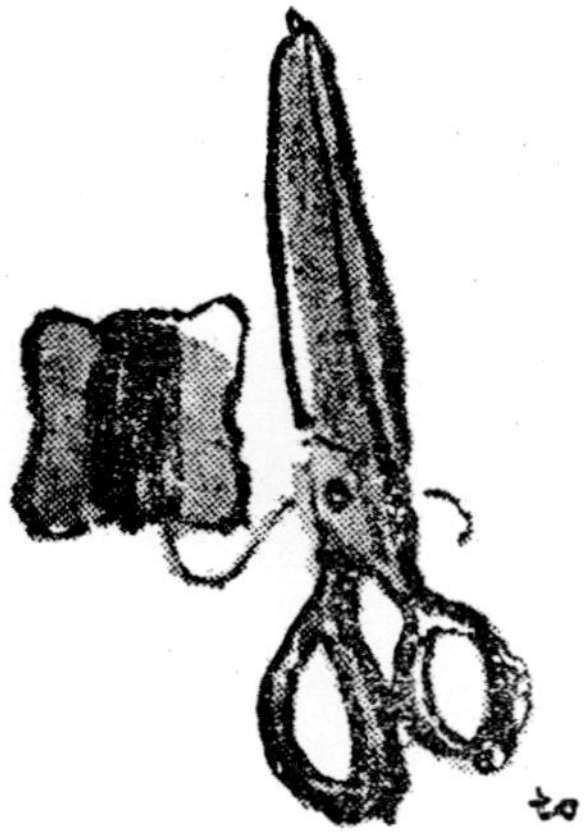

かえり道

A

（八王子市立第五中夜間）

学校を出ると、空には目のさめるような星がまたたいている。「あれが北斗七星ね。」「あれが白鳥座よ。」と数えるほどしか知らない星の名をいいかわし、笑ったり、けんかしたりして帰えるその時こそ、一日のつらかったこと、かなしかったことを忘れる絶好の機会なのである。

別れ道に出ると、「明日もがんばろうね、おやすみなさい、さようなら。」というい つものきまり文句が私たちの口からでる。

自分が幸福なのか不幸なのかまだはんだんできない私たちには、ただその言葉だけが明日への希望に燃える。みんなと別れるとむしょうに淋しく、職場のことが思いだされる。走るような早さで家に帰っても、「おかえり。」という主人のつめたい声に、おどおどしながらも主人をにくめなく、明日もまた一生けんめいに働こうと心にちかいながらふとんに入る。そして、明日一日をたのしくすごすにはどうしたらいいかと考える。

私の日々

A

（名古屋市立東港中夜間）

両親のない私は、前にはとついだ姉の家にやっかいになっていました。姉は、申込んであった北区の市営住宅があたったので、そこへひっこしました。私もしばらくついていっていました。そこの中学校には夜間学級はなかったので、その間は学校へは行きませんでした。

今年の一月から、姉のもとの家に近い父の姉にあたる伯母の家に来ました。そしてまた東港中学校の夜間学級へ入学しました。

伯母は目が不自由ですが自分のことは大方用がたせます。私は朝六時に起きてごはんをたきます。朝ごはんを食べてから近くの八百屋さんへいきます。そこの子守をしているのです。八百屋さんへは八時までにいけばよいのですが、私は七時半ごろ行って戸をたたいて起こします。そして私は店をあけます。それから子供をおんぶします。

八百屋さんには六才の男の子（B ちゃん）と三才の女の子（C ちゃん）がいます。私のおんぶするのは女の子の方です。C ちゃんはおんぶすると私の髪の毛をひっぱります。[C]ちゃんをおんぶしてから土間をはいたり、水をまいたりします。
[B]ちゃんは今年から幼稚園へ行きます。幼稚園は大手住宅の北がわにある呉竹幼稚園というところです。私は毎日幼稚園まで[B]ちゃんの送り迎えをします。昼は幼稚園で給食があります。三時におやつを食べてから家に帰ってきます。

　私は昼は八百屋さんで食べます。[B]ちゃんは帰ってくるとすぐに服をかえます。そして家のすぐ前の公園へ行くというので、私もいっしょにいって大てい五時ごろまで公園で遊んできます。五時になると私は家へ帰ります。

　服をかえ時間割りをあわせてから五時半に学校へ出かけます。学校へは電車でいくので六時まえにつきます。学校は六時に始まって八時三十分に終ります。家に帰ると九時ごろになります。

　日曜日は九時ごろまで八百屋さんにいるので、晩も八百屋さんで食事します。八百屋さんはおふろがあるので、はいってくるときもあります。家に帰るとすぐ寝ます。

筆者　[A]山形県新庄市の本籍地でかなり盛大に料理店を経営していたが、父は家出してしまつた。母は長女[B]、次女[A]、三女[C]を連れ、東京に出で、ついで八王子に住むようになつた。現在、母と長女、次女の三人は小遣かせぎに出ている。三女は小学校に通つている。[A]は働きながら、都立南多摩高校、定時に通つている。（八王子五中夜間担任　蓮沼良湛）

[A]父は工場に勤めていたが、昭和十九年の空襲でその時死亡、母は長い病院生活の後、[A]が第一学年の三月死亡した。彼女は、とついだ姉の家に身を寄せ、姉も働きに行つていたので、姉の子供の守をしながら留守と炊事を受持つていた。それから亡父の妹に当る叔母の家に身を寄せて（私の日々）にあるような生活を始めた。しかし叔母は目がわずかに見えるだけで、盲目に近く、生活保護を受けていた。その叔母は[A]の第二学年の十月に死亡。叔母は六畳一間の家ではあるが、[A]にくれていつたので、今はそこに一人住んで、昼は近くの八百屋の子守、夜は学校という生活をつづけている。出席状況は上。頭脳は普通であるが、よく学び、本校夜間学級生徒としては模範生である。境遇にも似ず性質は明朗ですなお。（名古屋東港中夜間担任）

【私の日常生活】

豆腐うり

A

（名古屋市立天神山中夜間）

朝一時か一時半頃、母に起されて、ねむたい目をこすりながら、豆腐屋に行きます。そして主人と一緒に豆腐を作りはじめます。五時頃今できた豆腐を車にのせて、ラッパを吹きながら町々をあるきます。これは雨の日も、風の日も毎日つづけるのです。

今日は沢山売れた、今日はちっとも売れない……といろいろの日があります。七時頃帰ると、豆腐型枠を洗ったり、客が来られると売ったりして、朝の食事は八時になります。僕はよく使われます。また各八百屋さんに配達もしなければなりません。十一時から午後二時頃まで午睡をとります。それから豆腐つくりをはじめ、四時頃ラッパをふいて売りあるきます。五時半になると大急ぎで学校に来ます。先生や友達と一しょに勉強したり、遊んだりするのが楽しみです。しかし体がつかれるので家に帰るとすぐねます。

幸せの時

A

（名古屋市立天神山中夜間）

私は朝五時半頃起きて、朝食の用意をします。夜おそいので起るのがとてもいやです。私の母はあまり体が丈夫でないので、私が働きに行こうと思っても行けません。それに弟や妹が多いし、一番末は生れて、十ヵ月の弟がいます。七時半頃、ごはんのあとかたづけ、洗濯、掃除などすますと十時頃です。

それからミシンで縫物をします。昼、父や姉が昼食を食べに来るので十一時半には食事の用意をしなければしかられます。昼からは、あとかたづけ洗濯のしまつ、お風呂に水を入れたり、弟の子守りなどと次から次とおいまくられます。そして四時頃夕食の支度をして、五時半になると自転車で学校にかけつけます。

学校で先生やお友達と勉強や、運動をしている時が私にとって一番幸せの時です。この時が家でのつらいこと、悲しいことをみんな忘れてしまいます。学校の休みの日はとても淋しく思います。

人形造り

A
（名古屋市立天神山中夜間）

朝七時五十分に、メリヤス工場に行きます。工場には同じ年の人が、三人とミシンをかける人が十六人程いますが、なかには怒る人がいますが親切な人もいます。

私の仕事はゴムをシャツの袖口に合せて切ったり、エリを折ったり、出来上りの品をそろえたりするのですが、毎日立仕事ばかりなのでとてもつかれます。それに奥様がよく怒るので一日の仕事がいやになる日があります。

午後五時に帰って学校に来て勉強します。

学校から帰えると九時頃になります。それから内職として、人形造りをします。ねるのは十一時半か十二時頃になります。

筆者
A　家庭には父母と姉妹弟の六人にて、父は乳母車の内職、母は日雇に行くので、本人は子守をしなければならず、中学一年入学当時は、子守をしながら登校して学習、子供が泣く時は廊下、運動場にて泣き止むまで待つような有様であつたが、中学三年になつて、弟も大きくなり、家計の援助のため豆腐売りとなつた。
A　父は染色工、母は病弱、姉妹六人で生活は困難のため、A は母に代つて家事一切をしなければならない。そのため夜間中学に入学した。
A　父は自由労働者、母は病弱、兄二人は定職を持たず、家庭生活は苦しいため、A は幾分でも働いて、家計を援助しようとして夜間中学に入学した。（名古屋天神山中夜間担任）

姉　妹

A

（京都市立高野中夜間）


私が家に帰ると姉さんはまだ帰っていない時があります。私がお母さんに
「お母さん、いつも家族そろってごはんたべた時はないね」

というと、

「それはしょうがないわ」

とお母さんはおっしゃいました。

でも私が学校から帰ると、お姉さんはもう帰っております。

いつもお姉さんがいちばんさきに
「A、お仕事はえらかったか」

とおっしゃいます。

私は姉さんにまけずに、私もえらいのをがまんして
「えらくなかったよ」


というと、私の家にいつもあそびにきている人が
「いや、A、やせがまんはるな」

と、いつもいつも、その人にいわれます。

なるほど仕事というのはえらいのにちがいはありません。

でも、私たちはまずしいんですもの、しょうがないと、私は今日も思っております。

朝早く仕事にでると冷たい風が吹きこんできます。

私は、いやだな、仕事なんかと思う日はなん日もあります。

でも私たちは働かなきゃたべていけないですもの、なんてみすぼらしい私たちなんでしょう。

でも私は一生けんめいに努力しなければいけないと思っております。

お父さんの死

[A]

（京都市立藤森中夜間）

私のお父さんは、病気で五月二十日になくなりました。

五月二十日の夜は、いつもよりおそく工場から帰って来ました。いつもは、早く帰って来るのにその夜だけは、おそいので、お母さんはじめ家ぞく全部が、お父さんの帰って来るのを首を長くして待っていました。

時計は、もう九時半をさしていました。それでもお父さんは帰って来ません。すると表の戸があいたので私ははっと安心して、お母さんに「お父ちゃん帰って来はったわ」と言って、すぐ、にわへ出るとお父さんではなくて、たずねに来たはる人でした。

私はお父さんかと思ってすぐ戸をあけたのに、よその家をたづねる人だったので、その人が帰ったあとに、お母さんに「あんな人にあわてて戸をあけてそんした」と言うたら、お母さんは、私に「よその人でも親切にしんとあかん」と言いました。

そうしているうちに、表の戸がまたあいたので、私は、また、よその人かと思って表へ出行かなかったら、お母さんが「だれかわからへんから表出てみ」と言わはった。

しばらくすると、しんどそうな口調で「ただいま」と言わはったから、お父さんだなあ、と思って、とんで表へ出てみると、やっぱりお父さんでした。

お父さんのかお色がすこしかわっていたから、すぐ気がついて「お父ちゃんしんどいの」ときくと、お父さんは、首をかしげながら「ふん、ちょっとしんどいわ」と言いながらごはんを、みしゃもじだけたべて、床のまくはいったまま目をとじてしまいました。

お母さんはあわてておにいさんに「[B]の先生をよんで来なさい」と言ったので、お兄さんは、びっくりして医者の先生をよびに行きました。

ところがなかなかお兄さんは帰って来ません、お母さんは、二階の人にたのんでお母さんもはだしのままで医者へかけて行きました。

いつのまにか家はお客さんがいっぱい来ていました。すると医者の先生とお母さんとお兄さんが帰って来ました。

医者の先生はいろんな注射をしても、もうお父さんはいきがきれ、また、みゃくはくもきれていました。先生はもう手をはなしました。

私たち一同はわあと泣きだしました。

お父さんは私にとってひとりしかいないお父さんがもう目をとじてしまったから、私はあとからあとから涙がでてきてしかたがありません。

近所のおばさんたちも、いちどにわあと泣きふしてしまいました。

私はもういくら泣いても死んだ人がいきかえって来ないと思って泣きやんで、お母さんをなぐさめました。

お葬式は二十二日にしました。

お父さんのいる時は、朝の学校へ行っていたが、お父さんの死後は子守や家庭の用事で朝の学校へはいけなくなって二部生として入学しました。

登校への道

A

（京都市立藤森中夜間）


さあ、学校へ行こう。工場から手伝いに来ている人が五時半だと教えてくれた。品物の整理をやめて、後は、B君と工場の人にまかし、あわてて学校へ行く準備をした。

「では行ってきます」

と言って自転車に飛び乗った。

外へ出ると風がつめたい。元気を出してペタルをふんだ。もう薄暗い、五条烏丸まで来て信号待ちで止る。

烏丸通は自動車の波だ。ライトの光でまぶしい位である。

そこをなんなく渡って烏丸通を一路南へ走る。京都駅の大時計を高倉橋の上で見たら、五時四十分だつたので、が然速力を速めた。

折からの寒風が顔を吹きつける。寒い、寒いが、がまんだ。寒さと今日の仕事の疲れからのねむたさで頭がクラクラとしてくるが、眼をしっかり開けぬと交通事故を起す。

再び元気を出して、ペタルをふむ。

久保町あたりまでくると、風も止み、頬がほてってきた。もう少しで学校だ。空を見上げると、まん円い美しい月が輝いている。

月を見つめながら走っていると、何やら神秘的な気分になってくる。

一度、月の世界へ行ってみたいなあ——とそんな事を考えている中に、学校へ着いた。

筆者 [A] 昭和十七年□月□日生。父と母は死亡、あとに姉と本人、弟の三人が七十八歳の祖母とともに暮している。姉は染工場へ通い本人は織物卸店へ勤め、配達などの手伝をしながら、夜間中学へ通い、三十三年三月卒業したが、真面目な勉学好きな生徒で、四月より朱雀高校の定時制（通信教育部）へ入学して頑張っている。（京都藤森中夜間主任梶嘉一郎）

ずず内職

[A]
（京都市立山科中夜間）

今日は朝から雪が降っている。私は用事がすんだし今から内職のずず造りをしようと思った。時計を見ると十時だった。おそくなったと急いで仕事にとりかかった時、おばさんが

「もう出来上ったかね」

と集めに来られた。

「いやまだ五十連しか上ってへんわ」と言った。

「[A]ちゃんもっときばってや」とたのんでおばさんは帰って行かれた。

私は歌をうたいながらお仕事を始めた。昼になったのでごはんをたべようと思っていたらお姉さんが元気なさそうに帰ってきやはった。

「どうしたの姉ちゃん」ときくと、

「十一時頃から目まいがして頭がいたいの」と苦しそう。すぐねまをしいてあげた。

「[A]ちゃんすまんなあ」とすぐ横になられた。

気がいらいらするだけで、今日はずずの内職は中々はかどらない。
外ではアラレや小雪が降っていた。

筆者 A 父は本人九歳の時死亡、母と兄二人、姉一人、妹二人の七人家族で、姉は嫁入し、兄は嫁をもらっているが、七人の多子家族である。
本人の家は田畑なく、しかも父を失い多子家族のため生計も苦しく、数珠つなぎの内職を余儀なくし、二部学級就学となつたものである。ときに内職の無い場合は、母の八百屋行商を手伝い、また兄の仕事を助けるなど近所でも評判の少女である。（京都山科中夜間担任　塩見作次）

かよい道

A
（京都市立山科中夜間）

朝、「行って参ります」と元気よく家を出ますが、途中昼間生たちがバスを待っているので、私はいつもここまで来ると「ハッ」と息をのみます。昼間生徒たちを見ると、自然にここを通るのがいやになり足は裏道へそれてしまいます。知ったお友達に会うとかくれて歩いて行きます。そのため五分ほどおくれて工場につきます。仕事をしている時は忘れていますが、終って学校へ行く道でまた昼間生徒の帰るのと会います。学校の近くまで来ると、二、三人の女の人が私の顔を見て、夜間生はおくれているとかなんとか言って笑って行きます。私は涙が出そうなのをじっとこらえて教室へとんで入ります。

勉強が終って、帰る道はとても寒いのでいやになりますが、今朝あったこと工場のこと等考えて歩いている間に家につきます。

でも、私は夜間のどこがいけないのかとよく母に聞きます。母は「そんな人にまけてはいけませんよ」といつもお話になります。

私はそんな時は、いつも明日からは誰に出会っても、何を言われようとかまうものか、家のためだ、働きながら勉強する気もちがわかるものかと、私の心に言いきかせて通うとちかいました。いましばらくで卒業するのだと、私はふとんの中で考えてはがんばっています。

筆者 A 本籍は石川県石川郡、現住所は京都市　に住居、両親、姉一人、弟二人の六人家族、昭和二十九年大津市に住い、三一年二月、現住所に転居のため、本人は山科中夜間部へ転校した。
父は某製作所へ勤め、母は出稼で僅かの収入により家計を維持していたが、弟二人のお守や留守番、お使い等で自然欠席勝となり、他面、就労により家計を援けねばならないため、夜間中へ転学を余儀なくされた。性情については、クラスメートに対しても劣等感を抱くようになり、昼間生徒から逃避しようとする性情を自分で育成したかの感が行文中に表現されているように、二部生徒は本人に限らず、各種行事に昼間生との合併を嫌う傾向があり、暗い面がみうけられる。本人の性格は、割合に朗らかで愛嬌もある。（京都山科中夜間担任　塩見作次）

中学に入るまで

A
（足立区立第四中夜間）

昭和十八年　、ちょうど母が西新井大師に行った途中に生れ、生れた時はオギャァとも泣かなかったので、母は死んでいるのかと思って驚いたそうです。一人生み二人生み、私が五才の時二人目の子が、なんという病気だか知らないが重病にかかって死んでしまいました。病気にかかっていた頃は、家の中が静かでまとまりがなかったのでした。

その頃、父は消防署に勤めてましたが、二、三年勤めてやめ、その後、リンタクといって自転車の所にリヤカーみたいな物に、テントのような物を張ってお客様を乗せる、ちょうど今でいうと自動車みたいなものでした。

父はその日の売り上げが少ない時は、家に帰ってこない事もありました。いくらがんこな父でも、いないと寂しいです。父はその商売があきたとみえ、飲食店を開きました。大きな店で職人も大ぜいいて、信用もありましたが、税金が高くて、とうとう生活していけなくなってやめてしまいました。

その後、運送屋、青果店など、いろいろな商売をやりましたが、どれも失敗してしまい、しまいには住居の半分まで売ってしまいました。その時は表を歩くのも、なんだかいやでした。

いろいろな経験があって、私は区立梅島第一小学校に入学しました。毎日家にいたせいか学校に行くのが楽しみでした。二年生の時によくやった病気はひきつけでした。寝ている時、目が真白で口をあぶくだらけにしてぶるぶるふるえている病気で始めての日は父母たちは死んでいるのかと思って驚いてしまったそうです。これもまもなく治りました。

また、三、四年生のある日、言う事を聞かなくて、父にほっぺたがまっかにふくれる程、手足がとれるくらいにぶたれた事もありました。また、窓からどぶの中にカバンごとすてられて、本の一部分がみえなくなって、学校に行くのに不自由をした事もあります。

大水の時に、何かの事で、窓から体全身を投られて二、三十メートル位流れていき、手の先がちょっと見えて、母に助けてもらったこともありました。その頃はこんなに言う事をきかなかったのでした。小学校六年の夏の事でした。五人兄弟全部が約一カ月余りも、とびひという病気にかかりました。顔一面大小の水をもったものがふきだしたのでした。その顔といったら、ぐにゃぐにゃで鼻だか口だかわからないくらい。長女の私は、弟妹の世話をしたり、家の手つだいをしていたが、お使いに行かなければならないので困りました。

おできだらけで行くのは、はずかしかったのです。これはうつるとみえ、だれ一人よる者はいませんでした。さいわい夏休みだったので学校を長欠しないですみました。二学期の始業式にみんな始めて顔を合わせた時、海へ行ったり山へ登ったりして体じゅう真黒だっていうのに、私はそんな事で真白でおばけのような顔で登校しました。

また、小学校の最高学年なので、何となく忙がしく夕方まで学校の用があって、母に「なぜこんなにおそくまでやってるの」などといわれた事もあったのです。

月日の流れは早く、いつしかこの学校をさって行かなければならなかったのです。小学校卒業がせまった頃、父は、いつこうゆう話を聞いてきたのか私に、「駅の辺に四中の学校があるだろう、そこに夜学があるんだって、そこへいきな。」といいました。

私はその話を聞くと始めは、いやだといいました。それは私達のクラスからも昼間だけれど入学し、この学校にきている中学二、三年生にもたくさん知っている人がいるからです。私はみんな昼間行くのに、自分一人夜学に行くのなんて、ちょつと悲しく思いました。なにしろ長女の私をせんとうに五人も下にいる。母は父の仕事の手つだいをして、夕方までかかつてしまう。夜、学校へ行くといくらかでも家が助かるので、ようよう四中の夜学へ行く決心をしました。

私のおいたち

A

（足立区立第四中夜間）

私がもの心ついた頃、父はもうこの世の人ではなかった。母が一人で働き、私達五人の子供を養っていてくれた。それも知らずにわがままばかりいっていて、と思うともうなにもいえない気持だった。でも、母は私達兄妹の身のまわりを何かと心配してくれた。

ある時、私が小学校の二年頃だったと思う。近所のおばさん達が大きな声で「A さんの家は生活保護を受けていて何だかんだ。」って、いっているのを私は聞いてしまった。後で母が帰って来てから私は、「家は生活保護をうけているの。」と聞いたら母は「そんな事気にしなくていいの。」と、いってくれたけれど、何だか気になってしようがなかった。

それからというもの私は表へ出て遊ぶのも気がひけて遊べなかった。学校へ行くと皆が給食費を払う時になっても、私にだけは袋もくれないわけが今になってやっとわかった。

前から気にしていた事がはっきりわかると、友達と一緒に遊ぶ気にならないで、一日中教室にふさぎこんでいる時が多かった。そんな事が一年も続き、担任の先生も変わった三年の

半ば頃、先生が急に私を職員室に呼び出し手紙を渡した。こんな事は始めてなので何だか嬉しい様な気がして家に帰り、遅く母が帰って来てからカバンから出して見せた。すると母はそれを読んでから、私に「A は学校でいつも何をしているの。」と聞いた。私は「教室で遊んでるのよ。」と答えた。母は「ふうん。」といったきり急にだまってしまった。

その翌日、母は仕事を休み、お昼頃学校へ来た。母と先生は一時間位何か話し合っていたが、間もなく母は帰って行った。それからすぐに私も家へ帰った。けれど母はお使いに出かけたらしく家にはいなかった。

私は妹達と遊びながら「母ちゃんは先生となにを話していたんだろう。」と昼間の事が頭にうかんで来て、何となくぼんやりしてしまった。

夕飯の時もその事を考えながら食べていた。母も同じ様に何か考えている様だった。夜、私達が寝てから母は「ますやのおじさんの所へ行って来るからね。」といって出て行った。ますやのおじさんというのは、父が生きていた頃、父が色々と世話をしてやった人で、父が亡くなってから、母は何かと相談をしにいった。

そんな事があって二、三日後、母は急に私達兄妹を呼んで、母のまわりへ座らせて「お前達いままでわがままばかりいっていたけれど、今度から、わがままはいえないのよ。というのは今までは生活保護を受けていたけど、やっぱり生活保護を受けていると近所の人達もう

るさいし、学校でも思うように勉強出来ないだろうから、少し位の苦労なら母ちゃんが収入をふやせばいいんだからね。」といって、もう少しで泣きそうな顔をしていた。

姉さんは「そんな事したらお母さん、いまでさえつかれているのに、体をこわしたらどうするの。」と泣き顔になって言ったけれど、母はもうそんな話には耳もかさずに、別の部屋にいってしまった。

私は何だか兄さんや姉さんが泣きそうな顔をしているのを見ると、私もつられて泣きそうになったが、内心は生活保護をやめると聞いて嬉しかったのだ。それから間もなく、ほんとうに生活保護をやめてしまった。それからは学校へ行っても何も気にならず、思うまんまの事が出来た。

それから三年間という年月、少し苦しかったけれど給食費だって皆と同じにあたりまえに払えたし、その他の事だって皆と同じに出来たし、何もきがねをしないで卒業出来た。

私の姉さんは昼間の中学を中退して四中の二部学級へ転校し、二部を卒業して私が小学校を卒業すると同時に、兄と同じように住込で働きながら高等学校へ通い始めたので、家の中の事は全部私がやる事になった。

始めのうちは、家の中の事を全部自分がやるんだと得意気な気持でやっていたが、寒くなるにしたがって、水はつめくなるし、手はあれほうだいにあれるので、泣きたくなってしま

う事もちょくちょくだった。それに朝なんか母を玄関まで送り出して、妹達に学校へ行く仕度をさせてから送り出し、しばらく表に立って、友達の学校へ行く姿を淋しく見送っているとひとりでに涙が出て来てしまう事も度々あった。

でも、この頃は慣れて来て「私だって夕方になれば学校へ行くじゃないの。」と自分で自分をはげまして妹達を送り出してから、友達に会っても「いってらっしゃい。」と声をかける事もはずかしくなくなって来た。

それに自分だって学校に行けば、いつでもなぐさめあい、はげましあっている友達がたくさんいるんだしと思うと、今日もまた、早く学校へ行く時間にならないかなと、こんな事を考えながら、一人夕飯の仕度にいそしむ気になって来た。

現在の私は、学校へ行って先生の顔、友達の顔を見るのがとてもたのしみである。また、一年に入学してからこのかた、皆よりめぐまれているせいか、特別に休まなければならない事情もなく、私が学校へ行った後の事は妹にまかせて、時間割をそろえ、いそいで学校へ向かうのである。

筆　者

A　Aは六人きようだいの惣領に生れた。小学校六年を頭に、六人であるから母親もたいへんであつたろう。父親は事業に失敗して青物の行商をやり母親も手伝わねばならないのでAは昼間、留守番して家事を担当し、夜間学級に通学することになつた。成績も非常に優秀であり、また健康なので体力と根気で全然やれなかつたバレーもすつかりマスターしチームの主力となつている。

彼女は本当に素朴で、内気で、職員室へ真赤になつてすぐに入れないような性格であるが、少しの暗さのない真面目な性格なので誰からも好感を持たれている。（足立四中夜間担任　町田義三）

A　Aが六歳の時に父が死亡し、母が幼稚園の保婦として働き、生活保護とでどうやら生活していた。しかしAの家に下宿していた高校の先生とAの母親とが関係が出来てから、生活は一変したらしい。二十歳近くも年下の男の人との生活のため、子供のことは顧りみなくなり、兄、姉も住込みに出してしまうという有様である。Aは朝御飯の仕度をして、母や、おじさんを出し、昼間は内職をしながら妹二人のめんどうをみ留守をしている。そういう家庭なので、Aの性格は明朗性に欠け、すぐにおこつたり、泣いたりするところがある。本人は卒業したら、定時制高校に行き、住込みで働きに出たいといつている。（足立四中夜間担任　町田義三）

僕のこと

A

（足立区立第四中夜間）

小学校もどうやら卒業し、中学校の入学式という晩に、母が「A、仕事と学校とどっちがすきだい。」と僕にたずねた。

「学校はすきです。でも仕事だってきらいではありません。」

と僕は答えた。すると母は「そう。」とすこしさみしそうな顔をして

「おまえには悪いんだけども、明日から工場へ行ってくれないかね。」と涙を浮べながら言った。僕はだまって下をむいていた。

父は病気でねたりおきたり、たまに仕事に行き、青い顔をして苦しそうに帰つてくる。その父の青い顔が目にうかんだ。

僕は働いて家のくらしを助けようと心にきめ「お母さん、明日から仕事に行きます。でも一つだけお願いがあるんです。夜でもいいから中学校へやって下さい。」と泣きながらいった。

母は「夜の学校は不良が多いということだから、もっと大きくなってから行きなさい。」

とながぐさめのような、ことわりの返事をした。

僕は悲しくなつて外へ飛び出した。歩きながら涙がでていくらふいてもふききれなかった。何時のまにか荒川堤にきていた。僕は川岸までかけていった。そして、そこで思いきり声をはりあげて泣いた。どうして僕は不幸なんだろう。こう考えると泣くよりほかなかった。僕はいつのまにかそこでねてしまった。

どのくらい時間がたったかわからないが、お巡りさんに「あんちゃん、こんな所でねてるとかぜをひくよ。おや、君泣いていたね。どうしたのかね。お父さんにでもしかられたのかね。」

と親切にきいてくれた。

僕はとっさに「お父さんに叱かられたんです。でも僕が悪かったんです。友達が僕のあだ名をいうもんだから、かっとなってなぐってしまったのです。」

「そうかい。それで君のあだ名、なんていうの。」ときかれた。

「僕の名前[A]っていうんで、みんなに、[A]だから、[A]もじゃだ。といわれるんです。」

「そうかい正直でいいね。もう遅いから帰えりなさい。もうけんかなんかするんじゃないね。」といって肩をたたいて帰っていった。思いきり泣いたので、心も軽くなり家へむかっ

た。それから半年、今度は兄さんが病気になって入院してしまった。父が病気、その上兄も病気になつてしまつた。

それから約一年、父も学校の近くの病院に入院することになつた。

ある日、母が「[A]、足立四中に夜学があるんだつてね。」と私にいつた。お父さんも「おまえに働らかせて、中学校にも上げられず夜学でがまんしておくれ。」といい、それから「おまえには、なにもできなかつたけど、いつしょうけんめい勉強して、えらくなっておくれ。」といってくれた。

その翌日、入学手続を済ませ、四中の生徒となつた。その時のうれしさは、今もはつきりとおぼえている。僕のオアシスは学校である。学校には僕と同じような運命の人が多いが、皆、学校を憩い場として毎日をはげんでいる。

僕もこれらの人に敗けないよう精出していく覚悟である。

筆者 [A][A]の家は、父親が肺結核で死に、住込で働いていた兄も結核のため入院、現在は母親が職安人夫として働き、生活保護と[A]の収入とで生活を営んでいる。[A]は小学校五年から工場に出て働き、小学校卒業後、二年程経てから本校に入学した。卒業後は定時制高校に入り、将来は小さいながらも、工場を経営したいと言つている。ほかに弟と妹とが一人ずついる。（足立四中夜間担任　町田義三）

不幸の爪

A

（横浜市立浦島丘中夜間）

僕は一年のとき、浦中の野球部に入り、二カ月ぐらいでやめてしまったので、二年は何にも入るまいと思ったが、柔道部が出来たのですぐに入ったが、受持の先生に「柔道部や野球部、その他スポーツ部員はぜったいにけんかをしないこと、もしけんかをしたらその部からやめてもらう」とかたく言われましたが、その中で一番早くけんかをやって、やめらされてしまったのは僕でした。

先生はあとで一カ月ぐらいやすんだら、また入ってもよいといわれましたが、僕は先生の目をぬすんで、かげでれんしゅうをやっていました。

一年の遠足は三浦半島一周、二年の時は東京見物だったが、神宮外苑での昼食のあと、こかげで休んだり、池や芝生の上をかけまわって遊んだり、先生をとりかこんで芝生の上にねころんで、いろいろおもしろい話をしたりしました。その時、先生は僕に、もう柔道の練習をやってもいいとおっしゃったが、丁度その時、よこから友だちに「練習ならもうとっくに

やってるよ。」と言われ、僕はまっかになってしまいました。

こうして楽しい、うれしい日々を自由にすごし、二年生の二学期まで、一年の時のように楽しくおわったのですが、その次の正月元旦に僕たち一家に不幸の爪がおおいかぶさってきました。

それは父が中気という、もう一生おきられないかなしい病気になったからです。それから数カ月、思いもよらない不幸な苦しいいろいろなことが、雪のようにふりつもってきました。

僕も、とうとう楽しい昼間の学校と別れ、夜間学校にかようようになりました。このわけは学校の費用もはらえず、昼のべんとうももっていけず、米一つぶもなくなり、金になるものはすべて質屋に、またくずやに売りはらわれてしまったのです。

僕たち一家は、とほうにくれ、不幸のどんぞこにたたきこまれてしまいました。そして民生係の親切な人たち、またその他、親切な人々のご協力あたたかい愛の手にすがり、僕は浦中の先生のお力により、あるお菓子屋へすみこみでつとめられるようになり、その日、その日をどうにかすごしていました。

ところが父の病気が急にわるくなり、僕は家の母がつとめにいっているので、その変りに父のかんびようかたがた、つとめさきをやめて家にかえってきました。

父は、かんびようのかいもなく昭和三十二年九月七日の朝、九カ月の長い間、日の目を見

ず、ついにこの世から、しずかに四十七才のみじかい人生に別れていったのです。

だが、僕たち一家は、負けない。世の中にはまだまだ不幸な人もいます。今日のかなしみをすて、明日への希望といままでの楽しい思い出をいだき、強く強く生きぬきます。

筆者 [A] 父[B]は駐留軍の運転手をしていたが、昭和三十三年二月脳溢血のため倒れ、以来九月六日まで半身不随の中風となり九月七日死亡した。長女[C]、長男[D]の収入をもつて生活はまかなつていたが、ともかく最低の生活であつた。[A]は三十二年五月本校夜間部に転入し籍をおいた。転入と同時に就職をせわし、神奈川区[ ]の[ ]製菓に勤務した。

父の病中、母親は失対人夫として働き、[A]が母代りとなつて父の世話から炊事をしていた。時には三度の食事も満足でないほどの苦しい生活が続いた。三十三年三月卒業、五月十八日に埼玉に引越し、叔父の家業に従事している。（横浜浦島丘中夜間担任）

頑張り

[B]

（葛飾区立双葉中夜間）

僕は小学校の頃は勉強がきらいで、小学校を卒業すると中学校にあがらないで仕事に行った。仕事に就いてから二年たつた僕には、仕事は出来るようになつたが、学問の必要をつくづく感じた。

僕は勉強がしたくてたまらなくなつて、家で本を出して勉強をはじめた。けれども、やっぱり学校で教わるようにはいかなかった。

或る時A君に夜間中学の有る事を教えてもらった。A君は前から夜間中学に通っていたのだった。そこでA君に頼んで双葉中学の二部にいれてもらった。

始のうちは、とても学校に行きづらかった。仕事を終えてから学校に行くのはいやだった。学校に行っても、ねむくてねむくて、僕には続きそうもなかった。一週間のうち三日位休んでしまった。

僕はやめてしまおうかと思った。でも皆が通っているのに、僕にも出来ないはずはないと思った。我慢して通っているうちに、だんだん友達が出来てきて、学校へ通うのが楽しくなって来た。

一年生も終ると学校へ通うのが益々楽しくなって、仕事が終ると、すぐに学校に行ってしまうようになった。ですから僕は二年生から三年の終りまで一日も休まなかった。

三年生になると修学旅行もあつた。三年間通って辛い事はいろいろあったが、僕は努力をすれば何でも出来るのだなと思うようになつた。そして、辛い事を貫き通せる自信をもつ事が出来るようになった。

筆者 B 昭和十四年　生。父は死亡、母と本人と弟の三人暮し、ある家に同居している。B は小学校卒業後、三年間通学せず、夜間中学に入学して以来、学校を好むようになり、殆ど無欠席で今春卒業した。彼は近くのある工業所にプレス工として勤めている。身体頑健、気は強いが一面おとなしい。卒業後も数日おきに学校に遊びに来る。

（双葉中夜間担任　臼倉甚八）

私の家

A

（足立区立第四中夜間）

私の父の仕事は下駄職人です。しかし、今では機械におされて、だんだんと、仕事もなくなってきました。しかし、それにも敗けないで毎日働いております。

弟二人も学校から帰ると、遊びたいさかりなのに、配達をしたり、母の台所の手伝いをしています。そんな弟達をみると、私は小さい弟たちにまで苦労させてすまないなあと思います。

母は体が弱いので、少し無理をするとすぐ寝こんでしまいます。一度、お医者さんに見てもらえればよいのですが、それもなかなか出来ません。

私は小学校の卒業式が終つた翌日から、姉と同じ造花屋につとめております。姉が花つけ、私がまとめの仕事、指先がとても痛く、赤くはれあがつて熱をもつてしまつたこともありました。私はあまりにも痛いので、今にこの指先がどうかしてしまわないかと思つたこともなんべんかありました。

お友達は昼間の学校で勉強したり、遊んだりしているのに、自分だけが工場で働かなくてはならないなんてと、思ったこともあります。小学校時代の友達に会うのがいやで、わざと遠廻りをして仕事に行きました。でも一生懸命に働いている父や母をみると、私が働くのなんかなんでもないと思うようになりました。

夜学には、お父さんやお母さんのいない人、両親共にいない人等いろいろあります。私には、父母がいるだけでもしあわせです。これからも貧乏に敗けず、がんばっていきたいと思っています。

筆者 [A] 父、母、姉一人、弟二人の六人家族の次女である。父の職業が下駄造りの職人であるため、下駄が機械化された現在、仕事がなく、名人肌というのか、一日にいく足も出来ない下駄を手で作っているという状態なので、生活は非常に苦しい。近頃は近隣をまわって下駄の歯入れ等もやっているが、母の体が弱いため、造花の内職も一ヵ月二千円足らず、姉は洋裁店の見習として月三千円、[A]が造花屋にいって月五千円の収入、これで一家が生活を営んでいるという有り様である。家庭は非常に円満で弟も学校から帰ると父の手伝いをするというほどである。

[A]は成績もよく、明朗で学級委員、会計委員等よく学級の仕事をなす。（足立第四中夜間担任　町田義三）

四年目に

[A]

（横浜市立蒔田中夜間）

僕は学校をやめて四年目になってしまったから、もう学校の方からなにもいってこないと思っていました。ところが、四年目に警察の少年課の人が見えて、

「お宅に[A]という今年十七才になる人がいるでしょう」と、僕の働いているお店に来て言われた時ほど、おどろいたことはありませんでした。

まさか今ごろ学校からくるはずはないと思って、なにか僕がわるいことでもしたように思いました。そしたら学校のことで来たといったので、その時ほっとしました。

少年課の人が僕にいうには「いまここの御主人と君のことで話したのだけれど、ここから夜学に行かしてあげると言っているから、ここから夜学にいかしてもらいなさい」といわれた時は、涙が出てきました。

「僕はなんて幸福なんだろう」と思いました。少年課の人が、「仕事と夜学はたいへんだと思うけれども、君の努力したいだ」といわれました。

その時、僕は少年課の人と御主人に「やれるだけ一生懸命にやってみます」といいました
そしたら少年課の人が、「それがいい、それがいい」といって帰つて行きました。

筆者 A 父は料理屋のコックをしている。母は近所の手伝をしているが、六人兄弟のため、本人は□に住込んで働いていたが、夜学に通うことは、本人の気持からして、朋友の手前、気まずく思い込み、他に住込む（すし屋）、しかしここも条件が悪く、学校を欠席している。現在二学年生である。（横浜蒔田中夜間担任）

テレビ部品の熔接

A
（川崎市立川中島中夜間）

私の職場はテレビのブラウン管の組立で、大変手間のいる仕事です。

だから毎日、細心の注意をくばりながら、その日にきめられただけの部品を熔接するのには、実に一万二千回も熔接器をふまないと、きめられただけの部品が帰りの時間までに出来なくなるので、作業が始まったら、それこそ一分でも休んでいることは出来ません。

帰りには、足が棒のようになるまで、一生懸命働いて、その上少しばかりの不良品がでると、おさえつけるように叱られ、たとえ班長さんが間違っていることを言っても、目上の人には口答えも出来ず、黙っていなければならないので、幾度か涙を流すことがあります。

私が会社に入るまでは、会社勤めの人がとてもうらやましく思えていましたが、自分が会社に入って働いてみると、こんなにも苦しいものとは夢にも思ってはいませんでした。でも、こんな苦しみは私だけではないと、自分で自分を慰めながら会社に行っています。

仕事が終ったら夢中で電車に乗つて、さて学校に来てみると、気持がゆるむせいか、急に

眠くなってしまいます。それでも、先生が一生懸命に声を張上げて教えてくださるので、眠気もさめ、会社の疲れも忘れて、授業が楽しくなり、学校にいることが家に帰るよりも楽しみになってきます。

筆者 A　昭和十五年□生。父は冶金工で伸鉄会社へ勤めていたが、現在、仕事が無いため無収入、母亡く、兄弟は五人あり、長女が家事を賄い、長男は□通信電気に勤務、A は□電気へ勤めている。性格は、誰彼の差別なく最後まで熱心に聞き、礼儀が正しい。学校の規則及び生徒の約束はよく守る。（川崎市川中島中夜間担任）

雨の京浜線

A
（横浜市立浦島丘中夜間）

「ゴォオーッ。」冷たい風を巻き起しながら、プラットホームにすべりこんだ京浜線。車窓のガラスが雨つぶで煙り、灰色の人影がスゥーと動いた。

「八丁畷！　八丁畷でございます。南武線浜川崎、尻手方面乗換！各駅停車逗子海岸行でございます。お乗りの方は御順に――。」

ざわめき立つたホームにスピーカーの声がとぎれとぎれに聞えた。

滝のように降つた通り雨も過ぎ、絹のように細い雨が霧のように白く煙っている。人込みにもまれ、ひとりでに車内に入った。反対側の出入口によりかかって窓の外をぼんやりとながめた。

パイプの切り口で傷ついた指、豆だらけの手のひら、少しむくんだ手、傘を持つ手がいつもより重く感じた。

傘を持ちかえした。

そろっと手をひらいてみた。

半分ひらいたごつい手が痛くて真すぐにのびなかつた。朝四時起床。半分眠ったまま新聞配達に出かけ、配り終ると急いで帰って朝食につく。そして、すぐにラッシュアワーの満員電車で出勤する。

うす暗い工場の中で、朝から晩まで立ち放しで、旋盤と取りくむ汗と油で真黒によごれた仕事着が、べとべとして気持がわるい。マシン油と鉄サビでドロドロによごれた手でハンドルを静かに、しんちょうに廻す。

一ミリ一ミリ削り取られる工作物が暗い電燈の下でキラキラ光り、目が痛い。

機械の音がゴウゴウとひびき、つんぼになりそうだ。

ねむい。

まぶたが自然と下がる。

(茶色の山、すきとおるようにきれいな小さな川、青々と波打つ麦畑。木に登り、ふなつりに何も知らずにのんびりと暮した幼き頃の思い出。ただ一度だけでいいから昔のようにおもいきり遊びたい。なつかしい思い出だ。父におぶさって防空壕にかくれた空襲の夜、真赤に焼けた空に灰色の砲煙が、いくつもいくつも不気味に飛び散り、探照燈の光に白く浮き出た爆撃機B29だと後で聞かされた。タンタンタン、とひびく高射砲の音、高く低く、いつまでもいつまでも鳴り続くサイレンの音、なぜか今でもはっきりと覚えている。そして終戦、それから生きるか死ぬかの苦しい生活が続いて来た。戦争さえなかったらなあ――。いつも、父が口ぐせのように言っていた)

ハッチングの煙りがシューと鼻にしみて、あわててクラッチを切った。いつもしてはいけないのだが、仕事をしながらぼんやりと何か考えてしまう。

昼食、そして帰り、どれほど待ち遠しいか、そして一番うれしい時だ。「ボウーゥ!」電車が鶴見川を渡つた。

選挙演説車が遠くに見えがくれに、同じ方向に走つていたが、やがて視界から遠ざかった。

(住みよい社会になるように――)

苦労すればするほど、喜びと幸福のあることを知りながら、傘をつえにして電車を降りた。通り雨の名残りか、傘の先からしずくが落ちて、白いプラットホームにやわらかにゆっくりと消えていった。

筆者 [A] 家族は多く両親のほか[A]を頭に子供七人あり、父は失業中である。一家の生計は苦しく生活保護法を適用中。また[A]は三年生であるが経済上の理由で二年原級留置

(横浜浦島丘中夜間担任　柏木茂)

仕事のひまに読む本の楽しさ

E
（横浜市立浦島丘中夜間）

僕の住込んでいる店は、米と金物を主に、石油と荒物を従にやっている。お得意様は米の方が二百軒、他の方が三十軒位である。

米の配達は遠い方で、二里位あるところがあるが、普通は二キロメーター位である。

日に配達する軒数は三十軒位だが、ひまになると、五、六軒から十軒位だ。

ひまのときは店番をするのであるが、この時が楽しい。たのしいというのは、遊べるとか、楽が出来るからというのではない。本が読めるからである。といっても、このことは最近始めた事である。

今は、岩波文庫の四十円の夏目漱石の「ぼっちゃん」を読んでいる。店の人もひまの時には許してくれる。僕達には二百円、三百円という本は買えない。

買えたとしても、店番をしていてお客様が来た時、ちょっとしまうにも不便だ。そこへいくと、文庫本は安くて、ポケットにも入るから非常に便利だ。

僕には、本を何のために読むかというようなむずかしいことはわからない。ただ読み始めると続きが楽しみになる。だから好きだ。

本を読み始めると、自分がなんとなくその主人公みたいな気になってしまう。そこで、この後はどうだろうとなってくる。

本の楽しさについては、僕には、その位しか分らない。でも、特に仕事のひまな時に本を読むことは楽しい。というのは、みんな働いている時、僕だけこうやって本を読んでいられることが、僕だけに許されて、他の人には許されていないのだと思うとうれしい。

学校の友達のA君でもB君でもCさんでもDさんでも、こんな味は味わえないだろうと思うと、一人でにほほえみが浮んでくる。そして、僕には本を読む時間はこの時が一番多いのだ。

この前は夢中になっていて、お客様が店の中へ入っているのを知らなくて、店の人におこられた事も二、三度ある。

夜は家の人がおそくまで起きていると、あす仕事にさしさわるからとおこられるから、学校から帰ると寝ることにしている。しかし、夜、本がもっと読めたらなあ——とつくづく思う事がよくある。しかし、こういう楽しさを味わえる日は一週間のうちで全然ない時もある。もちろん、こういう時は、つかれているから、学校から帰ってもすぐにねてしまうが、しかし寝床の中で、ふと明日は本が読めるかなあと……。

筆者 [E] 一家は両親、祖母、子供は[E]を頭に四人あり、[E]は三宅島より横浜へ出て住込み、本校夜間部に二年生より籍をおく。（横浜浦島丘中夜間担任）

僕の生い立ち

[A]

（名古屋市立東港中夜間）

僕は昭和十八年[ ]に桑名で生れた。小学校一年生の時は父によくにて——僕の父は勉強はきらいだったそうです——学校に行っても勉強はあまりしないで学校の近くの川で魚を取ることが大すきでした。ある日 魚を取っていると先生がよびに来たがにげていったので、先生がおっかけて来て僕の手をつかんだ。僕は先生の手にかみついてにげてしまった。その日は自分の家には帰らないで、たのんで親せきの家にとめてもらい、あくる日に家までつれていつてもらいました。二年、三年の時は何事もなかつた。四年生になつた時、この名古屋にひっこして来た。それは父がもと貸ボート屋をやっていたので。またボート屋をするためだった。三年ばかりやったが、父の思ったようにはいかなかったので、やめてしまった。失業した父は、お母さんのねえさんの子どもにあたる人の所へひやといにいったが、ある日釘で足をついたため働けなくなった。それで母が父のかわりに、はたらきにいくようになった。父が入院すると姉はその時中学三年生であったが夜間学級へかわって父の看護をした。父は姉の卒業間近くまで入院していた。退院はしたが父はそれからずっと床についたままである。僕も一年生の途中で夜間学級にかわつて働くことになった。

初の仕事は僕のいとこの人の所で左官の手伝いでしたが半年ばかりでやめた。そのつぎにしたのはオートバイの助手で、これも一カ月ぐらいでやめてしまった。つぎが今の職場です。僕は朝ごはんをたべるとさっそくべんとうを持って仕事へいそぎます。僕は日雇人夫なのです。仕事は朝の八時から夕方の五時か六時ごろまでつづきます。仕事場ではやすみもないくらいのいそがしさです。仕事場はきまってはいなくて、一日に三、四回もかわる事もあります。

僕たちの仕事はおもに二つです。一つはコンクリートで家の土台をつくることです。コンクリートをねってわくの中にいれ、三日間ぐらいたつとわくをとります。それからまた二日ぐらいたつと、それを土台にして大工さんが家をたてるのです。もう一つは家屋をうつすことです。はじめジャッキで家をあげておく。家の下に角材をしきコロぼうをおいて家をおろし、ワイヤーで家とウインチとをつないでひっぱります。

仕事からかえるとすぐ学校にいきます。学校では人数がすくないので勉強もよくできます。学校からかえるとすぐにてぬぐいをもつてふろやにいき、一日のあかと、つかれをおとしてきます。帰ってとこにつくとつかれがでてすぐにねいってしまいます。

夜　学　へ

A

（葛飾区立双葉中夜間）

一　「学校へ行っても、いいよ」父の声だ。体を洗おうと、洗面器を取る。体のそちこちが、汗でよごれている。今日も一日。一生懸命働いた。この汗は、今日一日の汗なのだ。

二　学校への道を急ぐ。もう日が西の空にしずんでいる。空を見上げると、また今日もどこから飛んで来るのか、「こうもり」が飛びあっている。僕はさっかくを起す。「こうもり」と同じではないかと。

三　教室に入って、一番早く見るのは、友の顔と自分の使っている机である。ああ、今日もまた出席出来た。学校へ出席出来てよろこぶのは夜学生の特徴らしい。
それもそうだ。仕事の忙しい時は必ず休まされるからだ。

四　「起立」号令をかけて、皆の顔を見まわす。みんな、今日一日の疲れもどこえやら出席出来たよろこびで、顔がほころびていた。わずかな時間だが、一生懸命勉強しよう。

胸が、どきどき鳴っている。

五　二時間目の「ベル」が鳴る。さあまちにまった給食だ。腹の虫が、早くパンを食えと、「さいそく」をして、きゆうきゆうとないている。「ガブッ」初めの一口はどんな味だか分らない、二口、三口、だんだん味が分って来た。甘いジャムの味だ。

六　「サヨウナラ」校舎の入口で誰かが言った。それに答えて、数人が、「気をつけて帰れよ」という。夜学部の生徒は、ただの生徒ではない。腹の底まで知りつくした者同士の集りのようだ。そうだ、ちようど、兄弟の様だ。兄弟の様に成るのも当り前だろう。皆が同じ境ぐうにあるからだ。

七　僕は校門を出ると、必ず校舎をふりかえる。見ると、校舎の灯はすでに消えて、ただ、小さな、職員室の灯だけがこう光と、真暗やみの中に大きな校舎と校庭を照らすがごとく、照り輝いている。今日もまた、数時間だが、僕等夜学生に、いこいと勉学する場所を与えてくれた。校舎は、また明日も僕達のために、あの小さな職員室の何十倍もの光を出して、僕等を照らしてくれるでろう。

うき世の風

A
（京都市立陶化中夜間）

ぼくはいま［　］にある大学の食堂で働いているのです。ぼくが一番はじめに働いていたのは、うどん屋でした。うどん屋のおくさんはこわい人で「このあほう」といってよくおこりました。しかしぼくはしんぼうしましたが、とうとうおくさんに嫌われてやめさされました。

その次に［　］のいまがわ焼のおばさんにやとわれました。朝早く、おばさんより先きに屋台の店をあけに行き、火をおこしておばさんが来るのを待っているのです。アンをたいたり、粉を買いに行ったりする手伝をするのが、ぼくの仕事でした。おばさんは、「ほしそうな顔しているな食べんされ、ほら」と言ってあつあつのを一つくれました。

夜学校へ行くと、加藤先生が「今川焼屋のおばはんは親切か」とたずねられたので、「うん」というと、先生はニヤニヤと笑って「［A］、おまえは、アンをねぶっているな、ちがうか」と、てんごうを言われるのでした。

その年のおおみそかの晩「きょうは大分もうかった」と言って、おばさんはぼくにゲタとタビを買ってくれたのでした。じょ夜の鐘を聞きながら、ほんまにええおばさんにやとわれてよかったと思ったのでした。

今では、ぼくは学大の食堂で働くようになりました。□まで自転車でかようのです。晩、学校の帰りに時々、いまがわ焼屋に寄って買いますと、おばさんは「ほら、まけてしんじょ」といって一つだけよけいにくれるのです。

私の生活

□A

（福岡市立東光中夜間）

一昨年の十月に□鉄工所に入って以来約二年、自分の体も大きくなり筋肉も身につき仕事をしても初めの頃のように疲れることもなく、はりきって毎日を過しています。兄に「あんなに小さく弱虫だったお前がそんなに太って幸福がやってきたのだ。」と言われ、僕はなんだかいやな感じがした。それは僕ばかりが幸福になったみたいに感じたからです。

僕は現在中学に通っていますが、兄は小学校だけですぐ職業についています。だから僕一人が幸福になっても一家がそうでないのでいやな感じです。僕にとっては少し幸福がやってきたようです。職業もあり、勉強も中学に通えるし、毎夕仕事が終って自動車のペタルを踏む足も軽く学校に通うのは楽しみです。

夜学に通うようになって二年になります。去年と比べると大分学力もついたように思われます。これも先生方のお蔭だと思っています。学校に来れば友だちも多くお互に勉強に関する話をしたり、笑ったり、楽しく学校の生活を送っています。

朝八時に仕事に出かけます。僕は真黒によごれた服を着て古ぼけた自転車にのり鉄工所に着く。そこは鍜冶屋と鉄工所とまぜた工場です。火は顔を真赤に照りつけ、夏になると油汗が頭上から水をかけたようにブルブルと流れ落ち、それが終るとその汗が冷え風を引くおそれがあります。

工場の機械を手で動かす時、一寸不注意をすると怪我をするおそれもあり、余りよい仕事ではないので止めようかという気も起るが我慢して今まで続けてきました。主人はいつも厳しく仕事をしています。

僕は主人が僕のめんどうを見て呉れるだろうと思って雨の日も風の日も一日も休まずその工場に通っています。五時になると工場はひけます。それから家に帰って風呂に入り夜学に行きます。六時に学校に着くのは大変忙しいです。

それから楽しい勉強です。給食があるので落着いて勉強もできます。家に帰って勉強しようとすると目は次第にうつらうつらになり、ついに眠ってしまいます。現在僕には苦しいことはありません。小さい時は、兄から怒られたり他人から変な目で見られたりするとすぐ怒り、喧嘩になっていたものです。

今はそうでなく、兄が怒っても笑顔を見せると兄もまた怒る張合がぬけるのか笑顔になります。明朗は幸福の初まりだと思うから時々笑うことにしています。

昼間の労働の疲れも忘れ
夜学に行く足も軽く
東光中学校に向く。
暑い一日もふっとび
明朗な笑顔で校門をくぐる。
ガラッ!! 今晩は!
みんなの笑顔と
自分の顔とが
一点に合う。

友へ手紙

A

（神戸市立駒林中夜間）

先日は、御手紙有難度う御座います。私は中学三年生になります。

私の母は、六時頃に起きて中央市場に乾物を仕入れに行きます。私は六時頃起きて、朝食の仕度を全部して七時に皆なで食べます。八時頃中学一年生と、小学三年生と、一年生の弟妹を学校へ送ります。

八時半頃お母さんの荷物をむかえに行きます。九時頃帰って来て車にのせておいて母が朝食を食べる間、私が荷物を見ています。その間、近所の子供があそぼうというのでままごとをしてあそんであげます。

母は食後車をひいて売りに行きます。私は十時頃掃除をして十一時に市場へ行きます、何にしようかとまよいます。

十一時半に帰って凮食の用意をしていると、弟妹が帰って来ますので、凮食をします。すむと勉強を見てやります。三時にお金頂だいというので、三人の子供に十円づつやります。

それから夕食の用意をするのが四時半で食べるのが、五時半になります。

お母さんが五時半頃帰って来るので荷物をかたずけて、六時に学校へいくのです。これが何よりの楽しみです。

九時頃になると帰ってふろへ行きます。ねるのは九時半頃になります。

では、お体に気をつけて下さい。

さようなら

A

十二月十五日

B 様

友へ手紙

A

（神戸市立駒林中夜間）

先日、御手紙を有難度う御座います、学級一同喜んでおります。これからなお一そう勉強や仕事にはげみ大きな希望を持って頑張ります。

僕はある看板屋に勤めています。朝は七時頃起き朝食をすまして、八時前に店に行き、先ずかたずけたり表に看板をだしたりしていると、主人が出られます。僕の主な仕事は看板を塗りかえたり使走りです。時々ゴジックを書くことがあります。

はじめて筆を持った時は定規をあてても線が太くなったり細くなったりしてうまくひけませんでしたが、一年と四ヵ月になる。今では短い線なら定規をあてなくてもまっすぐにきれいにひけるようになりました。また出仕事もあります。そんな時は材料と道具を自転車につんで先に現場に行ってしまって、仕事がしやすいように用意してまっておりますと、後から主人が電車に乗って来ます。市内なら自転車に乗って主人より先に現場にいけます。市外に行く時は一っしょに電車で行きます。

また毛筆が上手でないと看板がかかれませんから上手になるよう一生懸命に努力しています。時間がたつのを忘れて仕事をしている時は、たいていゴジックをかいている時か、塗装している時です。時には、大工仕事もして屋根看板をこしらえたり立看板をつくったりします。ときどき御客様が「君はもう中学校を卒業したか」ときかれたら返事に困ってつい「はい」と言ってしまいます。またこんな事があります。「君のお父さんは字が上手だな」とよくいいます。主人を僕の父と間違がえているらしいです。店は学校にまにあうように帰らしてくれます。学校に行くのも大切な日課の一つになっています。大変返事が遅くなりました。今年ももうすぐ暮れます。よいお年を御迎えになることを御祈り致します。さようなら

駒ヶ林中学校夜間学級三年　［A］

［B］様

増補・改訂のことば

昭和三一年度文部省調べによる、公立中学校に於ける長期欠席生徒数は約一三万人で、欠席理由「家庭によるもの」が半数以上を占めていることは注目に値します。特に家庭の貧困等による不就学については、大きな社会問題を背景にしたものとして、その対策が強く要望されるのであります。確たる法的根拠のない夜間中学では、何とか学級の充実を図りたくても、何一つ満足に出来ないありさまで何と言っても一番大きな悩みの種です。恵まれない少年少女達が歯をくいしばって働きながら勉学している様子は、この「電灯のある教室」の発刊以来、漸次、一般に知っていただいているようで、その反響が次ぎ次ぎに現われて来ていることについて、私共は心から嬉しく思っています。

初版発行以来、「果して一般に読んでもらえるだろうか………」と心配する私たちに、思いがけない最初、の喜びが早くもおとずれて来ました。七月二三日、日本教育新聞。八月二日、朝日新聞ブックエンド。八月二五日、読書新聞の各紙上に好評をもって紹介掲載されました。引つづいて、労働、厚生、文部省関係誌、一般週刊、月刊誌にも好意ある紹介。教育評論家の先生方から力強い、はげましと、御指導の言葉をいただきました。

八月二三日には「日本図書館協会選定図書」に決定。ついで九月二二日、「中央児童福祉審議会、児童福祉法第八条第七項にもとずく推せん図書」に決定の報に接しました。初版発行に当っては、出来る限り全国夜間中学校生徒諸君の投稿を掲載する様に努力いたしましたが、限られた種々の事情でやむおえず割愛をよぎなく致しました。その後、各方面より、再び沢山な投稿と、ぜひ増補改訂版をとの御要望もあり、今回、とりあえず増補改訂版を発行致しました。併し、これにても満足なものでなく、なお一層充実し、投稿のすべてを掲載する様な版にしたく努力しております。

初版発行、増補改訂発行に際して絶大な御協賛と御支援に関係者一同心より感謝いたしております。

今後の御べんたつ御指導を重ねてお願い申し上げ、増補改訂のことばに代えさせていただきます。

昭和三三年一〇月

全国中学校夜間部教育研究協議会

あとがき

街を歩いていると「青少年保護育成運動」と大書した看板が随所に見受けられる。この看板を眺めていると昨今の青少年の現実に触れて殆んどなす所を知らない大人達の狼ばい振りを見せつけられたような気がする何故ならば、十代の少年少女達は適切な指標も与えられないでとまどつているにもかかわらず、大人達は己の無為無策を棚にあげてありきたりのかけ声を、それも申訳のように街角の立看板に象徴している。

今の社会は青少年にとつて必ずしも望ましい姿ではなく、夜間中学に通つてくる子ども達の家庭から持込まれるさまざまの問題は、すべて社会的な視野の問題ばかりである。

この「作文集」に登場しない生徒達の家庭も、もちろん例外ではなく、まことに複雑困難な問題に苦しんでいるその一端はこの「作文集」から推察していただけるものとおもう。

私たちが、この中学夜間生徒の生活記録を世におくりたいと考えたのは、少しでも多くの人々に彼等の実際を識つてもらいたかつたからである。そして、青少年諸問題解決のための理解を深めていただければ望外の幸である。

中学校の夜間部は「夜間中学」、「夜間学級」、「夜間二部学級」などと、幾つもの表現で呼ばれている。それはそのままこの学校の性格を表しているかのようである。本来あるべき筈のない学校が実際に、しかも全国の主要都市に多く作られている。中学校は義務教育だから、そんな学校が本当にあるのかと驚く人も少くはないであろう。「もぐり学校」と言はれ、「まま子学校」とまで極言する人がある。ことほどさように全く置き忘れられたような学校である。

一方、夜間中学に通う少年少女達は、(既に何回も卒業式を送り迎えして沢山の生徒たちが希望に燃えて社会に出て行つたが) 昼間の疲れと闘いながら、世評を気にしながら、そして家庭のさまざまな苦脳を忘れかねながら、それでも、自分を自分で励まして、けなげに勉強している。時には来たり、来なかつたり、来

ない時は直ぐ何か難しい出来事が起きたのではないかと心配になる。

春夏秋冬。それでも大半の生徒は泣き笑いの中にどんどん成長して行く、まるで大人たちの心配が杞憂であるかのように…………。

昭和三十三年六月

全国中学校夜間部教育研究協議会

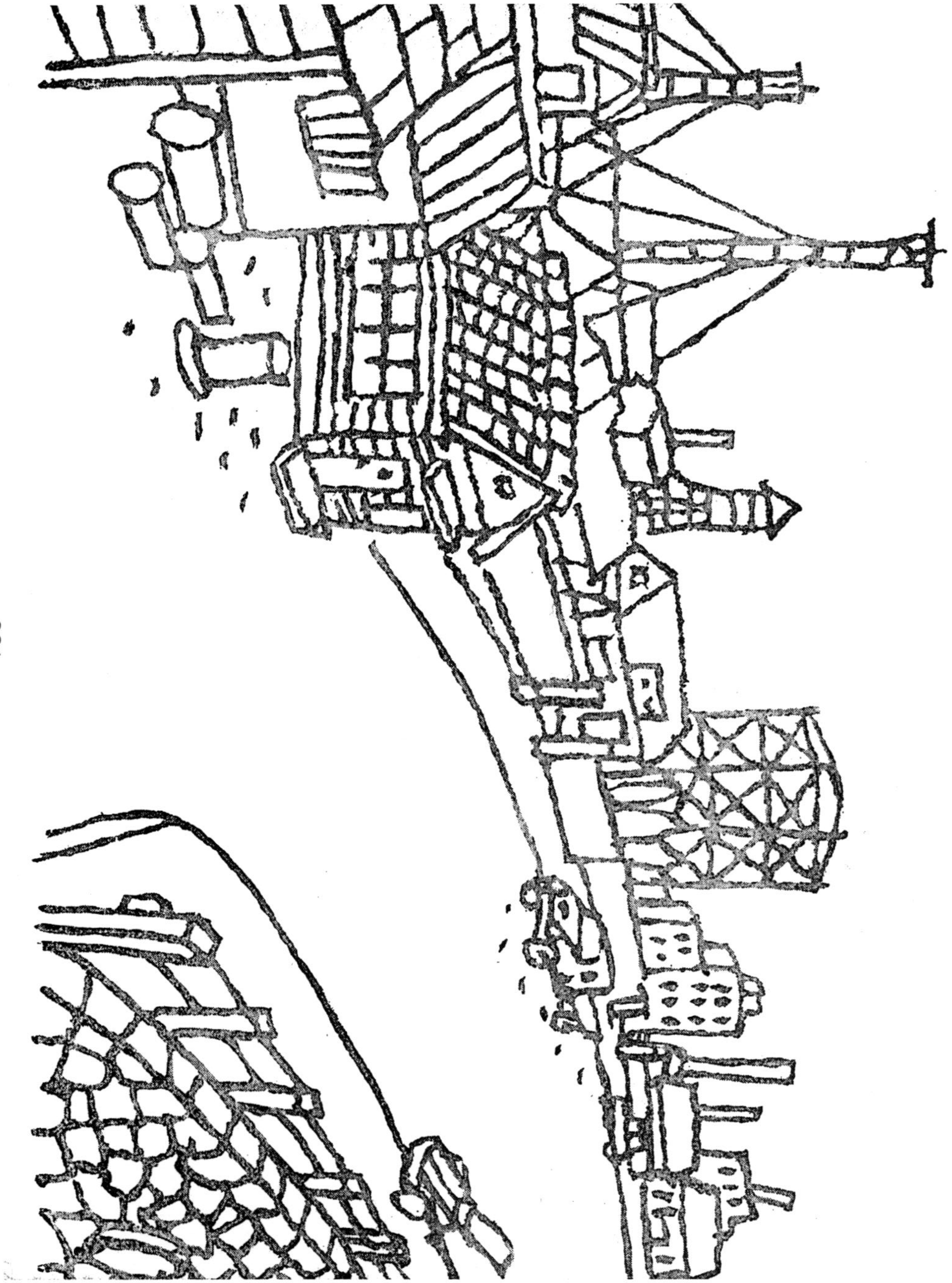

日本図書館協会選定図書
中央児童福祉審議会推薦図書

（改訂増補）

電灯のある教室　　**￥300**

昭和33年10月15日　発行

編纂兼発行者　全中夜間部教協議会
印刷所　昭和印刷株式会社

発行所　全国中学校夜間部教育研究協議会
東京都墨田区立曳舟中学校内
東京都墨田区吾嬬町西3丁目1番地
振替東京 S4184 電話（23）

拝啓

師走も押し迫り、公私共に御多忙のことゝ存じます。

扨て、早速ながら、推進本部の事業として、夜間中学生の生活記録作文集「電灯のある教室」を発刊しましたことは、既に御存知の通りでありますが、本事業は、一つには、広く本書の頒布を行うことによつて、夜間中学とその生徒の実態を一般に認識せしめ、ひいては世論の喚起に重大な役割を果し理解の程度を深めることにあるは勿論であります。

最近、特に一般の関心が高まつて来ましたことにつきましていさゝかの微力があつたものと、ひそかなる喜びを禁じ得ないのであります。

また、一つには本書の売上代金を以て、学校及び生徒諸君に出来得る限りの後援をしたいと念願して居る次才であります。

今回、その一方法としまして、生徒に越冬衣料として「メリヤスシヤツ」を贈ることに決定しましたので御承知下さい。

向寒の折柄、諸先生をはじめ生徒の皆さん益々元気で、勉学にはげまれるよう折念致します。

昭和三十三年十二月　　　日

全国中学校夜間部教育
研究協議会推進本部

中学校夜間部　御中

昭和三十三年十二月　　日

全国中学校夜間部教育
研究協議会本部

中学校長　殿

衣料（メリヤスシャツ）贈呈について

別添書面の通り、夜間中学生に対しシャツを贈り度いと思います
ので、御多忙中恐縮ながら、貴市所在の各中学校夜間部に在籍数
に応じて、御配布下さるよう御願い致します。尚、男女の比率は
一応六・四になっております、また数量は大体間違いないと思い
ますが、不足の節は御連絡下さい。

1959年度

第六回全国中学校夜間部教育研究協議大会御案内

主催　全国中学校夜間部教育研究協議会
後援　東京都教育委員会
東京都大田区教育委員会
東京都足立区教育委員会
東京都葛飾区教育委員会
東京都墨田区教育委員会
東京都世田ヶ谷区教育委員会
東京都立川市教育委員会
東京都八王子市教育委員会
東京都荒川区教育委員会
東京都公立中学校校長会

全国中学校夜間部教育研究協議会が結成されて満五ヶ年、以来私どもは京都市における第一回大会を初めとし、毎年各地に本大会を開催し熱心に中学校不就学生徒の救済策を研究協議いたしてまいりました。そして六三制義務教育の盲点である中学校夜間学級の実情を一方では社会に対し、又一方では行政当局に対して訴え続けてきたのでありました。かくて中央における協議会の動きと地方における各位の献身的な御活躍とによって私どもも懸案の主張も近来漸く文部行政の課題として意識され一部その効果も表われつつありますことは御同慶に堪えません。しかしながら全国十万を超える長欠生徒の存在と夜間学級生徒の現状に思いをいたすとき今後に残された問題の余りにも多いことも事実であります。私どもはここに第六回全国大会を開催し、各都道府県の実情を更に検討すると共に教育実践上の問題点を明らかにし、これを行政当局並に社会にも訴えて十万余の長欠生徒の救済三千を超える夜間学級生徒の教育推進の為に協議いたしたいと存じます。会員各位は勿論同志の者多数御参加下さるよう御案内申上げます。

昭和三十四年九月十五日

全国中学校夜間部教育研究協議会長　関根重四郎
本大会準備委員長　小林俊之助

記（第六回全国中学校夜間部教育研究協議大会要項）

一、日時　第一日　昭和三十四年十月十六日（金）午前九時三十分——午後七時
　　　　　第二日　同　十月十七日（土）午前八時三十分——正午

二、会場　東京都大田区立糀谷中学校講堂（国電蒲田駅東口にて森ヶ崎又は羽田中学校バスに乗り南糀谷下車徒歩二分、国電大森駅東口にて空港行バスに乗り南糀谷下車徒歩二分、私鉄京浜急行利用の場合は穴森線大鳥居駅下車徒歩八分）

三、主題　不就学生徒の救済と夜間中学教育の推進

四、日程　第一日　十月十六日（金）
　　　　　午前九時三十分　午後七時
1. 開会式
2. 議長選出
3. 経過報告並に会計報告
4. 協議
5. 研究発表
　○リクリエーション
　　（独唱とピアノ独奏）
　○座談会（文部、厚生、労働各省事務官を囲んで）

第二日　十月十七日（土）
　午前八時三十分　正午
1. 講演
　元東京学芸大学々長
　東京都教育委員長　木下一雄
2. 協議
3. 大会決議宣言
4. 閉会式

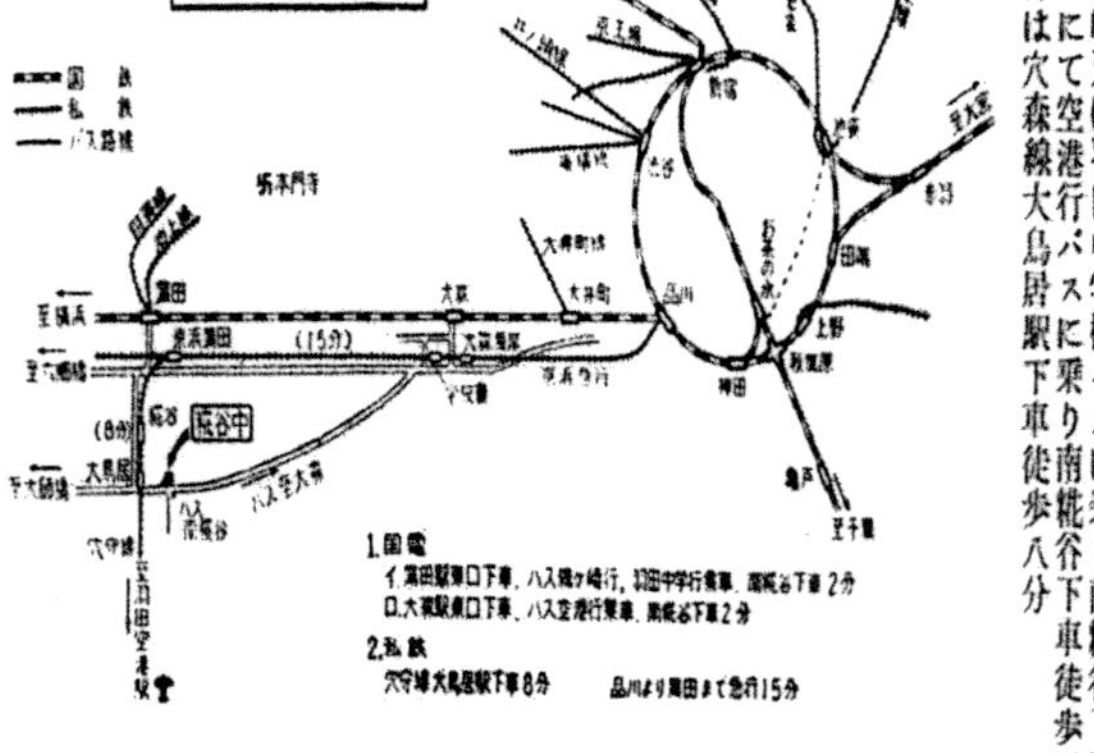

交通案内図

日程表

第一日

時刻	日程
9.00–9.30	受付
9.30–10.15	開会式
10.15–10.30	議長選出
10.30–12.00	協議
12.00–12.30	昼食
12.30–1.15	リクリエーション
1.15–2.00	協議
2.00–4.00	研究発表
4.00–4.20	休憩
4.20–	座談
–6.30	授業及び給食参観
6.30–7.00	軽食

第二日

時刻	日程
8.30–9.30	講演
9.30–11.30	協議
11.30–	決議宣言
–12.00	閉会式
12.00–1.00	昼食
1.00–3.00	見学

五、会費　一名　参百円（両日の昼食費及び懇親会費を含む）

六、申込締切　協議大会参加申込みは準備の都合上九月二十八日までに必着するよう、東京都大田区糀谷町二丁目六一三番地東京都大田区立糀谷中学校長小林俊之助宛申込書に会費を添え御送付下さい。

七、宿泊案内　大会準備会に斡旋御依頼の人数確定後具体的にとりきめ十分余裕を以って御通知申上げます。会場の近くで一泊二食付千円以下位です。
御希望の方は申込み金弐百円を添えて申込該当欄にその旨御記入下さい。

八、見学、羽田国際空港、第二日、午後一時会場より出発、午後四時頃国電蒲田駅解散の予定。

九、理事会、十六日夕食後開催。会場は大会の際おしらせします。

切　取　線

第六回全国協議大会参加申込書

参加学校名		都市	中学校
参加者		会費	宿泊申込金
職名	氏名		
校長		円	円
主事		円	円
職員		円	円
職員		円	円
職員		円	円
合計送付金額	円也		

新学期を迎え何かと御多忙のことと存じます。

さて今秋開催の全国中学校夜間部教育研究協議会につきましてかねて御回答いただきました「研究主題」「研究発表」「協議題」「談話題」を左記の通り調整いたしましたので悪しからず御了承の程お願いします。

各位のもりあがる御熱意に対して敬意を表する次第ですが時間の制約上やむを得ませんので何卒事務局の趣旨をお含みの上御用意をお進め下さるよう重ねてお願いします。

昭和三十四年九月十五日

全国中学校夜間部教育研究協議会長　関根重四郎

本大会準備委員長　小林俊之助

事務局　東京都大田区立糀谷中学校

中学校長殿

主事殿

記

一、研究主題

各校から御提出の分について十分検討審議の結果決定いたしました。

二、研究発表

文書発表につき印刷物一〇〇部御用意下さい。

三、協議題

印刷物御持参下さる場合は一〇〇部お願いします。

四、談話題

文部、労働、厚生の三省の事務官を囲んでの懇談会に持込んでいただくものです。

一、研究主題

不就学生徒の救済と夜間中学教育の推進

二、研究発表（文書発表）

① 不就学問題とその分析　横浜市内七校共同
② 二部学級生徒の情緒安定と成績について　京都市内十一校共同
③ 東京都における夜間中学の給食の現状　東京都内八校共同
④ 生活記録に即した生活指導の実際　福岡市東光中
⑤ 夜間中学生徒の性格について　東京八王子市第五中
⑥ 生活上の問題とその指導　名古屋市東港中
⑦ 平均と標準偏差の簡便正確な算出法　東京葛飾区双葉中

三、協議題

① 福祉教師（主として訪問教師）の設置を要望する　京都市内十一校共同
② 欠席勝ちの生徒に対する出席督励について　横浜市内七校共同
③ 地方教育委員会の行政的措置による夜間中学の分校扱いとその教育的推進　東京都内八校共同
④ 不就学生徒の解消についての方途　福岡市東光中
⑤ 夜間中学入学希望者の身上分析と福祉教師の設置　東京大田区糀谷中
⑥ 常設研究活動組織について　東京葛飾区双葉中
⑦ 生徒の成績評価について　名古屋市天神山中

四、談話題

① 都教育行政上の問題
三省に夜間中学を設置しない地方及び都市の不就学長欠生対策を問う　京都市内十一校共同
中学校夜間部に対する地域社会の協力について承りたい　横浜市内七校共同
就学対策について　東京立川市立川三中
二部学級に複式単級学級手当を支給されたい　京都市内十一校共同
法制上の問題（定員確保の件）　尼崎市明倫中

② 生活及び就職指導上の問題
夜間生のための健全な娯楽について　東京葛飾区双葉中
夜間部生徒に対する出席督励と疲労軽減問題　川越市塚越中
在学生徒の就職の世話をどのようにやっているか、家庭への生徒の成績通知はどのような仕方でやっているか　名古屋市東港中
二部学級に入学する生徒の質的な変化に対応して夜間二部学級の教育は如何にあるべきだろうか　名古屋市東港中

昭和三十四年十月十六日(金)
昭和三十四年十月十七日(土)

会場　東京都大田区立糀谷中学校講堂
東京都大田区糀谷町二丁目六一三番地
電話　羽田（74）一〇九四番

第六回全国中学校夜間部教育研究協議大会要項

主催　全国中学校夜間部教育研究協議会

後援　東京都教育委員会
東京都大田区教育委員会
東京都足立区教育委員会
東京都葛飾区教育委員会
東京都墨田区教育委員会
東京都世田ヶ谷区教育委員会
東京都立川市教育委員会
東京都八王子市教育委員会
東京都荒川区教育委員会
東京都公立中学校校長会

挨拶

第六回全国中学校夜間部教育研究協議会準備委員長
東京都大田区立糀谷中学校長　小林俊之助

第六回全国大会を東京で開催するに当り、全国の同志同憂の諸賢が一同に会し、真摯熱烈な研究協議が行われることになりましたこと、誠に御同慶に堪えません。

戦後十三年余、日本の教育界は次々に大きな問題が擡頭し、今日ほど一般国民が直接教育に関心をもつことはなかつたことゝ思います。

此の中にあつて、常に現場に強く足を踏みつけ、あの忘れられた子達のために、日夜心魂を傾け奮闘されている諸兄が貴重な体験を持ちより、互に研究討議を加え、一面もつて将来の指導の資料を摑み、他面当局や社会に実状を知らせ、全国数万の残された子供の教育のために研讃の機会を得られたことは重ね重ね喜びといたすところであります。

さて遠路せつ角御参会戴いても準備等誠に不行届で申しわけなく存じますが、幸い東京は関係各省の所在地であり、地方の実状を訴えることに最も好都合であり、尚また東京の実態等も御覧戴き、短時日ではありますが、本大会が有意義に終りますことを念願して御挨拶といたします。

第六回全国中学校夜間部教育研究協議会要項

一、主　　題　不就学生徒の救済と夜間中学教育の推進

二、挨　　拶　東京都教育委員会教育長

全国中学校夜間部教育研究協議会長　関根重四郎

東京都大田区立糀谷中学校長　小林俊之助

三、協議題

①福祉教師(主として訪問教師)の設置を要望する　○京都十一校共同

不就学生徒の解消についての方途　福岡東光中

夜間中学入学希望者の身上分析と福祉教師の設置　東京糀谷中

②地方教育委員会の行政的措置による夜間中学の分校扱いとその教育的推進　○東京八校共同

常設研究活動組織について　東京双葉中

③欠席勝ちの生徒に対する出席督励について　○横浜七校共同

生徒の成績評価について　名古屋天神山中

四、研究発表

①不就学問題とその分析　○横浜七校共同

生活記録に即した生活指導の実際　福岡東光中

生活上の問題とその指導　名古屋東港中

②東京都における夜間中学の給食の現状　○東京八校共同

③二部学級生徒の情緒安定と成績について　○京都十一校共同

夜間中学生徒の性格について　東京八王子五中

④平均と標準偏差の簡便正確な算出法　○東京双葉中

五、談話題

①教育行政上の問題三省に夜間中学を設置しない地方及び都市の不就学長欠生対策を問う　京都十一校共同

中学校夜間部に対する地域社会の協力について承りたい　横浜七校共同

就学対策について　東京立川三中

二部学級に複式単級学級手当を支給されたい　京都十一校共同

②生活及び就職指導上の問題

夜間部生徒に対する出席督励と疲労軽減問題　川崎塚越中

夜間生のための健全な娯楽について　東京双葉中

在学生徒の就職の世話をどのようにやっているか

家庭への生徒の成績通知はどのような仕方でやっているか　名古屋東港中

二部学級に入学する生徒の質的な変化に対応して

夜間二部学級の教育は如何にあるべきだろうか　名古屋東港中

六、講　　演　元東京学芸大学々長 東京都教育委員長　木下一雄

四

七、挨拶　文部事務官

演題　現下教育上の諸問題

八、日程

時	第一日　十月十六日（金）	第二日　十月十七日（土）
9.00	受付	講演
9.30	開会式	協議
10.00	経過報告	
	議長其他選出	
10.30	協議	大会決議
11.00		閉会式
12.00	昼食	見学
1.00	リクリエーション	昼食
	協議	散会
2.00	研究発表	
3.00	質疑応答	
4.00	休憩	
	座談	
5.00	授業給食	
6.00	参観	
6.30		
7.00	軽食	

＊重複記事が収録されているため、本史料5～6頁は削除した。

全国中学校夜間部教育研究協議会役員

一　顧　問　寺本喜一氏（京都市西京大学文科家政学部）
　　　　　　伊藤泰治氏（東京都立一橋高等学校長）
　　　　　　村田忠一氏（京都市立二条中学校長）
　　　　　　立石実信氏（前横浜市立平楽中学校長）
二　会　長　関根重四郎氏（東京都墨田区立曳舟中学校長）
三　副会長　飛永辰次郎氏（福岡市立東光中学校長）
　　　　　　村杉武夫氏（横浜市立浦島丘中学校長）
四　理　事　塚本清氏（名古屋市立東港中学校長）
　　　　　　谷口精氏（三重県上野市立崇広中家校長）
　　　　　　中村信次氏（奈良県奈良市立色草中学校長）
　　　　　　由水茂氏（京都市立藤森中学校長）
　　　　　　木田泰夫氏（和歌山県新宮市立城南中学校長）
　　　　　　西倉福一氏（神戸市立駒林中学校長）
　　　　　　古田加茂太氏（広島市立二葉中学校長）
五　会計監査　竹内親儀氏（名古屋市立天神山中学校長）
　　　　　　小林俊之助氏（東京都大田区立糀谷中学校長）
六　幹　事　町田義三氏（東京都足立区立足立四中主事）―会計
　　　　　　関戸小一氏（横浜市立老松中学校長）
七
八

設置校一覧

東京	足立区	足立四中
〃	葛飾区	双葉中
〃	大田区	糀谷中
〃	墨田区	曳舟中
〃	世田谷区	新星中
〃	荒川区	第九中
〃	立川市	立川三中
〃	八王子市	八王子五中
神奈川	横浜市	港中
〃	〃	西中
〃	〃	蒔田中
〃	〃	平楽中
〃	〃	金沢中
〃	〃	戸塚中
〃	〃	鶴見中
〃	〃	浦島丘中
〃	川崎市	塚越中
愛知	名古屋市	天神山中
〃	〃	東港中
京都	京都市	嘉楽中
〃	〃	烏丸中
〃	〃	北野中
〃	〃	朱雀中
〃	〃	九条中
〃	〃	高野中
〃	〃	弥栄中
〃	〃	山科中
〃	〃	洛東中
〃	〃	藤森中
大阪	堺市	大浜中
兵庫	神戸市	駒ヶ林中
〃	尼ケ崎市	明倫中
三重	上野市	崇広中
和歌山	新宮市	城南中
広島	広島市	二葉中
〃	〃	観音中
福岡	福岡市	東光中
〃	粕屋郡	宇美中

計　三八校

外に未回答校　二一校

三四、一〇、五、現在　全国中学校夜部間教育研究協議会調

参加者名簿

（十月五日現在）

都府県	勤務校	職	氏名
東京	墨田区立 曳舟中	校長	関根重四郎
	同	主事	矢口栄吉
	同	教諭	高山環子
	足立区立 足立四中	校長	仮屋寅彦
	同	主事	町田義三
	同	教諭	松本敏郎
	葛飾区立 双葉中	校長	中村清
	同	主事	臼倉甚八
	同	教諭	佐藤吉雄
	荒川区立 荒川九中	校長	吉原仁
	同	主事	塚原雄太
	荒川区立 荒川九中	教諭	佐藤徹夫

都府県	勤務校	職	氏名
東京	大田区立 糀谷中	校長	小林俊之助
	同	主事	石坂周一
	同	教諭	阿部忠司
	世田谷区立 新星中	校長	奥山吾一
	同	主事	岡本省吾
	同	教諭	近藤勇
	八王子市立 八王子五中	校長	住友国春
	同	主事	熊坂欽二
	同	教諭	石川元重
	立川市立 立川三中	校長	木間実
	同	主事	風間方美
神奈川	横浜市立 港中	校長	千葉達夫

十九

都府県	勤務校	職	氏名
神奈川	横浜市立 港中	教諭	谷口五郎
	同 蒔田中	校長	井上高三
	同	教諭	倉田定昌
	同 戸塚中	校長	河野英真
	同	教諭	間中福蔵
	同 鶴見中	校長	斉藤新作
	同	主事	甲斐宏
	同 浦島丘中	校長	村杉武夫
	同	教諭	柏木茂
	同 平楽中	校長	小泉作三
	同	教諭	柳橋博一
	同 金沢中	校長	丸茂長要
	川崎市立 塚越中	校長	川中金蔵
	横浜市立 西中	校長	飯田赳夫

都府県	勤務校	職	氏名
	同	教諭	片岡梅子
愛知	名古屋市立天神山中	校長	竹内親儀
	同	教諭	水野史郎
大阪	堺市立 大浜中	主事	油井正春
和歌山	新宮市立 城南中	校長	木田泰夫
広島	豊田郡 豊浜中	教諭	吉野大二郎
	広島市立 二葉中	主事	神田明憲
福岡	福岡市立 東光中	校長	飛永辰次郎
	同	教諭	幾竹武治
京都	京都市立 朱雀中	校長	西田重雄
	同	教諭	市川三次
	同 皆山中	教諭	赤沢正次
	同 弥栄中	教諭	中新敬
	同 藤森中	教諭	梶嘉一郎
	同 九条中	教諭	川井成本
	同 高野中	教諭	藤田彰典

（昭和34年5月1日現在）

全国夜間中学校の実態調査

（全国中学校夜間部教育研究協議会調）

調査項目	都府県別		総計	東京	神奈川	愛知	三重	和歌山	奈良	京都	大阪	兵庫	広島	福岡
学校数	夜間中学校設置の学校数		38 (21)	8	9(1)	2	1	1(5)	(1)	10(1)	1(1)	2(9)	2(1)	2(2)
	夜間中学開設年度別	昭和24年度	2							1		1		
		25 〃	14		7		1			6				
		26 〃	3	1						1				1
		27 〃	8	2		2		1			1	1		1
		28 〃	7	3	1					1			2	
		29 〃	1	1										
		31 〃	1		1									
		32 〃	1	1										
		34 〃	1							1				
開設理由		義務教育完遂	21校	5	6	1		1		8				
		不良化防止	9		6			1		1	1			
		不就学対策	29	7	5	2	1	1		6	1	2	2	2
		その他（同和教育）	1					1						
卒業者の数		昭和34年3月までの累計	4,431人	1,428	785	231	28	72		1,202	31	238	217	199
進学者の数		昭和34年4月までの累計	791	412	124	27	1	9		129	4	42	19	24
学級数・生徒数	夜間学級の数		64学級	22	12	4	2	1		10	2	2	6	3
	在籍生徒数		1,214人	518	203	58	32	36		121	16	23	126	81
	生徒の年令区分	12才～15才	707人	271	77	45	11	36		114	5	18	77	53
		16〃～20〃	408	177	120	7	21			6	10	5	43	19
		21〃～25〃	76	52	6	4				1	1		6	6
		26〃～30〃	20	15		2								3
		31才以上	3	3										
生徒数の増減		増加の傾向	3校		1					1				1
		減少の傾向	21	1	8	1	1			8		2		
		変らない	14	7		1		1		1	1		2	1
職員	職員定数	0人	5校		3						1	1		
		1〃	17		5	1				10				1
		2〃	7	1	1	1	1	1				1		1
		4〃	2										2	
		6〃	7	7										
	専任職員	0人	7校		3	1	1				1	1		
		1〃	18		5	1		1		10				1
		2〃	4	1	1							1		1
		4〃	2										2	
		5〃	2	2										
		6〃	5	5										
	兼任職員	0人	10校	5								1	2	2
		1〃	2			1				1				
		2〃	4	2		1				1				
		4〃	3	1						2				
		5〃	2		1					1				
		6〃	5		5									
		7〃												
		8〃	1		1									
		10〃	1				1							
		12〃	6		1					5				
		16〃	2		1			1						
		0人	22校		9	2		1		5	1	2		2

数	時間講師	1 〃	5	1						4				
		2 〃	4	4										
		3 〃	3	1			1			1				
		4 〃	1	1										
		5 〃	1										1	
		6 〃	1	1										
		9 〃	1										1	
公費による補助額	昭和33年度分	年額 10万円未満	17校		6	1		1	(1)	6		2	1	
		20 〃	4		2	1							1	
		30 〃	4	1							1			2
		50 〃	1	1										
		60 〃	2	2										
		80 〃	1	1										
		100 〃	1	1										
		120 〃	1	1										
		不詳	7	1	1		1			4				
	昭和34年度分	年額 10万円未満	18校		6	1	1	1		6		2	1	
		20 〃	2		1	1								
		30 〃	3	1							1			1
		50 〃	1	1										
		60 〃	2	2										
		80 〃	1	1										
		140 〃	2	2										
		不詳	9	1	2					4			1	1
給食の状況	給食の有無	実施している	26校	7	2	2				10		1	2	2
		実施していない	12	1	7		1	1			1	1		
	経費の支出区分	公費	23校	5	1	2				10		1	2	2
		私費	1		1									
		公私共同	2	2										
	公費による補助額 一人一ヵ月分金額 昭和三十三年度	200円 未満	2校	1	1									
		250 〃	5	1		2							2	
		300 〃	1	1										
		350 以上	4	1								1		2
		不詳	4	3	1									
	公費による補助額 一人一ヵ月分金額 昭和三十五年度	200円 未満	11校		1					10				
		250 〃	4			2							2	
		300 〃	1	1										
		350 以上	7	4								1		2
		不詳	3	2	1									
	公費による補助額 一食分金額昭 昭和三十三年度	10円 未満	5校	2	1	2								
		15 〃	3	1									2	
		20 〃	2	1								1		
		25 〃	2											2
		不詳	4	3	1									
	公費による補助額 一食分金額昭 昭和三十四年度	10円 未満	13校		1	2				10				
		15 〃	3	1									2	
		20 〃	5	4								1		
		25 〃	2											2
		不詳	3	2	1									
P. T. A.		ある	9校	2	2		1			3				1
		ない	29	6	7	2		1		7	1	2	2	1
その他の後援会		ある	11校	5	1			1		2		1	1	
		ない	27	3	8	2	1			8	1	1	1	2

註 夜間中学校設置校数欄の（ ）内は未回答の学校数を示す。

祝

第六回全国中学校夜間部教育研究協議大会

OJI PAPER CO., LTD.
王子製紙工業
本社　東京・銀座
工場　北海道苫小牧市・愛知県春日井市

修学旅行は近畿日本ツーリストへ
本社　東京都千代田区丸の内一丁目
(国際観光会館内)
電話(23)
関東営業局
東京都千代田区神田駿河台
(近江兄弟社ビル内)
電話代表(29)
関西営業局
大阪市天王子区上本町六丁目
電話(77)

昭和三十四年十月五日　発行

第六回全国中学校夜間部教育研究協議大会準備委員会

小林俊之助

東京都大田区糀谷町二丁目六二三番地
東京都大田区立糀谷中学校内
電話羽田(74)　　番

昭和三十四年十月十六日、十七日
全国夜間中学校教育研究協議会

協議題

常設研究活動組織について

就学の徹底を計るため、こゝに一歩を進め、江湖の理解と協力を得て、全国的研究組織と活動組織を常設する事の必要を感じ、次に記載する事項の協議とその成立を希望して提案する

東京都葛飾区上千葉町五一一
東京都葛飾区立双葉中学校第二部
臼倉甚八

一、研究と活動とが常に全国的に有機的に連絡提携して推進出来る組織網を作る。
その本部を東京に置く。

二、組織の拡大強化を計る。

三、青少年層を中心に友愛運動（仮名）を起し、黄色（仮）の羽根を分けて募金をし、研究活動及就学勧奨の資金を作る。

四、研究及活動の連絡の一方法として機関誌を発行する。

五、常時に於ける会としての重要な意見の決定は次の手続による。

1、動議は何時でも会長に宛て書面によって行うことが出来る。

2、会長指名召集の委員会によって案を作製し、全国の中学校夜間部（協力者を含む）に郵送する。

3、案に対する異議は旨をしたため、会長に郵送する事によって表明する。

4、三十日以内に会長の許に表明された資料を参考に委員会は決定案を作る。

5、会長の裁決した決定は全国の中学校夜間部（協力者を含む）に郵送する事によって発効する。

全国的研究事項及び活動の方向方法は組織によって決定さるべきであるが、左の如き事項が先ず考えられる。

1、昼間小中学校に通学し得ない児童生徒の成長過程の特異性

2、生活問題に効果的に適応して行くことを助けるカリキュラムの編成

3、通学の障害緩和及び除去を目的とする組織・施設

4、昼間通学し得ない児童生徒に対する適切なる教育機構の建設

第6回全国夜間部研究協議会

不就学問題とその分析

1. 序　　　論
2. 立　場（目的）
3. 原因と分析
4. 結果と問題点
5. 結　　　論
6. 資　　　料

発表者　横浜市立蒔田中学校
倉田定昌

序論

不就学問題については既に多方面に於て長期間に亘り研究討議がなされており、横浜市では全国に先がけて、就学奨励制度を設け、此の方面に対し深い関心を寄せている。然しながら根本的抜本対策はなく、単なる表面的な奨学費が計上されるに留まり、未だに残されることは種々の点から困難が予想されるのである。従って引続き、あらゆる面の理解ある協力を受けつつ、原因の対策を樹立せねばならない。亦この問題が短期日に解決されないことも、問題の性質及び重要性を示すものであるということができよう。

こういう立場より、ここに於て問題の解決策を打ち出すという目的ではなく、昼間の学校に就学できず、夜間中学校に就学している生徒が、どのような理由や原因に依るのか、そしてその結果はどんな教育的・社会的問題を含むかなどについて実態を把握する話し合いの糸口を作り出す為の問題提起の意味で、僅かな部分に検討を試みようとするものである。

立場（目的）

一、六・三制度に於ける義務教育を確保する為めに、完全就学の補助的手段として夜間中学校が必要である

二、生徒達に無理解な家庭から憲法によって与えられた、就学の権利を守ってやろう。

三、教育界のみに関する問題ではなく、現在及び将来の社会問題である。

四、教育扶助費を生徒達に直接に与える公的扶助機関である。

五、あくまでも補助的手段であって、安易な考えで、便宜的に、軽率に昼間に不就学な生徒を夜間学級に就学させることはできない。

六、国家的現実に立脚して教育、文化水準の向上を求める

七、家計支持のために、年少労働者が不健康な劣悪な労働条件に従事するのに対し、何らかの実質的保護対策を講じたい。

原因の分析

一、経済的困難

a　義務教育年限の延長の結果、中学校上級学年ほど就学援助のための教育扶助費が増加している

（三年間の教育延長に依る負担増）―家計困窮

注　横浜市では本年度就学奨励金予算として五、七九八、〇〇〇円（中学一、八三六、〇〇〇円）を計上している

b　家計の支持者を失っている　　母子家庭　三四名　　本表資料参照

c　家計支持者が病弱であるため、働く職業を持たないから、子供も家計の補助に従っている

d　家族数が多い（生徒の収入を除いて平均一人当りの金額）

e　家計支持者が、熟練を要する永続的職業に就いていないため、収入が少く、不安定である

（最低賃金法と関連の問題）

◎　職種、平均賃金、就業年限、義務教育修了・学歴未修了

f　家族内に不具者や病人がある場合

注　昼間に就学していた者もＰ・Ｔ・Ａ会費・教具教材費等相当にかかる為、学校へ来ると経済的引け目をもち、家庭では言えず、子供心に負担に感じるようになり、ついにずるけ非行に走り経済的に傾いてゆく

二、親族関係の複雑（結婚関係の問題）

a　再婚によって子供が邪魔になる

b　再婚の場合経済的裏づけがない為子供の面倒が見られない（正式の離婚手続きでない）

c　内縁関係で子供に関心が薄い

d　複雑な家庭事情（父母が継父継母と異にするなど）から自分の将来に対して諦めをもつ。

母親は教養がない　―離婚

e　入籍がされていない場合（家庭事情により出生届けがされていない）

三、年令の超過

a　ひとくちにいって昼間の中学校に就学遅れの者が集まっているので、年齢はまちまちであり、中には家庭事情好転によって、就学を希望してくる者もある。

b　各学年相当年令　　八名　・　各学年相当年令以上　三十六名

八、

四　学習課程に実用性に遠ざかる　（彼等の将来の生活とかけはなれている面がある）

a　教科課程が、彼等の職業に役立てられないので教育的意義を認めない　（ペンキ屋・左官屋・大工・等の職業と教科の関連について、理科の場合、化学記号物の見方・科学的判断等の職業教育に必要な態度、思考力・判断の必要性は理解されない）

b　実際的、作業的教科学習に対しては興味を持ち、徹底したアップヤデイムである。特に進学者と就職希望者とでは希望の条件に落差が甚だしく、学習効果があがらない。また一斉様式授業では学習意欲が減退させられる。

c　系統化学習方式は就職希望生徒に対して逆行する学習方式である。（密接な指導・実用教育が望まれる）

注　家族も生徒も共に理想をもたず、其の日ぐらしの生活を永年月過して来ており、両面には、こういった現実の社会体制ができあがり、環境の中に住んでいては汲々として環境しきれに従うことが、集団生活上かえるのかうべき地域の生徒が通学するのであるといえる

五　戦争その他、家庭の災害に依る社会的被害者

a　家族は良く協力して事を行って活躍しているが、学校生活より日々の生活に支援が傾けられる　（将来より毎日に追われているのが現状である）

b　両親に失敗し、兄弟が分散させられた場合　（家庭の温かみを知らないさびしさと性格の偏りの生徒と摩擦を生じ易い）

c　種々の関係から住み込みで働くもの　（一般に利己的性格であり特定の生徒以外には交際しない）

六　知能・健康状態、其の他個人的の生活ができない者　（劣等感をもって反抗的となっている）

a　犯罪地帯といわれる地域に住んでいる

b　知能指数が低い　精薄者

c　身体虚弱

d　父兄が犯罪者

e　謂ゆるヒロイズム的性格者　（非行少年）

結果及び問題点

一　憲法に述べられた教育文化水準が低くなる

a　教育に対する関心が低く、指導協力の必要性、問題生徒に対し、家庭が協力しないので解決ができにくい。これが次の世代にも影響するのである

b　学校に対して無関心である

c　家族計画がたてられない

d　社会浄化がなされない

e　何時になっても彼等の向上は望めない

f　特に道徳教育の必要。生徒の心理は特殊で指導しても、徹底を欠く

g　彼等の社会集団が、階層の向上なくして教育文化水準の向上は考えられない

二　就職や進学の際傷を有する場合、差別待遇を受ける

a　理美容士・クリーニング工、自動車運転が取れない

b　食困生活から抜ける機会を失う

c　卒業資格は単なる期間、経過に依って与えてよいのか。と深い多面的な教育が要望され、教育が施されているが、法務問題として、卒業者に、社会人としての生活を営むのに必要な最小限度な普通知識が社会的要求としてあるはずである。そしてそれが身に、つけられる人々に進学・その他の手段の機会を与えるべきである。形式的義務教育課程の修了には意義は認められず、かえって悪平等である。これに対して差別待遇を受けるのは不合理である。

注　卒業者の中には読み書きも初歩の計算ができずに卒業する者もある　（就職の際に対しても問題がある）

三　不運のために他の人と同じにできない悩みをもつ　―　犯罪地帯の様成（劣等感をもつ）

a　社会に受け入れられないことを恐れるもと、彼等は極いた余りイカサマ生活に陥り遂には

犯罪者への道をあゆむものだ。 —J A C Brown: Human relations in factory.

b. 彼等は国家権力、法律、警察等に敵意と反感をもっている。児童・両親等の非行があだをして子供にそういう反感をいだかせる。

c. 子供の時からの悪感情で、命令等と同じ行動をとらない者に対しては、全く憎しみ・安っぽいヒロイズムに陶酔する。そして彼等生には残忍な暴力や非行を加えることがある。

四. 社会秩序が保たれない

a. 刑務所で服役中の犯罪者一人のために一年間に国費を十数万円消費しており、これを事前に学校教育に投ずるならば、本人も国家も大いに救われるのではないか。現に長期の服役者は再犯率が低く、短期の者は、ほとんど再犯である。これは服役中に生活に役立つ職を身につけるからだそうだ。

b. 近日の新聞で松本の某町中学校では刑務所の義務教育未修了者に補導した結果一〇〇名に近い更生率を示したと報じていた。

c. 就学の義務と教育の機会均等を計り同時に道徳的情操を培うべきであろう

五 義務教育教課課程自体の問題点

a. 系統化の必要性も学問体系の面より認められるのであるが中学校の生徒に大人の社会の人為的系列が納得できるかどうかは問題の存するところで、彼等は自然な生活に立脚した形態を好み日常社会生活に表われる問題中より取材するだけでも充分であり、それらの基礎の上にたって、専門的は、学問大系に依る学習方式が採用されるべきであろう。(意欲に基づいた学習形態・理想をおく)

b. 系統化の結果、教室における落ちこぼれ・怠惰はふえる一方である。従ってこれらの生徒の生活の実態と共に省みられるおそれが多分にある。これは個々を見て全体を見逃す結果であろう。

c. 実務的作業的学習に興味が深い彼等に、この方面への指導がもう一歩考えらるべきであろう

六 教科課程が消化されていないか

a. 従来の教育課程を経て、高校・大学へ進んだ生徒を通じて、種々の形で教育課程の改善・工夫がなされているが、そのまま実務に就いた生徒に対しては実態の把握が困難であるため、教科課程が進学者本位に取り扱われているのである。

七. 卒業が学年の期間の経過でよいのか

a. 現状学級であるために個々人の能力を充分に発揮させ顕現させることが出来ない

b. 社会生活に必須の用件を具備せず卒業する生徒を問題にすべきであり、一流高校や大学への入学率を問題にする必要はない。此の方が社会的には重要な問題である。

c. 義務教育課程の終了に伴って社会生活を営む自信と、公正妥当な判断力を養うことができているか

結論

前世代の社会構造がうんだ、階級的精神係は、好むと好まざるとを問わず、上層部・下層部の社会構造実現の必然性を与え、社会保障がうんだこれ等貧困階層は差を消すことはなしに存続し、人口の増加は更に拍車をかけて其の数を激増していく。やがてこれらは次々に落伍者として普通生活より離脱し将来の生活を夢みる余裕も持たず、日々の生活(大人の生活)のためには子供の生活は顧みられず(現在部分主義の生活が続けられる。彼等社会保障としての生活保護法や(法律上何人も保護を受ける権利をもっているのである)非教育的思想のために、かえって彼等の自主性を喪失させる逆作用をしている場合もある。即ち家族数、家族構成の立場より生活費の算定を行い、家族人の多い場合は機械的に其の金額を支給するのでかえって子供が多い方が得になるという考えもあり、教育扶助金額は一人当り二千円位であり、これだけで生活できるはずが無い。ここでも生産者が母親と思る例があり、夜間中学校に通学する生徒の家庭では、母親の勤労によって収入を得ている結果、生活保護、教育保護を受けていない者が多い。従って生徒は長時間労働に就労せねばならず、日陰の生活を送っている彼等に対し、大人の社会では五十歩百歩の公的保護組織が観念的に保護するのみであり、実質的立場に立って、実状と理論の両者を受け入れ、彼らに適した教育的、社会的に保護することが期待されている。

こうした意味に於ても夜間中学校の法制度化が一日も早くなされることによつて内容の充実した彼等の将来に明るい希望を与えることができ、欲求に応じた実質的教育に主眼が置かれた措置が必要であろう

然しながら現場と遊離するいかなる社会にも通ずる万能の人間像を描いた　欲求過剰の普通的全体教育が短期日の間に施される結果がかえつて消化不良となり、達成目標を低下させる・従つて各人に応じた必要教育が認識されることは論をまたない

更には困難な[illegible]間をへて全国に於て多数の生徒が現に夜間中学校に学び亦救済を受けて社会に巣立ち立派に貢献していゐ事も見逃がすことはできないであろう

参考資料

1　横浜市学令児童生徒就学奨励条令

（目的）
第一条　この条令は学校教育法第二十五条及び第四十条の規定により経済的理由のため就学困難な学令生徒（以下子弟という）の就学を奨励することを目的とする

（奨励金を受けることのできる者）
第二条　この条令により就学奨励金（以下奨励金という）の交付を受けることの出来る者は横浜市内に居住し、市立小学校及び市立中学校に在学する子弟の保護者で生活保護法（昭和二十五年法律第百四十四号）第十三条の規定による教育扶助を受けている生活困窮者とする

（交付申請）
第三条　奨励金の交付を受けようとする者は就学奨励金交付申請書を子弟の在学する学校の校長を経て教育委員会（以下委員会という）に提出しなければならない
2. 前項の申請があつたときは校長は家庭の事情に関する調書を作成し申請書に添付しなければならない

（奨励金の交付決定）
第四条　委員会は申請者の子弟の学年家庭の事情等を考慮して奨励金の交付を決定する

（奨励金）
第五条　奨励金の額は毎年度予算の定めるところにより前条の手続きに準じて委員会が決定する
2. 奨励金は時宜により物品を支給してこれにかえることがある

（奨励金の交付）
第六条　奨励金は子弟の在学する学校の校長を経て交付する
2. 奨励金を交付する期間は委員会がその交付を決定した日から毎学年の末日までとする

（奨励金の返還）
第七条　奨励金は返還を要しない但し委員会に於て返還を要すると認めたものについてはこの限りでない

（委任）
第八条　この条令実施のための手続、その他の執行について必要な事項は委員会が定める

附則　この条令は、公布の日から施行し昭和二十六年四月一日から適用する

2　横浜市立蒔田中学校生徒実態調査結果

A、在籍生徒数　四四名
　全欠　二八名……………………六三・六%
　長欠　一五名（現在までに二〇日以上の欠席者）……一一・三%
　出席者　一一名……………………二五・〇%

B、生活保護又は教育扶助を受ける者　三名……六・八%
　市条令による就学奨励金受給者　六名……一三・六%

C、自宅から働きに行き通学する者　三三名……七五、〇%
　住みこんで働き通学する者　一一名……二五、〇%

D、両親がいない者（両親と別生計を営む者を含む）七名……一五、九%
　父親がいない者（父親が収入を持たない者を含む）一五名……三四、一%
　母親がいない者　二名……四、五%
　両親がある者　二〇名……四五、四%

E、学令超過年令者　八名……一八、二%
　〃　以上の者　三六名……八六、八%

F、保護者の職業
　無職七・雑役二・商業三・青果業一・裁縫業三・人夫八
　工員三・不動産仲介三・飲食業一・捺染業一・靴修理一
帯主一
　平均賃金（一人の収入）九七〇〇円
　家族一人当りの支出割合（生徒の収入を除く）
　〃三〇〇円一人・〃六〇〇円二人・〃七〇〇円五人
　〃九〇〇円七人・〃二〇〇円六人・〃一〇〇円一〇人
　〃三〇〇円五人・〃五〇〇円三人・三〇〇〇円五人

G　生徒の職業

サービス業　九人　・　工員　三人　・　職人　四人　・　商人　四人
飲食業　八人　・　染色業　二人　・　裁縫業　四人　・　子守　三人
輸出業　二人　・　相屋　三人　・　留守番　二人

ハ　各年次別卒業生徒数

性別＼年度	26	27	28	29	30	31	32	33	34
男	3	12	18	4	6	6	1	9	15
女	2	3	5	5	5	2	4	3	7
計	5	15	23	9	11	8	5	12	22

学年	性別＼年令	12	13	14	15	16	17	18	19
一	男	2		1		1			
	女	1		1	1	2		2	
二	男				1	2		3	
	女		1	1	3	1	1	1	
三	男			3	2	1	4		
	女			1	1	3	1	3	
計		3	1	7	8	10	6	9	

3. 二、三の指導を加えた例

Ⅰ　横浜市立蒔田中学校夜間部に於ては、学令を超過した生徒に対する特例として次のような措置が許られている。

イ　進級、卒業に関して

a　在籍期間二学期以上で、其の間の出席日数が一一〇日を超える者

b　成績優秀と認められる者

c　他の在学生からも納得が得られ、こぶげきれいの手段となる場合

d　学期末に進級、卒業の機会を与える

e　夜間部職員の相談の結果を考慮の後、校長の決裁するものに限る

以上a～eの条に該当するものに卒業を与えている

ニ　入学許可に関して

小学校課程が未修了であっても、家庭事情のため、昼間の学校に就学不可能な生徒に対し中学校の課程を学習するに足るかどうか（各担当の職員に指導が可能である者）の判定を行い、校長の決裁をうける

Ⅱ　夜間生徒の特殊事情

a　生徒の非行少年との交友問題から、家庭事情にきれつを生じ、やむなく相談に応じ田舎に転居させた場合（就職して）不足の出席日数を補うために適当な課題を与え　それによって出席日数を調整かんあんして卒業を許可した例がある。（母親は商婚後よく協力してくれた）

b　長期間にわたって、生活保護を受けている家庭では、無償でもらえるものはすべてもらわねば損のように考えている（自立性ゼロ）　これとは逆にボーダーライン階層以下の生活者でも、恩恵を受けることを極度にきらって　ジレンマに悩んでいる場合も多く、真に更生しようとする意識の持主であり、出席督励にいってはづかしい思いをして帰ってきた例もある　早速に民生安定所に相談に行き、補金援助を依頼し就職させた例もある

c.　生徒の就労先により、夜間部始業時頃、多忙な業種があり、就職先と学校を結んで、就職先の車で送ってもらったり、父兄が自転車で時刻を見計り、送り迎えしている例もある。これは一つには終業時に附近の不良グループに誘われて思わぬ事故を招くことのないようにとの対策としての関係もあり、学校としても父兄の協力を大いにのんでいる。

昭和三十四年度

生活記録に即した生活指導の実際
長欠生徒の解消についての方途

福岡市立東光中学校二部学級

生活記録に即した生活指導の実際

長欠生徒の解消についての方途

昭和34年度

福岡市立東光中学校二部学級

目次

はしがき……五

第一編

生活記録に即した生活指導の実際

一、緒　論……九

二、学級の実態……一〇

1、年令別生徒数……一〇

2、月別出席率……一〇

3、二部学級入学年の状況……一〇

4、昼間出席出来ない理由……一〇

5、入学の動機……一一

6、卒業後の進学就職について……一一

7、趣味調査……一一

8、性格調査（自己判定）……一一

9、知能検査結果表……一二

10、診断性向性検査結果表……一三

11、道徳性診断テスト結果表……一四

12、家庭環境調査……一六

イ、両親の有無……一六

ロ、家族の人員……一六

ハ、住居の種類……一六

ニ、保護者の職業……一六

ホ、利用交通機関……一六

ヘ、通学所要時間……一六

13、職場環境調査……一六

イ、通勤住込の区別……一六

ロ、就業職種別生徒数……一七

ハ、給料種類と月額収入……一七

三、生活記録と指導の実際例……一七

1、三年……一七

2、二年……二〇

3、三年……二二

4、二年……二四

5、三年……二五

6、二年……三一

7、二年……三四

8、二年……三四

9、二年……三七

10、一年 …… 三九
11 一年 …… 四〇
四、結び …… 四一

第二編 長欠生徒の解消についての方途

一、緒論 …… 四五
二、長欠生徒の解消について取られた対策 …… 四五
1、市教委と相提携して …… 四五
2、広報宣伝について …… 四七
三、結論 …… 四七
別表 (1) 福岡県下中学校長欠生徒調査表 …… 四九
〃 (2) 長欠生徒理由調 …… 五一

はしがき

生活困窮、其他の理由に依り、どうしても家庭の為に働かねばならない生徒は、昼間の学校には行かれない。本校は環境の関係から、この様な生徒が多数居った。これ等の生徒を救済するために昭和二十六年の四月から二部学級が開設され、以来八ケ年を経過しているのである。そして卒業生を出すこと百拾余名に達し、彼等の大部分は就職に、進学にそれぞれ幸福な生活を送っている。

若しこの二部学級がなかったら、彼等は到底中学教育は受けられず、従って彼等の生活も、現在よりはるかに低いものであったろう。

即ち本施設の結果、彼等を救済し得た力は大きいと言わねばならない。

中学校時代の教育は、その人の一生の人格形成期に当り最も重要であることは言を俟たない。この時代の教育に欠陥があれば、一生を台なしにする事も充分考えられるのである。

現在、世間を騒がしている青少年の悪質犯罪の温床もこの辺にあることを考える時、長欠生徒の救済の重大なることを痛感するものである。

この様な悪条件の生活環境の下で働きながら勉強している生徒を、本当に教育するにはその生徒の生活実態をよく知るということが先ず第一の条件と思う。それで各生徒の『生活記録に即した生活指導』なる題目の下に教育を推進し、生徒の人格形成の一助にと努めているわけである。

なお、昨年秋、わが福岡県に於て全国大会が催され、その時『中学校生徒の長欠解消』なる問題を取り上げて研究した。そして本年度はその実施をやって見たのである。

この二つの問題について以下述べるものである。

第一編

生活記録に即した生活指導の実際

一、緒論

人の実態を知ることは、中々至難なことである。言行や態度で判断することは稍々もすると正しさを失することがあり、それが往々にして大きな誤をおかすこととなることもある。それで一つの文章表現によって、その人の考えていること、悩んでいること、困っていること等を記録させることに依り、それ等を知り、それに対して適切な指導をすることが最もよい方法だとの観点から生徒各人に生活記録を書かせることを実施することとした。

従って一斉指導でなく、各個人別指導になる。又共通の問題があれば一斉的に指導することも考えられる。

従来は時々感想文を書かせ、それを本として指導していたが、今年度からは各人にノートを持たせ、一年間を通じて自分の生活状態を記録させ、それを通じて指導することとしている。大体毎週月曜日に提出させることとしている。教師は提出された生活記録即ち日記を生徒の味方となって読み、それに適切なる指導、助言を加え、なるべく早く（翌日）本人に返すこととしている。

生活記録を書かせるに当り、個人の秘密もあるだろう。教師だけに相談することもあるだろう。そういう性質のものだから、教師側としても絶対個人の秘密は守るので、思う存分、ありのまま自分の考えていることを発表し、決して虚偽、虚飾に亘らない様に、又何でもよいから、ありのまま率直に記述することを極力強調して発足したのである。

四月から実施しているが、今までこの様な生活記録を書く習慣がついていないし、又記述能力も低いので生徒に対しては非常に重い課題となっていたことは充分承知しているが、困難だからといって、この事以外には彼等の生活、思想の実態を知る手段が他にないので多少無理ではあるが実施してきたのである。

現在まで約六ケ月経過しているが、或者は教師の意図を充分理解することが出来ないことと、怠慢も手伝って、生活記録を書かず、提出を怠っている者もあるが、率直に教師の意図を汲んで、毎週確実に提出している者もある。後者は最初の程は文章もぎこちなく、文字もまずかったが、漸次回を重ねるに従い文章も上達し、文字も上手になり、生活記録を書くことに興味を覚え、毎晩、これを記さねば床に着いても落着かない。一日書かなければ何だか自己満足がされない状態にまで達している者もある。これ等の生徒は教師の助言、批評を楽しみにしている。大変よい傾向と思う。

この記録は毎日の反省録であり、悩の発表機関であり、あらゆる面に亘って表現されている。教師はこれを丹念に読んで適切な助言指導を行い、よりよい生徒の育成に当ってきた。

二、学級の実態

研究の対象となる学級の実態を如実に把握し、それから出発せねば適切な指導、助言は得られない。次の様な基礎資料の上に立って各個人の生活記録を読み批評考察を試み、生徒指導の基とした。

学校環境調査

1．年令別生徒数

年令	一 男	一 女	二 男	二 女	三 男	三 女	計 男	計 女
13				1				1
14	1	2	3	1		3	4	6
15	2	1	2	1	6	1	10	3
16			2		3		5	
17	1				1		2	
18	1		1		2	1	4	1
19								
20								
21			2	1	1		3	1
22								
23			1				1	
24								
25								
26	1						1	
27	1		1				2	
37			1				1	
計	7	3	13	4	13	5	33	12

2．月別出席率（昭和三十四年度）

月	四	五	六	七
出席率%	七四	七六	七二	六五

3．二部学級入学前の状況

区分	生徒数	比率%
小学校卒業後すぐに入学した者	四	九
小学校卒業後何年かして入学した者	七	一五
中学校昼間学級から転じた者	一四	三二
中学校中退して何年後かに入学した者	一六	三五
小学校高等科を修了した者	四	九

4．昼間通学出来ない理由

区分	生徒数	比率%
経済上昼間働かねばならぬ	二一	四七
家の手伝や留守番のため	一三	三〇
年令超過のため	六	一三
昼間の学校が嫌なため	三	六
保護者の無理解のため	｜	｜
其の他	二	四

5．入学の動機

区分	生徒数	比率%
自分から進んで	二二	五〇
親にすすめられて	九	二〇
先生にすすめられて	九	二〇
友達にすすめられて	二	四
雇主にすすめられて	三	六

6．卒業後の進路就職について

区分	生徒数	比率%
現在の職業を続ける	八	一八
新しい仕事をさがす	一四	三一
進学する	一一	二四
わからない	一二	二七

7．趣味調査

区分＼性別	男	女	計
野球	七	・	七
水泳	四	・	四
映画	二	二	四
読書	三	四	七
音楽	・	三	三
旅行	二	・	二
写真	二	・	二
つり	三	・	三
登山	三	・	三
卓球	一	一	二
洋裁	・	一	一
バレー	・	一	一
スケート	一	・	一
切手集	一	・	一
絵画	二	・	二
角力	一	・	一
自動車	一	・	一
計	三三	一二	四五

8．性格調査（自己判定）

区分＼性別	男	女	計
明朗	5	6	11
正直	5	2	7
楽天的	5	2	7
おしゃれ	2	4	6
我まま	4	2	6
陰気	1	1	2
無口	1	0	1
公平	5	2	7
悲観的	1	1	2
落着なし	6	3	9
おしゃべり	4	5	9
我慢強い	4	3	7
寛大	2	1	3
沈着	1	0	1
従順	1	2	3
恥かしい	6	5	11
狭量	・	・	・
感情的	6	3	9
意地張	4	3	7
不精	5	0	5
不正直	3	0	3
几帳面	3	1	4
計	74	46	120

本調査は自己判定で該当する項目には重複しても支障ない事とした。

9. 知能検査結果表

昭.34.6.16

号	氏名	新制田中A式 S.D	知能段階	C.A	M.A	I.Q
1		37	中の下	15.3	11.0	77
2		50	中	15.5	14.4	100
3		44	中の下	16.8	13.3	90
4		47	中	18.9	14.2	95
5		32	劣	15.4	9.10	68
6		47	中	13.9	12.9	94
7		71	優	16.4	19.1	131
8		62	中の上	14.0	16.0	118
9		33	劣	14.3	9.7	70
10						
11		50	中	23.6	14.9	100
12		60	中の上	18.3	16.11	114
13		51	中	37.10	14.11	101
14						
15						
16		43	中の下	26.11	13.3	88
17		74	優	13.9	18.2	135
18		48	中	21.5	14.4	97
19		55	中の上	15.7	15.5	107
20						
21		40	中の下	14.1	11.3	82
22		65	優	15.5	17.6	122
23		58	中の上	21.8	16.7	111
24		59	中の上	18.1	16.9	113
25		58	中の上	14.9	15.8	112
26		55	中の上	18.2	15.10	107
27		68	優	14.5	17.6	126
28		46	中	15.1	13.5	94
29						
30		50	中	15.0	14.2	100

(12)

10. 診断性向性検査結果表（田研式）

34.6.30

号	氏名	社会的向性 S.D	社会的向性 段階	思考的向性 S.D	思考的向性 段階	劣等感 S.D	劣等感 段階	神経質 S.D	神経質 段階	感情咳易性 S.D	感情咳易性 段階	一般向性 S.D	一般向性 段階	プロフイール
1														
2		66	+2	67	+2	65	+2	53	0	43	−1	59	+1	
3		44	−1	40	−1	25	−2	33	−2	63	+1	41	−1	
4		60	+1	47	0	50	0	55	+1	40	−1	50	0	
5														
6		32	−2	37	−1	35	−1	27	−2	57	+1	58	+1	
7		52	0	50	0	25	−2	53	0	65	+2	49	0	
8														
9		44	−1	53	0	30	−2	55	+1	50	0	46	0	
10		54	0	50	0	35	−1	53	0	48	0	48	0	
11		36	−1	40	−1	40	−1	53	0	43	−1	42	−1	
12		64	+1	47	0	70	+2	60	+1	40	−1	56	+1	
13														
14		50	0	37	−1	30	−2	55	+1	43	−1	43	−1	
15														
16														
17		52	0	40	−1	35	−1	50	0	65	+2	48	0	
18		54	0	27	−2	45	0	35	−1	40	−1	40	−1	
19		40	−1	40	−1	60	+1	50	0	50	0	48	0	
20														
21		44	−1	45	0	53	0	58	+1	46	0	49	0	
22		44	−1	47	0	40	−1	45	0	43	−1	44	−1	
23		30	−2	60	+1	35	−1	50	0	60	+1	47	0	
24														
25		74	+2	53	0	65	+2	63	+1	60	+1	63	+1	
26		52	0	53	0	70	+2	60	+1	38	−1	55	+1	
27		52	0	27	−2	20	−2	53	0	68	+2	44	−1	
28		28	−2	53	0	45	0	55	+1	48	0	46	0	
29		44	−1	40	−1	40	−1	40	−1	53	0	44	−1	
30		60	+1	43	−1	50	0	53	0	53	0	52	0	

(13)

精神健康度診断検査結果表

34.6.15

号	氏名	長所得点 %	長所 a 対人的親和度%	長所 b 対人的技能%	長所 c 集団参加度%	長所 d 勤勉及び調和度%	長所 e 生活観%	短所得点 %	短所 A 行動の未成熟%	短所 B 情緒の不安定%	短所 C 不適応感%	短所 D 器官劣等感%	短所 E 神経質の徴候%	総得点 %	プロフィール
1		15	25	1	35	65	15	25	60	50	30	10	20	15	
2		75	65	75	70	85	50	85	80	90	99	50	65	85	
3		40	10	70	45	45	70	10	20	20	1	20	15	15	
4		75	90	75	55	25	80	45	50	40	65	30	45	55	
5		55	55	45	45	35	90	20	25	30	65	20	15	30	
6		75	55	75	80	55	90	15	60	1	1	70	25	40	
7		25	1	30	70	60	50	20	50	20	10	65	10	20	
8		15	35	30	10	15	20	60	60	45	35	90	70	30	
9															
10		55	60	40	90	50	20	1	10	40	10	1	10	15	
11		10	65	40	1	1	10	30	80	70	65	45	50	25	
12		75	60	60	60	90	70	85	50	95	90	80	60	80	
13		35	60	40	1	80	50	65	80	95	30	55	40	50	
14															
15															
16		75	70	60	95	40	70	1	1	15	10	20	10	20	
17		1	1	30	1	1	80	10	10	1	35	55	10	1	
18															
19		20	40	20	1	20	95	60	50	60	30	65	85	40	
20		50	40	80	60	40	20	10	20	40	30	35	1	25	
21															
22		40	1	80	10	90	65	10	30	25	25	10	15	20	
23		25	55	20	35	10	50	35	50	75	25	20	15	25	
24		55	80	30	25	65	65	50	40	90	45	40	20	50	
25		45	40	70	50	30	50	25	30	20	15	50	40	30	
26		95	99	95	99	95	99	99	99	99	99	85	99	99	
27		35	40	30	10	80	50	15	30	30	35	20	10	20	
28		40	30	60	40	15	80	15	65	10	25	15	20	20	
29															
30		25	15	20	10	65	65	20	40	20	15	85	10	20	

(15)

11、道徳性診断テスト結果表

号	氏名	道徳性偏差値		自己(%)	家庭(%)	友人(%)	社会(%)	診断プロフィール
1		50		30	60	70	70	
2		60		80	80	30	90	
3		61		80	90	80	90	
4		55		80	90	70	20	
5		46		30	30	50	20	
6		62		90	90	70	99	
7		60		70	50	99	99	
8		56		70	70	30	99	
9		50		80	50	20	50	
10				1	10	1	1	
11		58		40	70	90	99	
12		65		90	90	99	99	
13								
14								
15		51		40	50	50	70	
16		55		70	30	50	99	
17		59		99	70	50	90	
18								
19		48		10	50	50	50	
20		59		99	70	70	70	
21		60		50	80	99	90	
22		56		90	50	50	80	
23		60		80	80	50	99	
24		56		30	90	50	90	
25		54		60	50	60	60	
26		64		99	70	90	99	
27		57		90	30	60	90	
28		54		99	50	10	90	
29								
30		52		50	30	90	40	

(14)

12、家庭環境調査

イ、両親の有無

区分	実父母	実父のみ	実母のみ	実父と継母	実母と継父	継父母	継父のみ	継母のみ	両親なし	計
人員	一三	一〇	一六	一	三	—	—	—	二	四五
比率%	三〇	二二	三六	二	六	—	—	—	四	一〇〇

ロ、家族の人員

家族数	二人	三	四	五	六	七	八	九	十	計
人員	四	五	五	一〇	九	八	二	一	一	四五
比率	九	一一	一一	二二	二〇	一七	四	二	二	一〇〇

ハ、住居の種類

種類	自家	借家	間借	寮	住込	計
人数	一三	一六	九	一	六	四五
比率	三〇	三六	二〇	二	一二	一〇〇

ニ、保護者の職業

職業	工員	自由労務者	土建関係	商業	交通運輸	自宅商	鉱員	廃品回収	其の他	無職	計
人数	一	四	七	四	二	七	一	三	六	一〇	四五
比率	二	九	一七	九	四	一七	二	六	一二	二二	一〇〇

ホ、利用交通機関

種類	電車	バス	自転車	徒歩	計
人数	三	八	二〇	一四	四五
比率	六	一八	四四	三二	一〇〇

ヘ、通学所要時間

時間	一〇分	二〇〃	三〇〃	四〇〃	五〇〃	一時間	計
人数	七	一八	一二	五	二	一	四五
比率	一六	四〇	二七	一一	四	二	一〇〇

(16)

13、職場環境調査

イ、通勤住込の区別

区分	自宅 数	自宅 比率	外勤 数	外勤 比率	住込 数	住込 比率
男	五	一一	二〇	四四	六	一四
女	一〇	二二	三	七	一	二
計	一五	三三	二三	五一	七	一六

ロ、就業職種別生徒数

職名＼性別	男	女	計
店員	四		四
工員	四		四
女中		二	二
事務員	一		一
廃品回収	三		三
家事	五	八	一三
食品製造工	一		一
運輸関係	一		一
女工		二	二
食品加工	二		二
左官	二		二
靴修理	二		二
石工	二		二
塗装工	二		二
国鉄工夫	一		一
自動車修理	一		一
装飾工員	一		一
電工	一		一
計	三三	一二	四五

ハ、給料の種類と月額収入

金額	月額 通勤	月額 住込
2.000	2	
3.000	5	1
3.500		
4.000	1	0
4.500		
5.000		1
6.000		
7.000	5	
8.000	4	
9.000		
10.000	1	
11.000	1	3
12.000	2	

＊凡例基準に基づき、本史料18〜44頁は削除した。

(17)

第二編

長欠生徒の解消についての方途

一、緒論

中学校長欠生徒は本県に於ては漸次減少しつつある傾向にあるにしても、なお本市に於ては昭和三十三年度に於て四百人余に達している。これ等の生徒は何れも家庭経済の貧困に起因する者が大部分であることは充分察知されるのである。

昨年度の全国大会に於て本問題を研究の議題として取り上げ、種々討議研究の結果、本年度はその精神に基いて、年度頭初より、その方針に基いて広報宣伝に力を注いで来たのである。

現在福岡県ではあの炭鉱地帯では石炭鉱業機構再編成、企業整備の波が漸次おしよせて来ているので日を追うて失業者の群が社会に押し出されている現況である。又石炭価格の下落により中小炭鉱は閉鎖し、筑豊炭田一帯には不景気の風が吹き荒れている。この現況から推察して長欠生徒の数は日を追うて増加しているものと思われる。この問題の解消こそ本県に於ては重要な問題として取り上げられねばならないものと考える。併し問題解消には多分に政治性が含まれているし又多額の費用を必要とするので容易にその施策は行なわれないのである。

次は当福岡市に於て中学校長欠生徒を如何にして救うべきか。如何にしてより多くの生徒を学校に収容することが出来るか。

家庭経済の不如意なものは中学校夜間部に入学して学習を続けることの出来る設備のあることを周知徹底するべく次の様な方法をとった。

二、長欠生徒の解消について取られた対策

1、市教委と相提携して不就学生徒に勧誘状を出す

学年末の三月初旬頃、中学校一、二年及び小学校六年で新らしく中学校に進学する者の中から長欠者に対して入学勧誘状を出した。但し性行不良と覚しき者、病弱者、不具者、遠隔地にして夜間通学が不可能と思われる者は除外した。入学勧誘状には入学申込書が同封されて、入学希望者は、それを当校宛に郵送する仕組になっている。勧誘状は約二〇〇通出された。

受付けた入学申込者に対しては入学式の日程が決

(45)

定次第、入学式の期日及び入学心得を記載した案書を再度本人に発送した。

次に掲げるものは入学勧誘状である。

夜間中学に入学勧奨

貴殿の保護にかかる何某　様は義務教育年令にありながら中学校に行っていないのは誠に残念なことと思います。如何なる理由で就学されないのか。市当局と致しましては市内に一人の不就学者もないようにあらゆる施策を講じている次第であります。若し家庭的経済事情に依って本人さん仂きに出して居られる様でありましたら、それ等の生徒の就学のため、市内西堅粕六丁目の市立東光中学校に夜間中学校を開設しています。この学校は午後五時半に授業開始、九時に終ります。教科は一般中学校で学習するものを一通り学習します。諸経費は一切不要で、尚無償給食がありますので、職場から直ちに学校に登校して勉強出来るように考慮されています。

この様な学校がありますので義務教育年令にありながら不就学は決してよい事ではありませんから、愛する子供さん人の将来を考え、少くとも中学校義務教育は是非終えられる様、切に勧奨致します。来る四月から新学年が開始され現在新入生募集中であります。

同封葉書に就学希望の有無及び必要事項記入の上東光中学校教務課宛御返信願います。

年　月　日

福岡市教育長名

保護者宛

....

入学申込書

本籍

現住所

生徒氏名

生年月日

保護者氏名　　印

生徒との続柄

一、現在まで通学していた学校

中学校　　学年

二、長期欠席であった理由

東光中学校長殿

(46)

2. 広報宣伝について

義務教育年令の長欠者に対しては、前述の方法で周知方は大体遺漏ないものと考えるが、市内に於て義務教育年令超過者について考えて見ると、年はとっているが、是非中学校教育を受けたい。もともと家庭環境の貧困のため、中学校教育を終えないで社会に出て仂いている者も多数あると思う。これらの少年の中の幾らかは、社会に出て仂いている中に学力、教養の不足を痛切に感じ、今からでもおそくないから、是非中学校教育だけは受けたい。延いては高等学校教育も受けたいと考えている者も相当数あるものと考える。これ等の少年を救済するために次の宣伝機関をとおして広報宣伝に努めた。

1、西日本、毎日、朝日、夕刊フクニチの四新聞

2、NHK、RKB、KBCの各放送局

3、市政だより（市より発行する新聞）

原稿を持って各新聞社、各放送局に掲載、放送を依頼したところ、学校の趣旨が貧困者不遇少年の救済であることを了解され、何れも快諾されたことは喜びに堪えなかった。

三、結　論

生徒募集については出来るだけの方策は講じた積りでいるが、愈々入学式をして見ると、新入生は二十名たらずで、去年に比して約十名余の増加に過ぎない。その中には年令超過者も居るので、本当に義務教育年令の者は僅かである。

ここで考えられることは福岡市に於ける中学校の長欠生徒は約四百余名居るのに実際に就学した生徒は四〇有余名ということを思う時、長欠生徒の救済、解消の如何に容易ならざる問題であるかと痛切に感じられる。

これは社会の裏側に横たわっている暗黒の大いなる岩であって、その岩は容易に打ち壊すことの出来ないもので、この辺に社会悪の発生の一つの根源もあるものと考える。

この暗黒の大岩石を打ち壊し、不幸なる青少年を救済することに為政者は勿論、社会一般もより一層留意して貰わねばならないと思う。

(47)

次に掲げる表は、最近四ケ年間の福岡県下中学校の

長欠生徒の状況である。この表を見ると、大体に於て漸次その数を減少しつつある状態にある。昭和三三年度に於ては長欠率平均一.七%で前年度に比し〇.七%の減少を示している。これは関係当局の努力の結果と思う。なお長欠率全国平均二.四%以上のものの多数あることを考える時、本県に於ける、長欠生徒救済の困難さを物語るものと考える。

長欠生徒は都市及び炭鉱地帯に多い。これは生活困窮者が多数集っていることを物語っている。殊に炭鉱地帯は現在企業整備中で、人員整理の風は吹き荒れているので現在数は相当上廻っているものと考え、これに対する即応の対策は考えられてない様に思う。

(48)

次の表は、長欠生徒理由調で、学校嫌い一七%、は教育者の責任も含まれているであろう。貧困三六%、無理解一八%は何れも家庭、政治の責任であろう。この三つを合計して約七〇%、即ち昭和三二年度に於て長欠生徒五五〇〇人中三八五〇名は救済される可能性があると断ずるものである。まだまだ手の尽し方の不足を嘆ずるものである。

福岡県下中学校長欠生徒調査表

（福岡県教委調）

年度 / 市.出張所名	昭和30		31		32		33	
	人数	比率%	人数	%	人数	%	人数	%
福岡市	730	2.59	668	2.4	476	1.7	404	1.45
久留米市	172	1.98	128	1.6	124	1.7	104	1.31
大牟田市	241	1.85	241	1.9	176	1.5	128	1.1
門司市	318	3.76	228	2.7	191	2.6	159	2.2
小倉市	470	3.49	449	3.1	370	2.8	230	1.78
八幡市	363	2.22	249	1.7	376	2.5	268	1.78
若松市	236	4.33	168	3.0	199	3.9	142	2.78
戸畑市	108	1.65	114	1.6	115	2.2	59	1.1
直方市	192	4.63	182	4.6	157	4.6	45	1.4
田川市	212	3.06	328	4.9	282	4.9	274	4.75
飯塚市	156	3.97	83	2.1	142	4.0	82	2.3
柳川市	60	1.85	49	1.6	77	2.8	38	1.34
山田市	80	3.15	63	2.5	50	2.3	26	1.17
甘木市	30	0.88	33	1.0	51	1.8	24	0.85
八女市	29	1.06	19	0.8	21	0.9	11	0.5
筑後市	—	—	—	—	17	0.8	18	0.81
大川市	—	—	—	—	57	2.2	43	1.6

(49)

市.出張所名 ＼ 年度	昭和30		31		32		33	
	人数	比率%	人数	%	人数	%	人数	%
行橋市	−	−	−	−	90	3.2	49	1.7
豊前市	−	−	−	−	17	0.9	14	0.71
中間市	−	−	−	−	−	−	110	5.2
市計	3,668	2.64	3,252	2.4	2,988	2.4	2,228	1.75
福岡出張所	130	1.70	145	2.0	130	2.8	73	1.55
粕屋出張所	260	2.84	156	1.7	218	2.8	75	0.96
宗像出張所	74	1.81	56	1.5	42	1.3	30	0.9
遠賀出張所	461	6.16	454	6.1	426	6.8	158	3.8
鞍手出張所	230	2.89	203	2.6	232	3.5	78	1.2
嘉穂出張所	781	4.87	491	3.2	475	3.6	376	2.9
朝倉出張所	64	1.55	48	1.3	42	1.3	32	1.0
糸島出張所	70	1.47	85	1.8	72	1.7	40	0.96
浮羽出張所	39	0.78	39	0.8	26	0.6	15	0.39
三井出張所	43	0.91	29	0.6	32	0.8	7	0.2
三潴出張所	44	1.07	26	0.7	22	0.6	23	0.67
八女出張所	83	1.45	77	1.5	87	2.0	48	1.1
山門出張所	121	1.96	105	1.8	97	1.8	25	0.96
田川出張所	525	4.50	368	3.3	513	5.5	208	2.2
京都出張所	71	2.31	60	2.2	45	1.7	32	1.2
築上出張所	73	1.98	66	2.0	59	2.1	28	1.0
計	3,069	2.91	2,408	2.4	2,515	3.0	1,248	1.55
総計	6,737	2.79	5,660	2.4	5,503	2.6	3,528	1.7

(50)

昭和32年度福岡県中学校長欠生徒理由調

（福岡県教育庁調）

(51)

	男	女	計	%
本人によるもの 病気	440	535	975	17.7
特殊生徒	70	49	119	2.2
学校嫌い	626	330	956	17.4
其他	86	80	116	3.0
家庭によるもの 貧困	886	1,125	2,010	36.5
無理解	425	570	995	18.1
其他	107	175	282	5.1
計	2,639	2,864	5,503	100.0

昭和３４年度

東京都中学校夜間学級の給食の現状

Ⅰ．やつと届いた〃給食〃の悲願………………
Ⅱ．昭和３４年以前＜コッペ一つ＞………………
Ⅲ．給食をはじめると遅刻者も減る………………
Ⅳ．何時に、どこで、何を食べているか。………
Ⅴ．給食費は誰が払つているか。………………
Ⅵ．夜間学級の給食の壁。………………………
Ⅶ．生徒たちのみた給食。………………………
附・別表Ⅰ
別表Ⅱ

東京都内八校の共同研究

〈昭和３４・１０・１６〉

東京都中学校夜間学級の給食の現状

——はじめに——

日本全国の昼間の中学校で給食を実施している校数が１、０２９校も（昭３４、４月現在）あるというのに、東京都では、たつた２校という、耳を疑う程の数なのですから、都内８校のうち６校が給食を実施している夜間学級の給食の実状は、いちおう、発表の意義があるといえるでしよう。たゞ、別表（１）のように、都の公費による給食室の完成が昭和３４年に入つてからであるということゝ、給食の実施以来未だ日が浅いという事情で、実施上のいろいろのデータが揃わないのは残念なことですが、給食のもつとくわしい研究発表が、次の機会に発表されることを期待して、今回はアウトラインだけでもというつもりで報告書を作製してみました。

Ｉ．やつと届いた〃給食〃の悲願

> 難かしい理論を抜きにして、夜間中学生には給食が必要です。空腹なのですから。昼間おとなたみに働いているのですから。そして貧し過ぎるのですから。

東京都の夜間中学生に給食が実施されるまでの事情について、全国中学校夜間部協議会会長、東京都墨田区立曳舟中学校の関根校長は、こういつています。「いゝ完全給食の実施が出来るよう、各大会ごとに宣言、決議に、その他事あるごとに、この事情を上司ならびに識者にうつたえて来たのであつて、最近多くの皆様方の御理解と御同情により、着々その実施に近づきつゝあることを喜んでいる次才です。幸い東京都におきましては、本年の予算に都内六校に対し、一校１２０万円の施設費予算が計上され、２０坪の立派な給食室が完備され、必要な食器諸道具が整備され一カ月一人４８０円程度の給食賄費が計上され、理解ある作業員によつて、毎夕あたゝかい食事が用意され、生徒はこのあたゝかい食事を涙と感謝と感激を持つて頂けるようになりました。誠に生徒のために、この上ない喜びを感ずる次才であります。

これも都教育委員会の御理解ある有難い御処置の賜でありまして、ことに本島教育長がたまたま小尾指導部長（現在総務部長）、安藤課長と共に、さゝやかなる夜間学級の研究会に御臨席を頂き熱心なる生徒の勉強ぶり、生徒のせつなる願いをつぶさにお聞きとゞけ下されたことにあるものと、私共関係者一同感激いたしている次才であります・・・」

（〃教育じほう〃昭和３４年四月号５５ページ）。つまり、東京都では、公費による給食の必要を、委員会で聞きとゞけてくれたということが「給食」の悲願が遂せられたという事情なのでありますが、府県町村の教育予算の大小もあるでしようし、給食が学校教育の中で非常に大きな教育効果を持つものであることを理解してくれる人が、教育委員会の中にいてくれるかも問題となるでしようが、小学校の場合など愛知県は９４．５％、長野県

９３・５％が給食を実施しているのですから東京の８７・５％よりも、ずつとすぐれているわけです。中学校となりますと、全国では３０万５３７５人が給食を受け、長野では７万５、６３２人、岐阜２万５、４８３人、群馬２万１、５８１人なのに、東京ではわずかに６５９人という最下位のありさまなのですから東京都以外でも、夜間中学生にも給食を実施してくれないはずはないのです。たゞし夜間中学生の場合には、給食費そのものも無償にしなければならないという事情があるので、たゞ設備だけが出来てもどうにもならないことが、給食の実施の壁となつているに違いないのです。だからといつて、あきらめてはいけません。給食が、たゞ単に胃袋を満足させるだけではなく、学校教育の中で大きな効果をあげる力のあることを力説しくりかえして、当事者に訴えれば、＜この仕事には、大変な時間と忍耐が必要ですが＞いつかは聞き届けられるはずだと、東京都の主事が話してくれましたことを付け加えておきます。

Ⅱ・昭和３４年以前＜コッペ一つ＞

教師は、生徒にせめてコッペパンの一つでも、と努力しました。しかし、それさえ、生徒が自弁しなければならない学校が多かつたのです。

東京都の場合、夜間学級の設立者は原則として区です。もちろん、陽の当らない生徒への愛情から、学校が夜間学級を開設し、それから区に夜間学級の開設をみとめさせた場合もあるでしようが、夜間学級と区との関係はかなり明快なものといつてよいでしよう。それで、区によつては、創設のときから、せめてコッペパンにマーガリンぐらいはつけてあげようというところもあり、教師のくふうによつては副食をつけた学校もあつたのです。しかし、これらはいずれも、給食とよぶには程遠いもので、法定カロリーもなく、もさもさとしたコッペパンのたべにくさは、時には砂をかむ思いさえしたと、生徒がいつています。区によつては、コッペパンに、ジャム、マーガリン、オレンヂ、焼そばなどを、日によつてかえるようなく

ふうもあつたのですが、食べにくさは多少防げたとしても、カロリーや蛋白質、ビタミンなどの所要量になりますと、全くさびしいおもいがしたわけです。冬空に浴衣一枚といつたぐあいのものだつたのです。とゞのつまりは、病人の続出で荒川区立九中の場合を例にとつてみると、毎夜３０名程の出席者のうち、平均２名が休養ベッドに身を横たえるという有様でしたから、コッペパン一個というものが胃袋にどれ程の満足を与えたかも推測出来るというものです。生徒の中には、それがかえつて呼び水のような役目を果して困る、と笑つたものもいましたが、本音でもあろうか、と思つて笑えませんでした。そのほか、脚気、胃痛、慢性疲労、眼疾、慢性頭痛なども多く、これは、労働過重はもとより、栄養の不足、又は栄養のかたより、食事時間の不定なこと等が複雑に重なり合つた結果である、といつても間違いではなさそうです。しかも、学校によつては相当長期間にわたつて、パン代の一部又は全部を生徒が負担していたのでした。

Ⅲ・給食をはじめると遅刻者も減る

遅刻をしてはいけないと、百万言を費しても減らなかつた遅刻者が、給食をはじめたとたんに激減したのには驚きました。給食の効果は想像以上です。その他、もろもろの効果について…

東京都の夜間学級を受持つ教師たちの悩みの一つは遅刻者の多いことです。遅刻がいかにいけないことであるかを、古今東西の格言をひき、時には体験を折りまぜての指導を試みても、その効果はさつぱりあがりませんでした。ところが、給食が実施されてからは、あたかも、人間の意志は胃袋に支配されているみたいに、遅刻者が、ぐつと減つてしまつたのには驚きました。と同時に、胃袋に不満を持つている生徒には、いくら生活指導や学習指導を熱心にやつたところでどうにも効果のあがるものではないことを知つたわけですが、この遅刻者がへつたということは最近の、都内６校の給食状況の調査の際、荒川九中、世田ケ谷区新星中、大田区糀谷中

墨田区曳舟中の４校が報告しています。

遅刻者をどのようにしたら減らすことが出来るか、という問題にとり組んで来た東京都内の夜間学級が給食実施と同時に、ちよつと予期しなかつたこの問題も解決した、ということは面白いことでもあり、給食の効果をまざまざとみせつけられた、といえる一例にもなるでしよう。

このほかに効果のあつた点としては、

1, 生徒が保健衛生上の認識を深めた。
2, 生徒の体位が向上した。<体重平均が１Kgも増加した夜間学級もある>
3, 教師、生徒間の親密度がました。
4, 学校の雰囲気が明るくなつた。
5, 食事作法が向上した。
6, 授業中に疲れる生徒がへつた。

これらの効果を、荒川九中の具体例でみますと、荒川九中では、完全給食が実施されたのは今年<昭和３４年>の３月からですが、それ以来、９月までの間に、休養ベッドがほとんど利用されなくなつた、ということが大きな効果のあらわれだといえましよう。それ以前は、毎夜出席者３０名のうち２名は休養ベッドを利用していたのですから。その他、今年に入つては脚気の生徒が一名、胃痛がほとんどなくなり、疲労を訴える生徒も限られた１、２名の生徒になりつゝあり、頭痛を訴える生徒の数が以前と同数のこつているというところです。今迄粗食に甘んじ、副食物の名前も知らなかつた生徒達も、ビタミンがどうの、カロリーがどうの、というようになつたほかに、教師の側も、ちよつとそばに入つても、このそばは何カロリーありそうだ、といつたことがすぐに頭にくるというぐあいになつたのも、給食あればこそ、といえるでしよう。やはり、食事というものは、じゆうぶん研究され、くふうされたものを、楽しい雰囲気の中で、相当の時間をかけてとるべきもので、この条件のどれが欠けてもだめなはずです。ところが給食を受ける前の生徒達は、あり合せの食べものを、短時間で、胃袋の中に流し込んでいたのでしようから、体位の向上も、知能の向上もほとんどのぞめなかつたというのが真相のようです。

とにかく、東京都のばあい、完全給食によつて、生徒達は明るい毎日を送りつゝあるのです。

Ⅳ．何時に、どこで、何を食べているか。

何といつても、時間が不足です。どうくふうしても、今のところは、給食のためのじゆうぶんの時間がないのが悩みのたねです。せつかくの給食なのに……。

給食時刻は、ｐ．ｍ．５、３０－５、５５<授業開始前>、ｐ．ｍ．６、１０－６、３０<第1校時終了後>、ｐ．ｍ．７、００－７、３０<第２校時終了後>の三つの型があります。しかし、どの型のものにしても、給食時間は３０分以内で、準備や、あとしまつの時間も入つていますから、実際の食事時間は、せいぜい、１５分か２０分しかありません。もつとも、本当に１５分か２０分食事時間があれば、決して理想に程遠いものではないでしようが、準備やあとしまつに、ちよつと手違いがあつたりすると、食事時間にくい込んでしまうので、よほどうまく指導しなければならないと考えられます。食堂でもある学校は別として、教室で給食を行つている学校では、その教室の机の配置がえなどを、余程合理的に研究しないと、給食に時間がかゝり過ぎてしまうという欠点が出るようです。都内給食実施校６校のうち食堂をもつているのは、世田ケ谷区新星中学校だけです。給食の内容は、栄養士と教師とが話し合い、生徒の意見も、アンケートからとりあげるようにはしていますが、調理になると、栄養士のいない学校もあつてなかなか苦労しているのが現状です。別表乙は、荒川九中の献立の一例です。荒川九中の場合は、栄養士１・作業員１・しかも、作業員は身分だけで、実際には栄養士の有資格者なのですから、献立の作製も楽のようです。献立で面白いのは、毎日給食の中に入つているスキムミルクを飲めない生徒の多いことです。しらべてみますと、こういうものを飲んだ

ことがない、というのです。のまずぎらいだつたのです。そこで、スキムミルクがいかに大切な栄養源であるかを力説してのむことをすゝめた結果、現在では、三十五、六名の生徒のうち、スキムミルクをのめないという生徒は二、三名に減りましたが、スキムミルクにチヨコレートを入れたり、小倉スキムミルクといつたくふうもしています。夜間中学生のうちの相当数のものが、費用の関係で、給食を受けていなかつたのではないか。もし小学校で給食をうけていたら、スキムミルクがのめないということもないのではないか、と思われます。そのほか肉類のきらいな生徒のいることも考えさせられることですが、生徒がきらいだからといつて、すぐに献立から外してしまう、ということはしていません。なるべく偏食にならないよう指導しているわけです。というわけは、日本人の食事は、常識のありそうな中流家庭でさえ主食が食事の７５％を占めている有様で、夜間中学生の家庭ではおそらく、８５％以上が主食の食事をとつているという日本型で、その結果、カルシウムの不足を招き、―＜つまり、喧嘩口論をし、平衡感覚にぶい人間になり＞―Ｖ．Ｂ１の不足に気がつかず―＜眼光にぶく、動作の緩慢なデレツとした性質を持つようになる＞―たゞ毎日を、習慣か惰性で生きているという生活になつてしまうことをおそれるからです。給食に何を食べるかということは実に大変なことで、たゞ単に、胃袋の神経を満足させるということではいけないのです。

Ｖ．給食費は誰が払つているか

> 給食の効果は誰でも知つている。問題は給食費は誰が払うかだ、とおつしやる声が多く出るでしよう。何といつても夜間中学生は貧し過ぎるのですから。都も区も、それぞれ考えてくれてはいますが………。

東京都教育庁の山下源蔵給食課長は、〝教育じほう〟昭和３４年４月号の中で、「……給食費支払困窮者に対する配慮も、十分に予算化してあるつもりです…」と書いています。夜間中学生は、ほとんどが、給食費支

払困窮者ですから、夜間中学生の給食費は上のような配慮をうけて、実際にも、大部分の生徒が補助を受けています。週６日、月に２４－２５回の給食に、学校によつては２００円から６２５円を計上しています。ほとんどの学校が公費で賄つていますが、一部を負担している学校（学令児は月３０円。過年児は全額４５０円負担・荒川九中）や、一部の生徒の自発的な寄付（世田ケ谷区新星中）という学校もありますし、同じ東京都の学校であつても、区部でない立川三中の場合など、未だに給食設備も出来ていないところもあります。さらに夜間中学生の中には、過年児が相当数いますが、過年児であるということが、学令児とどう違うのか、実質的には同じ夜間中学生であるということを考え、同じように貧困であることを考えますと、これらの生徒にも配慮をしてもらうよう、こんごも当事者と話し合うつもりでいます。（また、この項のうち、最底は月２００円と書きましたが、これは八王子五中の場合で、完全給食ではなく、補食のていどであることをつけ加えておきます。）

Ⅵ．夜間学級の給食の壁

> 時間の壁、栄養士不足という壁など、夜間学級の給食にはまだ多くの壁があります。それらをどのようにして突き破つていつたらよいでしよう。

昼間の中学校のばあいでも、学校給食をはじめるのに、父兄の理解、Ｐ．Ｔ．Ａの理解などのほかに、職員にのしかゝつてくる負担をどのようにしたらよいかという問題があるようですが、夜間学級のばあいには、費用が主として公費であるという点がありますから、父兄には問題がなく、主として職員にのしかゝつてくる負担が問題になるはずです。それらの負担の中味を書きならべてみますと、指導計画・経理事務・献立と調理・給食時の指導・衛生管理 などがあり、どれ一つをとつても簡単に出来そうもないものばかりです。このうちのあるものは栄養士の知識を必要としますし、そろばんも出来なくてはならないでしよう。それに夜間中学生にとつては、

昼間の生徒と違つて、給食は夕食であり、一日のもつとも楽しい食事にならなければならないわけです。もつと時間をかけてやりたい、というのは、そのような特別な事情があるからです。しかもその生徒たちは、おとななみにはたらいて、子供なみに空腹になつて登校してくる生徒達なのですから、給食の取扱いも特に念入りにくふうされなければならないのです。楽しく食べさせるために、時間に余裕をもちたいと同時に、カロリーももつと高いものをと願うわけですが、そのためには、やはり栄養士の配置が問題となるでしよう。その栄養士の配置のある学校は都内6校のうちの半数にしかすぎず、配置されている栄養士も身分が不当に悪いのが現状であつてみれば、このあたりの問題はすでに学校内の問題をこえていると思うのですが、どんなものでしようか。このような問題については先輩株の定時制高校も、同じような悩みを訴えています。生徒にセルフサービスをさせて時間をかせいでいることなどが具体的な解決法の一つにもなつているようです。しかし、もつと進めて考えると、やはり食堂のようなものをつくることも必要なことになるでしよう。そうでもしないと、食堂にされた教室はいつも授業準備のためにいそがしいおもいをしなければならないのです。また、給食時間のすぐあとに体育をやるということもこれからくふうしなければならないことなのですが、今のところは、よい解決法は見あたりません。もともと、学校給食は、学校給食法によつておこなわれなければならないはずです。学校給食法によれば、小学校では、次のような目的の達成につとめなければならないのです。中学校でも似たような目的になるだろうと、参考までに書いてみますと、

○ 日常生活における食事について、正しい理解と望ましい習慣を養うこと。

○ 学校生活を豊かにし、明るい社交性を養うこと。

○ 食生活の合理化、栄養の改善及び健康の増進を図ること。

○ 食糧の生産、配分及び消費について正しい理解に導くこと。

ところが、都の夜間学級の給食は、今のところ、生徒の空腹をみたしてあげる、という段階に入つたというていどなのです。それでも、生徒の体重

がふえ、病人がへり、教師と生徒の親しさがましたというのですから、やはり給食の実現を大いによろこぶべきだと思います。

ここで、都内7校（補食をおこなつている学校も含めて）の給食の今後の希望や研究課題を列挙してみましよう。

希望すること

1, 過年児にも給食費の補助をしてもらいたい。
2, 給食の基準を高等学校程度まで引上げてほしい。
3, 食堂をつくつてもらいたい。
4, 栄養士を配置してもらいたい。

研究課題

1, 給食時間の合理的な使い方。
2, 遅刻者への給食方法。
3, 欠席、遅刻、早退が多く、全員が揃つて食事をする機会が少ない。どうしたらよいか。

Ⅶ．生徒たちのみた給食。

生徒たちがどんな気持で給食を楽しんでいるか、は、生徒たちの作文を通じてうかがい知ることが出来るでしよう。夜間中学生の給食は、こんなに重大なことなのです。

いまゝで、いくつかの項目にわたつて、いろいろと書いてきましたが、給食が生徒にとつてどう受けとめられているか、どのようによろこばれているかということを、生徒の作文で知ることの方が、もつとよい報告になるでしよう。給食のなかつたときのこと・給食のありさま・給食への希望などを書いたものをこゝにのせておきます。これらの生徒は全部荒川九中の在校生ですが、割合いに思うことを書いていると思います。この作文を読むにつけても、一日も早く全国の夜間学級に給食が実施されることを願い、

そのための組織や方法を確立すべきことを強調しておきます。

のどにつかえたコツペパン

3年 A

私が九中の二部に入つたのは、中学二年生の一学期が終つて、勉強の一番やりよい二学期からである。そのころ九中では給食の設備がまだゆき届かず、コツペパン一ケが私達の夕食であつた。私たちはそのパンを食べながら、一日も早く給食室の完成するのをねがつていたのです。わずかコツペパン一ケでは、食べざかりの私たちには、ほんのその場だけの食べものにすぎなかつたからです。それにパンもいゝ時と悪い時とがあり、いゝ時などはパンもやわらかで付物もたくさんついています。けれど悪い時になると、付物もあまり付いていないし、おまけにパンがボリボリなので、のどにつかえて、あわてゝお湯をのんだこともありました。みんなで雑談しながら楽しく食べた事もありました。けれど、やはり私だけでなく九中二部の全生徒がコツペパンをかじりながら給食室の出来るのは、まだかまだかと待ちこがれていたのです。

どうもありがとう

3年 B

私がこの学校に入つた時は、まだ給食といつてもコツペパンにジヤムがついていて、それと白湯だけだつた。それでも仕事が終つてすぐ学校に来るので、まずいパンでも、おなかがすいているのでとてもおいしく感じた。それを食べてすぐ勉強にとりかゝる。授業は四時間しかない。毎週1時間HRといつて話し合いがあつた。ずつと前のHRの時間に給食がはじまるらしいと話が出て、2、3ケ月してから新しく今のような給食がはじめら

れたのです。私は、とてもとてもうれしかつた、そして仕事が終ると今日の給食はなにかと考えるのが楽しい。私たちは、先生、それから皆さんにお礼を言わなくてはならないのです。私たちはとても感謝しています。

睡眠時間も多くとれる

3年 C

私が九中の二部に入つた時は、まだ本当の給食ではなかつた。今のように豪華な食べ物ではなかつた。最初はパンにジヤムとかバターがついていたゞけで、あとのみものといつても白湯だけであつた。毎日毎日それだけの食物だつたので小学校のように早く給食がはじまればいゝと思つていた。とにかくパンだけではおなかがへつてしようがないので、学校が終ると十円のうどん屋に毎夜のように入つた。十円のうどん、それでも苦しい出費だつた。それに、おそばを食べて帰ると、どうしても十時をすぎてしまうので、家に帰つてもたべものがないので、ついうどん屋さんによつてしまうのだ。毎夜二十円ずつたべても一月400円の出費なので、それを2年余りつゞけて来たので苦しかつた。この三月に給食が始まつた。私はうれしかつた。これでおそば屋のお金も浮ぶし、帰る時間も15分から20分早くなる。私たちはふだんから睡眠不足なので、たとえ一分でも二分でも早くねたいのだ。その願いがかなつた。給食もおいしい。スキムミルクのほかに、生牛乳も週2回飲めることになりそうだ。このようになつたのも、区や都の人達のお力や先生方の努力のおかげと感謝しております。栄養士さんの毎日のお骨折りもありがとう。

いねむりが出なくなつた

3年 D

コッペパン一個の今までの給食ではお腹をすかしてくる私たちにとって少し、もの足りなかつた。だから、たいていの友達は家へ帰つて又食べるようであつた。でも、住込みで働いていると、いくらお腹がすいていても学校からかえつてからたべるということは出来なかつた。ところが、今年の三月からの給食では、今まで食べたこともないおいしいおかず、それにミルクも出るので、今までのように足りないということはない。むしろ、食べきれないで残すことさえある。こんな豊かな給食のおかげで、今までいねむりばかりしていた私も、今はいねむりをするようなことはなくなつたのである。

今までは夕食ぬきでした

3年　E

僕が給食が始まつてよいと思うのは、おいしくて栄養があるということです。学校で給食をうけるまでは、登校前には夕食のしたくは出来ていないし、学校からかえつてやしきの方へいつてみると、みんなはねてしまつているので、いつも夕食はたべなかつたのです。そういうところへ、夜間部にも給食が出るようになつたので、まことによいことゝ思つた。

しかし、みんなのあとかたづけも悪く、食べのこしもあることが問題だ。おくれてくる人は自分のものぐらいかたづけた方がいゝと思つた。このごろでは、給食になたせいか準備もあとかたづけも当番が協力してやつているし、食べ方もじようずになつたようだ。もう少し一人が気をつけたら、もつとよい給食になるだろう。

栄養についての知識もつく

3年　F

給食がはじまつて本当によかつた。なぜなら、それまでは、みんなは、コッペ一つに白湯で夜の食事をすませていたからだ。だが今は、いまゝで口にもしなかつた料理などもたべられ、また栄養などの点でも、いつもちがうものなので、よいと思います。いまゝで、栄養とか、たん白質などという言葉を考えてもみなかつた私たちも、このごろでは、だれかが、今日のたん白質はいくらで、カロリーはどうでということを口にしています。ミルクを飲んだことのない人も飲んでいる。給食が始まつて半年以上になつたこの頃では、みんな元気で、栄養不良になる心配なんかなくなつてしまつた。やがて、今までと違つた元気で溌剌とした身体の持主になるでしよう。

小学校より楽しい。

1年　G

給食の時間は　みんな楽しそうだ。

働いて来て、おなかがすいているから、なんでもおいしい。私が夜間中学に入つてはじめての給食のときみんなが、わらつたり冗談をいゝ合つたりしている姿を見て、うらやましいなと思つた。小学校の時の給食の時間には、みんなと余り話もしなかつた。だから給食なんかちつともおいしくなかつた。ところが、中学に入つてからは学校が休めない。学校が楽しいからだ。その中でも給食というたのしい時間があるからだ。給食で出たおかずやミルクの味は、いつまでも舌にのこつている。

わたしも食べられる

1年　H

わたしは、二部へはいつたとき、みんなが給食をおいしくたべているのをみて、楽しくなりました。また、わたしがしらない人のことをみたら、その人はわたしのかおをみて、にっこりわらいました。わたしもこの人みたいに楽しく給食がたべられるんだわ。少したつと、みんなは給食のときには昼間はたらいていることもわすれているのがわかりました。不幸な人までが、こんな楽しい給食がたべられるんだな、と思いました。

サービスもあるぜ

1年　I

僕がはじめて学校に来た日、学校に入ると皆が給食を食べていました。出来るだけ大きな声であいさつをすると、皆が僕をみました。その中の丸顔の男の子がにこにこしながら僕を呼ぶのでそばにいつて立つていると「どうしたんだい。給食を食べなよ」といつたので、「だつて入つたばかりで給食費も払つてないんだよ」と答えると「新聞だつてサービスをするぜ、それにいつも余るからたべなよ」といゝました。実は来るときごはんをたべていなかつたのではらがへつていました。数がきまつているから足りなくなりやしないかと心配しましたが、丸顔の男の子があまるからといつたので少し安心して食べはじめました。

おしやべりと給食

1年　J

わたしが二部に来て給食をたべたとき、ふしぎにおもつたのは、みんなお話をしてたべていることでした。三年生の人にきいてみると、「みんなは昼間は働いているから給食のときだけはほがらかにしてたべていゝのよ」とおしえてくれました。それいらい、わたしもさわいでたべることにしたのです。給食のとき、一、二、三年生がいつしよにたべるのが

二部のとくちようです。

給食がたべたくて……

3年　K

＜学校にいくと、あのおいしい給食がおなか一ぱいたべられる。早く仕事を終つて学校にいこう＞

仕事終りのベルが鳴つた。私は急いで仕度をして学校にいつた。みんな食べていた。きようのおかずは野菜のシチユウとパンとミルクだ。みんなにこにこしている。学校の給食はみんなにすこしでも栄養をとらせようと先生方が考えて下さる。だから給食を食べるようになつてから、みんなすこし肥つてきたように思う。一ケ月に一回体重をはかるが、そのときは、かならず目方がふえている。この学校で給食が始まるようになるまでには先生方みんなが努力してくれたのだ。今ではおなかをすかさずに勉強もできるようになつた。

みんなが笑顔で食べている

3年　L

家でおもしろくないことがあつた時や、うれしい話があつたとき、そんなことを話し合えるのが給食です。たとえちよつとの時間でも、みんながいつしよになつて先生方を真中にかこんで、何もかも忘れ、笑い顔で食べる給食。ところが背中を向けてたべる人がいるので残念です。給食費だつて区や都から出してもらつているのです。本当に何もいうことはありません。私たちが毎日食べられるということでも感謝しなければならないと思いました。文句をいうなど、もつてのほかだと思います。家でたべる時も楽しい。だけど学校で食べることがどんなに楽しいか知れやしない！と、

みんながいうような給食になるよう私たち自身で研究していきたいと思います。

さつぱりとしたおかずがほしい

3年 M

給食がはじまつた最初のうちは，さつぱりしたおかずが出て栄養があつたけれど、このごろは、ごてごてした割にカロリー不足のものがある。コツペパンも大きいのもあり小さいのもある。これからはパンの大小がめだたないようにしてほしい。パンの中でも食パン、フランスパン、普通のコツペパンなどいろいろ出るので、食パンなら食パンと、ずうつときめて出してほしい。おかずにちよつと塩を入れすぎてからいのがあつたが、気をつけてほしい。おかずはさつぱりとカロリーと栄養があるものを作つてほしい。

食堂がほしい

3年 N

将来、給食当番は廃止すべきだと思います。なぜなら、給食当番は遠くから来ている生徒には、非常な負担になるからです。パンにしても、おかずにしても、一ぺんに持つて来られるようなものにして、各自が、自分で持つてくるようにするのがよいのです。そのためには食堂がある方がよいのですが、今すぐでなくても、なるべく早く実現させてもらえたらと思います。

みんなと食べる楽しみ。

3年 O

給食のはじまる前は、毎晩家で食事をとつて来た。でも、自分の家ではないから、私のおかずだけが、ほかの人のものとちがうのでおいしくなかつた。だから給食が出るときまつたときは、とてもうれしかつた。先生や友達と楽しく食べられるからだ。だけど、生徒の中には、おこつて食べている人がいるが、それではおいしくないと思う。給食の費用だつて区から出してもらつている。こんなことは夢にも思わなかつたほどうれしいことだ。ぜいたくのいえない、いろいろのおかずが出る。全く感謝している。だからパンをのこしたり、おかずをのこしたりする人は、ばちあたりな、と思つています。

もつときちつとしよう

1年 P

なぜ給食をのこすのか。なぜ全部食べてしまわないのか。給食をたべられない人だつてたくさんいるのじやないですか。給食日誌をかゝない人もいます。みんなが書かないから書かなくてもよいと思つてはいけないと思つています。それでこのことを先生にきめてもらうことにしました。それから給食当番は学校へ来たらすぐに〃しようどく〃のせんめんきをよういするようにしたいと思います。

別表 I

学校名＼項目	昭和34年以前の給食（補食）				昭和34年以後の給食							
	内容	食費負担者	1人1ヶ月の食費	問題点	給食能力	毎回給食数	週回数	給食費（月）	給食費負担者	給食担当者	給食時刻（ ）は時間	給食場所
荒川九中	味付コッペ1個	区	338円（1個13円）	カロリー不足 食べにくい。	約 100 食	43	6	450円	420円を都 一部を区。	栄養士2	P.m.5.30 ↓ 5.55 (25)	教室
足立四中	コッペ1個	区	208円（1個8円）		約1000 食	90	6		公費による	教員1 栄養士1 その他1	P.m.6.55 ↓ 7.25 (30)	教室
墨田区曳舟中	味付パン	区	275円	栄養が片寄る。	約1200 食	90	6	625円	公費による	栄養士1 用務員1	P.m.7.00 ↓ 7.30	教室
葛飾区双葉中	パン 牛乳 副食	区と生徒	250円	費用のこと。 質の向上。 職場・家庭との調和。	約 600 食	60	6		公費による	作業員1	P.m.6.55 ↓ 7.15 (20)	教室
世田ヶ谷区新星中	パン 牛乳	区	250円	作業員がいない。 施設がなくて調理ができない。	約 600 食	50	6	625円	公費 一部は生徒の寄付	臨時作業員 1	P.m.6.10 ↓ 6.30	食堂
大田区糀谷中	パン （バター） ジャム 茶			量が不足。 食べにくい。	約 300 食	60	6	625円	公費による	作業員1	P.m.6.20 ↓ 6.50 (30)	教室
立川三中	給食していない。					なし						
八王子五中		市	200円	──→		25	6				P.m.5.30 ↓ 5.55	教室

別表 Ⅱ

昭和３４年９月分献立表　〔荒川九中〕

日付	献　立　名	カロリー	たん白質（g）	費　用
1	ホツトドツク・冷しミルク	857	32.9	24円32
2	食パン・ミルク・クリームサラダ	779	27.5	18.77
3	コツペ（オレンジ）・ミルク・あじフライ・コールスリー	978	40.2	24.43
4	食パン・ミルク・野菜ソテー	788	30.3	25.83
5	コツペパン（味付）	560		13.00
7	コツペ（バター）・ミルク・拌八宝	1.051	33.1	21.43
8	食パン・ミルク・スープ煮	790	32.9	22.66
9	ピーナツツパン・ミルク・野菜うまに	1.017	35.9	22.36
10	コツペ（ジヤム付）・ミルク・みそ汁	867	33.0	19.83
11	食パン・ミルク・カレー	939	33.4	24.76
12	コツペパン（味付）	560		13.00
14	コツペ（ジヤム）・ミルク・いり煮	846	30.6	27.00
15	フランスパン・ミルク・こはく揚げのあんかけ	956	37.5	
16	ブドウパン・ミルク・マカロニサラダ	816	29.4	19.99
17	パン・ミルク・ごじる	839	33.6	18.86
18	コツペ（ジヤム）・ミルク・ちくわときんぴら	930	32.2	25.08
19	コツペ（味付）	560		13.00
21	食パン・ミルク・ミルクシチュー	895	31.9	21.73
22	食パン・ミルク・焼そば	1117	50.9	22.83
23	ブドウパン・ミルク・くじらのカレーに	890	37.6	21.44
25	コツペ・ミルク・コロツケ・キヤベツ	957	35.7	
26	コツペ（味付）	560		13.00
28	コツペ（ジヤム）・ココアミルク・みそしる	854	30.2	21.39
29	フランスパン・ミルク・ポークビーンズ	1.061	37.4	25.00
30	食パン・ミルク・天ぷら・おろし大根	896	38.8	18.36

第六回夜間中学全国協議大会

座談会記録

昭和34年10月16日

厚生省（児童擁護局）
労働省（婦人少年課）

長欠児童の精神分析につき各都道府県の関係指導室に研究所を設けることに決定し、それのデータも出来た。

1 教育行政上の問題、三省に夜間中学を設置しない地方及び都市の不就学長欠生対策を伺う。　京都十一校共同

福岡　東光中――相当他府県には未就学者がいると思う。

東京　荒川九中――一人2,000円で食べて行けるか（社会保障）その算定基準はどこからきているのか。

横浜　鶴見中――長欠児童の報告は区長に、区長より保護局へと言うようになっているが、これの効果はあまり上っていないが、長欠児童対策の事務上の手続はどうなっているのか。長欠児童対策としては文部省から各地方に示唆した方がよい。

京都　皆山中――未成年者が過剰労働時間に苦しんでいるが（中学1.2年の10時間の労働）労働省はその対策をどのように考えているのか。

司会者――(1)出席督促の最終責任者は誰か。(2)厚生省の教育扶助だけでよいのか。(3)夜間中学の対策を文部省はどう考えているか。

東京　双葉中――予算措置，財政援助の問題として1人大体年間10万円として相当額になるからその代りに何かないか。安心して勉強できる場所と仕事を与えてほしい。

東京　糀谷中――未就学者，退学者は犯罪者が多い。そこでこれに対して三省はどう考えているか。

（答弁）厚生省――社会保障会は現在問題にしている。社会福

祉に従事している職員は変るので事務的に明らかでない。生活保護の者で働らいている生徒の保障金は差ひかない事になった。長欠児童対策は民生委員の申し合わせによってやっている。福祉事務所と連絡してほしい。親の無理解で長欠不良化している場合は福祉事務所の方で指導する事になっている。又施設に入れる場合もある。

東京　荒川九中——高校進学すると補助を打ち切られるが、それについて尋ねたい。

（答弁）厚生省——高校生になると補助は打ち切られる。これはボーダーラインの基準に反するからである。確実にはわからないが母子家庭に対しては表むき育英資金の外に貸付金などが支給される。世帯を変えればよいとの話もある。福祉事務所で扱っている。

（答弁）文部省——法制化の事は義務教育の立場から考えてみて家庭貧困，無理解の原因から夜間中学は出来た。それ故これを解決することによって不就学者はなくなる。それで修学旅行の補助P.T.A会費の免除学用品の免除というように経済的な面は一応少しづつ解決されているのではないか。未就学者は33万9000人いたが、現在は17万人に減っている。これは経済的にも又理解も出てきた為であると思う。就学の督促の責任は市町村の教育委員会にある。長欠者の多い府県には文部省としては二部学級を作れとは云えない。制度としては義務教育は昼間がたてまいである。

関根会長——橋本前文相は各府県に一校ずつ夜間中学があれば未就学長欠者が救えるのではないかと云われていた。

（答弁）労働省——15才未満の労働者は原則として働らかせない。15才未満の者を使用する時は労働基準局の許可をうける。両親の同意と校長の同意を必要とする。7時間の労働時間であるこれ以上はもぐりの労働使用であるとする。夜間中学生は労働時間としては違反であるがこれを取締っていては家庭の問題や中小企業の死活問題にもなるので妥協している状態である。そして使用者には労働基準を守るよう指導している。年少者労働を防止するよう努力している。本年度対策としては地域的に長欠の多い所を調査して長欠防止をこうじている。

2　中学校夜間部に対する地域社会の協力について承りたい。

横浜七校共同

夜間中学に入った生徒が気持よく勉強できるように地域社会の協力について話をうかがいたい。ある勤労学生は毎月300円ずつ送ってくれている。その他事業主の中にも送金してくれているのもある。

東京　双葉中——匿名で五六回寄附があった。

大阪　大浜中——大阪には初め五校あったが、現在は一校だけである。よその子供を引きとってくれた家庭もあった。長欠児童保護委員会などをつくって大いにやっている。3年越に2ヶ月おきに200円ずつ寄附してくれている人もいる。

3 二部学級に複式単級学級手当を支給されたい。

京都十一校共同

九条中の生徒は大体一人一畳の割合であり、又炊事場もなく便所もない有称である。部落の女子は早熟であり、卒業後すぐ結婚するのは普通である．又金銭の貸借も非常に多い。卒業後でも生徒との交渉が切れない・その結果、私達のような二部学級担当者に特別な手当を出して頂けないものか。

議　長——この問題に関しては関係方面に大いに陳情する。

東京　荒川九中
京都　皆山中——この問題は重要な事であるから大いに考えるべきである。

東京　糀谷中——本島教育長の言によれば高校の定時制に対しては支給して頂くよう都から文部省に陳情ずみとのこと、夜間中学にも同じよう支給されるよう要望する。

会　長——段々と関係方面特に地教委に交渉する必要があると思う。

横浜　鶴見中——地教委だけでなく文部省に直接交渉すべきである。

4 夜間部生徒に対する出席督励と疲労軽減問題

川崎　塚越中

年々生徒は減っているが、その出席督励の件はむづかしい。

文部省——手当の問題であるが、会長の方からも云われ又先生方の苦労も大きい事に感謝している。条例により地方負担となっている。しかしその他の手当は国の法規が必要である・直接の係りでないから明確な言明はいえない。担当のものに話をしてみる。

東京　荒川九中——幹事の人々は大いに陳情に行って、種々その経過を聞いてくるようにして頂きたい。

福岡　東光中——福岡県では、特殊教育との二枚看板として解決につとめている。

東京　双葉中——昨日の理事会の報告を求めたい。

副会長(理事長)——時間の関係もあって新年度の役員について討議しただけである。

緊急動議(京都)——名古屋の罹災学校に対してなにがの救済方法や激励の方法を考えてほしい。

会　長——方法については、きめてほしい。

東京　足立四中——会長に一任したい。（賛成　会長一任）

緊急動議
東京　双葉中——全国夜間中学校教育研究協議会と変更することを提案する。

京都　皆山中——名称よりも二部学級に複式単級学級手当支給の方を先に考慮してほしい。

東京　足立四中——全国においても夜間中学といった方が感じが良いのではないか。

京都　皆山中——京都では中学校第二部といっているから、それを京都にまで波及しないように、しかし運動方針に影響を及ぼすようであれば名称をかえてもよい。

立石氏——横浜でも二部といってはじめた。文部省でも夜間中学といっている。

横浜　鶴見中——名称はどうでもよいから、何らかの形で手当を出すようにした方がよいと思う。

議　長——以上をもって全部終了する。

第六回全国大会宣言決議

六・三制の義務教育は年とともに軌道に乗り、しかも不就学長期欠席児童生徒数が漸次減少の傾向を示していることは、まことに喜ばしいことでありますが、全国中学校の現状を見ますと、不就学長期欠席者数は在学者数の約二％に当る約十三万人に達しております。ことに三十一都道府県の不就学長期欠席者数は在学者の二％から五％にも及ぶものがあります。これらの少年少女の将来はまことに憂慮に堪えないものがあります。これについては文部・厚生・労働各省をはじめ各地方教育委員会において就学対策が講ぜられていると思われますが、その施策を具体的に実現し生徒を完全に就学させることはまだまだ困難な現状にあります。まことに遺憾のきわみといわねばなりません。われわれはこの切実な事態に対処して夜間中学を設け、これが全国的協議機関において日夜真剣に努力を重ねその実績を挙げて来たのであります。夜間中学は国の法規に定められた国民の義務教育を完遂するため、就学対策の一として不就学長期欠席者を救済し、また向学心に燃える青少年の切実な要求にこたえる唯一の施設であります。もとよりわれわれは夜間中学を最善の対策として提唱するものではありませんが、夜間中学を全国各地に設置できる措置を講ぜられることを要望するものであります。しかし不就学者の救済および夜間中学教育を推進するためにはまだまだ数多くの困難な問題がいつも大きな障碍となっているのであります。われわれはここにひろく全国各地の貴重な体験と資料とを持ち寄り第六回全国大会を開いて夜間中学の諸問題を慎重に協議研究し、不就学生徒の救済と夜間中学教育の推進とを図るため左のとおり決議し、総意をあげてこれが実現を期するものであります。

全国夜間中学校要覧

全国中学校夜間部協議会編
昭和三十四年九月現在で、資料提出校のみ掲載

東京都

学校名	足立区立第四中学校二部
所在地	足立区梅島町10
校長名	~~岩岡昌悟~~ 佐尾寅夫
開設年月日	昭和26年7月16日
開設動機	不就学対策、不良化防止
学級数	3 学 級
生徒数	1 2 0 名
教員数	専任 6名　講師 5名
給食の有無	昭和34年9月19日開始
後援会PTA	（特志家）

学校名	荒川区立第九中学校第二部
所在地	荒川区尾久町1～687
校長名	吉原　仁
開設年月日	昭和32年2月15日
開設動機	義務教育の完遂、不就学対策
学級数	3 学 級
生徒数	3 8 名
教員数	専任 6名・兼任 2名・講師 2名
給食の有無	有
後援会PTA	無

学校名	墨田区立曳舟中学校夜間部
所在地	墨田区吾嬬町西3～1
校長名	関根重四郎
開設年月日	昭和28年5月
開設動機	義務教育の完遂、不就学対策
学級数	3 学 級
生徒数	9 2 名
教員数	専任 6名・兼任　名・講師 2名
給食の有無	有
後援会PTA	有（後援会）

学校名	大田区立糀谷中学校第二部
所在地	大田区糀谷町2～613
校長名	小林俊之助
開設年月日	昭和28年9月1日
開設動機	不就学対策
学級数	3 学 級
生徒数	7 3 名
教員数	専任 6名・兼任 5名・講師 2名
給食の有無	有
後援会PTA	その他の後援会

学校名	世田谷区立新星中学校第二部
所在地	世田谷区三宿町10
校長名	奥山吾一
開設年月日	昭和29年5月1日
開設動機	不就学対策
学級数	3 学 級
生徒数	5 1 名
教員数	専任 6名・講師6名
給食の有無	有
後援会PTA	有（P.T.A）

学校名	葛飾区立双葉中学校第二部
所在地	葛飾区上千葉町511
校長名	中村　滑
開設年月日	昭和28年4月
開設動機	義務教育の完遂
学級数	3 学 級
生徒数	7 4 名
教員数	専任 6名・講師 4名
給食の有無	有
後援会PTA	有（後援会）

学校名	立川区立立川第三中学校
所在地	立川市羽衣町3～38
校長名	本間　実
開設年月日	昭和27年5月
開設動機	義務教育の完遂、不就学対策
学級数	1 学 級
生徒数	1 2 名
教員数	専任 2名・兼任 4名・講師 1名
給食の有無	無
後援会PTA	無

学校名	八王子市立第五中学校
所在地	八王子市明神町91
校長名	住友国恭
開設年月日	昭和27年5月10日
開設動機	不就学対策
学級数	3 学 級
生徒数	5 4 名
教員数	専任 5名・兼任 2名・講師 3名
給食の有無	有
後援会PTA	有（後援会）

横浜市

学校名	横浜市立戸塚中学校
所在地	横浜市戸塚区矢部町146
校長名	椎名邦三郎
開設年月日	昭和25年5月
開設動機	不良化防止
学級数	1 学 級
生徒数	7 名
教員数	兼任 6名
給食の有無	無
後援会PTA	無

学校名	横浜市立鶴見中学校
所在地	横浜市鶴見区鶴見町1253
校長名	斉藤新作
開設年月日	昭和25年4月
開設動機	不良化防止
学級数	1 学 級
生徒数	1 7 名
教員数	兼任 6名
給食の有無	無
後援会PTA	無

学校名	横浜市立西中学校
所在地	横浜市西区西戸部町3～286
校長名	飯田赳夫
開設年月日	昭和25年5月
開設動機	義務教育の完遂
学級数	2 学 級
生徒数	5 5 名
教員数	専任 1名・兼任 12名
給食の有無	有
後援会PTA	その他の後援会

学校名	横浜市立平楽中学校
所在地	横浜市南区平楽1番地
校長名	小泉作三
開設年月日	昭和25年5月
開設動機	義務教育の完遂、不就学対策、不良化防止
学級数	1 学 級
生徒数	3 7 名
教員数	専任 1名・兼任 6名
給食の有無	無
後援会PTA	無

学校名	横浜市立金沢中学校
所在地	横浜市金沢区釜利谷町443
校長名	丸茂長男
開設年月日	昭和31年6月
開設動機	不就学対策
学級数	1 学 級
生徒数	4 名
教員数	兼任 6名
給食の有無	無
後援会PTA	無

学校名	横浜市立浦島丘中学校
所在地	横浜市神奈川区白幡東町17
校長名	関戸小一
開設年月日	昭和25年5月20日
開設動機	義務教育の完遂、不良化防止、不就学対策
学級数	3 学 級
生徒数	2 2 名
教員数	専任 2名・兼任 16名・用務員3名
給食の有無	無
後援会PTA	P.T.A

学校名	横浜市立港中学校
所在地	横浜市中区山下町241
校長名	千葉達夫
開設年月日	昭和25年4月
開設動機	義務教育の完遂、不良化防止
学級数	1 学 級
生徒数	1 3 名
教員数	専任 1名・兼任 5名
給食の有無	無
後援会PTA	P.T.A

学校名	横浜市立蒔田中学校
所在地	横浜市南区花之木町2～45
校長名	村杉武夫
開設年月日	昭和25年5月1日
開設動機	義務教育の完遂、不良化防止
学級数	1 学 級
生徒数	4 3 名
教員数	専任 1名・兼任 6名
給食の有無	無
後援会PTA	無

川崎市

学校名	川崎市立塚越中学校
所在地	神奈川県川崎市塚越1～60
校長名	川中金蔵
開設年月日	昭和28年5月1日
開設動機	義務教育の完遂
学級数	1 学 級
生徒数	6 名
教員数	専任 1名・兼任 8名
給食の有無	有
後援会PTA	無

名古屋市

学校名	名古屋市立天神山中学校
所在地	名古屋市西区天神山町2～70
校長名	竹内親儀
開設年月日	昭和27年12月
開設動機	不就学対策
学級数	2 学 級
生徒数	4 0 名
教員数	専任 2名・兼任 1名
給食の有無	有
後援会PTA	無

学校名	名古屋市立東港中学校
所在地	名古屋市港区港楽町1～9
校長名	塚本　滑
開設年月日	昭和27年12月
開設動機	義務教育の完遂、不就学対策
学級数	2 学 級
生徒数	1 8 名
教員数	専任 1名・兼任 2名
給食の有無	有
後援会PTA	無

三重県

学校名	三重県上野市立崇広中学校
所在地	三重県上野市丸之内78
校長名	谷口　精
開設年月日	昭和25年9月
開設動機	不就学対策
学級数	2 学 級
生徒数	3 2 名
教員数	兼任 10名・講師 3名
給食の有無	無
後援会PTA	P.T.A

和歌山県

学校名	新宮市立城南中学校
所在地	新宮市伊佐田7653
校長名	木田泰夫
開設年月日	昭和27年9月
開設動機	不良化防止、不就学対策、同和教育
学級数	1 学 級
生徒数	3 6 名
教員数	専任 1名
給食の有無	無
後援会PTA	有（後援会）

大阪市

学校名	堺市立大浜中学校
所在地	堺市大浜南町92
校長名	岡崎　繁
開設年月日	昭和27年5月
開設動機	不良化防止、不就学対策
学級数	2 学 級
生徒数	1 6 名
教員数	講師 7名
給食の有無	2学期より実施の予定
後援会PTA	無

京都市

学校名	京都市立朱雀中学校
所在地	京都市中京区壬生中川町
校長名	西田重雄
開設年月日	昭和24年7月
開設動機	義務教育の完遂
学級数	1 学 級
生徒数	1 3 名
教員数	専任 1名・講師 5名
給食の有無	有
後援会PTA	無

学校名	京都市立嘉楽中学校
所在地	京都市上京区千本今出川東入
校長名	伊原徳三郎
開設年月日	昭和25年5月
開設動機	義務教育の完遂
学級数	1 学 級
生徒数	1 4 名
教員数	専任 1名・兼任 4名
給食の有無	有
後援会PTA	無

学校名	京都市立烏丸中学校
所在地	京都市上京区相国寺門前町
校長名	小島卯三郎
開設年月日	昭和25年5月
開設動機	義務教育の完遂
学級数	1 学 級
生徒数	1 1 名
教員数	専任 1名・兼任 5名
給食の有無	有
後援会PTA	P.T.A

学校名	京都市立藤森中学校
所在地	京都市伏見区深草飯食町
校長名	由水　茂
開設年月日	昭和25年5月
開設動機	義務教育の完遂、不就学対策
学級数	1 学 級
生徒数	1 1 名
教員数	専任 1名・講師 4名
給食の有無	有
後徒会PTA	P.T.A

学校名	京都市立山科中学校
所在地	京都市東山区山科東野八反畑町
校長名	寺田　昌
開設年月日	昭和25年5月
開設動機	義務教育の完遂、不良化防止、不就学対策
学級数	1 学 級
生徒数	7 名
教員数	専任 1名・兼任 2名・講師 1名
給食の有無	有
後援会PTA	その他の後援会

学校名	京都市立洛東中学校
所在地	京都市東山区六原門脇町
校長名	中村金一
開設年月日	昭和34年5月
開設動機	不就学対策
学級数	1 学 級
生徒数	1 3 名
教員数	専任 1名・講師 6名
給食の有無	有
後援会PTA	生徒会による後援

学校名	京都市立北野中学校
所在地	京都市中京区西之京中保町15
校長名	八田久太郎
開設年月日	昭和25年5月
開設動機	不就学対策
学級数	1 学 級
生徒数	2 3 名
教員数	専任 1名・講師 4名
給食の有無	有
後援会PTA	P.T.A

学校名	京都市立九條中学校
所在地	京都市南区西九條南路町10
校長名	松本　茂
開設年月日	昭和25年5月
開設動機	義務教育の完遂、不就学対策
学級数	1 学 級
生徒数	8 名
教員数	専任 1名・講師 4名
給食の有無	有
後援会PTA	P.T.A

学校名	京都市立高野中学校
所在地	京都市左京区田中上古川町25
校長名	安藤円章
開設年月日	昭和26年10月
開設動機	義務教育の完遂、不就学対策
学級数	1 学 級
生徒数	8 名
教員数	専任 1名・講師 4名
給食の有無	有
後援会PTA	P.T.A

学校名	京都市立弥栄中学校
所在地	京都市東山区祇園石段下
校長名	山本忠一
開設年月日	昭和28年9月
開設動機	義務教育の完遂
学級数	1 学 級
生徒数	1 3 名
教員数	専任 1名・兼任 6名
給食の有無	有
後援会PTA	無

兵庫県

学校名	尼崎市立明倫中学校
所在地	尼崎市蓬川町320
校長名	瀧内晃太郎
開設年月日	昭和27年4月
開設動機	不就学対策
学級数	1 学 級
生徒数	1 0 名
教員数	兼任 7名
給食の有無	有
後援会PTA	無

学校名	神戸市立駒ヶ林中学校
所在地	神戸市長田区若松町7丁目
校長名	西倉福一
開設年月日	昭和24年2月
開設動機	不就学対策
学級数	1 学 級
生徒数	1 3 名
教員数	専任 2名
給食の有無	無
後援会PTA	昼間PTAが後援

広島県

学校名	広島市立二葉中学校
所在地	広島市尾長町17
校長名	吉田加茂太
開設年月日	昭和28年5月
開設動機	不就学対策
学級数	3 学 級
生徒数	6 0 名
教員数	専任 4名・講師 9名
給食の有無	有
後援会PTA	無

学校名	広島市立観音中学校
所在地	広島市南観音町734
校長名	寺地幸一
開設年月日	昭和28年4月
開設動機	不就学対策
学級数	3 学 級
生徒数	6 6 名
教員数	専任 4名・講師 5名
給食の有無	有
後援会PTA	無

福岡県

学校名	福岡県粕屋郡宇美中学校
所在地	福岡県粕屋郡宇美町
校長名	長崎初男
開設年月日	昭和27年2月
開設動機	不就学対策
学級数	1 学 級
生徒数	3 2 名
教員数	専任 1名
給食の有無	有

学校名	福岡市立東光中学校
所在地	福岡市西堅粕6丁目
校長名	飛永辰次郎
開設年月日	昭和26年4月
開設動機	不就学対策
学級名	2 学 級
生徒数	4 9 名
教員数	専任 2名
給食の有無	有

全国夜間中学校研究会史料収集・保存・管理委員会
（全国夜間中学校関係史料集編集委員会）

浅野　慎一	摂南大学教員・編集事務局
江口　怜	摂南大学教員・編集事務局
葛木　知行	元東京都夜間中学校教員
川地　亜弥子	神戸大学教員
金　孝誠	天理市夜間中学校教員
草　京子	元神戸市夜間中学校教員（故人）
黒川　優子	元東大阪市夜間中学校教員・編集事務局
見城　慶和	元東京都夜間中学校教員
澤井　留里	元東京都夜間中学校教員
須田　登美雄	東京都夜間中学校教員
関本　保孝	元東京都夜間中学校教員
竹島　章好	大阪市夜間中学校教員
都野　篤	元東京都夜間中学校教員
宗像　善吉	
村井　達生	東京都夜間中学校教員
山崎　靖彦	豊中市夜間中学校教員
横関　理恵	拓殖大学北海道短期大学教員

※本史料集の刊行にあたり、日本学術振興会科学研究費・2017－2020年度「戦後日本の夜間中学とその生徒の史的変遷：ポスト・コロニアリズムの視座から」（基盤研究C 研究代表者　浅野慎一）、同2021－2024年度「戦後日本の夜間中学にみる公共圏の史的変遷：ポストコロニアリズムの視座から」（基盤研究B 研究代表者　浅野慎一）の助成を受けた。また編集作業において、深山徹氏に多大な協力を得た。

全国夜間中学校研究会70周年記念事業

全国夜間中学校関係史料集　第１巻

第Ⅰ期 成立と模索の時代 1954－1970年・全３巻　第１回配本（全３巻）

編集・解説　全国夜間中学校研究会
史料収集・保存・管理委員会

2024年10月25日　初版第１刷発行

発行者　船橋竜祐　　　　発行所　不二出版株式会社
〒112-0005　東京都文京区水道２-10-10
電話　03（5981）6704　http://www.fujishuppan.co.jp
組版／昴印刷　　印刷／富士リプロ　　製本／青木製本
乱丁・落丁はお取り替えいたします。

第１回配本・全３巻セット　揃定価82,500円（揃本体75,000円＋税10%）
（分売不可）　ISBN978-4-8350-8801-3
第１巻　ISBN978-4-8350-8802-0

2024 Printed in Japan